Fundamente
der Mathematik

Niedersachsen
Gymnasium G9 Qualifikationsphase
Grundkurs

Lösungen

Cornelsen

Unter redaktioneller Mitarbeit von: Tilman Bränick, Tatjana Denneler, Teresa Keitel, Dr. Eva Kluge, Laura Mähler

Redaktion: Ulrike Klein

Grafik: Christian Böhning

Umschlaggestaltung: hawemannundmosch GbR

Unter der folgenden Adresse befinden sich umfassende Informationen zum Unterrichtswerk Fundamente der Mathematik.

www.fundamente.de

Weitere Materialien zu Fundamente der Mathematik:

– Schülerbuch	ISBN 978-3-06-040183-3
– E-Book Schülerbuch	ISBN 978-3-06-040184-0
– Arbeitsheft mit Lösungen	ISBN 978-3-06-040476-6
– Begleitmaterial auf USB-Stick	ISBN 978-3-06-040278-6

www.cornelsen.de

1. Auflage, 1. Druck 2019

Druck: H. Heenemann, Berlin

ISBN 978-3-06-040168-0

PEFC
PEFC/04-31-1156

PEFC zertifiziert
Dieses Produkt stammt aus nachhaltig bewirtschafteten Wäldern und kontrollierten Quellen.

www.pefc.de

Inhaltsverzeichnis

Kurvenanpassung mit ganzrationalen Funktionen

1.1 Wiederholung: Ableitung und Funktionsuntersuchung

Seite 8 | Einstieg

a)

Zeit in min	0	10	20	30	40
Strecke in km	0	10	51	75	95
Durchschnittsgeschwindigkeit in km/h	0	60	246	144	120

b) Man modelliert einer Funktion aus den gegebenen Weg-Zeit-Punkten. Durch Ableiten der Funktion und Einsetzten des Punktes (70|f(x)) in die Ableitung (f'(x = 70)), errechnet man die Geschwindigkeit an diesem Punkt.

Seite 10 | Aufgabe 1

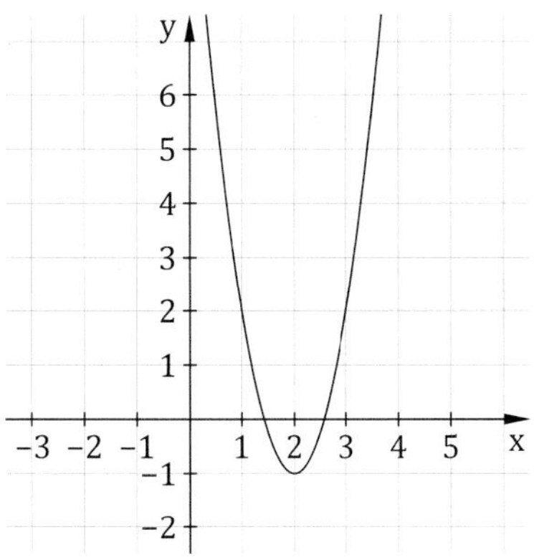

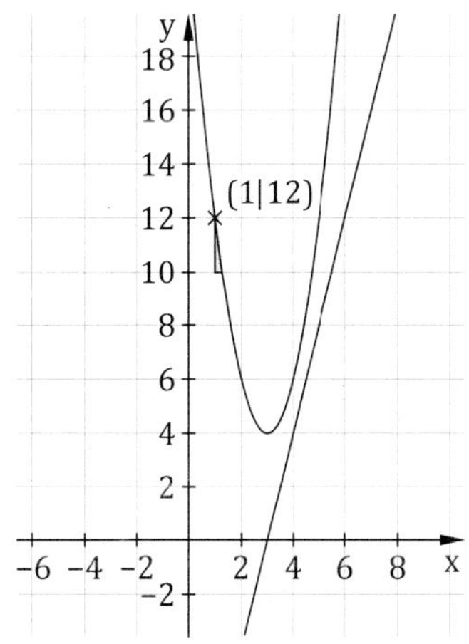

Differenzenquotient an der Stelle $x_0 = 1$:

$$\frac{f(x_0+h)-f(x_0)}{h} = \frac{f(1+h)-f(1)}{h} = \frac{2(1+h-4)^2-12}{h} = \frac{2h^2-8h+8+4-12}{h} = 2h - 8$$

Seite 10 | Aufgabe 2

a) $\lim\limits_{h \to 0} \frac{\frac{1}{3}(x_0+h)-\frac{1}{3}x_0}{h} = \frac{1}{3}; f'(x) = \frac{1}{3}$

b) $\lim\limits_{h \to 0} \frac{(2(x_0+h)-3)-(2x_0-3)}{h} = \lim\limits_{h\to 0} \frac{2h}{h} = 2;\ f'(x) = 2$

c) $\lim\limits_{h \to 0} \frac{3(x_0+h)^2-3x_0^2}{h} = \lim\limits_{h\to 0} \frac{6x_0h+3h^2}{h} = \lim\limits_{h\to 0}(6x_0 + 3h) = 6x_0;\ f'(x) = 6x$

d) $\lim\limits_{h \to 0} \frac{2(x_0+h)^3-2x_0^3}{h} = \lim\limits_{h\to 0} \frac{2x_0^3+6x_0^2h+6x_0h^2-2x_0^3}{h} = \lim\limits_{h\to 0}(6x_0^2 + 6x_0h + 2h^2) = 6x_0^2;\ f'(x) = 6x^2$

Seite 10 | Aufgabe 3

a) $f'(x) = 6x, f'(2) = 12$

b) $f'(x) = 2x - 2, f'(1) = 0$

c) $f'(x) = 5, f'(6) = 5$

d) $f'(x) = 3x^2 - 10x + 7, f'(0) = 7$

e) $f'(x) = 0, f'(27) = 0$

f) $f'(x) = 8x - 5, f'(-2) = -21$

Seite 10 | Aufgabe 4

a) $f'(x) = 12x^2 - 8$

b) $f'(x) = -4x - 8$

c) $f'(x) = 3\cos(x)$

d) $f'(x) = -8x^{-5}$

e) $f'(x) = \frac{5^{-\frac{2}{3}}}{3}$

f) $f'(x) = -3\sin(x) + \frac{1}{2}x^{-3}$

Seite 10 | Aufgabe 5

a) $f'(x) = 2x + 2$

b) $f'(x) = 4x - 16$

c) $f'(x) = 50x$

d) $f'(x) = 2 + x^{-2} = x + \frac{1}{x^2}$

e) $f'(x) = \frac{1}{2}x^{-\frac{1}{2}} = \frac{1}{2\sqrt{x}}$

f) $f'(x) = \frac{1}{3}x^{-\frac{2}{3}}$

g) $f'(u) = 2 + \frac{1}{3}u^{-\frac{2}{3}}$

h) $f'(x) = 5ax^4 - 3ax^2$

i) $f'(a) = x^5 + x^3$

Seite 10 | Aufgabe 6

a) $f'(x) = 8x - 3; f(2) = 15$: P(2|15)
$f'(2) = 13$ (=m), $15 = 13 \cdot 2 + b \Rightarrow b = -11$
Tangentengleichung: $y = 13x - 11$

b) $f'(x)=3x^2 - 6x + 5$; P(1|1) ; $f'(1) = 2$; $1 = 2 \cdot 1 + b \Rightarrow b = -1$
Tangentengleichung: $y = 2x - 1$

c) $f'(x)=\cos(x)$; P(π|0); $f'(\pi) = -1$; $0 = -1 \cdot \pi + b \Rightarrow b = \pi$
Tangentengleichung: $y = -x + \pi$

d) $f'(x)=\frac{1}{2\sqrt{x}}$; P(9|3); $f'(9) = \frac{1}{6}$; $3 = \frac{1}{6} \cdot 9 + b \Rightarrow b = \frac{3}{2}$
Tangentengleichung; $y = \frac{1}{6}x + \frac{3}{2}$

Seite 10 | Aufgabe 7

a)

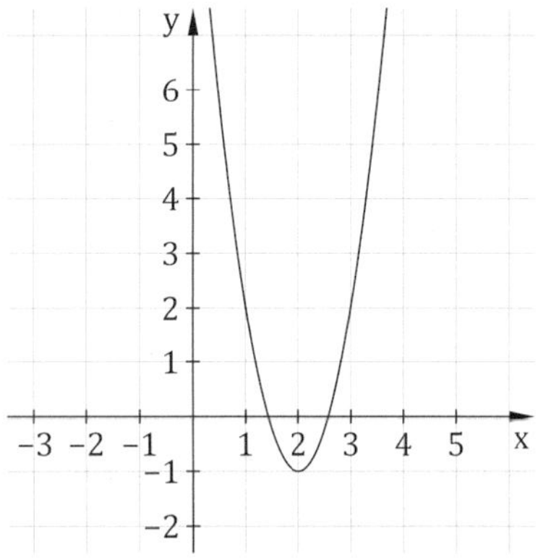

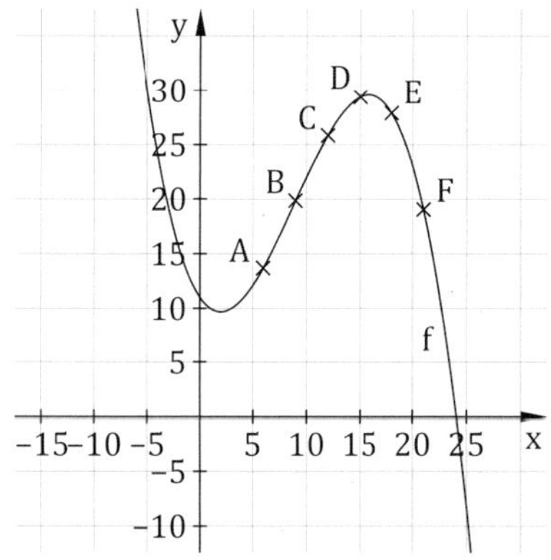

Scheitelpunktform: $f(x) = 3x^2 - 12x + 11$

$f(x) = 3\left(x^2 - 4x + 4 - 4 + \frac{11}{3}\right)$

$f(x) = 3\left((x-2)^2 - \frac{1}{3}\right)$

$f(x) = 3(x-2)^2 - 1$

b) P und Q: $m = \frac{f(3) - f(2)}{3 - 2} = \frac{2-(-1)}{1} = 3$

Q und R: $m = \frac{f(4) - f(3)}{4 - 3} = \frac{11-2}{1} = 9$

R und S: $m = \frac{f(5) - f(4)}{5 - 4} = \frac{26-11}{1} = 15$

c) $f'(x) = 6x - 12$

P und Q: $f'(x) = 3 = 6x - 12 \Leftrightarrow x = \frac{5}{2}$; $f\left(\frac{5}{2}\right) = -\frac{1}{4} \Rightarrow P_1\left(\frac{5}{2}\middle|-\frac{1}{4}\right)$

Q und R: $f'(x) = 9 = 6x - 12 \Leftrightarrow x = \frac{7}{2}$; $f\left(\frac{7}{2}\right) = 5\frac{3}{4} \Rightarrow P_1\left(\frac{7}{2}\middle|5\frac{3}{4}\right)$

R und S: $f'(x) = 15 = 6x - 12 \Leftrightarrow x = \frac{9}{2}$; $f\left(\frac{9}{2}\right) = 17\frac{3}{4} \Rightarrow P_1\left(\frac{9}{2}\middle|17\frac{3}{4}\right)$

Seite 10 | Aufgabe 8

a)

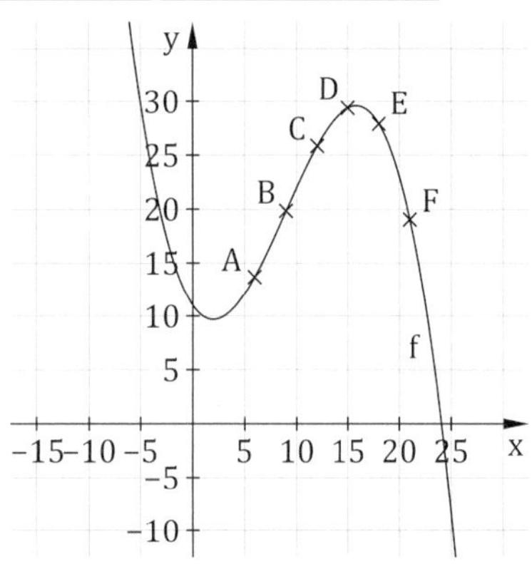

b) 6 Uhr bis 9 Uhr: $m = \frac{20-14}{3} = 2\,\frac{°C}{h}$ 9 Uhr bis 12 Uhr: $m = 2\,\frac{°C}{h}$ 12 Uhr bis 15 Uhr: $m = \frac{4\,°C}{3\,h}$

15 Uhr bis 18 Uhr: $m = -\frac{2\,°C}{3\,h}$ 18 Uhr bis 21 Uhr: $m = -\frac{2\,°C}{3\,h}$

c) Der Hochpunkt dieses Graphen liegt bei ungefähr (16|29,5). Beim Betrachten der Tabelle ist der höchste Wert um 15 Uhr mit 30°C erreicht.

Den steilsten Anstieg des Graphen kann man bei etwa 9:00 erkennen, hier steigt die Temperatur also am stärksten.

Seite 10 | Aufgabe 9

a) $s(3) = 4{,}905 \cdot 3^2 = 44{,}145$; Der Springer legt im freien Fall 44,145 m zurück.

b) Die Geschwindigkeiten errechnet man mithilfe der ersten Ableitung: $s'(t) = 9{,}81t$

$s'(1) = 9{,}81$ $s'(2) = 19{,}62$ $s'(3) = 29{,}43$

Der Springer hat nach 1 Sekunde die Geschwindigkeit $9{,}81\,\frac{m}{s}$, nach 2 Sekunden sind es $19{,}62\,\frac{m}{s}$, nach 3 Sekunden $29{,}43\,\frac{m}{s}$.

c) Die Steigung m der Sekante zwischen den Punkten $t = 0$ und $t = 3$ entspricht der mittleren Änderungsrate von f. Sie lässt sich mit einem Differenzenquotienten berechnen:

$m = \frac{s(3)-s(0)}{3-0} = \frac{44{,}145}{3} = 14{,}715$

Im Durchschnitt war der Springer $14{,}715\,\frac{m}{s}$ schnell.

Seite 12 | Aufgabe 10

a) $f'(x) = -4x^3 + 6x^2$
   $f''(x) = -12x^2 + 12x$
   $f'''(x) = -24x + 12$
   $f'(x) = 0 \Rightarrow x_{1,2} = 0, x_3 = 1,5$
   $f''(0) = 0, f'''(0) = 12$, d. h. Sattelpunkt in $(0|0)$
   $f''(1,5) = -9 < 0$ d .h. lokaler Hochpunkt bei $(1,5|1,6875)$
   Graph von f ist monoton steigend für $x< 1,5$ und streng monoton fallen für $x> 1,5$

b) $f''(x) = 0 \Rightarrow x_1 = 0, x_2 = 1$
   x_1: $f'''(0) = +12 > 0$; $f(0) = 0$: Wendepunkt bei $(0|0)$, Wechsel von Rechts- zu Linkskrümmung
   x_2: $f'''(1) = -12 < 0$; $f(1) = 1$:Wendepunkt bei $(1|1)$, Wechsel von Links- zu Rechtskrümmung

Seite 12 | Aufgabe 11

a) Die Ableitungsfunktion schneidet die x-Achse in $(1|0)$, wechselt also dort ihr Vorzeichen von positiv in negativ. Also besitzt f einen Hochpunkt in $x = 1$. Außerdem ist die Ableitung eine Gerade, der Graph f also eine nach unten geöffnete Parabel. f hat damit den Grad 2.

b) Nullstellen der Ableitungsfunktion bei $x = -2$ (Minus nach Plus) und $x = 2$ (Plus nach Minus). Das bedeutet: Die Funktion f hat einen Tiefpunkt bei $x = -2$ und einen Hochpunkt bei $x = 2$. Der Graph von f ist für $x < -2$ monoton fallend, für $-2 < x < 2$ monoton steigend und für $x > 2$ monoton fallend.
   Der Graph f' besitzt einen Hochpunkt bei $(0|2)$, also besitzt der Graph f an diesem Punkt eine Wendestelle.
   Der Graph der Ableitung ist eine Parabel, also hat die Funktion f den Grad 3.

c) Der Graph von f' hat eine einfache Nullstelle bei $x = -1$ (Minus nach Plus) und eine doppelte Nullstelle bei $x = 2$, außerdem einen Hochpunkt bei $(0|3)$ und einen Tiefpunkt bei $(2|0)$. Das bedeutet: Der Graph von f besitzt ein Tiefpunkt bei $x = -1$, einen Sattelpunkt bei $x = 2$ und einen Wendepunkt bei $x = 0$. Er ist für $x < -1$ monoton fallend und für $x > -1$ monoton steigend.

Seite 12 | Aufgabe 12

Beispiellösungen:

a)
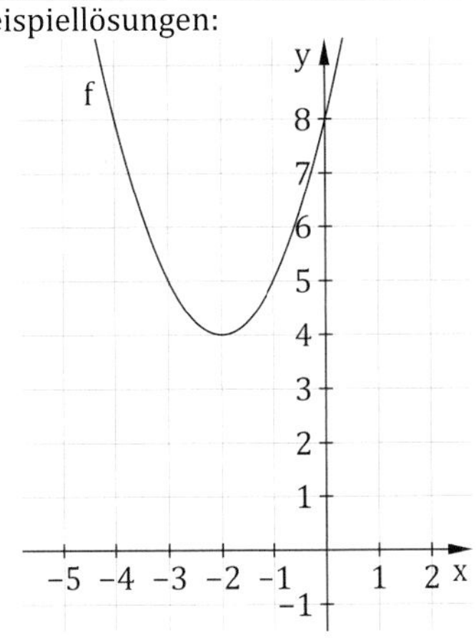

b)
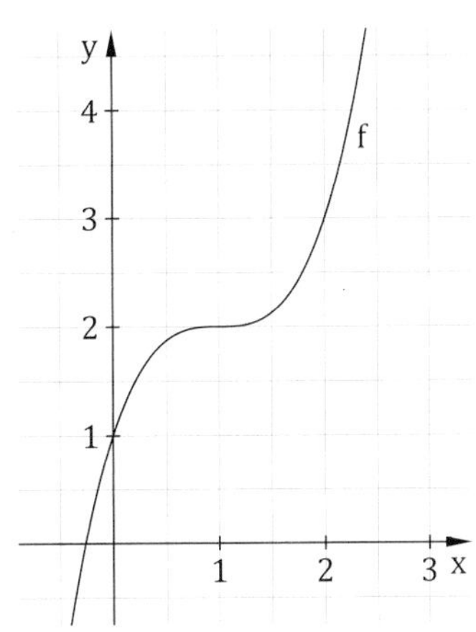

c)
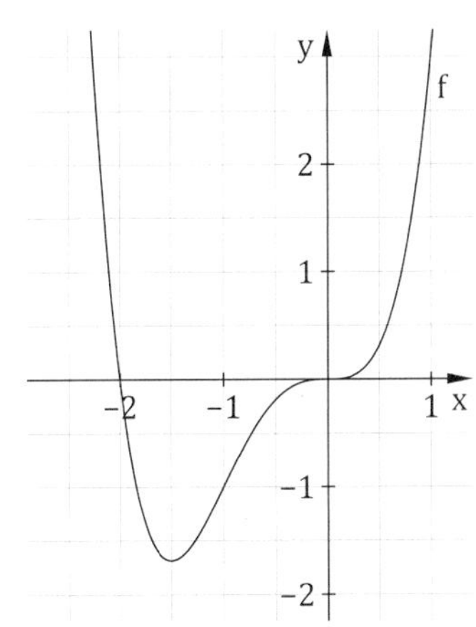

d)
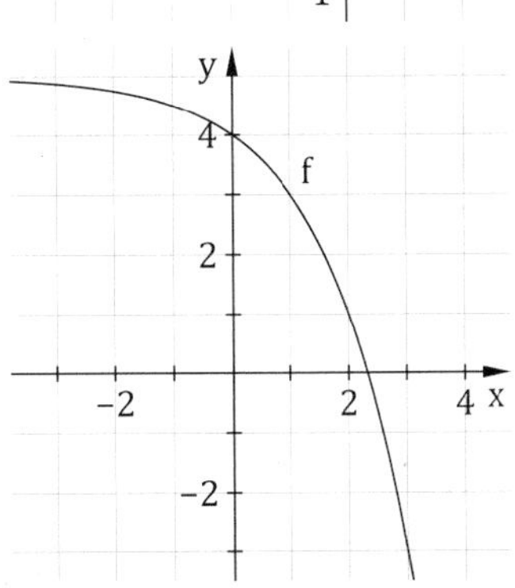

e)
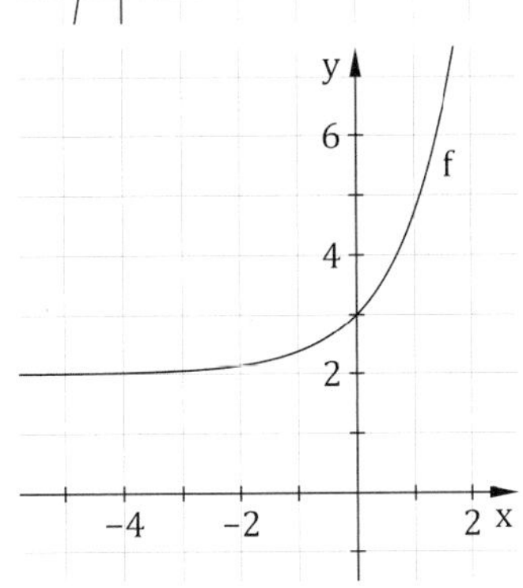

Seite 13 | Aufgabe 13

a) Graph ③ ist f, Graph ② ist f' und Graph ① ist f''.
   Begründung;
   Die Extremstellen von ③ entsprechen den Nullstellen von ②, also ist ② die Ableitung von ③.
   Die Extremstellen von ② entsprechen den Nullstellen von ①, also ist ① die Ableitung von ②.
   ① ist eine Parabel (Grad 2), ② eine Funktion vom Grad 3, ③ eine Funktion vom Grad 4.

b) Graph ③ ist f, Graph ① ist f' und Graph ② ist f''.
   Begründung;
   Die Extremstellen von ③ entsprechen den Nullstellen von ①, also ist ①die Ableitung von ③.
   Die Extremstellen von ① entsprechen den Nullstellen von ②, also ist ② die Ableitung von ①.

Seite 13| Aufgabe 14

Beispiellösungen:

a)

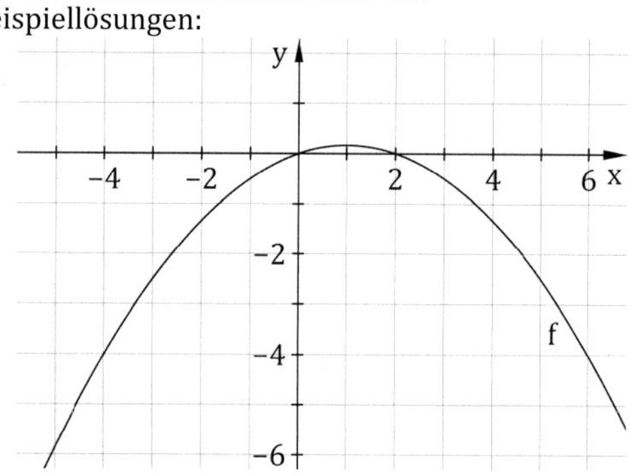

b)

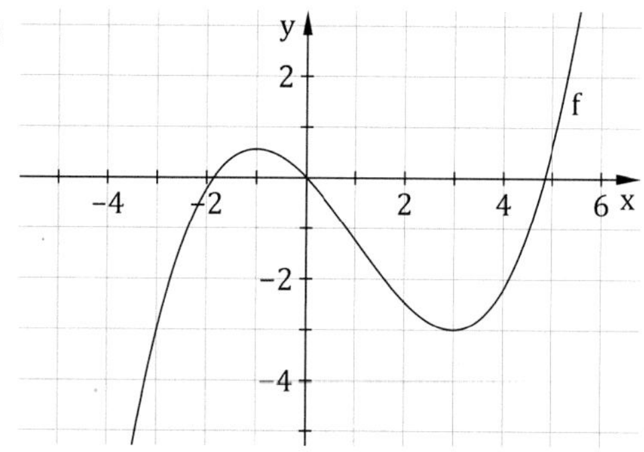

c)

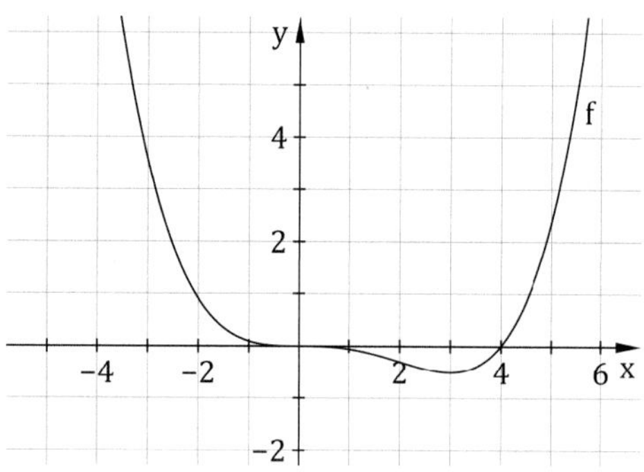

d)

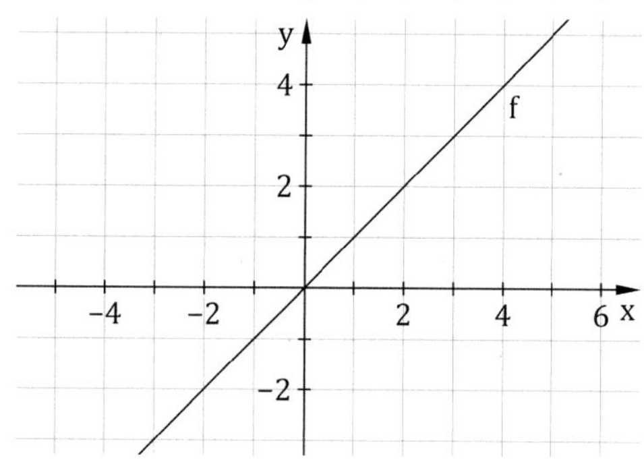

Seite 13 | Aufgabe 15

a) $f'(x) = 3x^2 + 12x + 9$
$f''(x) = 6x + 12$
$f'''(x) = 6$
Tiefpunkt in (–1|–4)
Hochpunkt in (–3|0)
Wendepunkt in (–2|–2).
Monotonieverhalten:
Für $x < -3$ streng monoton steigend,
für $-3 < x < -1$ streng monoton fallend,
für $x > -1$ streng monoton steigend.
Wendetangente: $y = -3x - 8$

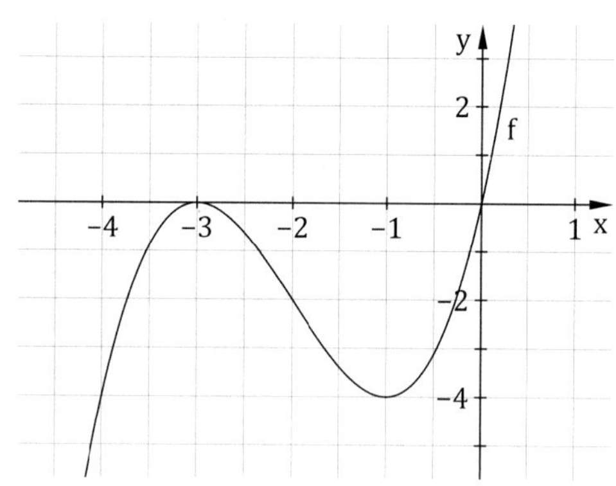

b) $f'(x) = 4x^3 - 24x^2 + 36x$
$f''(x) = 12x^2 - 48x + 36$
$f'''(x) = 24x - 48$
Tiefpunkt in (0|0)
Wendepunkt in (1|11)
Sattelpunkt und Wendepunkt in (3|27).
Monotonieverhalten:
Für $x < 0$ streng monoton fallend,
für $x > 0$ monoton steigend
Wendetangente: $y = 16x - 5$ im für Punkt (1|1)
$y = 27$ im Punkt (3|27)

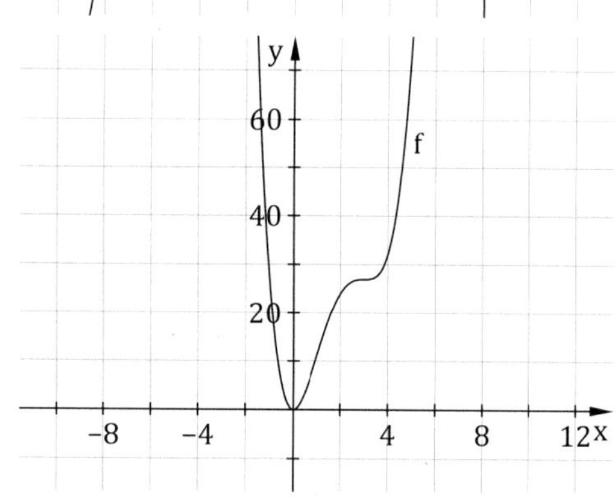

c) $f'(x) = -\sin(x) + 1$
$f''(x) = -\cos(x)$
$f'''(x) = \sin(x)$
Wendepunkte bei $x = \pi k + \frac{\pi}{2}$
Monotonieverhalten:
monoton steigend.
Wendetangenten:
$y = 0$ für Wendepunkte bei $x = 2\pi k + \frac{\pi}{2}$
$y = 2x - 1{,}5\pi$ für Wendepunkte bei $x = \pi k + \frac{\pi}{2}$

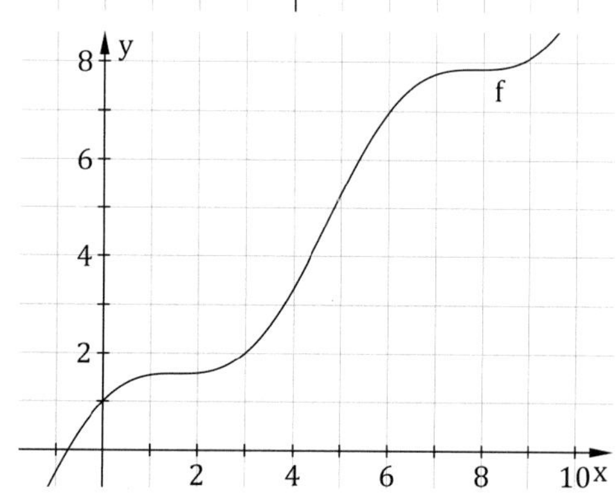

Seite 13 | Aufgabe 16

Fehler im ersten Druck des Schülerbuchs: die korrekten Zahlen an der t-Achse sind 0,25; 0,5; 0,75; 1 und 1,25.

a) Der Graph besitzt in $t = 0$ und $t = 1$ einen Tiefpunkt, in $t \approx 0{,}67$ einen Hochpunkt. Am steilsten ist der Graph für ca. $t > 0{,}26$.

b) Der Wanderer wird im Intervall $0 < t < 0{,}26$ schneller, für $0{,}26 < t < 0{,}67$ langsamer, bis er bei $t = 0{,}67$ die Richtung wechselt. Im Intervall $0{,}67 < t < 0{,}85$ wird er schneller, für $0{,}85 < t < 1$ langsamer, bis er bei $t = 1$ die Richtung wechselt. Ab $t > 1$ wird er schneller.

c) $v(t) = 0$ bei $t_1 = 0$, $t_2 = 1$, $t_3 = \frac{2}{3}$

Die Geschwindigkeit ist null bei $t = 0$, $t = 1$ und $t = 0{,}67$.

$v'(t) = 216t^2 - 240t + 48$ | $v''(t) = 432t - 240$ | $v'''(t) = 432$

$v'(t) = 0$ bei $t_1 \approx 0{,}85$ und $t_1 \approx 0{,}26$ | $v''(0{,}85) = 127{,}2 > 0$: Minimum | $v''(0{,}26) = -127{,}68 < 0$: Maximum

Seite 14 | Aufgabe 17

a) falsch. Zwar ist die Steigung bei einer Extremstelle gleich Null, dies gilt aber auch für einen Sattelpunkt. Es muss also keine Extremstelle vorliegen.

b) wahr, die Steigung bei einer Extremstelle ist immer gleich Null.

c) wahr, da die Funktion in ganz R definiert ist, muss zwischen zwei Hochpunkten ein Tiefpunkt liegen.

d) wahr, jede ganzrationale Funktion mit Grad 2 hat mindestens einen Extrempunkt.

e) wahr, „waagrechte Tangente“ bedeutet Steigung Null, dies gilt in Extrempunkten und Sattelpunkten, einen dieser Punkte hat jeder ganzrationale Funktion 3. Grades.

f) wahr, bei einem Tiefpunkt wechselt die Steigung von Minus nach Plus und in einem Hochpunkt von Plus nach Minus.

g) wahr. Bei Extremstellen sind die Steigung und damit die Ableitung Null.

Seite 14 | Aufgabe 18

a) $f'(x) = 3x^2 + 6x$, $f'(x) = 0$ bei $x_1 = 0$, $x_2 = -2$

$f(0) = 1$; $f(-2) = 5$

$f''(x) = 6x + 6$:

$f''(0) = 6 > 0$: Tiefpunkt bei $(0|1)$

$f''(-2) = -6 < 0$: Hochpunkt bei $f(-2|5)$

b) Randpunkte: $f(-4) = -15$, $f(4) = 113$

$(-4|-15)$ ist globales Minimum und $(4|113)$ globales Maximum von $f(x)$ im Intervall $-4 \leq x \leq 4$.

c) ① $f'(x) = -12x^3 + 12x^2$; $f'(x) = 0$ bei $x_{1,2} = 0$, $x_3 = 1$

$f(0) = 8$, $f(1) = 9$

$f''(x) = -36x^2 + 24x$

$f''(0) = 0$, kein Vorzeichenwechsel der Ableitung: keine Extremstelle bei $(0|8)$

$f''(1) = -12 < 0$: Hochpunkt bei $(1|9)$

Randpunkte: $f(-2) = -72$, $f(2) = -8$

$(-2|-72)$ ist globales Minimum, $(1|9)$ globales Maximum im Intervall $-2 \leq x \leq 2$.

② $f'(x) = 3x^2 - 12x + 9$; $f'(0) = 0$ bei $x_1 = 3$, $x_2 = 1$

$f(3) = -4$, $f(1) = 0$

$f''(x) = 6x - 12$

$f''(3) = 6 > 0$: Tiefpunkt bei $(3|-4)$

$f''(1) = -6 < 0$: Hochpunkt bei $(1|0)$

Randpunkte: $f(0) = -4$, $f(4) = 0$

$(0|-4)$ und $(3|-4)$ sind globale Minima, $(1|0)$ und $(4|0)$ sind globale Maxima im Intervall $0 \leq x \leq 4$.

Seite 14 | Aufgabe 19

a) Gewinn = Erlös – Kosten; Erlös bei x Paletten: $E(x) = 240x$

Also gilt für die Gewinnfunktion:

$G(x) = E(x) - k(x) = 240x - 25x^3 + 300x^2 - 765x - 950 = -25x^3 + 300x^2 - 525x - 900$

Die Kosten betragen 950 €, wenn 0 Paletten produziert werden und $k(9) = 1760$ € bei 9 Paletten (der Höchstmenge pro Tag). Also gilt $k \in [950, 1760]$

b) $G'(x) = -75x^2 + 600x - 525$; $G'(x) = 0$ bei $x_1 = 1$ und $x_2 = 7$

$G''(x) = -150x + 600$

$G''(1) = 450 > 0$: Tiefpunkt

$G''(7) = -450 < 0$: Hochpunkt, $G(7) = 1550$

Den größten Gewinn von 1550 € erzielt die Firma, wenn sie 7 Paletten produziert.

Seite 14 | Aufgabe 20

a) $f(x) = g(x)$: $2x^3 - 4x^2 + x + 8 = 2x^3 - x^2 - 2x + 2$

$-3x^2 + 3x + 6 = 0$

$x^2 - x - 2 = 0$; Lösung: $x_1 = 2$, $x_2 = -1$

$f(2) = 10$; $f(-1) = 1$, also sind die Schnittpunkte $S_1(2|10)$ und $S_2(-1|1)$.

b) Abstand zwischen den Graphen: $A(x) = f(x) - g(x) = -3x^2 + 3x + 6$

$A'(x) = -6x + 3$, Extremwerte: $A'(x) = 0$ bei $x = 0{,}5$

$A''(x) = -6$ $\quad$ $A''(0{,}5) = -6 > 0$: Hochpunkt bei $x = 0{,}5$

An der Stelle $x = 0{,}5$ ist der vertikale Abstand der Funktionsgraphen am größten.

Seite 14 | Aufgabe 21

Abstand der Funktionen (Bachufer): $A(x) = f(x) - g(x) = \frac{1}{10}x^4 - \frac{1}{5}x^2 + 1$

$A'(x) = \frac{2}{5}x^3 - \frac{2}{5}x$: $A'(x) = 0$ bei $x_1 = 0$, $x_2 = -1$, $x_3 = 1$;

$A''(x) = \frac{6}{5}x^2 - \frac{2}{5}$

$A''(0) = -\frac{2}{5} < 0$: Hochpunkt bei $x = 0$, Abstand dort $A(0) = 1$

$A''(-1) = \frac{4}{5} > 0$: Tiefpunkt bei $x = -1$, Abstand dort: $A(-1) = 0{,}9$

$A''(1) = \frac{4}{5} > 0$: Tiefpunkt bei $x = 1$, Abstand dort $A(1) = 0{,}9$

Abstand an den Randpunkte: $A(2) = A(-2) = 1{,}8$

Es muss also mindestens der Uferabstand 0,9 m überwunden werden (an den Stellen $x = -1$ und $x = 1$), maximal der Uferabstand 1,8 m an den Randpunkten des untersuchten Bereichs ($x = -2$ und $x = 2$).

Seite 15 | Aufgabe 22

a) $f'(x) = 6x$, $f'(2) = 12$

Normalensteigung: $m = -\frac{1}{12}$; $f(2) = 13 \Rightarrow 13 = -\frac{1}{12} \cdot 2 + b \Rightarrow b = 13\frac{1}{6}$

$n(x) = -\frac{1}{12}x + 13\frac{1}{6}$

b) $g'(x) = 2\cos(x)$, $g'(\pi) = -2$

Normalensteigung: $m = \frac{-1}{-2} = \frac{1}{2}$, $g(\pi) = 0 \Rightarrow 0 = \frac{1}{2} \cdot \pi + b \Rightarrow b = -\frac{\pi}{2}$

$n(x) = \frac{1}{2}x - \frac{\pi}{2}$

c) Steigung der Tangente im Punkt a: $m = f'(a) = 2a$

Wenn die Tangenten in x_1 und x_2 senkrecht aufeinander stehen sollen, muss also gelten: $2x_1 = -\frac{1}{2x_2}$

Beispielpunkte: $x_1 = 1$, also $P_1(1|1)$, dann ist $x_2 = -0{,}25$, also $P_2(-0{,}25|0{,}125)$

$x_1 = 0{,}5$, also $P_1(0{,}5|0{,}25)$, dann ist $x_2 = -1$, also $P_2(-0{,}5|0{,}25)$

Seite 15 | Aufgabe 23

a) Beim Aufprall hat die Kugel die Strecke $s = H$ zurückgelegt: Aus $H = \frac{1}{2}gt^2$ folgt $t = \sqrt{\frac{2s}{g}}$.

b) Insgesamt wird ein Weg der Länge $H + h = H + H - (H - h) = 2H - (H - h)$ zurückgelegt.

Mit der Formel aus a) folgt also $t(H) = 2 \cdot \sqrt{\frac{2H}{g}} - \sqrt{\frac{2(H-h)}{g}}$.

c) $t(H) = 2 \cdot \sqrt{\frac{2H}{g}} - \sqrt{\frac{2(H-0{,}5)}{g}}$

$t'(H) = 2 \cdot \sqrt{\frac{2}{g}} \cdot \frac{1}{2\sqrt{H}} - \sqrt{\frac{2}{g}} \cdot \frac{1}{2\sqrt{H-0{,}5}}$; $t'(H) = 0$ bei $H = \frac{2}{3}$

$t''(\frac{2}{3}) > 0$: Minimum.

Die Kugel muss somit aus einer Höhe von 0,67 m fallen, um in möglichst kurzer Zeit 0,5 m wieder zu erreichen.

Seite 15| Aufgabe 24

a) $f'(x) = 3x^2 + 6x - b$

$f'(1) = 0$ bei $b = 9$

$f'(-3) = 0$ ebenfalls bei $b = 9$

b) $f''(x) = 6x + 6$, $f''(1) = 12 > 0$: Tiefpunkt; $f''(-3) = -12$: Hochpunkt

Es sei $f(1) = -8 \Rightarrow 1^3 + 3 \cdot (1)^2 - 9 \cdot 1 + c = -8 \Rightarrow c = -3$

c) $f'(x) = 3x^2 + 6x - b = 0 \Rightarrow x^2 + 2x - \frac{b}{3} = 0$

$x_{1,2} = -1 \pm \sqrt{1 + \frac{b}{3}}$

Es gibt keine Lösung, wenn $1 + \frac{b}{3} < 0$, also $b < -3$.

Seite 15 | Aufgabe 25

a) $f(x) = x^3 + ax^2 + x = 0$ bei $x_1 = 0$, und $x_{2,3} = -\frac{a}{2} \pm \sqrt{\frac{a^2}{4} - 1}$

Genau einen Extrempunkt bei $x = 0$ hat die Funktion, wenn die Gleichung für $x_{2,3}$ keine Lösung hat, also für $-2 < a < 2$.

b) Genau zwei Extrempunkte hat die Funktion, wenn die Gleichung für $x_{2,3}$ nur eine Lösung hat, also für $a = 2$ und $a = -2$.

Bei $a = 2$ liegen die Extremstellen dann bei $x_1 = 0$ und $x_2 = -1$, bei $a = -2$ bei $x_1 = 0$ und $x_2 = 1$.

c) Die größtmögliche Anzahl an Extrempunkten ist 3, dies ergibt sich für $a < -2$ und $a > 2$.

d) $f''(x) = 3x^2 + 2ax + 1$; $f''(x) = 0$ bei $x^2 + \frac{2}{3}ax + \frac{1}{3} = 0$, also $x_{1,2} = -\frac{a}{3} \pm \sqrt{\frac{a^2}{9} - \frac{1}{3}}$

Kein Wendepunkt für $\frac{a^2}{9} - \frac{1}{3} < 0$, also $-\sqrt{3} < a < \sqrt{3}$

Ein Wendepunkt für $\frac{a^2}{9} - \frac{1}{3} = 0$, also $a = -\sqrt{3}$ und $a = \sqrt{3}$

Zwei Wendepunkte für $\frac{a^2}{9} - \frac{1}{3} > 0$, also $a < -\sqrt{3}$ und $a > \sqrt{3}$

Streifzug: „Wenn ..., dann...“-Sätze logisch äquivalent umformen

Seite 16 | Einstieg

③, ④ und ⑥ sind logisch gleichwertig zu der Aussage.

Seite 17 | Aufgabe 1

a) Es ist A: Graph an Stelle x_1 einen Tiefpunkt; B: $f''(x_1) > 0$
Wenn der Graph f an der Stelle x_1 einen Tiefpunkt hat, dann gilt $f''(x_1) > 0$.
b) Wenn $f''(x_1) \leq 0$ dann hat der Graph von f an der Stelle x_1 keinen Tiefpunkt.
c) „Der Graph von f hat an der Stelle x_1 einen Tiefpunkt“ ist eine hinreichende Bedingung für $f''(x_1) > 0$.

Seite 17 | Aufgabe 2

a) Wenn eine Lampe leuchtet, dann ist der Schalter der Lampe auf EIN gestellt.
b) Wenn der Schalter einer Lampe nicht auf EIN gestellt ist, dann leuchtet die Lampe nicht.
c) Das Leuchten einer Lampe ist eine hinreichende Bedingung dafür, dass der Schalter der Lampe auf EIN gestellt ist.

Seite 17 | Aufgabe 3

Implikation: Wenn ein Viereck ein Quadrat ist, so ist dieses Viereck ein Rechteck.
Hinreichend: Dass ein Viereck ein Quadrat ist, ist eine hinreichende Bedingung dafür, dass dieses Viereck ein Rechteck ist.
Kontraposition: Wenn ein Viereck kein Rechteck ist, so ist dieses Viereck kein Quadrat.

Seite 17 | Aufgabe 4

a) Für ① und ③ richtig. ② ist falsch, da der Zug bei W_2 noch umgelenkt werden kann. Dies trifft bei ① und ③ nicht zu.
b) Für ② und ③ richtig, bei ① kann der Zug bei W_1 rechts noch durch W_2 zum Bahnhof gelenkt werden.
c) Für ② und ③ richtig, bei ① kann der Zug bei W_1 rechts noch durch W_2 zum Bahnhof gelenkt werden..
d) Für ② richtig, da der Zug bei W_2 noch umgelenkt werden kann.
e) Für ① und ③ richtig, da bei diesen Bildern hinter W_1 der Zug nicht mehr umgelenkt werden kann.

Seite 17 | Aufgabe 5

Jana: Das muss nicht sein, $f'(x) = 0$ ist nur eine notwendige, keine hinreichende Bedingung für einen Hoch- oder Tiefpunkt.
Kilian: Falsche Ableitung $f'(x) = 3x^2$, also $f'(3) = 3 \cdot 3^2 = 27$. Die Schlussfolgerung ist dagegen richtig, da an der Stelle 3 die notwendige Bedingung für die Existenz von lokalen Extrempunkten nicht erfüllt ist.
Lewis: Die Folgerung ist falsch, denn obwohl f an der Stelle keinen Hoch- oder Tiefpunkt hat, kann die notwendige Bedingung $f'(x_0) = 0$ erfüllt sein.

Seite 17| Aufgabe 6

a) Kontraposition des Satzes: Aus $x \geq 5$ folgt, dass $|x - 4| \geq 1$ gilt.
Beweis der Kontraposition:
(1) Aus $x = 5$ folgt $|x - 4| = 1$.
(2) Aus $x > 5$ folgt $|x - 4| > 1$.
Aus (1) und (2) folgt: Wenn $x \geq 5$, dann ist $|x - 4| \geq 1$. q.e.d.
Direkter Beweis des Satzes „Aus $|x - 4| < 1$ folgt, dass $x < 5$ gilt.“
(1) Fallunterscheidung zum Auflösen des Betragszeichens:
Fall 1: Für $x - 4 \geq 0$ ist $|x - 4| = x - 4$
Fall 2: Für $x - 4 < 0$ ist $|x - 4| = -(x - 4) = -x + 4$
(2) Aus (1), Fall 1 folgt: Für $x \geq 4$ gilt $x - 4 < 1$, also $x < 5$
(3) Aus (1), Fall 2 folgt: Für $x < 4$ gilt $-x + 4 < 1$, d. h. $3 < x$, also: $3 < x < 4$
Aus (2) und (3) folgt: $x < 5$. q.e.d.

b) Kontraposition des Satzes:
Wenn 3 Teiler von a und 3 Teiler von b ist, dann ist 3 ein Teiler von a + b.
Beweis der Kontraposition:
(1) $3|a$ bedeutet: Es gibt eine natürliche Zahl n, so dass gilt $3n = a$.
(2) $3|b$ bedeutet: Es gibt eine natürliche Zahl m, so dass gilt $3m = b$.
(3) Aus (1) und (2) folgt: $a + b = 3n + 3m = 3(n + m)$
(4) Aus (3) folgt: a+ b ist ein Vielfaches von 3, also gilt $3|(a+b)$. q.e.d.
Indirekter Beweis des Satzes
„Wenn 3 kein Teiler von a + b ist, dann gilt nicht, dass 3 Teiler von a und 3 Teiler von b ist.“
Annahme: Die Behauptung ist falsch, also es gelte: 3 ist ein Teiler und 3 ist ein Teiler von b
Dann folgt daraus:
(1) $3|a$ bedeutet: Es gibt eine natürliche Zahl n, so dass gilt $3n = a$.
(2) $3|b$ bedeutet: Es gibt eine natürliche Zahl m, so dass gilt $3m = b$.
(3) Aus (1) und (2) folgt: $a + b = 3n + 3m = 3(n + m)$
(4) Aus (3) folgt: a+ b ist ein Vielfaches von 3, also gilt $3|(a+b)$
Das steht im Widerspruch zur Voraussetzung. Somit ist die Annahme falsch und die Behauptung wahr. q.e.d.

1.2 Lineare Gleichungssysteme

Seite 18 | Einstieg

a) $y = -1, x = 3$
b) Durch Addieren der zweiten und dritten Zeile des linken LGS erhält man $z = 3$ als dritte Zeile des linken LGS.

Seite 19 | Aufgabe 1

a) $x = 25{,}5, y = 35{,}5, z = -11$
b) $x = 1, y = 1, z = -1$
c) $x = 4, y = 2, z = 3$
d) $x = -1{,}25, y = 1, z = 1$
e) $x = 1, y = 2, z = 5$
f) $x = 6, y = 7, z = 8$

Seite 19 | Aufgabe 2

a) $x = -3, y = 2, z = 1$
b) $x = 7, y = 5, z = 3$
c) $x = \frac{405}{82}, y = \frac{94}{41}, z = \frac{85}{41}$
d) $x = 0{,}5, y = 1, z = 2$
e) $x = \frac{1}{3}, y = 2, z = -0{,}5$
f) $x = 1, y = 0, z = -1$

Seite 19 | Aufgabe 3

a) $x = -1, y = 2, z = 5$
b) $x = 0, y = 1, z = 3$
c) $x = -\frac{1}{2}, y = \frac{1}{3}, z = 0$

Seite 20 | Aufgabe 4

Fehler im ersten Druck des Schülerbuchs: Auf dem Zettel ganz rechts soll 2x Eistee stehen. So ergeben sich realistische Zahlen.
Lösung korrigierte Aufgabe: x: Preis für den Kaffee: 2,25 €y: Preis für das Wasser: 1,80 €; z: Preis für den Eistee: 2,75 €
Lösung ursprüngliche Aufgabe: x: Preis für den Kaffee: $1{,}5\overline{3}$ €; y: Preis für das Wasser: $3{,}5\overline{3}$ €; z: Preis für den Eistee: $1{,}7\overline{3}$ €

Seite 20 | Aufgabe 5

$a = \frac{1}{4}, b = -\frac{3}{2}, c = \frac{9}{4}$, also $f(x) = \frac{1}{4}x^2 - \frac{3}{2}x + \frac{9}{4}$

Seite 20 | Aufgabe 6

a) $x = 1, y = \frac{1}{2}, z = -\frac{1}{3}$
b) $x = -2, y = 5, z = 3$
c) $x_1 = 3, x_2 = -1, x_3 = 2, x_4 = 1$
d) $x_1 = 2, x_2 = 1, x_3 = -1, x_4 = 3$

Seite 20 | Aufgabe 7

a) $x = 3, y = \frac{14}{3}, z = \frac{17}{3}$
b) $x = 1, y = -1, z = 7$
c) $a = 13, b = -10, c = 15$
d) $x = -2, y = 0, z = = \frac{1}{3}$

Seite 21 | Aufgabe 8

a) eine Lösung: $L = \{(-7|-1|4)\}$
b) unendlich viele Lösungen: $L = \{(-5 + t \mid 4 - 2t|t)\}$
c) keine Lösung
d) unendlich viele Lösungen: $L = \{(2 + 0{,}5t \mid -1 + t|t)\}$
e) eine Lösung: $L = \{(\frac{23}{3}|0|-2)\}$
f) keine Lösung

Seite 21 | Aufgabe 9

a) $L = \{(-2 + 4t|2 - 3t|t);\ t \in \mathbb{R}\}$
b) $L = \{(4 + 2t|8 - 2t|t);\ t \in \mathbb{R}\}$
c) Fehler im ersten Druck des Schülerbuchs: Das LGS hat keine Lösung. Die korrigierte erste Zeile lautet $x - 2y + 3z = -1$
Lösung zu korrigierter Aufgabe: $L = \{(3 - t|2 + t|t);\ t \in \mathbb{R}\}$

Seite 22 | Aufgabe 10

a) ja
b) nein
c) ja
d) ja
e) nein

Seite 22 | Aufgabe 11

Fehler bei Teil b) im ersten Druck des Schülerbuchs: Das LGS ist identisch mit dem aus Teil a)
Die korrigierte dritte Zeile lautet $-y + 5z = -6$

a) $L = \{\}$
b) $L = \{(8|6|0)\}$ (korrigierte Aufgabe)
c) $L = \{(-1|0|2)\}$
d) $L = \{(1{,}4 + t|0{,}6 + t|t);\ t \in \mathbb{R}\}$
e) $L = \{(1|3|-2)\}$
f) $L = \{\}$

Seite 22 | Aufgabe 12

a) $L = \{(-2|3)\}$
b) $L = \{\}$
c) $L = \{-1 + t|1 - t|t);\ t \in \mathbb{R}\ \}$

Seite 22 | Aufgabe 13

a) Das LGS ist nicht eindeutig Lösbar (Anzahl der frei wählbaren Variablen: 2)
b) Das LGS ist eindeutig lösbar: $L = \{(1{,}5|0{,}5)\}$
c) Das LGS ist nicht lösbar.
d) Das LGS ist eindeutig lösbar: $L = \{(-3|0|1)\}$
e) Das LGS ist nicht eindeutig Lösbar (Anzahl der frei wählbaren Variablen: 1)
f) LGS ist nicht eindeutig Lösbar (Anzahl der frei wählbaren Variablen: 2)

Seite 22 | Aufgabe 14

a) falsch, lösbar ist z. B. $\left(\begin{array}{cc|c} x & y & 1 \\ 2x & -y & -4 \\ 0 & y & 2 \end{array}\right)$
b) falsch, unlösbar ist z. B. $\left(\begin{array}{cc|c} x & y & 1 \\ x & 2y & 1 \\ 0 & y & 2 \end{array}\right)$
c) wahr
b) falsch, z. B. $\left(\begin{array}{ccc|c} 1 & 1 & 1 & 2 \\ 1 & 1 & 1 & 4 \end{array}\right)$
e) falsch, z. B. $\left(\begin{array}{ccc|c} 1 & 1 & 1 & 0 \\ 1 & 1 & -1 & 0 \\ 1 & -1 & -1 & 0 \end{array}\right)$

Seite 22 | Aufgabe 15

Die zweite Addition ist falsch ausgeführt: In der dritten Matrix steht nach der Addition in der dritten Zeile an erster Stelle eine 1, keine 0: (1 0 6 | 6).

Die richtige Lösung ist $L = \left\{\left(\frac{-24}{7} \mid \frac{2}{7} \mid \frac{11}{7}\right)\right\}$.

Seite 22 | Aufgabe 16

a) $L = \{(2|-2|1)\}$

b) $L = \{(-2+2s+2t|s|t);\ t,s \in \mathbb{R}\}$

c) $L = \{\}$

Seite 23| Aufgabe 17

Es gibt zu jeder Matrix nur eine einzige reduzierte Zeilenstufenform. In ihr steht in jeder Zeile nur eine 1, ansonsten Nullen, sodass sich das Ergebnis direkt ablesen lässt.

$\left(\begin{array}{ccc|c} 2 & 8 & -4 & 6 \\ 0 & 3 & 6 & 9 \\ 0 & 0 & -2 & 4 \end{array}\right)$ erste Zeile :2, zweite Zeile: 3, dritte Zeile: (−2)

$\left(\begin{array}{ccc|c} 1 & 4 & -2 & 3 \\ 0 & 1 & 2 & 3 \\ 0 & 0 & 1 & -2 \end{array}\right)$ erste Zeile + dritte Zeile mal 2, zweite Zeile: + dritte Zeile mal (−2)

$\left(\begin{array}{ccc|c} 1 & 4 & 0 & -1 \\ 0 & 1 & 0 & 7 \\ 0 & 0 & 1 & -2 \end{array}\right)$ erste Zeile: + zweite Zeile mal (−4)

$\left(\begin{array}{ccc|c} 1 & 0 & 0 & -29 \\ 0 & 1 & 0 & 7 \\ 0 & 0 & 1 & -2 \end{array}\right)$

Seite 23 | Aufgabe 18

a) $L = \{(3|-2|4)\}$

b) $L = \{(-2 - t|1 - 2t|t);\ t \in \mathbb{R}\}$

c) $L = \{\}$

Seite 23 | Aufgabe 19

a) $L = \{(4|-2|-1)\}$

b) $L = \{(22|-3|4)\}$

c) $L = \{(3|5|3)\}$

Seite 23 | Aufgabe 20

$$\left(\begin{array}{ccc|c} 1 & 1 & 1 & 7 \\ 1 & 1 & 2 & 15 \\ 3 & 3 & 2 & 13 \end{array}\right) \sim \left(\begin{array}{ccc|c} 1 & 1 & 1 & 7 \\ 0 & 0 & 1 & 8 \\ 0 & 0 & 1 & 8 \end{array}\right) \sim \left(\begin{array}{ccc|c} 1 & 1 & 0 & -1 \\ 0 & 0 & 1 & 8 \\ 0 & 0 & 0 & 0 \end{array}\right)$$

Seite 23 | Aufgabe 21

a) $L = \{(12|24|15)\}$

b) $L = \{\}$

c) $L = \{(1+2t|2 - t|t);\ t \in \mathbb{R}\}$

Seite 23 | Aufgabe 22

a) $L = \{(1|-1|-2)\}$

b) $L = \{(0{,}5|2)$

c) $L = \{\}$

d) $L = \{(1|1|1|2)\}$

Seite 23 | Aufgabe 23

a) $\left(\begin{array}{ccc|c} r & h & e & 135 \\ 4r & 2h & 2e & 420 \\ 0r & 2h & 2e & 120 \end{array}\right)$; $L = \{(75|60 - t|t);\ t \in \mathbb{R}\}$

b) $60 - t = 22 \Rightarrow t = 38$: Es leben 75 Rinder, 22 Hühner und 38 Enten auf der Farm.

c) $60 - t = 3t \Rightarrow t = 15$: Es gibt 75 Rinder, 45 Hühner und 15 Enten.

Seite 24 | Aufgabe 24

a) x, y: Anteile der Legierungen 1 und 3

Aufstellen eines LGS: $\left(\begin{array}{cc|c} 0{,}14 & 0{,}24 & 0{,}18 \\ 0{,}10 & 0{,}05 & 0{,}08 \end{array}\right)$; Lösung: (0,6|0,4)

Man muss 0,6 t der ersten Sorte und 0,4 t der zweiten Sorte nehmen.

b) x_1, x_2, x_3 und x_4 sind die Anteile der vier Legierungen 1 bis 4.

$\left(\begin{array}{cccc|c} 1 & 1 & 1 & 1 & 1 \\ 0{,}24 & 0{,}04 & 0{,}14 & 0{,}14 & 0{,}18 \\ 0{,}04 & 0{,}12 & 0 & 0{,}16 & 0{,}08 \end{array}\right)$

Lösung: $L = \{(0{,}8 - t|0{,}4 - t| - 0{,}2 + t|t)\};\ t \in [0{,}2; 0{,}4]$

Setzt man t = 0,3, so verwendet man 0,5 t der Legierung 1, 0,1 t der Legierung 2, 0,1 t der Legierung 3 und 0,3 t der Legierung 4.

Seite 24 | Aufgabe 25

Aufstellen eines Gleichungssystems:

$\left(\begin{array}{ccc|c} 80 & 95 & 80 & 90 \\ 20 & 0 & 10 & 5 \\ 0 & 5 & 10 & 5 \end{array}\right)$ umformen zu $\left(\begin{array}{ccc|c} 1 & 0 & 0 & \frac{1}{6} \\ 0 & 1 & 0 & \frac{2}{3} \\ 0 & 0 & 1 & \frac{1}{6} \end{array}\right)$

Eine solche Legierung kann zusammengeschmolzen werden. Dafür benötigt man $\frac{1}{6}$ von Legierung I, $\frac{2}{3}$ von Legierung II und $\frac{1}{6}$ von Legierung III.

Seite 24 | Aufgabe 26

a) Stellt man ein LGS auf, bekommt man als Lösung für $B = 0$, $C = \frac{3}{2}$ und für $D = -\frac{1}{2}$. Da negative Werte hier keinen Sinn ergeben, kann der Nährstoffgehalt von E durch die Mischung von B, D und C nicht erreicht werden.

b) $L = \{(t|0|1{,}5 - 2t|-0{,}5 + t);\ t \in \mathbb{R}\}$.
Die frei wählbare Variable t (Speise A) kann hier nur Werte im Intervall $[0{,}5;0{,}75]$ annehmen, damit sich keine negativen Werte ergeben.

c) Auf B muss verzichtet werden. Außerdem kann, wenn es von $A = 0{,}5$ gibt, auf Speise D verzichtet werden. Genauso kann auf C verzichtet werden, wenn es von $A = 0{,}75$ gibt.

Seite 24 | Aufgabe 27

a) Substanz 1: 27,5 %,; Substanz 2: 37,5 %, Substanz 3: 3,75 %; Substanz 4: 31,25 %

b) $L = \{(t|-0{,}25 + t\ |\ 1{,}25 - 2t);\ t \in \mathbb{R}\}$
Alle Komponenten sind nicht negativ, wenn $t \in [0{,}25;\ 0{,}625]$
Den kleinsten Anteil von A erhält man also für $t = 0{,}25$. Dann hat B den Anteil 0 und C den Anteil 0,75.

c) Das LGS ist dann nur lösbar, wenn $D = 0$ ist. A hat dann einen Anteil von $\frac{5}{8}$ und B von $\frac{3}{8}$.

Seite 24 | Aufgabe 28

a) x: Alter von Max heute, y: Alter von Nele heute
$x = y + 5$
$x + 3 = 2(y + 3)$; Lösung: $x = 7, y = 2$

b) x: Alter der Großmutter, y: Alter der Mutter, z: Alter der Tochter
$x + y + z = 140$
$y = x + 28$
$y = z - 36$; Lösung: $x = 80, y = 44, z = 16$

Seite 25 | Aufgabe 29

a) Es gibt unendlich viele Möglichkeiten, z. B. 40 g Spinat, 10 g Rotkohl, 120 g Paprika und 30 g Pastinake.

b) Auch hier gibt es unendlich viele Möglichkeiten, z. B. 40 g Spinat, 70 g Rotkohl und 90 g Paprika.

Seite 25 | Aufgabe 30

a) C: $x_1 = x_4$; H: $4x_1 = 2x_3$; O: $2x_2 = x_3 + 2x_4$
Setzt man $x_1 = 1$ ergibt sich: $CH_4 + 2O_2 \rightarrow 2H_2O + CO_2$

b) 2C8H18 + 25 02 → 16CO2 + 18H2=

c) $3H_2SO_4 + 2Al(OH)_3 \rightarrow 6H_2O + Al_2(SO_4)_3$

d) $3Cu + 8HNO_3 \rightarrow 2NO + 3Cu(NO_3)_2 + 4H_2O$

e) $16HCl + 2KMnO_4 \rightarrow 5Cl_2 + 2MnCl_2 + 2KCl + 8H_2O$

f) Mit einer frei wählbaren Variablen sind die Proportionen festgelegt, nicht aber die absolute Menge.

Seite 25 | Aufgabe 31

a) Keine Lösung für $c = 0$, eindeutige Lösungen für $c \in \mathbb{R}/\{0\}$: $L = \left\{\left(1 - \frac{1}{c} | 1 - \frac{1}{c} | \frac{1}{c}\right)\right\}$

b) Für beliebiges c erhält man:

$$\left(\begin{array}{ccc|c} 4 & 2c+4 & 2c-4 & 16 \\ 1 & 2 & 0 & 4 \\ 0 & c+1 & -1 & 6 \end{array}\right) \sim \left(\begin{array}{ccc|c} 4 & 2c+4 & 2c-4 & 16 \\ 0 & 2c-4 & 2c-4 & 0 \\ 0 & -2c & 22c & 8 \end{array}\right) \sim \left(\begin{array}{ccc|c} 4 & 2c+4 & 2c-4 & 16 \\ 0 & 2c-4 & 2c-4 & 0 \\ 0 & 0 & 8c^2-16c & -16c+32 \end{array}\right)$$

Für $c = 0$ erhält man keine Lösung:

$$\left(\begin{array}{ccc|c} 4 & 4 & -4 & 16 \\ 0 & -4 & -4 & 0 \\ 0 & 0 & 0 & 32 \end{array}\right)$$

Für $c = 2$ erhält man unendlich viele Lösungen:

$$\left(\begin{array}{ccc|c} 1 & 2 & 0 & 4 \\ 0 & 0 & 0 & 0 \\ 0 & 0 & 0 & 0 \end{array}\right)$$

Für $c \neq 2$ und $c \neq 0$ erhält man die eindeutige Lösung $\left(4 - \frac{4}{c} \middle| \frac{2}{c} \middle| -\frac{2}{c}\right)$, für $c = 1$ also $(0|2|-2)$,

Seite 25 | Aufgabe 32

a) Setzt man Quadrat gleich x, Raute gleich y, Kreis gleich z und Dreieck gleich u, so ergibt sich das LGS:

$$\left(\begin{array}{ccc|c} 10 & 11 & 1 & 10 \\ -1 & 10 & 1 & 25 \\ 1 & 1 & -1 & 8 \end{array}\right)$$

Die LGS löst man am zweckmäßigsten mit einem GTR.
Lösung: x (Quadrat) = 7, y (Raute) = 3; z (Kreis) =2
Probe: $73 + 32 = 105$; $32 - 7 = 25$; $7 + 3 - 2 = 8$

b) x (Quadrat) = 5, y (Raute) = 1, z (Kreis) = 7

c) Fehler im ersten Druck des Schülerbuchs: In der dritten Gleichung muss auf der rechten Seite „-25" stehen Damit ergeben sich ganze Zahlen: u (Dreieck) = 4, x (Quadrat) = 9, y (Raute) = 2, z (Kreis) = 8
(sonst: u (Dreieck) = -0,2735, x (Quadrat) = 16,6333, y (Raute) = 1,6742, z (Kreis) = 7,3057)

d) Fehler im ersten Druck des Schülerbuchs: Auf der rechten Seite muss „697", „802", „-55" und „-16" stehen. Damit ergeben sich ganze Zahlen: u (Dreieck) = 6, x (Quadrat) = 7, y (Raute) = 3, z (Kreis) = 1
((sonst: u (Dreieck =47,778, Viereck =19,5098, Raute =-495,1482 und Kreis = 11,8778))

Seite 25 | Aufgabe 33

FEHLER: In der ersten Gleichung das „ +4y“ streichen

a) Durch Auflösen der zweiten Gleichung und Einsetzen von $y = \frac{3}{4}x + \frac{5}{4}$ in die erste Gleichung erhält man;

$x^2 - 2x + \frac{9}{16}x^2 + \frac{15}{8}x - \frac{25}{16} - 3x - 5 = 20$

$\frac{15}{16}x^2 - \frac{25}{8}x - \frac{375}{16} = 0$

$x^2 - 2x - 15 = 0$

$x_1 = -3, x_2 = 5$

Durch Einsetzen in die erste Gleichung erhält man die Lösungen (-3|-1) und (5|5).

b) Geometrisch handelt es sich um der Schnitt des Kreises mit Mittelpunkt M(1|2) und Radius r = 5 mit der Geraden $y = \frac{3}{4}x + \frac{5}{4}$.

1.3 Ganzrationale Funktionen bestimmen

Seite 26 | Einstieg

a) Bei einer ganzrationalen Funktion des 2. Grades benötigt man mindestens drei Punkte oder weitere Informationen über einen gegebenen Punkt (z.B. Extremstell, etc.) um diese eindeutig bestimmen zu können.

b) f(0) = 0; f(4) = 4; f(8) = 0 (Symmetrie), f'(4) = 0 (Hochpunkt). Daraus folgt:

$f(x) = -\frac{1}{4}x^2 + 2x$

Das Objekt kommt nach 8 Metern wieder auf dem Boden auf.

Seite 27 | Aufgabe 1

1. Grad: $f(x) = ax + b$; $f'(x) = a$; $f''(x) = 0$; $f'''(x) = 0$
2. Grad: $f(x) = ax^2 + bx + c$; $f'(x) = 2ax + b$; $f''(x) = 2a$; $f'''(x) = 0$
3. Grad: $f(x) = ax^3 + bx^2 + cx + d$; $f'(x) = 3ax^2 + 2bx + c$; $f''(x) = 6ax + 2b$; $f'''(x) = 6a$
4. Grad: $f(x) = ax^4 + bx^3 + cx^2 + dx + e$; $f'(x) = 4ax^3 + 3bx^2 + 2cx + d$; $f''(x) = 12ax^2 + 6bx + 2c$; $f'''(x) = 24ax + 6b$

Seite 27 | Aufgabe 2

a) $f(7) = 8$
b) $g(6) = -3$
c) $h'(2) = 0, h''(2) < 0$
d) $i(3) = 2; i'(3) = 0; i''(3) > 0$
e) $j(0) = 0; j'(0) = 0$
f) $k(2) = 3; k''(2) = 0; k'''(2) \neq 0$
g) $m'(7) = 0; m''(7) = 0; m'''(7) = 0$

Seite 27 | Aufgabe 3

Eigenschaft	Bedingung	Gleichung
Graph verläuft durch P(0|1)	$f(0) = -1$	$e = -1$
x = 2 ist Extremstelle	$f'(2) = 0$	$32a + 12b + 4c + d = 0$
Graph verläuft durch P(3|1)	$f(3) = 1$	$81a + 27b + 9c + 3d + e = 1$
Graph verläuft durch P(1|4)	$f(1) = 4$	$a + b + c + d + e = 4$
x = 3 ist eine Nullstelle	$f(3) = 0$	$81a + 27b + 9c + 3d + e = 0$
Wendepunkt/Sattelpunkt in x = 3	$f''(3) = 0$	$108a + 18b + 2c = 0$
Wendepunkt/Sattelpunkt in x = 1	$f''(1) = 0$	$12a + 6b + 2c = 0$
Steigung in x = 1 beträgt 2	$f'(1) = 2$	$4a + 3b + 2c + d = 2$

Seite 28 | Aufgabe 4

① Graph f verläuft durch P(7|0)
② Graph f verläuft durch P(-3|56)
③ Graph f hat in x = 5 eine Steigung von 3.
④ Graph f besitzt eine waagrechte Tangente an x = 8.
⑤ Graph f verläuft durch P(3|0) und besitzt eine waagrechte Tangente an diesem Punkt.
⑥ Graph f verläuft durch P(1|1) und die Steigung an diesem Punkt ist -1.
⑦ Graph f verläuft durch P(0|0) und besitzt eine waagrechte Tangente an diesem Punkt. Da die zweite Ableitung auch Null ist besitzt diese Funktion einen Sattelpunkt in diesem Punkt.
⑧ Graph f verläuft durch P(2|7) und besitzt eine waagrechte Tangente an diesem Punkt. Da die zweite Ableitung auch Null ist besitzt diese Funktion einen Sattelpunkt in diesem Punkt.
⑨ Graph f verläuft durch P (2|8) und besitzt eine waagrechte Tangente an diesem Punkt. Außerdem hat der Graph an Stelle x = 1 eine Steigung von 2.

Seite 28 | Aufgabe 5

a) f(x): $125a + 25b + 5c + d = 18$
b) f(x): $9a - 3b + c = 4$
c) f'(x): $-108a + 27b - 6c + d = 0$
d) f(x): $d = 0$ f'(x): $147a - 14b + c = 0$ $147a + 14b + c = 0$
e) f(x): $16a - 8b + 4c - 2d + e = 7$ f'(x): $-32a + 12b - 6c + d = 0$ f''(x): $48a - 12b + 2c < 0$
f) Punktsymmetrie: $f(x) = ax^3 + cx$ also $f(x) = 125a + 5c = 3$

Seite 28 | Aufgabe 6

a) Achsensymmetrie: $f(x) = ax^4 + cx^2 + e$

$f'(0) = 0$, $f(x) = 4ax^3 + 2cx = 0$
$T(1|y_t)$ auf $y = -x$: $y = -1$; $T(1|-1)$
$f(1) = -1$: $-1 = a + c$
$f'(1) = 0$: $0 = 4a + 2c$ und $f''(1) > 0$: $a = 1$, $c = -2$, $e = 0$
$f(x) = x^4 - 2x^2$

b) $f''(x) = 0 \Leftrightarrow W_1\left(\sqrt{\frac{1}{3}}\middle|-\frac{5}{9}\right)$ und $W_2\left(-\sqrt{\frac{1}{3}}\middle|-\frac{5}{9}\right)$ u

Seite 28 | Aufgabe 7

$f(2) = -3 = 8a + 4b + 2c + d$ $\quad f'(4) = -3 = 48a + 8b$ $\quad f''(4) = 0 = 24a + 2b$
y durch die Wendetangente bestimmen: $y = -1$: $f(4) = -1 = 64a + 16b + 4c + d$
$f(x) = x^3 - 12x^2 + 45x - 53$

Seite 28 | Aufgabe 8

a) $f(4) = 64a + 16b + 4c + d = 5$
schneidet y-Achse: $f(0) = d = 3$
lokales Maximum: $f'(1) = 3a + 2b + c = 0$
Wendestelle: $f''(2) = 12a + 2b = 0$
Es ergibt sich: $f(x) = \frac{1}{2}x^3 - 3x^2 + \frac{9}{2}x + 3$
Wegen $f''(x) = 3x - 6$ gilt $f''(1) = -3 < 0$, also ein Maximum bei $x = 1$.

b) Die Bedingungen ergeben die gleichen Gleichungen und damit das gleiche Gleichungssystem. Allerdings ist die Bedingung für ein Minimum bei $x = 1$, nämlich $f''(1) > 0$ nicht erfüllt, sodass es keinen entsprechenden Funktionsterm gibt.

Seite 28 | Aufgabe 9

a) Funktion 3. Gerades mit $f(0) = 0$, also $d = 0$; $f(1) = 8$; $f'(1) = 12$; $f''(2) = 0$
Lösung: $a = -1$, $b = 6$, $c = 3$; $f(x) = -x^3 + 6x^2 + 3x$

b) Funktion 2. Gerades mit $f(1) = 0$, $f(3) = 0$; $f(5) = 4$
Lösung: $a = \frac{1}{2}$, $b = -2$, $c = \frac{3}{2}$; $f(x) = 0{,}5x^2 - 3x + 1{,}5$

c) Funktion 3. Gerades mit $f(5) = 4$; $f'(2) = 0$; $f''(3) = 0$; $f(0) = -17$
Lösung: $a = \frac{21}{470}$, $b = -\frac{189}{470}$, $c = \frac{252}{235}$, $d = -17$

Seite 28 | Aufgabe 10

a) $f(x) = x^3 - x$

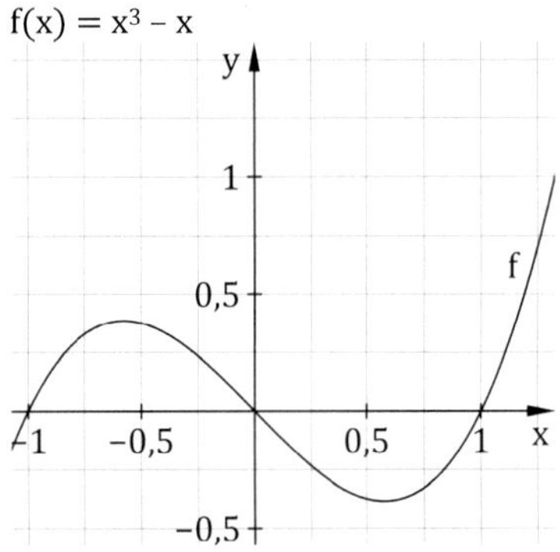

b) $f(x) = \frac{1}{8}x^3 - \frac{9}{8}x^2 + \frac{15}{8}x + \frac{17}{8}$

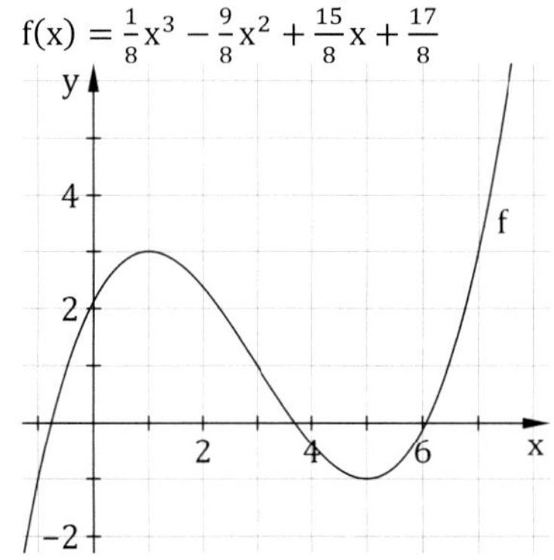

c) $f(x) = \frac{1}{4}x^3 - \frac{3}{2}x^2 + \frac{9}{4}x - \frac{1}{2}$

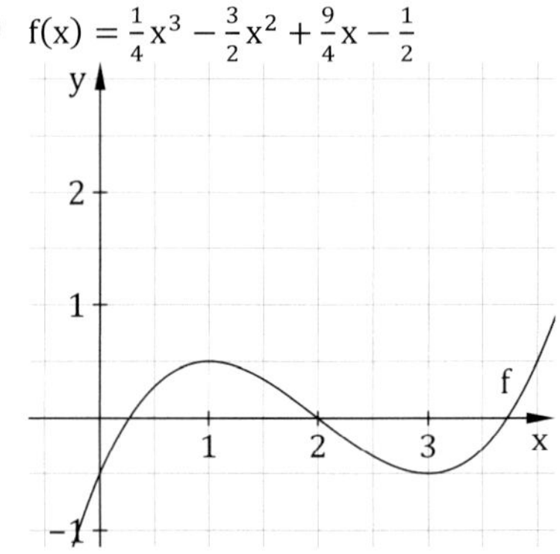

Seite 29 | Aufgabe 11

a) $a = \frac{3}{8}$, $b = -1$, $c = d = e = 0$
$f(x) = \frac{3}{8}x^4 - x^3$

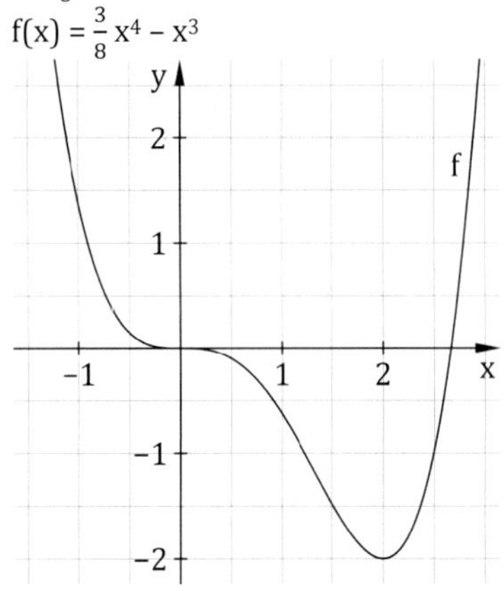

b) $a = 1$, $b = c = e = 0$, $d = -1$
$f(x) = x^4 - x$

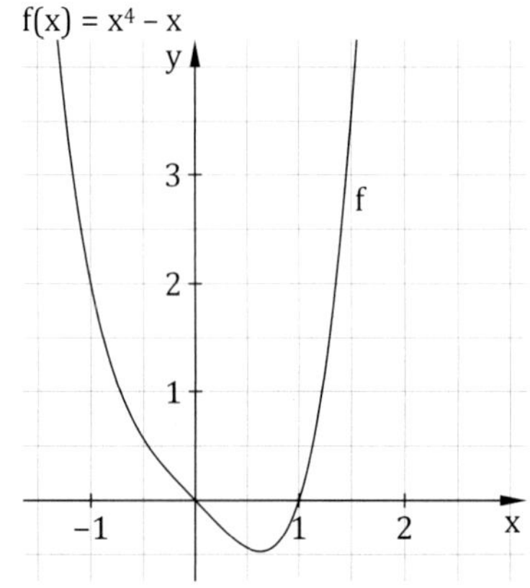

c) $a = 0{,}5$, $b = -2$, $c = 3$, $d = -1{,}5$
$f(x) = 0{,}5x^4 - 2x^3 + 3x^2 - 1{,}5x$

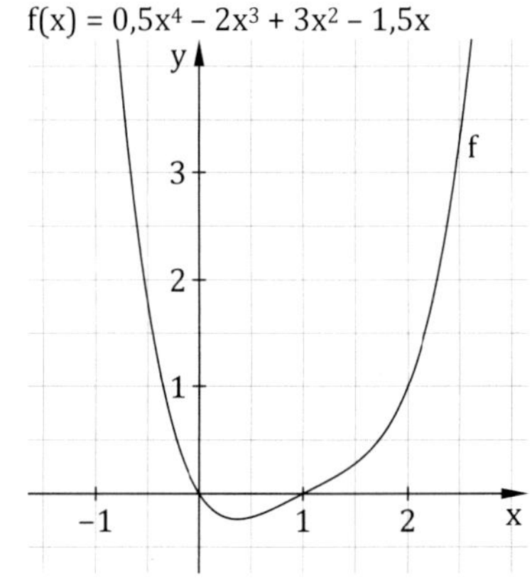

Seite 30 | Aufgabe 12

$f(0) = 22$; $f(10) = 32$; $f'(10) = 0$: $f(x) = -0{,}1x^2 + 2x + 22$
22h – 6h = 16 h: $f(16) = 28{,}4$
28,4 Grad Celsius beträgt die Temperatur beim Sonnenuntergang um 22 Uhr.

Seite 30 | Aufgabe 13

Wahl des Koordinatenursprungs an der Stelle, an der die Strecken mit der Länge 0,8 m und 5,0 m aneinander stoßen, also die Rampe beginnt. Graphen der Rutsche: $f(0) = 3$, $f'(0) = 0$, $f(5) = 0$, $f'(5) = 0$
also: $f(x) = 0{,}048x^3 - 0{,}36x^2 + 3$
Graphen der Leiter: $l(0) = 3$;, $l(-0{,}8) = 0$; also $l(x) = 3{,}75x + 3$

Seite 30 | Aufgabe 14

a) x steht für die Stunden, die seit 6:00 Uhr vergangen sind.
   $f(0) = 0$; $f'(0) = 0$; $f'(8) = 64$; $f''(8) = 0$
   $f(x) = -\frac{1}{3}x^3 + 8x^2$
b) $f(14) = 653\frac{1}{3}$ l
c) Produktionsrate unter 10 l/h bedeutet: $f'(x) < 10$
   $f'(x) = -\frac{3}{8}x^2 + 16x = 10$ für $x_1 = 15{,}3485$ und $x_2 = 0{,}6515$
   $x_1 > 14$ und damit nicht mehr in dem Zeitbereich, für den die Funktion gilt.
   x_2 entspricht einer Dauer von etwa 39 Minuten.
   Zwischen 6:00 Uhr und 6:39 Uhr liegt die Produktionsrate unter 10 l/h.

Seite 31 | Aufgabe 15

Wurfweite 12 m: $f(0) = 2$, $f'(0) = 1$, $f(12) = 0$
$f(x) = -\frac{7}{72}x^2 + x + 2$; $f'(x) = 0$ bei $x = 5{,}1429$ und $f''(5{,}1429) < 0$, also ist die maximale Höhe in $f(5{,}1429) = 4{,}5714$
Wurfweite 15 m: $f(0) = 2$, $f'(0) = 1$, $f(15) = 0$
$f(x) = -\frac{17}{225}x^2 + x + 2$; $f'(x) = 0$ bei $x = 6{,}6177$ und $f''(6{,}6177) < 0$, also ist die maximale Höhe in $f(6{,}6177) = 5{,}3088$
Wurfweite 15 m: $f(0) = 2$, $f'(0) = 1$, $f(18) = 0$
$f(x) = -\frac{4}{65}x^2 + x + 2$; $f'(x) = 0 \Leftrightarrow x = 8{,}125$ und $f''(8{,}125) < 0$, also ist die maximale Höhe in $f(8{,}125) = 6{,}0625$

Seite 31 | Aufgabe 16

a) Funktion des dritten Grades, Koordinatenursprung unter dem Beginn der Rampe.
   $f(0) = 1$, $f'(0) = 0$, $f(1{,}5) = 0$, $f'(1{,}5) = 0$
   $f(x) = \frac{16}{27}x^3 - \frac{4}{3}x^2 + 1$
b) $f''(x) = 0$ bei $x = 0{,}75$; die Steigung dort ist: $f'(0{,}75) = -1$, also 45°.

Seite 31 | Aufgabe 17

a) $f(x) = 5x^3 - 10x^2 + 2x + 1$
   $f'(x) = 15x^2 - 20x + 2 = 0$ bei $x_1 = 0{,}1089$ und $x_2 = 1{,}2244$
   $f''(x) = 30x - 20$
   $f''(0{,}1089) < 0$: Hochpunkt bei $(0{,}1089|1{,}1057)$
   $f''(1{,}2244) > 0$: Tiefpunkt bei $(1{,}2244|-2{,}3649)$,
   $f''(x) = 0$ für $x = 0{,}667$: Wendepunkt $(0{,}6667|-0{,}6296)$
b) $f(x) = -2x^3 + 6x^2 + 2x + 5$
   $f'(x) = -6x^2 + 12x + 2 = 0$ bei $x_1 = 2{,}1547$ und $x_2 = -0{,}1547$
   $f''(x) = -12x + 12$
   $f''(2{,}1547) < 0$: Hochpunkt bei $(2{,}1547|17{,}1584)$,
   $f''(-0{,}1547) > 0$: Tiefpunkt bei $(-0{,}1547|4{,}8416)$,
   $f''(x) = -12x + 12 = 0$ bei $x = 1$
   $f'''(1) = -12 \neq 0$: Wendepunkt bei $(1|11)$
c) $f(x) = -2x^3$
   $f'(x) = -6x^2 = 0$ bei $x = 0$
   $f''(x) = -12x$
   $f''(0) = 0$: Sattelpunkt bei $(0|0)$

Seite 31 | Aufgabe 18

a) Funktion muss mindestens den Grad 3 haben. Sie geht durch $f(0) = 0$; $f(1) = 0{,}5$; $f(2) = 2$. Die eingezeichnete Gerade hat die Steigung 1, also ist $f'(2) = 1$.
   $f(x) = -0{,}5x^3 + 2x^2 - x$
   $f'(x) = -1{,}5x^2 + 2x - 1$
b) Funktion geht durch: $f(0) = 3$, $f(2) = 1$, in $(0|0)$ hat sie ein lokales Maximum, also ist $f'(0) = 0$, $f''(0) < 0$; $f''(2) = 0$
   $f(x) = \frac{1}{8}x^3 - \frac{3}{4}x^2 + 3$
   $f'(x) = \frac{3}{8}x^2 - \frac{3}{2}x$
   $f''(x) = \frac{3}{4}x - \frac{3}{2}$

Seite 31 | Aufgabe 19

a) Der Graph der Funktion hat mindestens zwei Wendepunkte, also hat f''(x) mindestens zwei Nullstellen. Damit ist die zweite Ableitung mindestens vom Grad 2, die Funktion hat also mindestens den Grad 4.
b) Gesucht ist eine Funktion 4 Grades, welche einen Tiefpunkt in (0|0) besitzt und einen Sattelpunkt in (1|1).
c) $f(x) = 3x^4 - 8x^3 + 6x^2$

Seite 32 | Aufgabe 20

a) Tina hat damit Recht, dass man vier Punkte braucht, um eine ganzrationale Funktion 3.Grades aufzustellen. Allerdings entspricht der Wendepunkt zwei Bedingungen, da aus dieser Angabe sowohl $f(2) = 4$ und $f''(2) = 0$ folgt.
b) Joe hat die folgenden vier Bedingungen aufgestellt: $f(0) = 6$; $f(2) = 4$, $f''(2) = 0$ und $f'(3) = 0$.
Diese vier Bedingungen sind mit der angegebenen Gleichung erfüllt. Allerdings muss für einen Tiefpunkt bei x = 3 auch noch gelten $f''(3) > 0$, was hier nicht gilt. Es gibt also keine Funktion 3. Grades mit den angegebenen Eigenschaften.

Seite 32 | Aufgabe 21

① Es sind nicht genügend Bedingungen formuliert worden. Keine Funktionsgleichung ist bestimmbar.
② Grad 2: $f(x) = 0{,}5x^2 - 3x + 2{,}5$
③ Grad 2: $f(x) = 0{,}5x^2 -4x + 8$
④ Grad 3: $f(x) = x^3 - 3x$
⑤ Es sind nicht genügend Bedingungen formuliert worden. Keine Funktionsgleichung ist bestimmbar.
⑥ Es sind nicht genügend Bedingungen formuliert worden. Keine Funktionsgleichung ist bestimmbar
⑦ Es sind nicht genügend Bedingungen formuliert worden. Keine Funktionsgleichung ist bestimmbar

Seite 32 | Aufgabe 22

a) $f(x) = 2x^3 +18x^2 - 48x + 37$ b) $f(x) = \frac{3}{8}x^4 - 4x^3 + 15x^2 - 24x + 17$ c) $f(x) = x^5 - x^3$

Seite 32 | Aufgabe 23

a) Punktsymmetrisch zu Ursprung bedeutet $f(x) =ax^5 + bx^3 +cx$
waagrechte Tangente im Ursprung bedeutet $f'(0) = 0$, also $c=0$
Wendepunkt bei $x = 3$ bedeutet $f''(3) = 0$
Tiefpunkt bei $3\sqrt{2}$ bedeutet $f'(3\sqrt{2}) = 0$.
Symmetrie und $c = 0$:
$f(x) = ax^5 + bx^3$
$f'(x) = 5ax^4 + 3bx^2$
$f''(x) = 20ax^3 + 6bx$
Wendepunkt bei $x = 3$: $f''(3) = 540a + 18b = 0$
Tiefpunkt bei $3\sqrt{2}$: $f'(3\sqrt{2}) = 1620a + 54x = 0$
Die beiden Gleichungen sind gleichwertig: Teilt man die zweite durch 3, erhält man die erste. Die Variablen a und b können also nicht eindeutig bestimmt werden.
b) individuelle Lösungen

Seite 32 | Aufgabe 24

Die Bedingungen sind: $f(0) = 0$; $f(2) = 0$, $f(1) = -1$; $f'(1) = 0$, $f''(1) > 0$
a) $f(x) = x^2 - 2x$; $f'(x) = 2x - 2$; $f''(x) = 2$
$f(0) = 0$; $f(2) = 4 - 4 = 0$; $f(1) = 1 - 2 = -1$; $f'(1) = 2 - 2 = 0$; $f''(1) = 2 > 0$: Alle Bedingungen erfüllt.
$g(x) = x^4 - 4x^3 + 6x^2 - 4x$; $g'(x) = 4x^3 - 12x^2 + 12x - 4$; $g''(x) = 12x^2 - 24x + 12$
$g(0) = 0$; $g(2) = 16 - 32 + 24 - 8 = 0$; $g(1) = 1 - 4 + 6 - 4 = -1$; $g'(1) = 4 - 12 + 12 - 4 = 0$; $g''(1) = 0$, aber Vorzeichenwechsel von $g'(x)$ bei $x = 1$: Alle Bedingungen erfüllt
b) Der Ansatz: $f(x) = ax^3+bx^2+cx+d$ liefert das LGS

$$\left(\begin{array}{cccc|c} 0 & 0 & 0 & 1 & 0 \\ 8 & 4 & 2 & 1 & 0 \\ 1 & 1 & 1 & 1 & -1 \\ 3 & 2 & 1 & 0 & 0 \end{array}\right) \xrightarrow{\text{red.ZSF}} \left(\begin{array}{cccc|c} 1 & 0 & 0 & 0 & 0 \\ 0 & 1 & 0 & 0 & 1 \\ 0 & 0 & 1 & 0 & -2 \\ 0 & 0 & 0 & 1 & 0 \end{array}\right)$$

Die Lösung $L = \{(0|1|-2|0)\}$ ergibt $f(x) = x^2 - 2x$, die auch in a) untersucht wurde.

Seite 32 | Aufgabe 25

a) Individuelle Lösungen, Beispiel:
Gesucht ist eine Funktion vierten Grades, deren Graph durch den Punkt (0|0) geht und dort eine waagrechte Tangente hat. Er geht außerdem durch die Punkte A(1|18), B (2|24) und C (5|75).
b) Für Wendetangenten gilt: $t(x_1) = f(x_1) + f'(x_1) \cdot (x_1 - x)$.
Wendetangente im Punkt $x = 1$: $t(x) = 16x - 5$; Wendetangente im Punkt $x = 3$= $t(x) = 27$
Möglicher Steckbrief: Gesucht ist eine ganzrationale Funktion f vierten Grades, die an den Stelle $x_1 = 1$ und $x_2 = 3$ Wendetangenten t_1 und t_2 besitzt mit den Gleichungen $t_1(x) = 16x - 5$ und $t_2(x) = 27$.
c) Individuelle Lösungen, Beispiel:
Nicht eindeutig bestimmen werden kann die Funktion, wenn man einen Punkt weglässt, so ist das LGS unterbestimmt und es gibt für dieses LGS unendlich viele Lösungen.
Nicht bestimmt werden kann die Funktion, wenn man zusätzlich einen Punkt angibt, der nicht auf dem Graphen liegt.

Seite 33 | Aufgabe 26

a) Die Funktion hat einen Hochpunkt bei (2|2,22) und einen Tiefpunkt bei (4|1,78).
Es gilt also $f(2) = 2{,}22$; $f'(2)\ 0 =$, $f(4) = 1{,}78$, $f'(4) = 0$

b) Gegebene Funktion: $f(x) = 0{,}11x^3 - 0{,}99x^2 + 2{,}64x + 0{,}02$
$f'(x) = 0{,}33x^2 - 1{,}98x + 2{,}64$
$f(2) = 2{,}22$; $f'(2) = 0$; $f(4) = 1{,}78$; $f'(4) = 0$: Die Funktion erfüllt die gegebenen Bedingungen

c) $g(x) = \frac{1}{9}x^3 - x^2 + \frac{8}{3}x$; $g'(x) = \frac{1}{3}x^2 - 2x + \frac{8}{3}$
$g(2) = 2{,}\bar{2}$; $g'(2) = 0$; $g(4) = 1{,}\bar{7}$; $g'(4) = 0$
Die Funktion g(x) ist näherungsweise ebenfalls zur Beschreibung des Sachverhalts geeignet.

d) Es ist $g'(x) = 0$ bei $x = 2$ und $x = 4$.
Zu untersuchen sind also die mittleren Steigungen auf drei Streckenabschnitten:
Intervall [0;2]: $m_1 = \frac{g(2)-g(0)}{2-0} = 1\frac{1}{9}$
Intervall [2;4]: $m_2 = -\frac{2}{9}$
Intervall [4;6]: $m_3 = 1\frac{1}{9}$
Die durchschnittlichen Steigungen haben im ersten und dritten Streckenabschnitt den größten Betrag, jeweils 111 m pro Kilometer.

e) $g_a = ax^3 - x^2 + \frac{3}{8}x$
$g_a' = 3ax^2 - 2x + \frac{3}{8}$
$g_a'(x) = 0$ für $x_{1,2} = \frac{1}{3a} \pm \sqrt{\frac{1}{9a^2} - \frac{8}{9a}}$
Es gibt also genau zwei Extremwerte, wenn die Wurzel > 0 ist, also für $a \neq 0$; $a < \frac{1}{8}$.

Seite 33 | Aufgabe 27

Individuelle Lösungen. Es muss gelten:

a) $f(2) = 3$ und $f''(2) = 0$; Beispiel: $f(x) = \frac{1}{8}x^3 - \frac{3}{4}x^2 + 2x + 1$

b) $f(2) = 3$, $f'(2) = 1$ und $f''(2) = 0$; Beispiel: $f(x) = \frac{1}{8}x^3 - \frac{3}{4}x^2 + 2{,}5x$

c) Es muss eine zusätzliche Bedingung gestellt werden, z. B.. ein Punkt, der auf der Funktion liegen soll. Das angegebene Beispiel ergibt sich, wenn gilt: Der Punkt (0|0) liegt auf der Funktion.

Seite 33 | Aufgabe 28

a) Die Bedingungen bedeuten: $f(6) = 4$, $f'(6) = 0$. $f'(1) = 0$; $f''(3) = 0$. Dies führt auf das Gleichungssystem:

$$\left(\begin{array}{cccc|c} 216 & 36 & 6 & 1 & 4 \\ 108 & 12 & 1 & 0 & 0 \\ 3 & 2 & 1 & 0 & 0 \\ 18 & 2 & 0 & 0 & 0 \end{array}\right) \xrightarrow{ZSF} \left(\begin{array}{cccc|c} 1 & 0 & 0 & 0 & 0 \\ 0 & 1 & 0 & 0 & 0 \\ 0 & 0 & 1 & 0 & 0 \\ 0 & 0 & 0 & 1 & 4 \end{array}\right)$$

Die einzige Lösung (0|0|0|4) führt zu $f(x) = 4$. Da diese Funktion keine der gegebenen Bedingungen erfüllt, existiert keine solche Funktion

b) Die Bedingungen bedeuten: ; $f(3) = 2$; $f'(1) = 0$; $f'(5) = 0$; $f''(3) = 0$, Dies führt auf das Gleichungssystem:

$$\left(\begin{array}{cccc|c} 27 & 9 & 3 & 1 & 2 \\ 3 & 2 & 1 & 0 & 0 \\ 75 & 10 & 1 & 0 & 0 \\ 18 & 2 & 0 & 0 & 0 \end{array}\right) \xrightarrow{ZSF} \left(\begin{array}{cccc|c} 1 & 0 & 0 & -\frac{1}{9} & -\frac{2}{9} \\ 0 & 1 & 0 & 1 & 2 \\ 0 & 0 & 1 & -\frac{5}{3} & -\frac{10}{3} \\ 0 & 0 & 0 & 0 & 0 \end{array}\right)$$

Diese LGS hat unendlich viele Lösungen $L = \left\{\left(\frac{1}{9}t - \frac{2}{9} \middle| 2 - t \middle| \frac{5}{3}t - \frac{10}{3} \middle| t\right)\right\}$, es folgt die allgemeine Lösung:

$f_t(x) = \left(\frac{1}{9}t - \frac{2}{9}\right)x^3 + (2 - t)x^2 + \left(\frac{5}{3}t - \frac{10}{3}\right)x + t$

Seite 33 | Aufgabe 29

Individuelle Lösungen, Beispiele:

a) Tiefpunkt T(0|0) und $f'(1) = 1$; Lösung $f(x) = x^2$

b) Tiefpunkt in T(0|0); Lösung: $f_a(x) = a \cdot x^2$

c) $f(1) = 2$; $f(0) = 6$, $f'(3) = 0$; $f''(2) = 0$; Lösung: $f(x) = -x^3 + 6x^2 - 9x + 6$

Seite 33 | Aufgabe 30

a) Das Ende des linken Straßenstücks liegt im Ursprung und eine Kästchenbreite entspricht 1LE. Damit ergeben sich die Bedingungen: $f(0) = 0$ (Beginn der Verbindung) und $f(4) = 0$ (Ende der Verbindung)
Wenn man zusätzlich fordert, dass es am Beginn der Verbindung kein Knick entsteht, muss gelten: $f'(0) = \frac{1}{2}$.
Dies ergibt $f(x) = -\frac{1}{8}x^2 + \frac{1}{2}x$
Es gilt dann $f'(4) = -\frac{1}{2} \neq -\frac{1}{3}$, also Knick an der rechten Verbindungsstelle.

b) Knickfrei bedeutet $f'(0) = \frac{1}{2}$ und $f'(4) = -\frac{1}{3}$.
Zusammen mit $f(0) = 0$ und $f(4) = 0$ ergibt sich eine Funktion dritten Grades
$f(x) = \frac{1}{96}x^3 - \frac{1}{6}x^2 + \frac{1}{2}x$

1.4 Kurvenanpassung

Seite 34 | Einstieg

a) Funktion des zweiten Grades: $f(0) = 2$ bedeutet $c = 2$; $f(5) = 3$ bedeutet $b = \frac{3}{5} - 5a$, also ist a beliebig.
Wählt man $a = 1$, dann ist $b = -\frac{22}{5}$ und $f(x) = x^2 - \frac{22}{5}x + 2$.

b) Es kommt auf die Steigung oder die Höhe des Hochpunktes an, wenn man bestimmen will, wie „gerade" oder sicher der Ball im Korb landet. Als einschränkende Bedingung kann man z.B. angeben, dass die Steigung kleiner (also steiler) als $-\frac{1}{2}$ sein muss.

c) Mit der neuen Bedingung $f'(0) = 1$ ist $b = 1$ und somit ist $a = -\frac{2}{25}$. Es gilt also $f(x) = -\frac{2}{25}x^2 + x + 2$.

Seite 35 | Aufgabe 1

a) $f_2(1) = -9$ b) $f_0(2) = 1$ c) $f_{-1}(1) = 0$ d) $f_3(-2) = 61$

Seite 35 | Aufgabe 2

a) $a = 1$ b) $a = 2$ c) $a = -\frac{3}{2}$ d) für kein a möglich

Seite 35 | Aufgabe 3

a) $t = \frac{1}{2}$ b) $t = -1$ c) $t = 0$

Seite 35 | Aufgabe 4

a) alle Graphen gehen durch $(0|0)$,
$a < 0$: mit kleiner werdendem a nähern sich Graphen der y-Achse
$a = 0$: Der Graph entspricht der x-Achse
$a > 0$: Der Graph hat zwei Extrema (Hoch- und Tiefpunkt) und wird mit größer werdendem a in y-Richtung gestreckt.

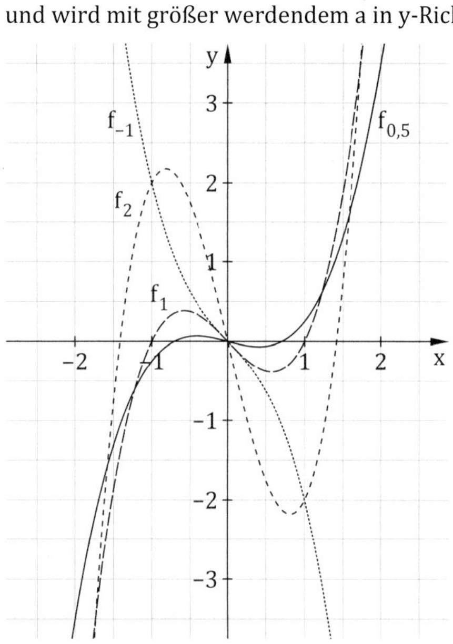

b) a streckt den Graphen in y-Richtung
a hat Einfluss auf die Anzahl der Nullstellen (1, 2 oder 3)
a hat Einfluss auf die Anzahl der Extremstellen (0 oder 2)

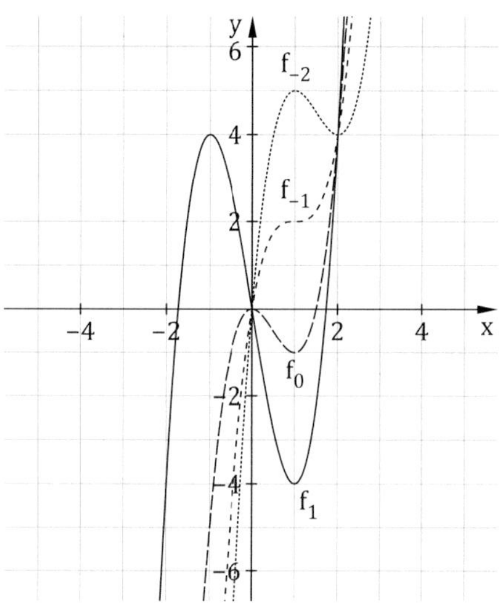

Seite 36 | Aufgabe 5

a) $f'(-1) = a$ b) $f'(3) = a^2 + 6a - 12$ c) $f'(-2) = -16a + a^2$ d) $24a^2 + \frac{1}{a}$

Seite 36 | Aufgabe 6

a) $a_1 = 3, a_2 = 1$ b) $a = -3$ c) $a_1 = 1, a_2 = 7$
d) $a = 9$ e) $a = 0$ f) $a = 4$

Seite 36 | Aufgabe 7

a) Nur für $a > -0{,}5$ hat der Graph einen Tiefpunkt bei $x = 1$. Für $a = 0{,}5$ hat der Graph dort einen Sattelpunkt und für $a < -0{,}5$ einen Hochpunkt.

b) Jeder Graph geht unabhängig von a durch den Ursprung, d. h. alle Graphen schneiden sich dort.
Setzt man nun $x = 2$ in die Funktion ein, so ist das Ergebnis $\frac{2}{3}$ unabhängig von a. Alle Graphen gehen durch den Punkt $\left(2\middle|\frac{2}{3}\right)$.

Seite 36 | Aufgabe 8

$f_a'(x) = \frac{3}{2a^3}x^2 - \frac{3}{a^2}x$; $f_a'(x) = 0$ für $x = 0$ und $x = 2a$.
$f_a''(x) = \frac{3}{a^3}x - \frac{3}{a^2}$; $f_a''(0) < 0$: Hochpunkt; $f_a''(2a) > 0$: Tiefpunkt
Alle Tiefpunkte haben die x-Koordinate 2a. $f(2a) = -2$, unabhängig von a.

Seite 36 | Aufgabe 9

Beispiellösung:
$f_a(x) = ax^3 - (4a+1)x^2 + (4a+4)x$
Hochpunkt für $a < 0{,}5$; Tiefpunkt für $a > 0{,}5$; Sattelpunkt für $a=0{,}5$

Seite 36 | Aufgabe 10

Anabell: Dies ist nur eine notwendige Bedingung, keine hinreichende. Sie muss zusätzlich prüfen, ob die zweite Ableitung dort kleiner Null ist. Außerdem wird so nur der x-Wert des Extremums bestimmt.
Paul überprüft zusätzlich den y-Wert des Extremums, aber ebenso nicht, ob es sich um einen Hochpunkt handelt.
Marie hat Recht. Es gilt: $f_a'(x) = 3x^2 - 2ax + 2$ und damit ist $f_a'(2) = 0$, wenn $12 - 4a + 2 = 0$, also $a = \frac{14}{4} = 3{,}5$
$f_{3,5}''(2) = 6 \cdot 2 - 7 = 5 > 0$, also hat der Graph zu a=3,5 in (2|2) einen Tiefpunkt.

Seite 36 | Aufgabe 11

a) $f_a(x) = \frac{1}{4}(a+1)x^2 - ax + a$

b) Zeichnung für: $a = 1$; $a = 0$; $a = -1$ und $a = 3$
Die Tiefpunkte der Funktionen bewegen sich mit steigendem a nach rechts und oben. Außerdem sind die Parabeln stärker gestaucht.

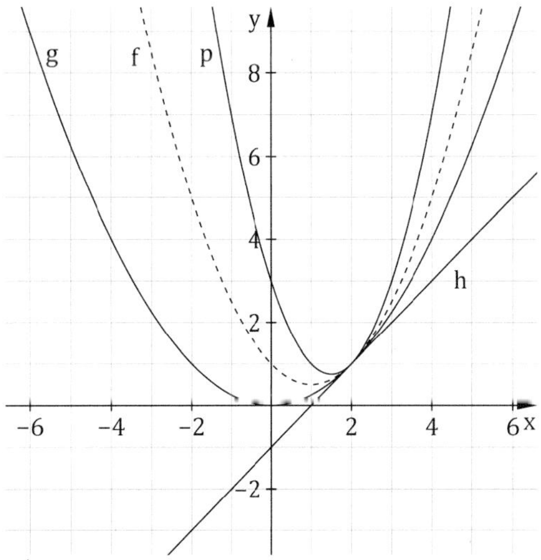

c) Für eine Extremstelle bei $x = 1$ muss gelten: $f'(1) = 0$: $f_a'(x) = \frac{1}{2}(a+1)x - a$
$f_a'(1) = \frac{1}{2}(a+1) - a = 0$ bei $a = 1$.
Eine waagrechte Tangente bei $x = 1$ hat also die Funktion $f_1(x) = \frac{1}{2}x^2 - x + 1$

Seite 36 | Aufgabe 12

Nullstellen bei $x = 0$ und $x = 4a^4$
Extrempunkte: $f_a'(x) = 0$ bei $x = 0$ und $x = \frac{8}{3}a^4$
$f_a''(0) = -8a$: $(0|0)$ ist Minimum für $a > 0$ und Maximum für $a < 0$
$f_a''\left(\frac{8}{3}a^4\right) = 8a$: $\left(\frac{8}{3}a^4 \middle| -9\frac{13}{27}a^9\right)$ ist Minimum für $a < 0$ und Maximum für $a > 0$
Wendepunkte: $f_a''(x) = 0$ bei $x = \frac{4}{3}a^4$
Wendepunkt bei $\left(\frac{4}{3}a^4 \middle| -\frac{40}{27}a^9\right)$

Seite 37 | Aufgabe 13

a) Es muss gelten: $f(1) = 0$, dies ist der Fall bei $a = 5$

b) Es muss gelten $f'(15) = -1$, dies ist der Fall für $a = 5{,}9$.

c) Extremum bei $f_a'(x) = 0$, also bei $x = 0$ und $x = 2a$
$f_a(0) = 0$, also keine Deichhöhe.
$f_a(2a) = \frac{1}{36}a^3$
$f_a''(2a) = -\frac{a}{24} < 0$ für positive a, also Maximum
$\frac{1}{36}a^3 = 6$ bei $a = 6$

d) Steilster Anstieg bei $f_a''(x) = 0$, also bei $x = a$.
Die Steigung soll höchstens $\tan 30° = \frac{\sqrt{3}}{3}$ betragen:
$f_a'(a) = \frac{a^2}{48} = \frac{\sqrt{3}}{3}$; $a = 5{,}2643$
Die Nullstellen von $f_a(x)$ liegen bei $x_1 = 0$ und $x_2 = 3a$ Die Breite des Deichs beträgt also $3a = 15{,}8$ m

e) $f_a'(x) = -\frac{1}{144}(3x^2 - 6ax) = -\frac{3x}{144}(x - 2a)$
Nullstellen der Ableitung bei $x = 0$ und $x = 2a$
$f_a(2a) = -\frac{8a^3 - 12a^3}{144} = \frac{4a^3 \cdot 2}{144 \cdot 2} = \frac{8a^3}{288} = \frac{(2a)^3}{288}$
Substitution $2a = x$ ergibt $g(x) = \frac{x^3}{288}$

Seite 37 | Aufgabe 14

a) Nullstellen der Parabel: $x_1 = -3$.; $x_2 = 3$
Abstand 2 m vom Fußpunkt des Walls: gk(x) geht durch den Punkt (5|0).
Gesucht ist die Tangente an f(x), die durch (5|0) geht. Dies ist der Fall für
$k = -\frac{1}{5}$: $g(x) = -\frac{1}{5}x + 1$

b) $g'(x) = -\frac{1}{5}$
$f'(x) = -\frac{1}{5}x = g'(x)$ bei $x = 1$; $f(1) = 0{,}8$
Also ist der Auflagepunkt bei (1|0,8).

Seite 37 | Aufgabe 15

a) $f_a'(x) = x^3 - ax^2 + x$;
$f_a'(x) = 0$ bei $x_1 = 0$ und $x_{2,3} = \frac{a}{2} \pm \sqrt{\left(\frac{a}{2}\right)^2 - 1}$
Genau einen Extrempunkt bedeutet, dass die Diskriminante negativ sein muss, damit nur x = 0 ein Extrempunkt ist.
Also $a^2 - 4 < 0$ und damit $-2 < a < 2$

b) Genau zwei Extrempunkte bedeutet, dass die Diskriminante gleich Null sein muss: $a^2 - 4 = 0$ und damit $a = \pm 2$
Für a = 2 liegen die Extrempunkte bei $x_1 = 0$ und $x_2 = -1$.
Für a = −2 liegen die Extrempunkte bei $x_1 = 0$ und $x_2 = 1$.

c) Wenn die Diskriminante größer Null ist, gibt es drei Extrempunkte, die größtmögliche Zahl. Dies gilt für $-2 > a > 2$.

Seite 37 | Aufgabe 16

a) $f'(x) = \frac{3x^2}{k^4} - \frac{6x}{k^3}$; $f''(x) = \frac{6x}{k^4} - \frac{6}{k^3}$
Für x = 0 ist f'(x) = 0
$f''(0) = -\frac{6}{k^3} < 0$ für k > 0; also hat die Funktion im Ursprung einen Hochpunkt.

b) Schnittpunkt mit der x-Achse:
$f(x) = 0$ bei $x_1 = 0$ (siehe a)) und $x_2 = 3k$: $N_k(3k|0)$
$f'(x) = 0$ bei $x_1 = 0$ (Hochpunkt, siehe a)), und $x_2 = 2k$
$f''(2k) > 0$ für k > 0: Tiefpunkt in $\left(2k\middle|-\frac{4}{k}\right)$

c) 0,5 · Grundseite · Höhe: Grundseite = 3k und Höhe $= \frac{4}{k}$; also $A = \frac{1}{2} \cdot 3k \cdot \frac{4}{k} = 6$, unabhängig von k.

Seite 37 | Aufgabe 17

a) N_1 (0|0), N_2 (3t|0)

b) $f'(x) = -\frac{3}{t^2}x^2 + \frac{6}{t}x$; $f''(x) = f''(x) = -\frac{6}{t^2}x + \frac{6}{t}$; $f'''(x) = -\frac{6}{t^2}$

c) Extrempunkte:
$E_1(0|0)$; $f''(0) = \frac{6}{t}$, also Tiefpunkt für t > 0 und Hochpunkt für t < 0
$E_2(2t|4t)$; $f''(2t) = -\frac{12}{t} + 12$, also Tiefpunkt für t > 1 und Hochpunkt für t < 1.
Wendepunkt: W(t|2t)

d) Für alle Extrempunkte gilt: Aus x = 2t folgt y = 4t und damit y = 2x.
Für alle Wendepunkte gilt: Aus x = t folgt y = 2f und damit y = 2x
Alle Extrem-und Wendepunkte liegen also auf der gleichen Geraden durch den Ursprung.

Streifzug: Trassierung

Seite 38 | Einstieg

a) $g'(x) = x^2$; $g''(x) = 2x$; $f'(x) = -x^3$; $f''(x) = -3x^2$
$g'(0) = f'(0) = 0$: Kein Knick bei A(0|0)
$g''(0) = f''(0) = 0$: Kein Krümmungsruck bei A(0|0).

b) $g(1) = \frac{1}{3}$; $g'(1) = 1$; $g''(1) = 2$
Diese Bedingungen müssen auch für die quadratische Funktion h(x) gelten.
$h(x) = x^2 - x + \frac{1}{3}$

c) Wenn an einem Übergangsfunktion die Funktionswerte gleich sind, dann geht die Straße bzw. Schiene nahtlos ineinander über, wenn die Ableitungswerte gleich sind, dann befindet sich am Übergang kein Knick und wenn auch die zweiten Ableitungswerte gleich sind, dann muss man am Übergangspunkt auch nicht ruckartig anders lenken,

Seite 39 | Aufgabe 1

a) Legt man das Koordinatensystem so, dass am Schienenende des waagrechten Gleises der Ursprung liegt, so muss für die quadratische Funktion gelten: $f(0) = 0$; $f(15) = 8$; $f'(0) = 0$
Für die lineare Funktion g(x), die das obere Gleisstück beschreibt, gilt $g(x) = \frac{6}{5}x - 10$
$f(x) = \frac{8}{225}x^2$; $f'(15) \neq \frac{6}{5}$, also nicht knickfrei

b) Da der Gleisabschnitt nur vertikal verschoben werden soll, gilt:
$f(0) = 0$; $f'(0) = 0$: $f(15) = g(15)$; $f'(15) = g'(15) = \frac{6}{5}$

Lösung für diese Bedingungen:

$f(x) = \frac{1}{25}x^2$ und $g(x) = \frac{6}{5}x - 9$

Das Gleis muss also um 1 cm nach oben verschoben werden.

c) $h(x) = \frac{2}{3375}x^3 + \frac{2}{75}x^2$

Seite 39 | Aufgabe 2

a) Verlauf der Bundesstraße: $f(x) = -\frac{1}{2}x + 1$

Bedingungen für die Umgehungsstraße:

$g(2) = 0; g(-2) = 2; g'(-2) = 0; g(1) = 2$

$g(x) = -\frac{1}{6}x^3 - \frac{1}{3}x^2 + \frac{1}{6}x + 2\frac{1}{3}$

b) Kanal bei $y = 2{,}5$

Maximum von $g(x)$ bei $x = \frac{\sqrt{7}-2}{3}$. $g\left(\frac{\sqrt{7}-2}{3}\right) + 0{,}1 \approx 2{,}452 < 2{,}5$

Die Umgehungsstraße hat den geforderten Abstand vom Kanal.

Seite 39 | Aufgabe 3

a) Ursprung am Boden unter dem Punkt A bedeutet: $f(0) = 4; f(5) = 0; f'(0) = 0; f'(5) = 0$:

$f(x) = \frac{8}{125}x^3 - \frac{12}{25}x^2 + 4$

b) $g(0) = 4; g(-3) = 6; g'(0) = 0$

$g(x) = \frac{2}{9}x^2 + 4$

Seite 39 | Aufgabe 4

a) $f'(x) = 2x; g'(x) = 3x^2$

Die Steigungen sind gleich bei $x_1 = 0$ und $x_2 = \frac{2}{3}$,

Aus $f\left(\frac{2}{3}\right) = g\left(\frac{2}{3}\right)$ folgt $a = \frac{4}{27}$ und $S\left(\frac{2}{3} \middle| \frac{4}{9}\right)$

b) ① $x = \frac{3}{4}$; $a = \frac{27}{256}$; $S\left(\frac{3}{4} \middle| \frac{27}{64}\right)$

② $x = \frac{n}{n+1}$; $a = \frac{n^n}{(n+1)^{n+1}}$; $S\left(\frac{n}{n+1} \middle| \frac{n^n}{(n+1)^n}\right)$

1.5 Produktregel

Seite 40 | Einstieg

a) $f(x) = x \cdot x$; mit $y = x$, $y' = 1$, $f'(x) = 2x$ gilt $f(x) = y \cdot y$, aber nicht $f'(x) = y' \cdot y'$, da $1 \neq 2x$

b) $g(x) = 12 \cdot x \cdot x \cdot x$; mit $y = x$, $y' = 1$, $g'(x) = 36x^2$ gilt $g(x) = 12 \cdot y \cdot y \cdot y$, aber nicht $g'(x) = 12 \cdot y' \cdot y' \cdot y'$, da $12 \neq 36x^2$

Seite 40 | Aufgabe 1

a) $f'(x) = 3x^2 \cdot (4x + 3) + x^3 \cdot 4$

b) $f'(x) = 2 \cdot \sin(x) + 2x \cdot \cos(x)$

c) $2x \cdot \sqrt{x} + (x^2 + 1) \cdot x^{-0,5}$

d) $\frac{1}{x^2} \cdot \cos(x) + \frac{1}{x} \cdot (-\sin(x))$

e) $\cos(x) \cdot (x^2 - 2x) + \sin(x) \cdot (2x - 2)$

f) $(6x^2 - 12x^2) \cdot \left(\frac{1}{x}\right) + (2x^3 - 4x^3) \cdot \left(-\frac{1}{x^2}\right)$

Seite 41 | Aufgabe 2

a) $f'(x) = 10x^4 + 10x$

b) $f'(x) = 6x^2 + 2x - 10$

c) $f'(x) = 4x^3$

d) $f'(x) = (6x^2 - 6x + 1) \cdot (3x + 5) + (2x^3 - 3x^2 + x) \cdot 3$

e) $f'(x) = 2x \cdot \sqrt{x} + (x^2 + 3) \cdot 0{,}5x^{-0,5}$

f) $f'(x) = 15x^4 \cdot (\cos(x) + x) + 3x^5 \cdot (-\sin(x) + 1)$

g) $f'(x) = -\frac{1}{x^2} \cdot \sin(x) + \frac{1}{x} \cdot \cos(x)$

h) $f'(x) = \cos^2(x) - \sin^2(x)$

i) $f'(x) = -\frac{2}{x^3}\sqrt{x} + \frac{1}{2x^2\sqrt{x}}$

j) $f'(x) = \cos^2(x) + \cos(x) - \sin^2(x) - \sin(x)$

k) $f'(t) = (9t^2 + 2t) \cdot t^{-3} + (3t^3 + t^2) \cdot (-3t^{-4}) = -\frac{1}{t^2}$

l) $f'(t) = 4t^3 + \frac{3}{2}t^2 + 5$

Seite 41 | Aufgabe 3

a)

	Mit Produktregel	Ohne Produktregel	
①	$f'(x) = 1 \cdot (x + 2) + x \cdot 1 = 2x + 2$	$f(x) = x^2 + 2x$	$f'(x) = 2x + 2$
②	$f'(x) = 2x \cdot x^8 + x^2 \cdot 8x^7 = 10x^9$	$f(x) = x^{10}$	$f'(x) = 10x^9$
③	$f'(x) = -4x^3 \cdot (x - 3x^4) + (1 - x^4) \cdot (1 - 12x^3) = 1 - 12x^3 - 5x^4 + 24x^7$	$f(x) = x - 3x^4 - x^5 + 3x^8$ $f'(x) = 1 - 12x^3 - 5x^4 + 24x^7$	
④	$f'(x) = (0{,}5x^{-0,5})(x^{0,5} - 1) + (x^{0,5} + 1) \cdot 0{,}5x^{-0,5} = 1$	$f(x) = x - 1$	$f'(x) = 1$
⑤	$f'(x) = 3x^2 \cdot x^{-1} + (x^3 - 4) \cdot (-x^{-2}) = 2x + \frac{4}{x^2}$	$f(x) = x^2 - \frac{4}{x}$	$f'(x) = 2x + \frac{4}{x^2}$
⑥	$f'(x) = (-x^{-2} + 0{,}5x^{-0,5})(x^{0,5} - x^{-1}) + (x^{0,5} + x^{-1})(x^{-2} + 0{,}5x^{-0,5}) = 1 + \frac{2}{x^3}$	$f(x) = x - \frac{1}{x^2}$	$f'(x) = 1 + \frac{2}{x^3}$

b) individuelle Lösungen, Beispiele: $f(x) = x(x + 1)$; $f(x) = x^3x^2$; $f(x) = x(x^3 + x)$

c) individuelle Lösungen, Beispiele: $f(x) = \sin(x)\cos(x)$; $f(x) = xe^{5x}$; $f(x) = x^3\sin(x)e^{3x}$

Seite 41 | Aufgabe 4

$f'(x) = 3\cos(x) - 3x\sin(x)$
$f''(x) = -3\sin(x) - 3\sin(x) - 3x\cos(x) = -6\sin(x) - 3x\cos(x)$
$g'(x) = 2x\sin(x) + (x^2 - 3)\cos(x)$
$g''(x) = 2\sin(x) + 2x\cos(x) + 2x\cos(x) - (x^2 - 3)\sin(x) = 4x\cos(x) + (-x^2 + 5)\sin(x)$
$h'(x) = \frac{1}{2\sqrt{x}} \cdot \cos(x) - \sqrt{x} \cdot \sin(x)$
$h''(x) = -\frac{1}{4\sqrt{x}} \cdot \cos(x) - \frac{1}{2\sqrt{x}} \cdot \sin(x) - \frac{1}{2\sqrt{x}} \cdot \sin(x) - \sqrt{x}\cos(x) = -\frac{1}{\sqrt{x}} \cdot \sin(x) + \left(\sqrt{x} - \frac{1}{4\sqrt{x}}\right) \cdot \cos(x)$
$j'(x) = \frac{1}{2\sqrt{x}} \cdot x^4 + 4(\sqrt{x} - 1)x^3$
$j''(x) = -\frac{1}{4\sqrt{x}} \cdot x^4 + \frac{4x^3}{2\sqrt{x}} + \frac{2x^3}{\sqrt{x}} + 12(\sqrt{x} - 1)x^2$

Seite 41 | Aufgabe 5

a) $f'(x) = 3x^2(ax + b) + ax^3 = x^2(4ax + 3b)$

b) $g'(x) = -\frac{2a}{x^3} \cdot (bx + c) + \frac{ab}{x^2} = \frac{1}{x^2}(-ab - \frac{2ac}{x})$

c) $h'(z) = n \cdot z^{n-1} \cdot \sin(z) + z^n \cdot \cos(z)$

d) $s'(t) = \frac{1}{n}t^{\frac{1}{n}-1}(nt + 1) + n \cdot t^{\frac{1}{n}} = \sqrt[n]{t}(1 + \frac{1}{nt} + n)$

Seite 41 | Aufgabe 6

Richtig ist: $f'(x) = 2x\sqrt{x} + \frac{x^2}{2\sqrt{x}}$

① falsch, es wurde jeder Faktor (u und v) einzeln abgleitet und die Ableitungen multipliziert.
② richtig
③ falsch: Es wurde jeder Faktor mit seiner eigene Ableitung multipliziert, nicht mit der Ableitung des anderen Faktors.
④falsch: Im ersten Summanden wurden beide Faktoren (u und v) abgeleitet, im zweiten beide nicht.

Seite 41 | Aufgabe 7

a) $f'(x) = 3\sin(x) + 3x\cos(x)$; $y = 3x$

b) $f'(x) = 1 - \frac{1}{x} + 2\sqrt{x}$; $y = 2x - 2$

c) $f'(x) = -\sin(x)^2 + \cos(x)^2$; $y = x$

d) $f'(x) = 2 - \frac{1}{x^2}$; $y = x - 1$

Seite 41 | Aufgabe 8

$g'(x) = 2x \cdot f(x) + x^2 \cdot f'(x)$
Für $x = 0$ ist also $g'(x) = 0$, unabhängig von $f(x)$.

Seite 42 | Aufgabe 9

Die Aussage ist richtig:
Da die Graphen der Funktionen g und h an der Stelle x0 eine waagrechte Tangente haben, gilt $g'(x0) = 0$ und $h'(x0) = 0$. Daraus folgt: $f'(0) = g'(x_0) \cdot h(x_0) + g(x_0) \cdot h'(x_0) = 0 \cdot h(x_0) + g(x_0) \cdot 0 = 0$, also hat auch f dort eine waagrechte Tangente.
Umkehrung:
Hat eine Funktion $f(x) = g(x) \cdot h(x)$ bei x0 eine waagrechte Tangente, so gilt dies auch für die Faktoren $f(x)$ und $g(x)$.
Diese Umkehrung gilt nicht allgemein.
Gegenbeispiel: $g(x) = h(x) = x$ mit $g'(x) = h'(x) = 1$. Dann ist $f(x) = x^2$, $f'(x) = 2x$, und $f'(0) = 2 \cdot 0 = 0$
Die beiden Faktoren haben dagegen bei $x = 0$ keine waagrechte Tangente.

Seite 42 | Aufgabe 10

Es sei $f(x) = k \cdot g(x)$. Da die Ableitung der Konstanten k gleich 0 ist, gilt mit der Produktregel:
$f'(x) = 0 \cdot g(x) + k \cdot g'(x) = k \cdot g'(x)$, also die Faktorregel.

Seite 42 | Aufgabe 11

a) $f(x) = \frac{1}{x} \cdot \sin(x)$; $f'(x) = \frac{\cos(x)}{x} - \frac{\sin(x)}{x^2}$

b) $f(x) = \frac{1}{2\sqrt{x}} \cdot (x + 1)$; $f'(x) = \frac{1}{2\sqrt{x}} - \frac{x+1}{4\sqrt{x^3}}$

c) $f(x) = \sin(x) \cdot \sin(x)$; $f'(x) = \sin(x) \cdot \cos(x) + \cos(x) \cdot \sin(x) = 2\sin(x)\cos(x)$

d) $f(x) = x^{-\frac{1}{3}} \cdot (x^2 - 9)$; $f'(x) = \frac{2x}{\sqrt[3]{x}} - \frac{(x^2-9)}{3\sqrt[3]{x^4}}$

e) $f(x) = (x^3 - \sqrt{x}) \cdot x^{-1}, f'(x) = \frac{3x^2}{x} - \frac{1}{2\sqrt{x} \cdot x} - \frac{x^3 - \sqrt{x}}{x^2} = 3x - \frac{1}{2\sqrt{x^3}} - x + \frac{1}{\sqrt{x^3}} = 2x + \frac{1}{2\sqrt{x^3}}$

f) $f(x) = (x^2 - 4) \cdot (x + 2)^{-1}, f'(x) = \frac{2x}{x+2} - \frac{x^2-4}{(x+2)^2} = \frac{3x^2+4x-4}{(x+2)^2}$

Seite 42 | Aufgabe 12

a) $f'(x) = \cos(x)\sin(x) + \cos(x)\sin(x) - \sin(x)\cos(x) - \cos(x)\sin(x) = 0$
b) Der Graph von f hat überall eine waagerechte Tangente, f ist eine konstante Funktion

Seite 42 | Aufgabe 13

a) $f'(x) = \frac{3x-2}{4\sqrt{x}}$

$f'(x) = 0$ bei $x = \frac{2}{3}$; $f''(x) = = \frac{3x+2}{8x^{\frac{3}{2}}}$; $f''\left(\frac{2}{3}\right) > 0$, also hat f bei $x = \frac{2}{3}$ einen Tiefpunkt.

Die maximale Tiefe des Lochs ist $f\left(\frac{2}{3}\right) = 0{,}5443$ m.

b) $f(x) = 0$ bei $x_1 = 0$ und $x_2 = 2$. Die Steigung bei $x = 2$ ist $f'(2) = \frac{\sqrt{2}}{2}$, dies entspricht einem Winkel von 35,26°.

Seite 42 | Aufgabe 14

a) $N_1(0|0)$, $N_2(1|0)$, $N_3(3|0)$; Tiefpunkt $T(2{,}1165|-1{,}4351)$, Hochpunkt $H(0{,}2835|1{,}0363)$

b) $W(1|0)$, Wendetangente: $t(x) = -2x + 2$

(An der zweiten Nullstelle des quadratischen Terms, $x = -\frac{1}{5}$, ist die Funktion nicht definiert wegen einer negativen Wurzel.)

c)

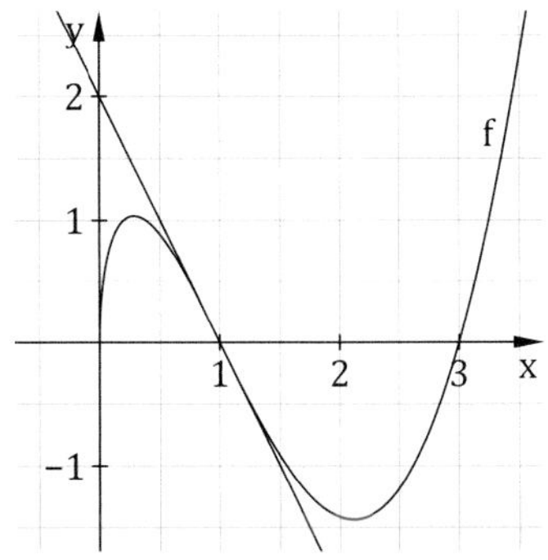

Seite 42 | Aufgabe 15

a) $f(x) = g'(x) = h(x)$

b) $g'(x) = f(x) = h(x)$

Seite 42 | Aufgabe 16

a) ① $f'(x) = 2x\left((3x-4)\cdot\sqrt{x}\right) + x^2\left(3\sqrt{x} + \frac{3x-4}{2\sqrt{x}}\right) = \sqrt{x}\cdot\left(6x^2 - 8x + 3x^2 + \frac{3x^3-4x^2}{2x}\right) = \sqrt{x}\cdot(10{,}5x^2 - 10x)$

② $f'(x) = -x^2\cdot\sin^2(x) + x^2\cos^2(x) + 2x\sin(x)\cos(x)$

b) $f'(x) = u'(x)\cdot\left(v(x)\cdot w(x)\right) + u(x)\cdot\left(v'(x)\cdot w(x) + v(x)\cdot w'(x)\right) = u'(x)v(x)w(x) + u(x)v'(x)w(x) + u(x)v(x)w'(x)$

1.6 Lineare Kettenregel

Seite 43 | Einstieg

a) Tom hat die Klammer als Variable betrachtet und mit der Potenzregel abgeleitet.

b) $f(x) = 8 - 4x + 2x^2 - x^3$; also $f'(x) = -3x^2 + 4x - 4$

Dagegen ist Toms Ableitung ausmultipliziert gleich $3x^2 - 4x + 4$, es fehlt also ein Faktor -1.

Seite 44 | Aufgabe 1

$f(x) = g(ax+b)$	$z = ax+b$	$g(z)$	$g'(z)$	$f'(x) = a\cdot g'(ax+b)$
$(4x-2)^3$	$4x-2$	z^3	$3z^2$	$4\cdot 3(4x-2)^2 = 12(4x-2)^2$
$(-7x+5)^4$	$-7x+5$	z^4	$4z^3$	$-7\cdot 4(-7x+5)^3 = -28(-7x+5)^3$
$\sqrt{8x+3}$	$8x+3$	$z^{0,5}$	$0{,}5z^{-0,5}$	$0{,}5\cdot 8(8x+3)^{-0,5} = \frac{4}{\sqrt{8x+3}}$
$\cos\left(\frac{1}{2}x-1\right)$	$0{,}5x-1$	cos	$-\sin$	$\frac{1}{2}\cdot\sin\left(\frac{1}{2}x-1\right)$
$(2x+3)^{-1}$	$2x+3$	z^{-1}	$-z^{-2}$	$-2\cdot(2x+3)^{-2}$
$(9-x)^5$	$9-x$	z^5	$5z^4$	$5\cdot(-1)\cdot(9-x)^4 = -5(9-x)^4$

Seite 44 | Aufgabe 2

a) $f'(x) = 0{,}5\cdot 3(3x+1)^{-0,5} = \frac{3}{2\sqrt{3x+1}}$

b) $f'(x) = 6\cos(6x)$

c) $f'(x) = -4\sin(4x-1)$

d) $f'(x) = 4\cdot 0{,}5\cdot(0{,}5x-7)^3 = 2(0{,}5x-7)^3$

e) $f'(x) = 7\cdot(-5)\cdot(-5x+12)^6 = -35(-5x+12)^6$

f) $f'(x) = -2(x-8)^{-3}$

g) $f'(x) = 3(9x-5)^{-2/3} = \frac{3}{\sqrt[3]{(9x-5)^2}}$

h) $g'(z) = \frac{2}{3}\cdot\left(\frac{1}{3}z - \frac{1}{3}\right)^{-0,5} = \frac{2}{3\sqrt{\frac{1}{3}z-\frac{1}{3}}}$

i) $u(x) = -\frac{18}{5}(4-2x)^2$

j) $v'(x) = -(-3x-2)^3$

Seite 44 | Aufgabe 3

a) ① $f'(x) = 2\cdot(-5)\cdot(6-5x)^1 = -60 + 50x$

② $f(x) = (6-5x)(6-5x) \Leftrightarrow f'(x) = -30 + 25x - 30 + 25x = -60 + 50x$

③ $f(x) = 36 - 60x + 25x^2 \Leftrightarrow f'(x) = -60 + 50x$

b) Mit der Kettenregel kann man die vorliegende Funktion direkt ableiten, für die Produktregel und mit Ausmultiplizieren muss dic Ausgangsfunktion zunächst bearbeitet werden. Das Ergebnis ist in allen Fällen gleich.

Seite 44 | Aufgabe 4

a) $f'(x) = \cos(2x) - 2x\cdot\sin(2x)$

b) $f'(x) = -\frac{4}{(x-1)^2} + \frac{8}{(x-1)^3}$

c) $f'(x) = 2x\cdot\sin(3x+7) + 3x^2\cdot\cos(3x+7)$

d) $f'(x) = \frac{3(2x+5)^3}{2\sqrt{3x-4}} + 6\cdot\sqrt{3x-4}\cdot(2x+5)^2$

e) $f'(x) = -\frac{5\cos(4x+3)}{(5x-1)^2} + \frac{4\sin(4x+3)}{(5x-1)}$

f) $f'(x) = \left(\frac{1}{7}x - \frac{1}{14}\right)^6\cdot\sqrt[7]{1001-21x} - \left(\frac{1}{7}x - \frac{1}{14}\right)^7\cdot\frac{3}{\sqrt[7]{(1001-21x)^6}}$

Seite 44 | Aufgabe 5

a) $f(x) = (5x+1)^{-2}$; $f'(x) = 5 \cdot (-2) \cdot (5x+1)^{-3} = -10 \cdot (5x+1)^{-3} = -\frac{10}{(5x+1)^{-3}}$

b) $f(x) = (3x+4)^{-1}$; $f'(x) = 3 \cdot (-1) \cdot (3x+4)^{-2} = -3 \cdot (3x+4)^{-2} = -\frac{3}{(3x+4)^{2}}$

c) $f(x) = (1-x)^{-\frac{1}{2}}$; $f'(x) = \frac{1}{2}(1-x)^{-\frac{3}{2}} = \frac{1}{2(\sqrt{1-x})^3}$

d) $f(x) = 2 \cdot (-4x+11)^{-6}$; $f'(x) = 2 \cdot (-6) \cdot (-4) \cdot (-4x+11)^{-7} = 48(-4x+11)^{-7} = \frac{48}{(-4x+11)^7}$

Seite 44 | Aufgabe 6

① zu B; ② zu C; ③ zu A

Seite 44 | Aufgabe 7

a) $f'(x) = 4\sin(1-x) - 4x\cos(1-x)$ $\quad f''(x) = -8\cos(1-x) + 4x\sin(1-x)$

$g'(x) = 3x^2\sqrt{2x+5} + \frac{x^3}{\sqrt{2x+5}}$ $\quad g''(x) = x\left(6 \cdot \sqrt{2x+5}\right) + \frac{6x}{\sqrt{2x+5}} - \frac{x^2}{\left(\sqrt{2x+5}\right)^3}$

Seite 45 | Aufgabe 8

a) $g'(z) = -30(-2z+c)^2$

b) $h'(t) = -\omega\sin(\omega t + \varphi)$

c) $w'(u) = \frac{v}{3\sqrt{\frac{4}{3}u-7}}$

Seite 45 | Aufgabe 9

a) Die Innere Ableitung fehlt: $f'(x) = 8(4x-1)$

b) Die äußere Ableitung wurde vergessen: $f'(x) = \frac{3}{2}(3x-2)^{-0,5} = \frac{3}{2} \cdot \frac{1}{\sqrt{3x-2}}$

c) Richtig ist: $f'(x) = -4(2x-1)^{-3} = -\frac{4}{(2x-1)^3}$

Seite 45 | Aufgabe 10

a) $f'(x) = \frac{3}{2}(0{,}5x-1)^2$; $f'(4) = \frac{3}{2}$; $f(4) = 1$; Tangentengleichung. $t(x) = \frac{3}{2}x - 5$

b) $f'(x) = \left(\frac{1}{4}x+2\right)^3$; $f'(-12) = -1$; $f(-12) = 1$; Tangentengleichung: $t(x) = -x - 11$

c) $f'(x) = \frac{3}{2\sqrt{x-2}}$; $f'(6) = \frac{3}{4}$; $f(6) = 6$; Tangentengleichung: $t(x) = \frac{3}{4}x + \frac{3}{2}$

d) $f'(x) = -\frac{1}{4}\cos\left(\left(\frac{x}{4} - \frac{\pi}{2}\right)\right)$; $f'(\pi) = -\frac{1}{4\sqrt{2}}$; $f(\pi) = \frac{\sqrt{2}}{2}$; Tangentengleichung: $t(x) = --\frac{1}{4\sqrt{2}}x + \frac{\sqrt{2}}{2} + \frac{\pi}{4\sqrt{2}}$

Seite 45 | Aufgabe 11

a) $v(t) = l'(t) = 1{,}8 \cdot \sin(6t)$

Die Geschwindigkeit ist am größten, wenn $\sin(6t) = 1$ ist, also bei $6t = \frac{k}{2}\pi$ und damit $t = \frac{k}{12}\pi$.

Zum ersten Mal ($k = 1$) ist dies bei $t \approx 0{,}2618$ s der Fall. Die maximale Geschwindigkeit ist $v\left(\frac{1}{12}\pi\right) = 1{,}8$ m/s.

b) Die Periodendauer beträgt hier $\frac{1}{3}\pi$ welches ungefähr 1,0472 Sekunden sind.

c) $a(t) = l''(t) = 10{,}8 \cdot \cos(6t)$

Die Beschleunigung ist Null bei $t = \frac{k}{12}\pi$, zum ersten Mal ($k = 1$) also bei $\approx 0{,}2618$ s. Dies entspricht dem Ergebnis aus a).

Seite 45 | Aufgabe 12

a) $g(T_F) = 1000 - 0{,}007 \cdot \left(\frac{5}{9}T_F - 21\frac{9}{7}\right)^2$

b) $f'(T_C) = 0{,}014(T_C - 4)$; $f'(T_C) = 0$ bei $T_C = 4$ °C

$g'(T_F) = -7\frac{7}{9} \cdot \left(\frac{5}{9}T_F - 21\frac{9}{7}\right)$; $g'(T_F) = 0$ bei $T_F = 39{,}2$ °F

c) $f'(-5) = -0{,}126$; $g'(23) = 0{,}07$

d) $T_C = \frac{5}{9}(T_F - 32)$, einsetzen von $T_F = 23$ °F ergibt: $T_C = \frac{5}{9}(23 - 32) = -5$

Die Werte sind unterschiedlich, da die Änderung von einem Grad Celsius nicht der von einem Grad Fahrenheit entspricht.

Seite 46 | Aufgabe 13

a) Mit der dritten binomischen Formel kann man den quadratischen Term in zwei lineare Terme zerlegen: $f'(x) = 24x(4x^2 - 9)^2$

b) ① $f'(x) = \frac{4x}{\sqrt{4x^2-25}}$ ② $f'(x) = \frac{98x}{(16-49x^2)^2}$ ③ $f'(x) = 1440x \cdot (144x^2 - 1)^4$

Seite 46 | Aufgabe 14

a) $g'(x) = 3(x+2)^2$; $f(x) = (-x+2)^3$, $f'(x) = -3(-x+2)^2$

b) ①: $g'(x)$; ②: $g(x)$; ③: $f(x)$; ④: $f'(x)$.

Die Graphen 1 und 4 sind punktsymmetrisch zum Ursprung. Die Graphen 2 und 3 sind achsensymmetrisch zur y-Achse.

c) $f'(x) = -g'(-x)$ für $g(x)=(ax+b)^c$ ist $f'(x)=-ac(-ax+b)^{c-1}$

d) Wenn der Graph an der y-Achse gespiegelt wird gilt $f(-x) = f(x)$. Für die Ableitung bedeutet dies: $f'_{neu}(x) = -f'_{alt}(-x)$

Beispiel: $f(x) = g(-x) \Leftrightarrow (-x+2)^3 = (x+2)^3$; Ableitungen: $f'(x) = -g'(x) \Leftrightarrow -3(-x+2)^2 = 3(x+2)^2$.

Seite 46 | Aufgabe 15

a) $f_a(0) = (a \cdot 0 - 1)^4 = 1$, unabhängig von a.

b) $f'_a(x) = 4a(ax-1)^3$; $f'_a(0) = -1$ (−1 ist die Steigung der Gerade g) gilt für $a = \frac{1}{4}$

Seite 46 | Aufgabe 16

a) $f'(x) = 3(x-5)^2(x^2+1) + 2x(x-5)^3 = (x-5)^2 \cdot (3(x^2+1) + 2x(x-5))$
höchste Potenz des Faktors (x - 5) ist 2, also doppelte Nullstelle
$f''(x) = 2(x-5)(5x^2-10x+3) + (x-5)^2(10x-10) = (x-5) \cdot (2(5x^2-10x+3) + (x-5)(10x-10))$
höchste Potenz des Faktors (x - 5) ist 1, also einfache Nullstelle
$f'''(x) = 60x^2 - 360x + 456$; $f'''(5) \neq 0$: keine Nullstelle
b) g' hat an der Stelle a eine zweifache Nullstelle und g" hat an der Stelle a eine einfache Nullstelle.
c) $h'(x) = n(x-3)^{n-1} \cdot r(x) + r'(x)(x-3)^n$; 3 ist hier eine (n-1)-fache Nullstelle

Seite 46 | Aufgabe 17

a) ① $f(x) = \frac{1}{v(x)} = \frac{1}{ax+b} = (ax+b)^{-1}$
Ableitung mit Kettenregel: $f'(x) = -a(ax+b)^{-2} = -\frac{a}{(ax+b)^2}$
Ableitung mit Quotientenregel: $f'(x) = -\frac{a}{(ax+b)^2}$
② $f(x) = \frac{u(x)}{v(x)} = \frac{u(x)}{ax+b} = u(x) \cdot (ax+b)^{-1}$
Ableitung mit Ketten- und Produktregel: $f'(x) = u'(x) \cdot (ax+b)^{-1} - u(x) \cdot a \cdot (ax+b)^{-2} = \frac{u'(x) \cdot (ax+b) - u(x) \cdot a}{(ax+b)^2}$
Ableitung mit Quotientenregel: $f'(x) = -\frac{u'(x) \cdot (ax+b) - u(x) \cdot a}{(ax+b)^2}$
b) $f'(x) = \frac{3(2x-5) - 3x \cdot 2}{(2x-5)^2} = \frac{-15}{(2x-5)^2}$ $g'(x) = \frac{(x-1)-(x+1)}{(x-1)^2} = \frac{-2}{(x-1)^2}$
$h'(x) = \frac{2\cos(2x)(2x-1) - 2\sin(2x)}{(2x-1)^2}$ $j'(x) = \frac{144(4+3x)(2x-1) - 48(4+3x)}{(3(2x-1))^2} = \frac{16(4+3x)(3x-7)}{3(2x-1)^2}$

Seite 46 | Aufgabe 18

a) $g(v(x)) = g'(v(x)) \cdot v'(x)$
b) Ableiten mit der Regel aus a): $f'(x) = 2(x^2-3) \cdot 2x = 4x(x^2-3)$
Ausmultiplizieren und ableiten: $f(x) = x^4 - 6x^2 + 9$; $f'(x) = 4x^3 - 12x = 4x(x^2-3)$
c) $f'(x) = 6x(x^2-4)^2$; $g'(x) = 2x \cdot \sin(2-x^2)$; $h'(x) = \frac{\cos(x)}{\sqrt{\sin(x)}}$
d) $(x) = ax^2 + b$; $v'(x) = 2ax$
$((ax+b)^{-1})' = -2ax(ax^2+b)^{-2} = -\frac{2ax}{(ax^2+b)^2} = -\frac{v'(x)}{v(x)^2}$
$\left(\frac{u(x)}{g(v(x))}\right)' = \left(u(x) \cdot \left(g(v(x))\right)^{-1}\right)' = u(x) \cdot -v'(x)\left(g'(v(x))\right)^{-2} + u'(x) \cdot g(v(x))^{-1}$
$= (g(v(x)))^{-2} \cdot (u(x) \cdot v'(x) + u'(x) \cdot g'(v(x))) = \frac{u'(x) \cdot g(v(x)) - u(x) \cdot v'(x)g'(v(x))}{g(v(x))^2} = \frac{u'(x) \cdot v(x) - u(x) \cdot v'(x)g'(v((x))}{(g(v(x)))^2}$

1.7 Abiturtraining

Seite 47 | Aufgabe 1

a) $D = [-4, \infty)$
b) $N_1(-3|0)$, $N_2(3|0)$, $N_3(-4|0)$
c) III gibt die Ableitung an

Seite 47 | Aufgabe 2

a) Ansatz: $f(x) = ax^2 + bx + c$
Bedingungen: f geht durch (−1|2): f(−1) = 2; führt auf a − b + c = 2
(−1|2) ist Hochpunkt: f'(−1) = 0; führt auf −2a + b = 0
Steigung bei x = 1 ist −6: f'(1) = −6; führt auf 4a + b = −6
b) $f(x) = -x^2 - 2x + 1$

Seite 47 | Aufgabe 3

a) $f(x) = -\frac{1}{9}x^3 + x^2 - \frac{8}{3}x + 3$
b) $f'(x) = 0$ für $x = 4$ ($f'' < 0$) und $x = 2$ ($f'' > 0$); $f(4) = \frac{11}{9}$.
Der höchste Punkt des Hügels $\left(4\middle|\frac{11}{9}\right)$. Er ist ca. 12,222 cm hoch und 40 cm vom Punkt A entfernt.
c) $f'(x) = -\frac{1}{3}x^2 + 2x - \frac{8}{3}$; $f'(3) = g'(3) = \frac{1}{3}$; $g(3) = 1$
$g_a(x) = ax^2 + \left(\frac{1}{3} - 6a\right)x + 9a$
Sinnvolle Einschränkung von a: a < 0 (Parabel nach unten geöffnet)
d) $g_a'(x) = 2ax + \left(\frac{1}{3} - 6a\right)$; $g_a'(x) = 0$ bei $x = \frac{19}{3}$ ergibt a = −0,05
$g(x) = -\frac{1}{20}x^2 + \frac{19}{30}x + \frac{9}{20}$
Nullstelle von g(x): bei x ≈ 11,91; Nullstelle von f(x) bei x ≈ 5,55
Der Abstand beträgt also etwa 63,6 cm.

2. Integralrechnung

2.1 Rekonstruktion aus Änderungsraten

Seite 54 | Einstieg

Der Aufzug fährt 4 Sekunden mit einer Geschwindigkeit von $1{,}5\,\frac{\text{m}}{\text{s}}$, um vom Erdgeschoss in den 2. Stock zu kommen. Der 2. Stock befindet sich also 6 m über dem Erdgeschoss. Am Ende der Fahrt benötigt der Aufzug 9 Sekunden bei einer Geschwindigkeit von $-1{,}5\,\frac{\text{m}}{\text{s}}$, um von der Tiefgarage zurück ins Erdgeschoss zu kommen. Die Tiefgarage befindet sich also 13,5 m unter dem Erdgeschoss.

Seite 55 | Aufgabe 1

a) 20 Minuten lang fließen $100\,\frac{\text{m}^3}{\text{s}}$ in das Speicherbecken, also 2000 m^3. Danach fließen 40 Minuten lang $150\,\frac{\text{m}^3}{\text{s}}$ aus dem Becken (6000 m^3), dann 10 min lang $100\,\frac{\text{m}^3}{\text{s}}$ in das Becken (1000 m^3) und zuletzt 30 Minuten lang $150\,\frac{\text{m}^3}{\text{s}}$ aus dem Becken (4500 m^3). Insgesamt verliert das Becken in dieser Zeit also 7500 m^3 Wasser.

b) Die Bestandsänderung ist im Intervall von 0 bis 20 Minuten positiv, von 20 bis 60 Minuten negativ, von Minute 60 bis 70 wieder positiv, von Minute 70 bis 100 negativ und zu keinem Zeitpunkt null.

Seite 55 | Aufgabe 2

Der Flächeninhalt beschreibt die Größe einer Fläche. Unter der Flächenbilanz versteht man die Summe aller orientierten Flächeninhalte (oberhalb der x-Achse positiv, unterhalb der x-Achse negativ) und somit die Gesamtänderung der beschriebenen Größe. Liegt ein Graph vor, der nur oberhalb der x-Achse verläuft, sind Flächeninhalt und Flächenbilanz dasselbe.

Seite 55 | Aufgabe 3

Individuelle Lösung: Alle Graphen, bei denen der Flächeninhalt unterhalb der x-Achse gleich dem Flächeninhalt oberhalb der x-Achse ist, haben die Bestandsänderung null.

Seite 56 | Aufgabe 4

$800\,\text{l} - 40\,\frac{\text{l}}{\text{min}} \cdot 4\,\text{min} + 0\,\frac{\text{l}}{\text{min}} \cdot 3\,\text{min} + 20\,\frac{\text{l}}{\text{min}} \cdot 3\,\text{min} = 700\,\text{l}$

Nach 10 Minuten befinden sich noch 700 l Öl im Tank.

Seite 56 | Aufgabe 5

a) ① Der Graph zeigt den Verlauf der Geschwindigkeit in $\frac{\text{km}}{\text{h}}$ eines Autos, das dreimal gleichmäßig beschleunigt und wieder bremst, ohne wieder zum Stehen zu kommen. Dargestellt ist die jeweilige Geschwindigkeit in km/h.
② Der Graph zeigt die Entwicklung der Geschwindigkeit beim freien Fall. Die Geschwindigkeit nimmt linear zu.
③ Der Graph zeigt eine Bevölkerungszahl, die zunimmt, bei dem die Zunahme aber jährlich schwankt.
④ Der Graph zeigt den schwankenden Benzinverbrauch während einer Fahrt in l/km.

b) ① gesamt zurückgelegte Strecke
② gesamte Fallstrecke
③ Gesamtänderung der Bevölkerung im dargestellten Zeitraum
④ gesamter Benzinverbrauch während der Fahrt

Seite 56 | Aufgabe 6

a) ① Der Aufzug fährt zu Beginn bereits mit der Geschwindigkeit von 1 m/s nach oben und erhöht dann 4 Sekunden lang seine Geschwindigkeit um 0,5 m/s^2 auf 3 m/s. Anschießend behält er 2 Sekunden diese Geschwindigkeit bei und verringert sie dann 3 s lang gleichmäßig im –1 m/s^2. Insgesamt fährt er 9 Sekunden lang aufwärts und kommt dann zum Stillstand.
② Der Aufzug fährt zunächst 2 Sekunden mit einer konstanten Geschwindigkeit von 2 m/s aufwärts, bremst dann mit –1 m/s^2 ab, erreicht nach 4 Sekunden kurz Stillstand und fährt dann abwärts. Dies zunächst ein Sekunde lang beschleunigt mit –1 m/s^2, dann 3 Sekunden lang mit der konstanten Geschwindigkeit von –1 m/s.
③ Der Aufzug bewegt sich bereits mit 1 m/s nach oben und fährt dann zwei Sekunden lang abgebremst mit –0,5 m/s^2 aufwärts. Er kommt kurz zum Stillstand, behält die Beschleunigung von –0,5 m/s^2 noch drei Sekunden bei und fährt damit abwärts. Er erreicht so die Geschwindigkeit –1,5 m/s^2, die er 2 Sekunden beibehält. Dann bremst er eine Sekunde lang mit –1,5 m/s^2 ab, kommt wieder kurz zum Stehen und beschleunigt dann mit 1 m/s^2 eine Sekunde lang seine Fahrt nach oben. In der 9. Sekunde hat er so eine Geschwindigkeit von 1,5 m/s nach oben erreicht.

b) ① 18,5 m
② 2,5 m
③ –3,5 m

c) Der Flächeninhalt oberhalb der x-Achse gibt an, wie viele Meter der Aufzug nach oben gefahren ist. Der Flächeninhalt unterhalb der x-Achse gibt an, wie viele Meter er nach unten gefahren ist. Die Flächenbilanz gibt die Distanz des Aufzugs zum Ausgangspunkt an.

Seite 56 | Aufgabe 7

a) t = 1 min: 2800 Flaschen + 1 min · 100 Flaschen/min = 2900 Flaschen
t = 2 min: 2800 Flaschen + 2 min · 100 Flaschen/min = 3000 Flaschen
t = 6 min: 3000 Flaschen + 4 min · 50F laschen/min + $\frac{1}{2}$ ·· 4 min · 50 Flaschen/min = 3300 Flaschen
t = 10 min: 3300 Flaschen + $\frac{1}{2}$ ·· 4 min · 50 Flaschen/min = 3400 Flaschen

b) Es gilt nun für t = 10 min: 2800 Flaschen + $\frac{1}{2}$ · 10 min · 100 Flaschen/min = 3300 Flaschen
Bei dieser Methode gelangen also 100 Flaschen weniger in die Lagerhalle.

Seite 56 | Aufgabe 8

a) richtig. Bei gleichbleibender positiver Änderungsrate nimmt der Bestand pro Zeiteinheit um dieselbe Menge zu.
b) falsch. Der Bestand hat an dieser Stelle ein Maximum, da der Bestand davor zunahm und nun abnimmt.
c) richtig. Je kleiner die positive Änderungsrate, umso weniger nimmt der Bestand pro Zeiteinheit zu.
d) falsch. Je kleiner die negative Änderungsrate, umso mehr nimmt der Bestand pro Zeiteinheit ab.

Seite 57 | Aufgabe 9

Ist f(x) positiv (negativ), so steigt (fällt) F(x). Damit ergibt sich:
Änderungsrate A: Graph ③. Die Änderungsrate ist positiv und ist zunächst größer, dann ohne Übergang kleiner.
Änderungsrate B: Graph ①. Die Änderungsrate ist stets positiv, wird zunächst größer und nimmt dann wieder ab.
Änderungsrate C: Graph ②. Die Änderungsrate ist zunächst positiv, dann negativ.

Seite 57 | Aufgabe 10

Bestandsänderung nach 25 min: $120\ \text{m}^3/\text{min} \cdot 10\ \text{min} - 200\ \text{m}^3/\text{min} \cdot 15\ \text{min} = -1800\ \text{m}^3$
Nach 25 Minuten sind also 1800 m³ weniger Wasser im Becken als zu Beginn. Es ist allerdings keinerlei Aussage dazu gemacht, wie viel Wasser zu Beginn im Becken war. Wenn zu Beginn über 1800 m³ Wasser im Becken waren, dann kann das Pumpspeicherwerk durchaus wie angegeben laufen.

Seite 57 | Aufgabe 11

Der Graph kann durch eine stückweise konstante Funktion angenähert werden, je kleiner die Stücke sind, desto besser die Näherung, Ebenso kann auch der Flächeninhalt zwischen dem Graphen und der x-Achse durch Rechtecke angenähert werden, diese Näherung wird ebenso immer besser, je schmaler die Rechtecke sind. Auch hier gilt, dass die Flächenbilanz zwischen dem Graphen und der x-Achse der Bestandsänderung entspricht.

Seite 57 | Aufgabe 12

Man kann die gefahrene Strecke abschätzen indem man annimmt, jede gemessene Geschwindigkeit wäre jeweils die vergangenen 60 Sekunden gefahren worden. Damit ergibt sich:
$s = 60\ \text{s} \cdot \left(10\frac{\text{m}}{\text{s}} + 14\frac{\text{m}}{\text{s}} + 22\frac{\text{m}}{\text{s}} + 26\frac{\text{m}}{\text{s}} + 18\frac{\text{m}}{\text{s}} + 10\frac{\text{m}}{\text{s}} + 4\frac{\text{m}}{\text{s}}\right) = 6240\ \text{m} \approx 6\ \text{km}$
Diese Schätzung ist sehr unsicher, da die Geschwindigkeit zwischen den Messpunkten nicht konstant gewesen sein wird. Diese Unsicherheit addiert sich zu der allgemeinen Messungenauigkeit.

Seite 57 | Aufgabe 13

Während der Steigphase ist der Verbrauch am höchsten, da das Flugzeug zuerst einmal an Höhe und Geschwindigkeit gewinnen muss. Im Horizontalflug muss das Flugzeug nur noch die Geschwindigkeit halten, wodurch der Verbrauch geringer ist. Im Sinkflug ist der Verbrauch noch niedriger, da die Höhe nicht mehr gehalten werden muss.
Abschätzung mit den gegebenen Werten:
$5\ \text{min} \cdot 0{,}7\frac{\text{l}}{\text{min}} + 2\ \text{min} \cdot 0{,}3\frac{\text{l}}{\text{min}} + 1\ \text{min} \cdot 0{,}5\frac{\text{l}}{\text{min}} + 12\ \text{min} \cdot 0{,}3\frac{\text{l}}{\text{min}} + 3\ \text{min} \cdot 0{,}2\frac{\text{l}}{\text{min}} + 4\ \text{min} \cdot 0{,}4\frac{\text{l}}{\text{min}} + 3\ \text{min} \cdot 0{,}1\frac{\text{l}}{\text{min}} = 10{,}7\ \text{l}$

Seite 57 | Aufgabe 14

$F(t) = \frac{1}{2} \cdot t \cdot at + F_0 = \frac{1}{2} \cdot at^2 + F_0$

2.2 Das bestimmte Integral

Seite 58 | Einführung

Bei der Näherung geht man davon aus, dass die Geschwindigkeit immer jeweils eine Sekunde konstant bleibt. Die Fläche wird damit durch kleine Rechtecke mit der Breite 1 s angenähert. Die Näherung kann man verbessern, indem man schmalere Rechtecke (und dafür mehr) verwendet.

Seite 59 | Aufgabe 1

a) ca. 36 Kästchen
b) 0,5 · 13 · 5,5 = 35,75

Seite 59 | Aufgabe 2

a) 4 FE + 3 FE + 1 FE = 8 FE
b) 0,5 · (2,5 + 4 + 4,5 + 4 + 3 + 2 + 1) = 10,5 FE
Die Treppenfläche vergrößert sich, liefert also einen besseren Näherungswert.
c) Verwendet man immer schmalere Rechtecke, erhält man immer bessere Näherungswerte.

Seite 59 | Aufgabe 3

a) 3 Rechtecke:
Obersumme: $O_3 = 1 \cdot f(1) + 1 \cdot f(2) + 1 \cdot f(3) = 36$; Untersumme: $U_3 = 1 \cdot f(0) + 1 \cdot f(1) + 1 \cdot f(2) = 9$
6 Rechtecke:
Obersumme: $O_6 = 0{,}5 \cdot f(0{,}5) + 0{,}5 \cdot f(1) + 0{,}5 \cdot f(1{,}5) + 0{,}5 \cdot f(2) + 0{,}5 \cdot f(2{,}5) + 0{,}5 \cdot f(3) = 27{,}5625$
Untersumme: $U_6 = 0{,}5 \cdot f(0) + 0{,}5 \cdot f(0{,}5) + 0{,}5 \cdot f(1) + 0{,}5 \cdot f(1{,}5) + 0{,}5 \cdot f(2) + 0{,}5 \cdot f(2{,}5) = 14{,}0625$
b) obere Grenze: 27,5625; untere Grenze: 14,0625

Seite 59 | Aufgabe 4

a) Untersumme: -
$U_5 = 1 \cdot f(1) + 1 \cdot f(2) + 1 \cdot f(3) + 1 \cdot f(4) + 1 \cdot f(5)$
$= -\frac{1}{8} \cdot 1^2 + 5 - \frac{1}{8} \cdot 2^2 + 5 - \frac{1}{8} \cdot 3^2 + 5 - \frac{1}{8} \cdot 4^2 + 5 - \frac{1}{8} \cdot 5^2 + 5 = 18{,}125$
Obersumme:
$O_5 = 1 \cdot f(0) + 1 \cdot f(1) + 1 \cdot f(2) + 1 \cdot f(3) + 1 \cdot f(4)$
$= -\frac{1}{8} \cdot 0^2 + 5 - \frac{1}{8} \cdot 1^2 + 5 - \frac{1}{8} \cdot 2^2 + 5 - \frac{1}{8} \cdot 3^2 + 5 - \frac{1}{8} \cdot 4^2 + 5 = 21{,}25$

b) Untersumme:
$U_{10} = 0{,}5 \cdot \big(f(0{,}5) + f(1) + f(1{,}5) + f(2) + f(2{,}5) + f(3) + f(3{,}5) + f(4) + f(4{,}5) + f(5)\big) = 18{,}984375$
Obersumme:
$O_{10} = 0{,}5 \cdot \big(f(0) + f(0{,}5) + f(1) + f(1{,}5) + f(2) + f(2{,}5) + f(3) + f(3{,}5) + f(4) + f(4{,}5)\big) = 18{,}984375 = 20{,}546875$

Seite 59 | Aufgabe 5

a) Produktsumme: $P = 2 \cdot (0{,}2 \cdot 1^2 + 1) + 2 \cdot (0{,}2 \cdot 3^2 + 1) + 2 \cdot (0{,}2 \cdot 5^2 + 1) + 2 \cdot (0{,}2 \cdot 7^2 + 1) = 41{,}6$
William hat das Intervall [0;8] in vier Rechtecke mit gleicher Breite eingeteilt, die also jeweils 2 LE beträgt. Die Höhe der Rechtecke entspricht dem Funktionswert jeweils in der Mitte des Rechtecks.

b) Untersumme: $U_4 = 2 \cdot f(0) + 2 \cdot f(2) + 2 \cdot f(4) + 2 \cdot f(6) = 30{,}4$
Obersumme: $O_4 = 2 \cdot f(2) + 2 \cdot f(4) + 2 \cdot f(6) + 2 \cdot f(8) = 56$

c) Der Wert der Produktsumme aus a) ist die beste der drei Näherungen, da er zwischen Ober- und Untersumme liegt.

d) Kennt man den Wert der Ober- und Untergrenze, lässt sich der tatsächliche Wert eingrenzen. Es gilt $U_n < A < O_n$. Man kann also sicher sein, dass der tatsächliche Flächeninhalt A einen Wert zwischen den beiden Werten annimmt.

Seite 61 | Aufgabe 6

a) Durch Einsetzen von n – 1 für n in der Summenformel für Quadratzahlen ergibt sich die Gleichung.

b) $U_n = \frac{2}{n} \cdot f\left(0 \cdot \frac{2}{n}\right) + \frac{2}{n} \cdot f\left(1 \cdot \frac{2}{n}\right) + \dots + \frac{2}{n} \cdot f\left((n-1) \cdot \frac{2}{n}\right)$
$= \frac{2}{n} \cdot \left(f\left(0 \cdot \frac{2}{n}\right) + f\left(1 \cdot \frac{2}{n}\right) + \dots + f\left((n-1) \cdot \frac{2}{n}\right)\right)$
$= \frac{2}{n} \cdot \left(0^2 \cdot \left(\frac{2}{n}\right)^2 + 1^2 \cdot \left(\frac{2}{n}\right)^2 + \dots + (n-1)^2 \cdot \left(\frac{2}{n}\right)^2\right)$
$= \frac{2}{n} \cdot \frac{2^2}{n^2}(0^2 + 1^2 + \dots + (n-1)^2)$
$= \frac{2^3}{n^3} \cdot \left(\frac{(n-1) \cdot n \cdot (2n-1)}{6}\right)$
$= \frac{8}{n^3} \cdot \left(\frac{2n^3}{6} - \frac{3n^2}{6} + \frac{n}{6}\right)$
$= \frac{8}{3} - \frac{4}{n} + \frac{4}{3n^2}$

Seite 61 | Aufgabe 7

a) Das Intervall [0;4] wird in 8 Teile geteilt, die somit eine Breite von jeweils $\frac{1}{2}$ haben.
Numerische Lösung:
$O_8 = 0{,}5 \cdot f(0{,}5) + 0{,}5 \cdot f(1) + 0{,}5 \cdot f(1{,}5) + 0{,}5 \cdot f(2) + 0{,}5 \cdot f(2{,}5) + 0{,}5 \cdot f(3) + 0{,}5 \cdot f(3{,}5) + 0{,}5 \cdot f(4) = 3$
Allgemeiner:
$O_8 = \frac{4}{8} \cdot f\left(1 \cdot \frac{4}{8}\right) + \frac{4}{8} \cdot f\left(2 \cdot \frac{4}{8}\right) + \dots + \frac{4}{8} \cdot f\left(8 \cdot \frac{4}{8}\right)$
$= \frac{1}{2} \cdot \left(\frac{1}{3} \cdot 1 \cdot \frac{1}{2} + \frac{1}{3} \cdot 2 \cdot \frac{1}{2} + \frac{1}{3} \cdot 3 \cdot \frac{1}{2} + \frac{1}{3} \cdot 4 \cdot \frac{1}{2} + \frac{1}{3} \cdot 5 \cdot \frac{1}{2} + \frac{1}{3} \cdot 6 \cdot \frac{1}{2} + \frac{1}{3} \cdot 7 \cdot \frac{1}{2} + \frac{1}{3} \cdot 8 \cdot \frac{1}{2}\right)$
$= \frac{1}{2} \cdot \frac{1}{3} \cdot \frac{1}{2}(1 + 2 + 3 + 4 + 5 + 6 + 7 + 8)$
$= \frac{1}{12} \cdot \frac{8 \cdot (8+1)}{2} = 3$

b) $O_n = \frac{4}{n} \cdot f\left(1 \cdot \frac{4}{n}\right) + \frac{4}{n} \cdot f\left(2 \cdot \frac{4}{n}\right) + \dots + \frac{4}{n} \cdot f\left(8 \cdot \frac{4}{n}\right)$
$= \frac{4}{n} \cdot \left(\frac{1}{3} \cdot 1 \cdot \frac{4}{n} + \frac{1}{3} \cdot 2 \cdot \frac{4}{n} + \dots + \frac{1}{3} \cdot n \cdot \frac{4}{n}\right)$
$= \frac{4}{n} \cdot \frac{1}{3} \cdot \frac{4}{n}(1 + 2 + \dots + n)$
$= \frac{16}{3n^2} \cdot \frac{n \cdot (n+1)}{2}$
$= \frac{8}{3} + \frac{8}{3n}$

Seite 61 | Aufgabe 8

a) $O_n = \frac{1}{n} \cdot f\left(1 \cdot \frac{1}{n}\right) + \frac{1}{n} \cdot f\left(2 \cdot \frac{1}{n}\right) + \dots + \frac{1}{n} \cdot f\left(n \cdot \frac{1}{n}\right)$
$= \frac{1}{n} \cdot \left(6 \cdot \left(\frac{1}{n}\right)^2 + 6 \cdot \left(\frac{2}{n}\right)^2 + \dots + 6 \cdot \left(\frac{n}{n}\right)^2\right)$
$= \frac{6}{n^3} \cdot (1^2 + 2^2 + \dots + n^2)$
$= \frac{6}{n^3} \cdot \left(\frac{n \cdot (n+1) \cdot (2n+1)}{6}\right)$
$= \frac{6}{n^3} \cdot \left(\frac{2n^3}{6} + \frac{3n^2}{6} + \frac{n}{6}\right) = 2 + \frac{3}{n} + \frac{1}{n^2}$

$U_n = \frac{1}{n} \cdot f\left(0 \cdot \frac{1}{n}\right) + \frac{1}{n} \cdot f\left(1 \cdot \frac{1}{n}\right) + \cdots + \frac{1}{n} \cdot f\left((n-1) \cdot \frac{1}{n}\right)$

$= \frac{1}{n} \cdot \left(6 \cdot \left(\frac{0}{n}\right)^2 + 6 \cdot \left(\frac{1}{n}\right)^2 + \cdots + 6 \cdot \left(\frac{(n-1)}{n}\right)^2\right)$

$= \frac{6}{n^3} \cdot (0^2 + 1^2 + \cdots + (n-1)^2)$

$= \frac{6}{n^3} \cdot \left(\frac{(n-1) \cdot n \cdot (2n-1)}{6}\right)$

$= \frac{6}{n^3} \cdot \left(\frac{2n^3}{6} - \frac{3n^2}{6} + \frac{n}{6}\right) = 2 - \frac{3}{n} + \frac{1}{n^2}$

b) $O_{10} = 2 + \frac{3}{10} + \frac{1}{100} = 2{,}31$; $O_{100} = 2 + \frac{3}{100} + \frac{1}{10000} = 2{,}0301$; $O_{1000} = 2 + \frac{3}{1000} + \frac{1}{1000000} = 2{,}003$

$U_{10} = 2 - \frac{3}{10} + \frac{1}{100} = 1{,}71$; $U_{100} = 2 - \frac{3}{100} + \frac{1}{10000} = 1{,}9701$; $U_{1000} = 2 - \frac{3}{1000} + \frac{1}{1000000} = 1{,}997$

c) $\lim\limits_{n\to\infty} U_n = \lim\limits_{n\to\infty} \left(2 - \frac{3}{n} + \frac{1}{n^2}\right) = 2$

$\lim\limits_{n\to\infty} O_n = \lim\limits_{n\to\infty} \left(2 + \frac{3}{n} + \frac{1}{n^2}\right) = 2$

Integral: $\int_0^1 6x^2 dx = 2$

Seite 61 | Aufgabe 9

a) Obersumme:

$O_n = \frac{2}{n} \cdot \left(\frac{2}{n} + \frac{4}{n} + \cdots + \frac{2n}{n}\right) = \frac{4}{n^2} \cdot (1 + 2 + \cdots + n) = \frac{4}{n^2} \cdot \frac{n \cdot (n+1)}{2} = 2 + \frac{2}{n}$

Untersumme:

$U_n = \frac{2}{n} \cdot \left(\frac{0}{n} + \frac{2}{n} + \cdots + \frac{2(n-1)}{n}\right) = \frac{4}{n^2} \cdot (0 + 1 + \cdots + n - 1) = \frac{4}{n^2} \cdot \frac{(n-1) \cdot n}{2} = 2 - \frac{2}{n}$

Flächenberechnung durch Grenzwertbildung:

$\lim\limits_{n\to\infty} O_n = \lim\limits_{n\to\infty} \left(2 + \frac{2}{n}\right) = 2$

$\lim\limits_{n\to\infty} U_n = \lim\limits_{n\to\infty} \left(2 - \frac{2}{n}\right) = 2$

b) Obersumme:

$O_n = \frac{3}{n} \cdot \left(\left(\frac{3}{n}\right)^3 + \left(\frac{6}{n}\right)^3 + \cdots + \left(\frac{3n}{n}\right)^3\right) = \frac{81}{n^4} \cdot (1^3 + 2^3 + \cdots + n^3) = \frac{81}{n^4} \cdot \frac{n^2 \cdot (n+1)^2}{4} = \frac{81}{n^4} \cdot \frac{n^2 \cdot (n^2+2n+1)}{4} = 20{,}25 + \frac{81}{2n} + \frac{81}{4n^2}$

Untersumme:

$U_n = \frac{3}{n} \cdot \left(\left(\frac{0}{n}\right)^3 + \left(\frac{3}{n}\right)^3 + \cdots + \left(\frac{3(n-1)}{n}\right)^3\right) = \frac{81}{n^4} \cdot (0^3 + 1^3 + \cdots + (n-1)^3) = \frac{81}{n^4} \cdot \frac{(n-1)^2 \cdot n^2}{4} = \frac{81}{n^4} \cdot \frac{(n^2-2n+1) \cdot n^2}{4} = 20{,}25 - \frac{81}{2n} + \frac{81}{4n^2}$

Flächenberechnung durch Grenzwertbildung:

$\lim\limits_{n\to\infty} O_n = \lim\limits_{n\to\infty} \left(20{,}25 + \frac{81}{2n} + \frac{81}{4n^2}\right) = 20{,}25$ $\lim\limits_{n\to\infty} U_n = \lim\limits_{n\to\infty} \left(20{,}25 - \frac{81}{2n} + \frac{81}{4n^2}\right) = 20{,}25$

c) Obersumme:

$O_n = \frac{a}{n} \cdot \left(3\left(\frac{a}{n}\right)^2 + 3\left(\frac{2a}{n}\right)^2 + \cdots + 3\left(\frac{na}{n}\right)^2\right) = \frac{3a^3}{n^3} \cdot (1^2 + 2^2 + \cdots + n^2) = \frac{3a^3}{n^3} \cdot \frac{n \cdot (n+1) \cdot (2n+1)}{6} = \frac{3a^3}{n^3} \cdot \left(\frac{2n^3}{6} + \frac{3n^2}{6} + \frac{n}{6}\right)$

$= a^3 + \frac{3a^3}{2n} + \frac{a^3}{2n^2}$

Untersumme:

$U_n = \frac{a}{n} \cdot \left(3\left(\frac{0a}{n}\right)^2 + 3\left(\frac{a}{n}\right)^2 + \cdots + 3\left(\frac{(n-1)a}{n}\right)^2\right) = \frac{3a^3}{n^3} \cdot (0^2 + \cdots + (n-1)^2) = \frac{3a^3}{n^3} \cdot \frac{(n-1) \cdot n \cdot (2n-1)}{6} = \frac{3a^3}{n^3} \cdot \left(\frac{2n^3}{6} - \frac{3n^3}{6} + \frac{n}{6}\right)$

$= a^3 - \frac{3a^2}{2n} + \frac{a^3}{2n^2}$

Flächenberechnung durch Grenzwertbildung:

$\lim\limits_{n\to\infty} O_n = \lim\limits_{n\to\infty} \left(a^3 + \frac{3a^3}{2n} + \frac{a^3}{2n^2}\right) = a^3$ $\lim\limits_{n\to\infty} U_n = \lim\limits_{n\to\infty} \left(a^3 - \frac{3a^3}{2n} + \frac{a^3}{2n^2}\right) = a^3$

Seite 61 | Aufgabe 10

a) $O_{50} = 0{,}210133$; $O_{100} = 0{,}205033$

b) Term: $U_n = \sum_{k=0}^{n-1} \left(\frac{1}{n} \cdot f\left(\frac{k}{n}\right)\right) = \sum_{k=0}^{n-1} \left(\frac{1}{n} \cdot \left(\frac{k}{n}\right)^4\right)$

$U_{15} = 0{,}168147$; $U_{50} = 0{,}190133$; $U_{100} = 0{,}195033$

c) Intervall [0;1]

$U_{10} = 0{,}610509$; $O_{10} = 0{,}710509$

$U_{100} = 0{,}661463$; $O_{100} = 0{,}671463$

Intervall [0;2]

$U_{10} = 1{,}72678$; $O_{10} = 2{,}00962$

$U_{100} = 1{,}8709$; $O_{100} = 1{,}89918$

d) zu $f(x) = x^4$: $\lim\limits_{n\to\infty} O_n = 0{,}2$; $\lim\limits_{n\to\infty} U_n = 0{,}2$

zu $g(x) = \sqrt{x}$ im Intervall [0;1]: $\lim\limits_{n\to\infty} O_n = \frac{2}{3}$; $\lim\limits_{n\to\infty} U_n = \frac{2}{3}$

zu $g(x) = \sqrt{x}$ im Intervall [0;2]: $\lim\limits_{n\to\infty} O_n = 1{,}89$; $\lim\limits_{n\to\infty} U_n = 1{,}89$

Seite 61 | Aufgabe 11

Die orange markierten Rechtecke stellen den Unterschied zwischen Ober- und Untersumme da. Die Rechtecke stehen übereinander, der Term f(b) – f(a) entspricht daher der gesamten Länge aller orange markierten Rechtecke. $\frac{b-a}{n}$ entspricht der

Breite eines Rechtecks im Intervall [a; b] , wenn n Rechtecke vorliegen. Multipliziert man nun diese Werte, erhält man die Differenz zwischen Ober- und Untersumme.

Für wachsende n bleibt f(b) – f(a) konstant, $\frac{b-a}{n}$ geht gegen Null. Der Flächeninhalt der orange markierten Rechtecke, also der Unterschied zwischen Ober- und Untersumme geht damit ebenfalls gegen null.

Seite 62 | Aufgabe 12

a) ① $\int_{-3}^{3} f(x)dx$ ② $\int_{-3}^{3} g(x)dx$ ③ $\int_{1}^{4} h(x)dx$

b) Das Integral beschreibt dann den gesamten Flächeninhalt, wenn die gesamte Fläche oberhalb oder unterhalb der x-Achse liegt. Das ist für ① und ③ der Fall. Bei ② entspricht die Flächenbilanz nicht dem gesamten Flächeninhalt, weil die Fläche der negativ orientieren Fläche für $1 < x < 3$ von dem der restliche Fläche abgezogen wird.

Seite 62 | Aufgabe 13

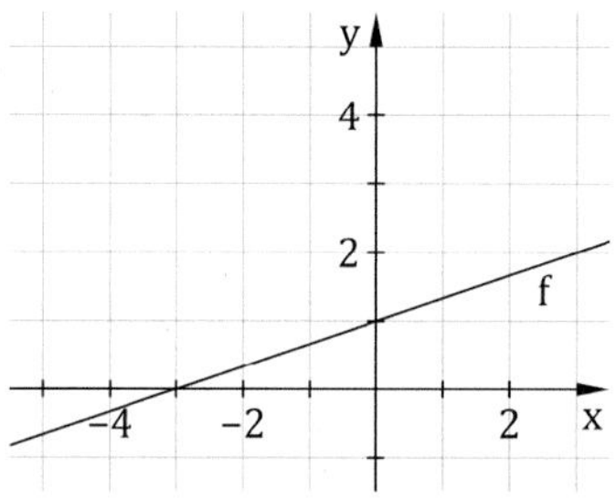

a) $\int_{-3}^{3} f(x)dx = 6$
b) $\int_{-3}^{6} f(x)dx = 13,5$
c) $\int_{-6}^{6} f(x)dx = 12$
d) $\int_{3}^{6} f(x)dx = 7,5$

Seite 62 | Aufgabe 14

a) $a = -4; b = 5$; $\int_{-4}^{5} f(x)dx = 14$

b) $a = -3; b = 6$; $\int_{-3}^{6} f(x)dx = -13,5$

Seite 62 | Aufgabe 15

a)

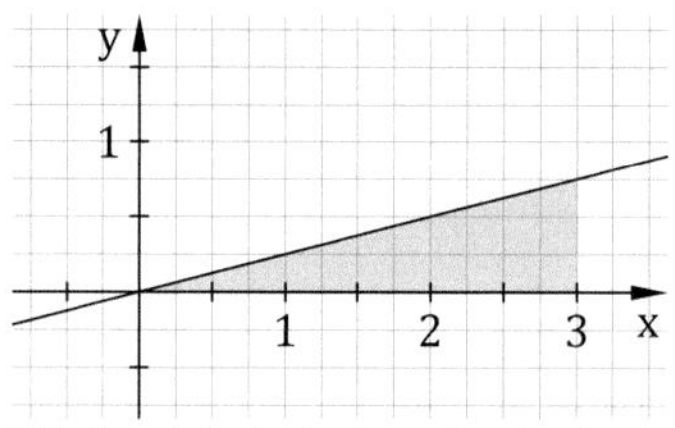

Flächeninhalt A eines Dreiecks:
$A = \frac{1}{2} \cdot$ Grundseite · Höhe
$A = \frac{1}{2} \cdot (3 - 0) \cdot f(3) = \frac{3}{2} \cdot \frac{3}{4} = \frac{9}{8}$
$\int_0^3 \frac{1}{4}xdx = A = \frac{9}{8} = 1,125$

b)

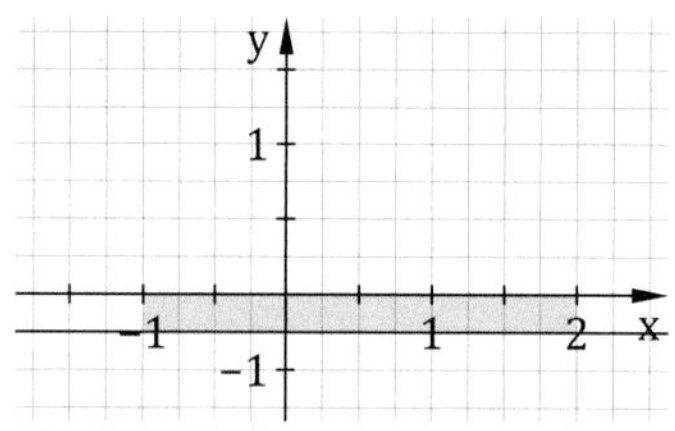

Flächeninhalt A eines Rechtecks:
A = Grundseite · Höhe
$A = (2 - (-1)) \cdot 0,5 = 1,5$
$\int_0^3 -0,5dx = -A = -1,5$

c)

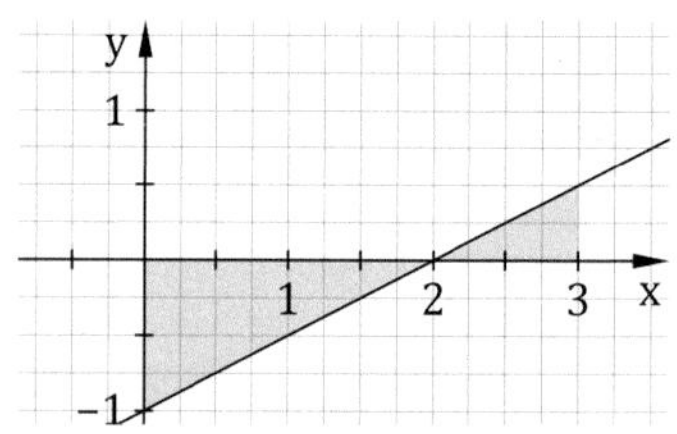

Fläche zweier Dreiecke:
$A_1 = \frac{1}{2} \cdot (2 - 0)) \cdot |f(0)| = 1$
$A_2 = \frac{1}{2} \cdot (3 - 2) \cdot f(3) = \frac{1}{4}$
$\int_0^3 \frac{1}{2}x - 1dx = -A_1 + A_2 = -\frac{3}{4}$

d) Aus Symmetriegründen ist das Ergebnis null.

Seite 62 | Aufgabe 16

a) negativ b) positiv c) negativ d) null

Seite 63 | Aufgabe 17

a) Die Funktion f(x) verläuft in dem angegebenen Intervall fallend. Wenn man hier die Obersumme bilden möchte, muss man deswegen die Höhe des jeweiligen Rechtecks am linken Rand des Teilintervalls wählen.
b) Anne hat recht, wenn f(x) im gegebenen Intervall monoton wachsend verläuft.

Seite 63 | Aufgabe 18

Individuelle Lösungen, zum Beispiel:

n	10	15	50	100
O_n	0,39	0,37	0,34	0,34

Seite 63 | Aufgabe 19

a) $U_{100} = 0,78$; $U_{500} = 0,78$; $U_{1000} = 0,78$ $O_{100} = 0,79$; $O_{500} = 0,79$; $O_{1000} = 0,79$
b) $4 \cdot 0,78 = 3,12$ bzw. $4 \cdot 0,79 = 3,16$ Die Werte nähern sich der Zahl π an.
c)

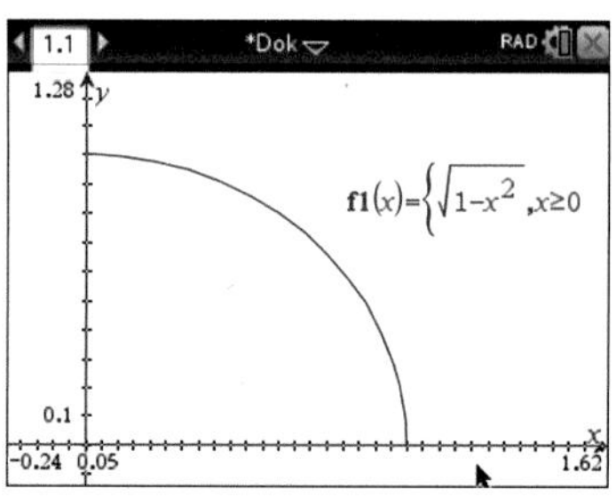

Die Funktion f(x) beschreibt einen Viertelkreis mit dem Radius r. Dier Fläche zwischen Kurve und x-Achse hat also den Flächeninhalt $A = \frac{1}{4}\pi \cdot 1^2 = \frac{\pi}{4}$.

Seite 63 | Aufgabe 20

a) Punktsymmetrie:

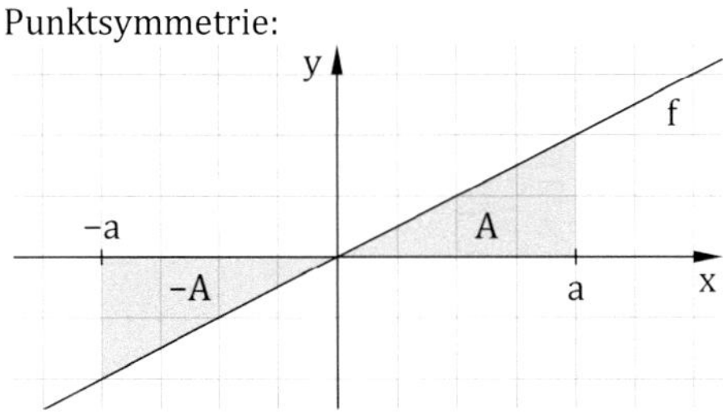

Die beiden Flächen sind bei Punktsymmetrie kongruent und unterschiedlich orientiert, sodass die Flächenbilanz Null ergibt.

b) Achsensymmetrie:

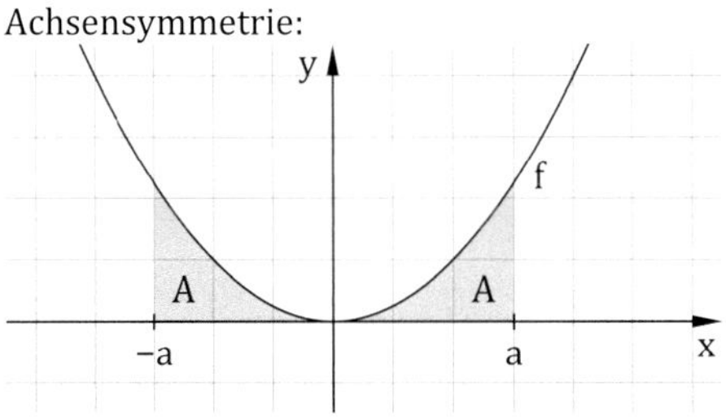

Die beiden Flächen sind durch die Achsensymmetrie kongruent und damit gleich groß. Die Gesamtfläche ist also doppelt so groß wie eine der Teilflächen.

Seite 63 | Aufgabe 21

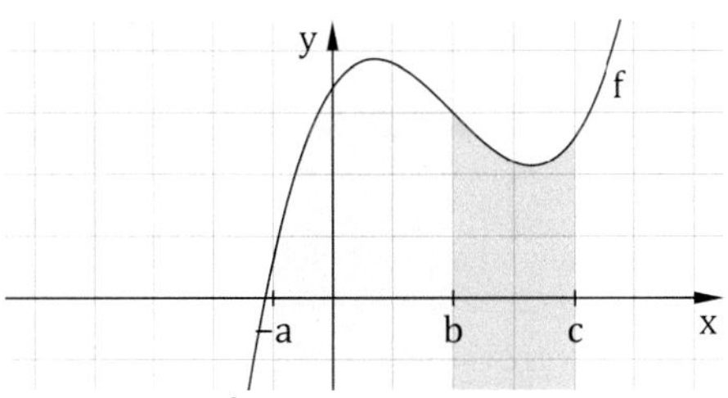

Das Integral $\int_a^b f(x)dx$ beschreibt die Fläche zwischen dem Graphen und der x-Achse im Intervall [a; b], das zweite Integral $\int_b^c f(x)dx$ im Intervall [b; c]. Da die beiden Intervalle direkt aneinander liegen, addieren sich die beiden Flächen zu der Fläche zwischen Graph und x-Achse im Intervall [a; c]. Diese Fläche wird durch das Integral $\int_a^c f(x)dx$ beschrieben, sodass die angegebene Addition richtig ist.

Seite 63 | Aufgabe 22

a) 6 b) $1{,}125 + 4{,}875 = 6$ c) $38{,}5 - 32{,}5 = 6$

Wegen der Additivität von Integralen, die in Aufgabe 21 gezeigt wurde, ist das Ergebnis aller Teilaufgaben gleich.

Seite 63 | Aufgabe 23

a) Die Fläche ist ein Maß für die zurückgelegte Strecke.

b) $\int_0^4 v(t)\,dt = 80$. Das Objekt hat nach 4 Zeiteinheiten 80 Streckeneinheiten zurückgelegt.

c) $\int_3^5 v(t)\,dt = 80$

Seite 63 | Aufgabe 24

a) Hineingeflossenes Wassermenge: circa 70 l ;abgeflossene Wassermenge: circa 110 l

b) $\int_0^{50} f(t)\,dt = -40\ \text{l}$

Seite 64 | Aufgabe 25

a) $d(2) = 2\,\frac{m^3}{s};\ d(4) = 8\,\frac{m^3}{s};\ d(8) = 32\,\frac{m^3}{s}$

b) Wenn man im Intervall [0 s; 2 s] eine mittlere Geschwindigkeit von $1\,\frac{m^3}{s}$ annimmt, im Intervall [2 s; 4 s] von $5\,\frac{m^3}{s}$ und im Intervall [4 s; 8 s] von $20\,\frac{m^3}{s}$, dann erhält man einen Schätzwert von 92 m³.

c) Obersumme:

$$O_n = \frac{8}{n}\cdot\left(\frac{1}{2}\cdot\left(\frac{8}{n}\right)^2 + \frac{1}{2}\cdot\left(\frac{2\cdot 8}{n}\right)^2 + \dots + \frac{1}{2}\cdot\left(\frac{n\cdot 8}{n}\right)^2\right) = \frac{256}{n^3}\cdot(1^2 + 2^2 + \dots + n^2) = \frac{256}{n^3}\cdot\frac{n\cdot(n+1)\cdot(2n+1)}{6} = \frac{256}{n^3}\cdot\left(\frac{2n^3}{6} + \frac{3n^2}{6} + \frac{n}{6}\right)$$
$$= \frac{256}{3} + \frac{128}{n} + \frac{128}{3n^2}$$

Flächenberechnung durch Grenzwertbildung:

$\lim\limits_{n\to\infty} O_n = \lim\limits_{n\to\infty}\left(\frac{256}{3} + \frac{128}{n} + \frac{128}{3n^2}\right) = \frac{256}{3}$ Es fließen in den 8 Sekunden 85,33 m³ Wasser durch das Wehr.

Seite 64 | Aufgabe 26

Beispiellösungen:

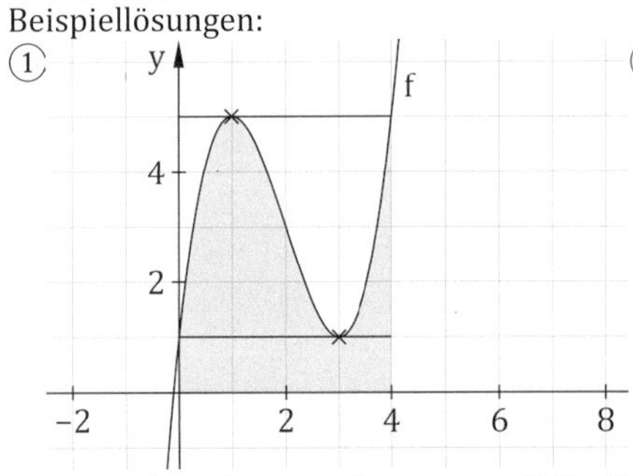

$f(x) = (x - 2)^3 - 3x + 9$ im Intervall [0; 4]
$M = 5;\ m = 1; (b - a) = 4$
$\int_0^4 f(x)\,dx = 16$
$M \cdot (b - a) = 20$
$m \cdot (b - a) = 4; 4 < 16 < 20$

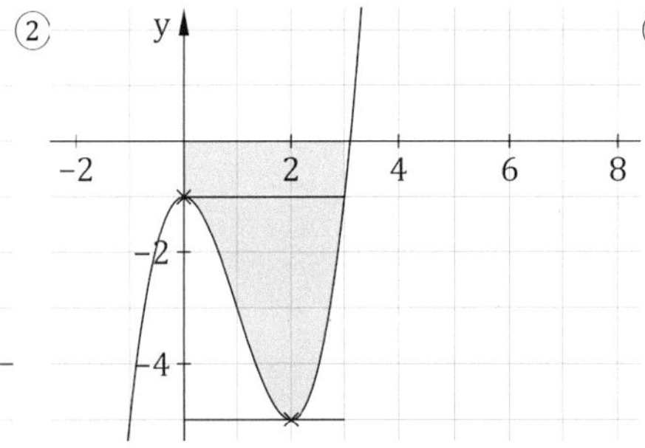

$f(x) = (x - 1)^3 - 3x$ im Intervall [0; 3]
$M = -1;\ m = -5; (b - a) = 3$
$\int_0^3 f(x)\,dx = -9{,}75$
$M \cdot (b - a) = -3$
$m \cdot (b - a) = -15; -15 < -9{,}5 < -3$

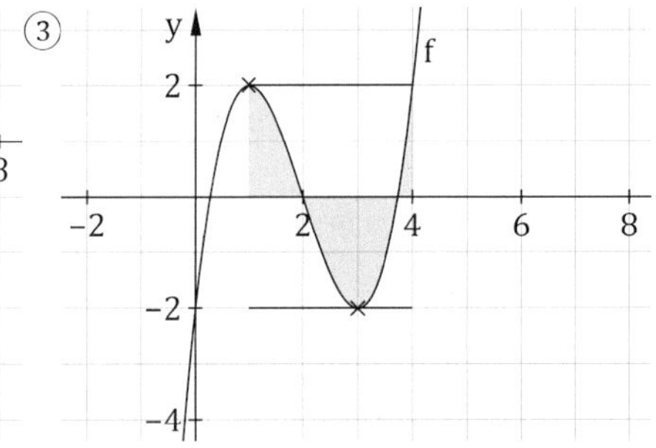

$f(x) = (x - 2)^3 - 3x + 6$ auf [1; 4]
$M = 2;\ m = -2; (b - a) = 3$
$\int_1^4 f(x)\,dx = -0{,}75$
$M \cdot (b - a) = 6$
$m \cdot (b - a) = -6; -6 < -0{,}75 < 6$

Seite 64 | Aufgabe 27

Die Kurve $y = x$ ist eine Gerade, die zu betrachtende Fläche zwischen Kurve und x-Achse also ein Trapez. Die beiden parallelen Seiten dieses Trapezes stehen senkrecht zur x-Achse und haben die Längen $f(k) = k$ sowie $f(4k) = 4k$. Die Höhe verläuft parallel zur x-Achse und ist $4k - k = 3k$ lang.

Es muss also gelten: $\int_k^{4k} x\,dx = \frac{1}{2} \cdot (k + 4k) \cdot 3k = 7{,}5\,k^2 = 15$.

Daraus folgt $k^2 = 2$ und damit $k = \sqrt{2}$.

Seite 64 | Aufgabe 28

a) Wenn man immer den Funktionswert am linken Rand wählt, rechnet er für alle $x<0$ mit der Untersumme und für alle $x > 0$ mit der Obersumme. Die so erhaltenen Produktsummen liegen zwischen der Ober- und Untersumme.

b) Da die Grenzwerte von Ober- und Untersumme denselben Wert annehmen und Jan, wie in a) erläutert, Produktsummen zwischen Ober- und Untersumme erhält, kommt Jan auf den gleichen Grenzwert wie Janina.

Seite 64 | Aufgabe 29

a) Es handelt sich hierbei um eine „Trapezsumme", da Paula mit der Formel den Flächeninhalt von n Trapezen berechnet. Jedes dieser Trapeze hat als Ecken die x-Werte, die das Intervall begrenzen, sowie die Funktionswerte an diesen Stellen.

b) Wenn die Funktion f auf dem Intervall monoton steigend oder fallend ist, dann liegt der Flächeninhalt des Trapezes genau zwischen dem Rechteck der Obersumme und dem Rechteck der Untersumme. T_n ist dann also der Mittelwert aus O_n und U_n:
$\frac{O_n + U_n}{2} = T_n$

Seite 64 | Aufgabe 30

a) In jedem Intervall kommt sowohl der Funktionswert 1 als auch der Funktionswert 0 vor, unabhängig davon, wo das Intervall liegt und wie groß (oder klein) es ist. Die Obersumme beträgt also immer 1, die Untersumme 0.

b) $\lim\limits_{n\to\infty} O_n = 1;\ \lim\limits_{n\to\infty} U_n = 0$
Das bedeutet, dass das Integral nicht existiert.

2.3 Stammfunktionen

Seite 65 | Einstieg

a)

f	$\frac{1}{2}x^3 + 5x$	$\frac{1}{3}x^3 + x^2$	$\frac{1}{8}x^4 + \frac{2}{3}x^3 - x$	sin(x)	$-2\sin(x)$	$\frac{1}{9}(x-8)^3$
f'	$\frac{3}{2}x^2 + 5$	$x^2 + 2x$	$\frac{1}{2}x^3 + 2x^2 - 1$	cos(x)	$-2\cos(x)$	$\frac{1}{3}(x-8)^2$

b) Wenn f gegeben ist, kann f' eindeutig bestimmt werden. Ist dagegen f' gegeben, so kann man zu jeder Funktion f noch eine beliebige Konstante addieren und erhält ebenfalls ein richtiges Ergebnis.

Seite 66 | Aufgabe 1

Graph ① ist Stammfunktion zu h: Die Steigung des Graphen ist bei $x = 1{,}5$ null, für $x < 1{,}5$ positiv und für $x > 1{,}5$ negativ.
Graph ② ist Stammfunktion zu i: Die Steigung des Graphen ist bei $1 = 0$, $x = 1$ und $x = 2$ gleich 0.
Graph ③ ist Stammfunktion zu f: Die Steigung des Graphen ist bei $x = 0$ null, für $x < 0$ negativ und für $x > 0$ positiv.
Graph ④ ist Stammfunktion zu g: Die Steigung des Graphen ist bei $x = 0$ und bei $x = 2$ gleich 0.
Allgemein:
Wenn die Stammfunktion steigt, ist die Funktion positiv, wenn die Stammfunktion fällt, ist die Funktion negativ.
Wenn die Stammfunktion einen Hoch-, Tief- oder Terrassenpunkt hat, hat die Funktion dort eine Nullstelle.

Seite 66 | Aufgabe 2

Graph der Funktion	Graph der Stammfunktion
Tiefpunkt	steilster Abfall
unterhalb der x-Achse	fallend
oberhalb der x-Achse	steigend
parallel zur x-Achse	Gerade
Schnittpunkt mit der x-Achse	Hoch- oder Tiefpunkt
entlang der x-Achse	parallel zur x-Achse
Hochpunkt	steilster Anstieg

Seite 66 | Aufgabe 3

Beispiellösungen:

a)

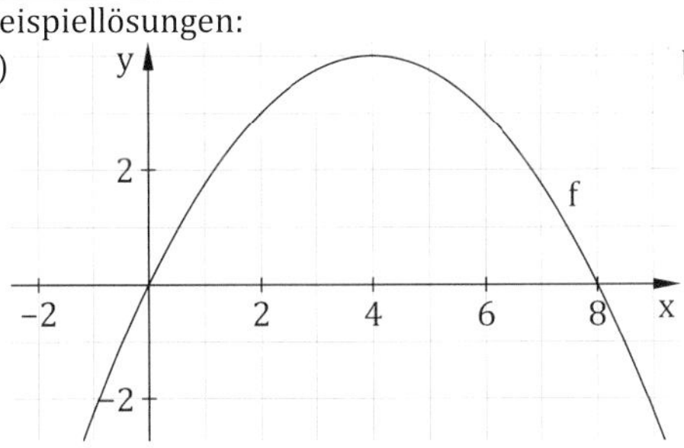

b)

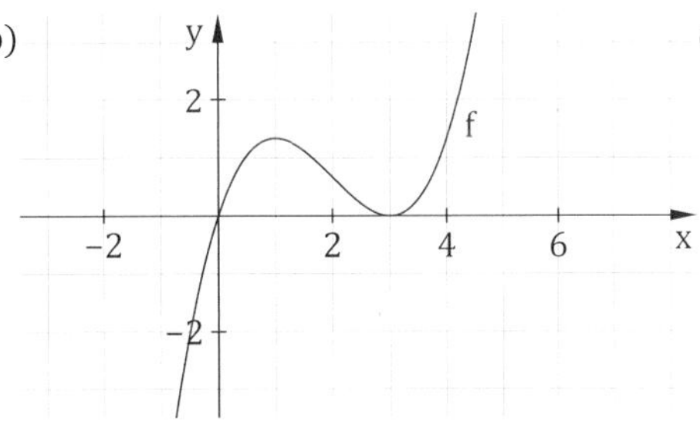

c)

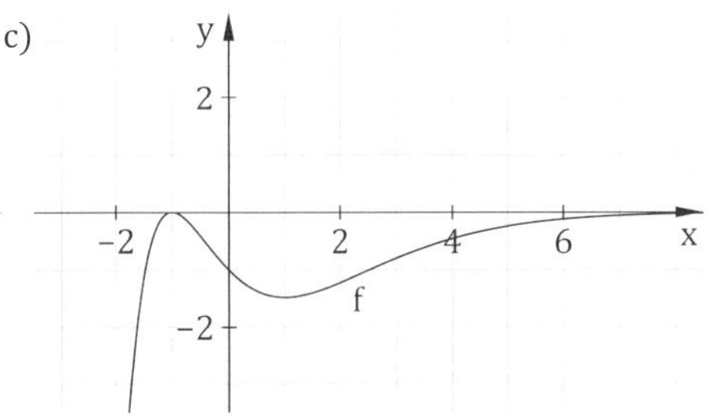

Seite 66 | Aufgabe 4

Individuelle Lösungen

Seite 68 | Aufgabe 5

a) $F' = 2 \cdot 2x = 4x$

b) $F' = 3 \cdot 4x^2 - 2 \cdot 2x + 3 = 12x^2 - 4x$

c) $F' = -8 \cdot x^{-2} - \frac{1}{2}x^{\frac{3}{2}} = \frac{8}{x^2} - \frac{1}{2\sqrt{2}}$

d) $F' = \frac{1}{7} \cdot \cos(7x + 2) \cdot 7 = \cos(7x + 2)$

Seite 68 | Aufgabe 6

a) $F(x) = \frac{1}{3}x^3 + C$ b) $F(x) = -\frac{1}{2}x^6 + C$ c) $F(x) = \frac{1}{2}x^4 + 4x + C$ d) $F(x) = \frac{1}{6}x^3 - 2x^2 + 7x + C$

Seite 69 | Aufgabe 7

a) $F(x) = -\frac{1}{x}$ b) $F(x) = \frac{2}{3}\sqrt{x^3}$ c) $F(x) = 6\sqrt{x}$ d) $F(x) = \frac{2}{5}x^{\frac{5}{2}} = \frac{2}{5}\sqrt{x^5}$

Seite 69 | Aufgabe 8

a) $F(x) = \frac{1}{9}(3x + 1)^3$ b) $F(x) = -\frac{3}{2(2x+7)}$ c) $F(x) = \frac{1}{9} \cdot (6x - 5)^{\frac{3}{2}}$ d) $F(x) = -\frac{1}{4} \cdot \cos(12x + 7)$

Seite 69 | Aufgabe 9

$F(x) = \frac{7}{x^5} + 12x^3 \longrightarrow f(x) = -\frac{35}{x^6} + 36x$

$F(x) = -\frac{1}{5x^5} + 2x^3 \longrightarrow f(x) = \frac{1}{x^6} + 6x^2$

$F(x) = \sqrt{x} \longrightarrow f(x) = \frac{1}{2\sqrt{x}}$

$F(x) = \frac{2}{\sqrt{x}} \longrightarrow f(x) = -\frac{1}{\sqrt{x^3}}$

Seite 69 | Aufgabe 10

a) Faktorregel; $F(x) = -x^3$

b) Faktorregel; $F(x) = -\frac{1}{x^3}$

c) Faktorregel; $F(x) = \frac{3}{4}x^{\frac{4}{3}} = \frac{3}{4}\sqrt[3]{x^4}$

d) Faktor- und Summenregel; $F(x) = \frac{1}{4}x^4 - 2x^3 + \frac{9}{2}x^2$

e) Faktor- und Summenregel; $F(x) = \frac{1}{5}x^5 - \frac{2}{3}x^3 + 8x$

f) Faktor- und Summenregel; $F(x) = 2 \cdot \left(t - \frac{1}{3}t^3\right)$

g) Summenregel; $F(x) = x - \sin(x - 1)$

h) Faktor- und Kettenregel; $F(x) = \frac{1}{3}x^3 + \frac{1}{4} \cdot (2 - 2x)^6$

i) Faktorregel; $F(x) = -\frac{6}{t} - 2\sqrt{t^3}$

j) Faktorregel; $F(x) = \frac{1}{8}x^4 - \frac{1}{4x^2}$

k) Summen- und Faktorregel; $F(x) = x + 2\sqrt{x}$

l) Faktorregel; $F(x) = \frac{35}{8}a^{\frac{8}{5}}$

Seite 69 | Aufgabe 11

a) $F(x) = \frac{1}{5}x^5 + \frac{7}{3}x^3 - 2x$

b) $F(x) = \frac{1}{2} \cdot (\sin(x) \cdot \cos(x) + x)$

c) $F(x) = \frac{x^5}{5} - \frac{4x^3}{3} + 4x$

d) $F(x) = \arctan(x)$

Seite 69 | Aufgabe 12

a) $F_1(x) = \frac{1}{2}x^4 + \frac{1}{x}$; $F_2(x) = \frac{1}{2}x^4 + \frac{1}{x} + 5$

b) $F_1(x) = \frac{1}{8}x^4 + \cos(x) + 2$; $F_2(x) = \frac{1}{8}x^4 + \cos(x) - 4$

c) $F_1(x) = \frac{3}{4}\sqrt[3]{x^4} - 2$; $F_2(x) = \frac{3}{4}\sqrt[3]{x^4} + 1{,}5$

d) $F_1 = \frac{4}{3}\sqrt{x} - 2x$; $F_2 = \frac{4}{3}\sqrt{x} - 2x + 3$

Seite 69 | Aufgabe 13

a) $F(x) = \frac{1}{4}x^4 + C$ b) $G(x) = x^2 - 4x + C$ c) $H(x) = -\frac{3}{x} - \sqrt{x} + C$ d) $I(t) = \frac{1}{9}t^3 + \sin(t) + C$

Seite 69 | Aufgabe 14

a) $F(x) = -x^2 + 2x + 1$ b) $F(x) = -x^3 + x^2 + 2$ c) $F(x) = -\frac{2}{x} + 4$ d) $F(x) = 2\sqrt{x} - \frac{1}{2}x^2 + \frac{1}{2}$

Seite 69 | Aufgabe 15

a) $F(x) = \frac{1}{6}x^3 + 3x - \frac{7}{3}$ b) $F(x) = \frac{1}{4}x^4 - 2x^3 + \frac{1}{2}x^2 + 10$

Seite 69 | Aufgabe 16

a) richtig b) $F(x) = \frac{1}{3}(2x-2)^3$ c) $F(x) = \frac{1}{3}\sqrt{3x+5}$ d) $F(x) = -\frac{10}{\sqrt{x}}$

Seite 70 | Aufgabe 17

a) Der Graph fällt von ① und ③.
b) Der Graph steigt am stärksten in ⑥.
c) Der Graph verläuft parallel zur x-Achse in ① und ③.
d) Der Graph hat einen Tiefpunkt in ③.
e) Der Graph hat einen Wendepunkt in ②, ④ und ⑤.

Seite 70 | Aufgabe 18

Grün: Die innere Ableitung wurde vergessen. Richtig ist $F(x) = \frac{1}{6}(2x+1)^3$.

Rot: Die Lösung ist richtig. Blau: Das Minuszeichen wurde vergessen. Richtig ist: $F(x) = -\cos(x)$.

Seite 70 | Aufgabe 19

a) $F(x) = \frac{1}{2n+1}x^{2n+1}$ b) $T(x) = \frac{1}{2}mx^2 + bx$ c) $G(a) = \frac{1}{2}a^2b^2$ d) $F(x) = \frac{a}{b} \cdot \sin(bx+c)$

Seite 70 | Aufgabe 20

a) $f(x) = 4x^4 - x^3$; $F(x) = \frac{4}{5}x^5 - \frac{1}{4}x^4$
b) $f(x) = 2x^2 + \frac{1}{x^2}$; $F(x) = \frac{2}{3}x^3 - \frac{1}{x}$
c) $f(x) = \frac{(x+3)(x-3)}{x+3} = x - 3$; $F(x) = \frac{1}{2}x^2 - 3x$
d) $f(x) = \sin(x)$; $F(x) = -\cos(x)$

Seite 70 | Aufgabe 21

$(F_2 - F_1)' = f(x) - f(x) = 0$

Die Stammfunktion von 0 ist eine Konstante, Die Stammfunktionen F_1 und F_2 unterscheiden sich also nur durch eine Konstante.

Seite 70 | Aufgabe 22

a) richtig. Die Ableitungen von gleichen Stammfunktionen sind ebenfalls gleich.
b) richtig, das ist die Definition einer Stammfunktion.
c) falsch, die Funktionen können sich auch um eine Konstante unterscheiden.
d) richtig. F(0) ist in diesem Fall die variable Konstante C, die dafür sorgt, dass $G(0) = 0$ gilt.

Seite 70 | Aufgabe 23

a) Da f die Änderungsrate des Hasenbestands beschreibt, beschreibt die Stammfunktion F den Hasenbestand.
b) Die Änderung ist für $x < 2$ positiv, für $x > 2$ negativ. Der Bestand wächst also für $x < 2$, danach fällt er. Das ist bei allen drei Kurven der Fall.
Die Änderung wird für $x > 3$ konstant. Der Bestand nimmt also ab etwa dieser Stelle kontinuierlich ab, F ist dann eine Gerade mit fallender Steigung. Damit kann Kurve ③ den Bestand nicht beschreiben. ① und ② können dagegen eine Stammfunktion von f sein. Sie unterscheiden sich lediglich um die Konstante $c = 50$.

Seite 71 | Aufgabe 24

Aldo hat mit seiner Idee Recht, allerdings stimmt auch, dass der Rechenweg ziemlich aufwändig wäre. Zeyneps Aussage ist ebenso richtig und ihr Weg ist weniger aufwändig. $F(t) = 25t - \frac{1}{3}t^3 + 200$;$F(5) = 283\frac{1}{3}$

Seite 71 | Aufgabe 25

$B(t) = \frac{1}{600}t^4 + \frac{1}{100}t^2 + \frac{27}{4}t + 500$

Seite 71 | Aufgabe 26

a) Das Objekt beschleunigt in den ersten 0,25 s auf circa 5,5 km/h, bremst dann bis t = 0,65 auf die Geschwindigkeit 0 ab, bewegt sich rückwärts und beschleunigt bis ca. t = 0,85 s auf bis zu ca. 1,5 km/h, bremst dann bis t = 1 s wieder ab und beschleunigt anschließend wieder auf über 9 km/h.

b)

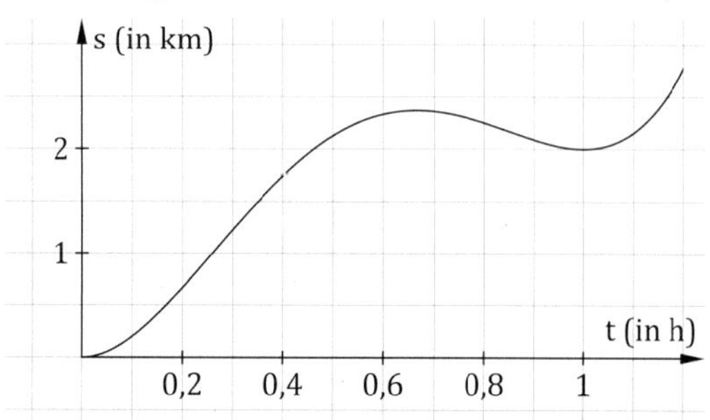

$s(t) = 18t^4 - 40t^3 + 24t^2$; Hochpunkt $H\left(\frac{2}{3}\middle|\frac{71}{30}\right)$; Tiefpunkt $T(1|2)$

Seite 71 | Aufgabe 27

a) Bis zum 120. Tag nimmt die Anzahl der infizierten Computer zu, die Zunahme erreicht ihren größten Wert am 80. Tag, danach wird sie langsamer. Ab dem 120. Tag geht die Anzahl der infizierten Computer zurück.

b)

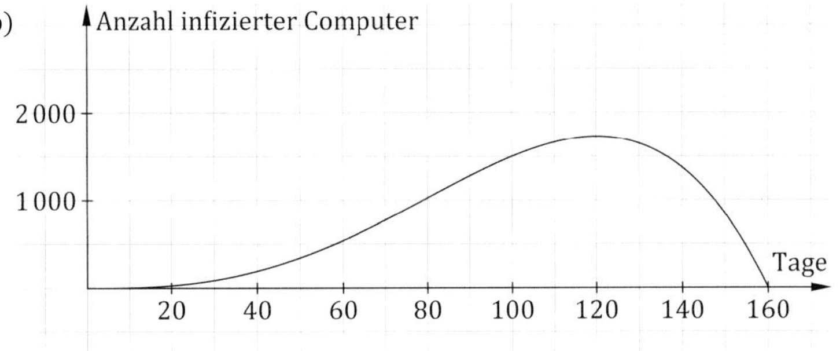

c) $F(x) = -\frac{1}{40\,000}x^4 + \frac{1}{250}x^3$

d) Maximum von F(x): Nach 120 Tagen sind die meisten Computer infiziert.

e) Das Modell ist im Bereich 0 bis 160 Tage realistisch, da weniger als 0 infizierte Computer nicht realistisch ist.

Seite 71 | Aufgabe 28

a) $F_2(x) = \frac{1}{2} \cdot \frac{x}{x^2+1} + \frac{1}{2} \cdot \arctan(x)$; Ableiten ergibt:

$$F_2'(x) = \frac{1}{2} \cdot \frac{1}{x^2+1} - \frac{x^2}{(x^2+1)^2} + \frac{1}{2} \cdot \frac{1}{x^2+1}$$
$$= \frac{1}{x^2+1} - \frac{x^2}{(x^2+1)^2}$$
$$= \frac{x^2+1}{(x^2+1)^2} - \frac{x^2}{(x^2+1)^2}$$
$$= \frac{1}{(x^2+1)^2} = f_2(x)$$

b) $F_n(x) = \frac{1}{2n-2} \cdot \frac{x}{(x^2+1)^{n-1}} + \frac{2n-3}{2n-2} \cdot F_{n-1}(x)$; Ableiten ergibt:

$$F_n'(x) = \left(\frac{1}{2n-2} \cdot \frac{x}{(x^2+1)^{n-1}}\right)' + \frac{2n-3}{2n-2} \cdot f_{n-1}$$
$$= \frac{1}{2n-2} \cdot \left(\frac{1}{(x^2+1)^{n-1}} + x \cdot \frac{-(n-1) \cdot 2x}{(x^2+1)^n}\right) + \frac{2n-3}{2n-2} \cdot \frac{1}{(x^2+1)^{n-1}}$$
$$= \frac{1}{2n-2} \cdot \frac{x^2+1-2nx^2+2x^2+(2n-3) \cdot (x^2+1)}{(x^2+1)^n}$$
$$= \frac{1}{2n-2} \cdot x\frac{x^2+1-2nx^2+2x^2+2nx^2-3x^2+2n-3}{(x^2+1)^n}$$
$$= \frac{1}{2n-2} \cdot \frac{2n-2}{(x^2+1)^n} = \frac{1}{(x^2+1)^n} = f_n$$

2.4 Hauptsatz der Differenzial- und Integralrechnung

Seite 72 | Einstieg

a) Die Dreiecke sind rechtwinklig und haben die Kathetenlängen x und f(x) = x. Damit gilt für den Flächeninhalt $A = \frac{1}{2}x^2$.

b) $F'(x) = \frac{1}{2} \cdot 2x = x$

c) Die Fläche unter der Funktion f von x =a bis x = b entspricht dem Flächeninhalt des Dreiecks zwischen Ursprung und a = b minus dem Flächeninhalt des Dreiecks zwischen Ursprung und x = a.

Seite 73 | Aufgabe 1

a) Stammfunktion: $F(x) = \frac{1}{4}x^4 - 2x^2$; $\int_0^2 f(x)dx = [F(x)]_0^2 = 4 - 8 - 0 = -4$

b) Stammfunktion: $F(x) = \frac{1}{5}x^5 - 2x^3 + 9x$; $\int_1^2 f(x)dx = [F(x)]_1^2 = \frac{32}{5} - 16 + 18 - \left(\frac{1}{5} - 2 + 9\right) = \frac{6}{5} = 1{,}2$

c) Stammfunktion: $F(x) = 3x$; $\int_{-2}^4 f(x)dx = [F(x)]_{-2}^4 = 12 - (-6) = 18$

d) Stammfunktion: $F(x) = \sin(x)$; $\int_0^\pi f(x)dx = [F(x)]_0^\pi = 0 - 0 = 0$

e) Stammfunktion: $F(x) = -\cos(x)$; $\int_0^\pi f(x)dx = [F(x)]_0^\pi = 1 - (-1) = 2$

f) Stammfunktion: $F(x) = \frac{1}{2}x^2 - \cos(x)$; $\int_0^\pi f(x)dx = [F(x)]_0^\pi = \frac{1}{2}\pi + 1 - (0 - 1) = \frac{1}{2}\pi + 2 \approx 6{,}93$

g) Stammfunktion: $F(x) = 2\sqrt{x}$; $\int_1^9 f(x)dx = [F(x)]_1^9 = 6 - 2 = 4$

h) Stammfunktion: $F(x) = \frac{1}{4}x^4 + \frac{1}{x}$; $\int_1^2 f(x)dx = [F(x)]_1^2 = 4 + \frac{1}{2} - \left(\frac{1}{4} + 1\right) = 3{,}25$

Seite 73 | Aufgabe 2

a) $A = \int_1^3 \left(\frac{1}{8}x^2 + 1\right) dx = \left[\frac{1}{24}x^3 + x\right]_1^3 = \frac{27}{24} + 3 - \frac{1}{24} - 1 = 3\frac{1}{12}$

b) $A = \int_1^{2,5} \frac{2}{x^2} dx = \left[-\frac{2}{x}\right]_1^{2,5} = -\frac{4}{5} - \left(-\frac{2}{1}\right) = \frac{6}{5} = 1{,}2$

c) $A = \int_{-\pi/2}^{\pi/2} 3\cos(x)\, dx = [3\sin(x)]_{-\pi/2}^{\pi/2} = 3 - 3 \cdot (-1) = 6$

Seite 76 | Aufgabe 17

a)

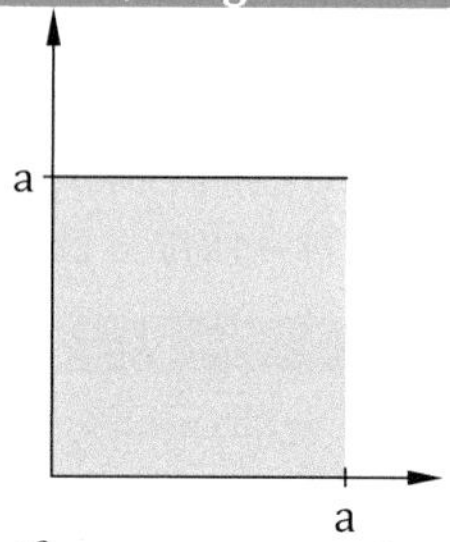

$\int_0^a a dx = [ax]_0^a = a^2 - a \cdot 0 = a^2$

Dies ist die Formel für den Flächeninhalt eines Quadrats mit der Seitenlänge a.

b)

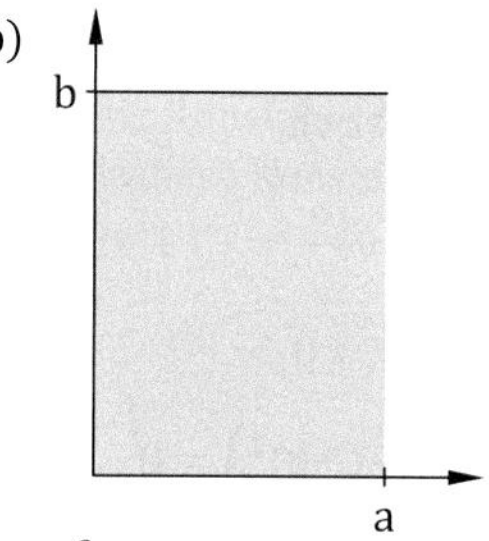

$\int_0^a b dx = [bx]_0^a = a \cdot b - b \cdot 0 = a \cdot b$

Dies ist die Formel für den Flächeninhalt eines Rechtecks mit den Seitenlängen a und b.

c)

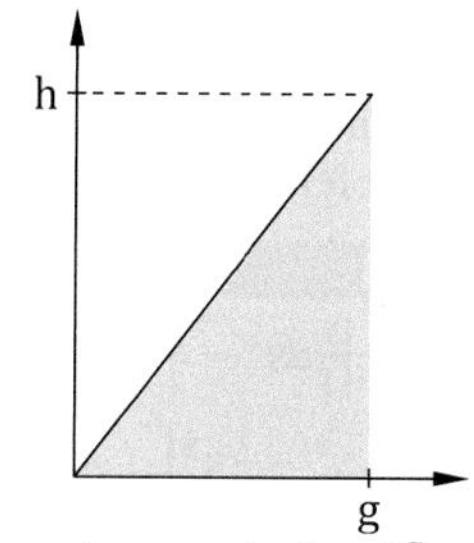

$\int_0^g \frac{h}{g} x dx = \frac{h}{g} \cdot \left[\frac{1}{2}x^2\right]_0^g = \frac{h \cdot g}{2} - 0 = \frac{1}{2}hg$

Dies ist die Formel für den Flächeninhalt eines Dreiecks mit der Grundseite g und der Höhe h.

Seite 76 | Aufgabe 18

a) Die gefärbte Fläche entspricht dem Integral der Funktion x^2 im Intervall [0;1]:

$A_G = \int_0^1 x^2 dx = \left[\frac{1}{3}x^3\right]_0^1 = \frac{1}{3}$

Die Winkelhalbierende bildet zusammen mit den Achsen zwischen 0 und 1 das Dreieck mit dem Flächeninhalt $A_D = \frac{1}{2}$.

Geometrisch sieht man:

$\int_0^1 \sqrt{x} dx = A_D + (A_D - A_G) = \frac{1}{2} + \frac{1}{2} - \frac{1}{3} = 1 - \frac{1}{3} = \frac{2}{3}$

b) $\int_0^1 x^3 dx = \left[\frac{1}{4}x^4\right]_0^1 = \frac{1}{4}$; $\int_0^1 \sqrt[3]{x} dx = 1 - \frac{1}{4} = \frac{3}{4}$

$\int_0^1 x^4 dx = \left[\frac{1}{5}x^5\right]_0^1 = \frac{1}{5}$; $\int_0^1 \sqrt[4]{x} dx = 1 - \frac{1}{5} = \frac{4}{5}$

c) $\int_0^1 \sqrt[n]{x} dx = 1 - \frac{1}{n+1} = \frac{n}{n+1}$

d) $\int_0^1 \sqrt[n]{x} dx = \int_0^1 x^{\frac{1}{n}} dx = \left[\frac{n}{\frac{1}{n}+1} x^{\frac{1}{n}+1}\right]_0^1 = \frac{n}{n+1}\left(1^{\frac{n+1}{n}} - 0^{\frac{n+1}{n}}\right) = \frac{n}{n+1}$

Seite 76 | Aufgabe 19

a) $\int_1^{10} \frac{1}{x^2} dx = \left[-\frac{1}{x}\right]_1^{10} = -\frac{1}{10} - \left(-\frac{1}{1}\right) = 1 - \frac{1}{10} = 0{,}9$

$\int_1^{100} \frac{1}{x^2} dx = \left[-\frac{1}{x}\right]_1^{100} = 1 - \frac{1}{100} = 0{,}99$

$\int_1^{1000} \frac{1}{x^2} dx = \left[-\frac{1}{x}\right]_1^{1000} = 1 - \frac{1}{1000} = 0{,}999$

Vermutung: $\lim\limits_{k \to \infty} \int_1^k \frac{1}{x^2} dx = 1$

b) g(x): $\int_1^{10} \frac{1}{x} dx = [\ln x]_1^{10} = \ln 10 - \ln 1 = 2{,}3$

$\int_1^{100} \frac{1}{x} dx = [\ln x]_1^{100} = \ln 100 - \ln 1 = 4{,}6$

$\int_1^{1000} \frac{1}{x} dx = [\ln x]_1^{1000} = \ln 1000 - \ln 1 = 6{,}91$

Vermutung: $\lim\limits_{k \to \infty} \int_1^k \frac{1}{x} dx = \infty$

h(x): $\int_1^{10} \frac{1}{x^3} dx = \left[-\frac{1}{2x^2}\right]_1^{10} = -\frac{1}{200} - \left(-\frac{1}{2}\right) = \frac{1}{2} - \frac{1}{200} = 0{,}495$

$\int_1^{100} \frac{1}{x^3} dx = \left[-\frac{1}{2x^2}\right]_1^{100} = \frac{1}{2} - \frac{1}{20\,000} = 0{,}49995$

$\int_1^{1000} \frac{1}{x^3} dx = \left[-\frac{1}{2x^2}\right]_1^{1000} = \frac{1}{2} - \frac{1}{2\,000\,000} = 0{,}499\,999\,5$

Vermutung: $\lim\limits_{k \to \infty} \int_1^k \frac{1}{x^3} dx = 0{,}5$

i(x): $\int_1^{10} \frac{1}{\sqrt{x}} dx = \int_1^{10} \frac{1}{x^{\frac{1}{2}}} dx = \int_1^{10} x^{-\frac{1}{2}} dx = \left[2x^{\frac{1}{2}}\right]_1^{10} = \left[2\sqrt{x}\right]_1^{10} = 6{,}325 - 2 = 4{,}325$

$\int_1^{100} \frac{1}{\sqrt{x}} dx = \left[2\sqrt{x}\right]_1^{100} = 20 - 2 = 18$

$\int_1^{1000} \frac{1}{\sqrt{x}} dx = \left[2\sqrt{x}\right]_1^{1000} = 63{,}25 - 2 = 61{,}25$

Vermutung: $\lim\limits_{k \to \infty} \int_1^k \frac{1}{\sqrt{x}} dx = \infty$

Allgemeine Vermutung: Der Grenzwert des Integrals $\lim\limits_{k \to \infty} \int_1^k \frac{1}{x^n} dx$ existiert dann, wenn $x > 1$ ist.

2.5 Flächenberechnungen

Seite 77 | Einstieg

$\int_0^{\pi} \sin(x) dx = [-\cos(x)]_0^{\pi} = -(-1 - 1) = 2$

$\int_{\pi}^{2\pi} \sin(x) dx = [-\cos(x)]_{\pi}^{2\pi} = -(1 - (-1)) = -2$

$\int_{\pi/2}^{3\pi(2} \sin(x) dx = [-\cos(x)]_{\pi/2}^{3\pi/2} = -(0 - 0) = 0$

Liegt die Fläche vollständig über der x-Achse, so gibt das Integral den Flächeninhalt an. Liegt die Fläche vollständig unter der x-Achse, so gibt das Integral den negativen Flächeninhalt an. Liegt die Fläche über- und unterhalb der x-Achse, so gibt das Integral die Flächenbilanz an.

Seite 78 | Aufgabe 1

a) Nullstellen: $x_1 = -2;\ x_2 = 2$

① $A = \int_{-2}^{2}\left(-\frac{1}{2}x^2 + 2\right)dx = \left[-\frac{1}{6}x^3 + 2x\right]_{-2}^{2} = 5\frac{1}{3}$

② $A = \left|\int_{-3}^{-2}\left(-\frac{1}{2}x^2 + 2\right)dx\right| + \left|\int_{-2}^{0}\left(-\frac{1}{2}x^2 + 2\right)dx\right| = \left|\left[-\frac{1}{6}x^3 + 2x\right]_{-3}^{-2}\right| + \left|\left[-\frac{1}{6}x^3 + 2x\right]_{-2}^{0}\right| = 1\frac{1}{6} + 2\frac{2}{3} = 3\frac{5}{6}$

③ $A = \left|\int_{-3}^{-2}\left(-\frac{1}{2}x^2 + 2\right)dx\right| + \left|\int_{-2}^{2}\left(-\frac{1}{2}x^2 + 2\right)dx\right| + \left|\int_{2}^{3}\left(-\frac{1}{2}x^2 + 2\right)dx\right| = 1\frac{1}{6} + 5\frac{1}{3} + 1\frac{1}{6} = 7\frac{2}{3}$

Die Werte der Integrale bei ③ erhält man aus den Ergebnissen von ① und ② sowie Symmetrieüberlegungen.

b) Nullstellen: $x_1 = -2;\ x_2 = 0;\ x_3 = 1$

① $A = \left|\int_{-2}^{0}\left(\frac{1}{2}x^3 + \frac{1}{2}x^2 - x\right)dx\right| = \left|\left[\frac{1}{8}x^4 + \frac{1}{6}x^3 - \frac{1}{2}x^2\right]_{-2}^{0}\right| = 1\frac{1}{3}$

② $A = \left|\int_{-1}^{0}\left(\frac{1}{2}x^3 + \frac{1}{2}x^2 - x\right)dx\right| + \left|\int_{0}^{1}\left(\frac{1}{2}x^3 + \frac{1}{2}x^2 - x\right)dx\right| = \left|\left[\frac{1}{8}x^4 + \frac{1}{6}x^3 - \frac{1}{2}x^2\right]_{-1}^{0}\right| + \left|\left[\frac{1}{8}x^4 + \frac{1}{6}x^3 - \frac{1}{2}x^2\right]_{0}^{1}\right| = \frac{13}{24} + \frac{5}{24} = \frac{3}{4}$

③ $A = \left|\int_{-2}^{0}\left(\frac{1}{2}x^3 + \frac{1}{2}x^2 - x\right)dx\right| + \left|\int_{0}^{1}\left(\frac{1}{2}x^3 + \frac{1}{2}x^2 - x\right)dx\right| = 1\frac{1}{3} + \frac{5}{24} = 1\frac{13}{24}$

Die Werte der Integrale bei ③ erhält man aus den Ergebnissen von ① und ②.

Seite 78 | Aufgabe 2

a) $f(x) = x^3 - 4x^2 + 4x = x \cdot (x^2 - 4x + 4) = x \cdot (x-2)^2$; Nullstellen: $x_1 = 0;\ x_2 = 2$

$A = \int_{0}^{2}(x^3 - 4x^2 + 4x)dx = \left[\frac{1}{4}x^4 - \frac{4}{3}x^3 + 2x^2\right]_{0}^{2} = 1\frac{1}{3}$

b) $f(x) = 1{,}5x^3 - 4{,}5x^2 = x^2 \cdot (1{,}5x - 4{,}5)$; Nullstellen: $x_1 = 0;\ x_2 = 3$

$A = \left|\int_{0}^{3}(1{,}5x^3 - 4{,}5x^2)dx\right| = \left|\left[\frac{3}{8}x^4 - \frac{3}{2}x^3\right]_{0}^{3}\right| = 10\frac{1}{8}$

c) $f(x) = \frac{5}{9}x^4 - 5x^2 = x^2 \cdot \left(\frac{5}{9}x^2 - 5\right)$; Nullstellen: $x_1 = 0;\ x_2 = 3;\ x_3 = -3$

$A = 2 \cdot \left|\int_{0}^{3}\left(\frac{5}{9}x^4 - 5x^2\right)dx\right| = 2 \cdot \left|\left[\frac{1}{9}x^5 - \frac{5}{3}x^3\right]_{0}^{3}\right| = 36$

d) $f(x) = -\frac{1}{6}x^4 + \frac{1}{2}x^2 + \frac{2}{3} = -\frac{1}{6}(x^4 - 3x^2 - 4)$; Berechnung der Nullstellen mit der Substitution $x^2 = u$: $x_1 = 2;\ x_2 = -2$

$A = \left|\int_{-2}^{2}\left(-\frac{1}{6}x^4 + \frac{1}{2}x^2 + \frac{2}{3}\right)dx\right| = \left|\left[-\frac{1}{30}x^5 + \frac{1}{6}x^3 + \frac{2}{3}x\right]_{-2}^{2}\right| = 3{,}2$

e) $f(x) = 6x^3 \cdot (x^2 - 1) = 6x^5 - 6x^3$; Nullstellen: $x_1 = 0;\ x_2 = 1;\ x_3 = -1$

$A = 2 \cdot \left|\int_{0}^{1}(6x^5 - 6x^3)dx\right| = 2 \cdot \left|\left[x^6 - \frac{3}{2}x^4\right]_{0}^{1}\right| = 1$

f) $f(x) = 6x \cdot (x^2 - 1)^2 = 6x^5 - 12x^3 + 6x$; Nullstellen: $x_1 = 0;\ x_2 = 1;\ x_3 = -1$

$A = 2 \cdot \left|\int_{0}^{1}(6x^5 - 12x^3 + 6x)dx\right| = 2 \cdot |[x^6 - 3x^4 + 3x^2]_0^1| = 2$

Seite 78 | Aufgabe 3

a) $f(x) = x^3 - 6x^2 + 8x = x \cdot (x^2 - 6x + 8)$; Nullstellen: $x_1 = 0;\ x_2 = 2;\ x_3 = 4$

$A = \left|\int_{0}^{2}(x^3 - 6x^2 + 8x)dx\right| + \left|\int_{2}^{4}(x^3 - 6x^2 + 8x)dx\right| = \left|\left[\frac{1}{4}x^4 - 2x^3 + 4x^2\right]_{0}^{2}\right| + \left|\left[\frac{1}{4}x^4 - 2x^3 + 4x^2\right]_{2}^{4}\right| = 4 + 4 = 8$

b) $f(x) = 0{,}5(x-4)(x^3 - 2x^2) = 0{,}5x^2(x-4)(x-2) = 0{,}5x^4 - 3x^3 + 4x^2$; Nullstellen: $x_1 = 0;\ x_2 = 2;\ x_3 = 4$

$A = \left|\int_{0}^{2}(0{,}5x^4 - 3x^3 + 4x^2)dx\right| + \left|\int_{2}^{4}(0{,}5x^4 - 3x^3 + 4x^2)dx\right|$

$= \left|\left[\frac{1}{10}x^5 - \frac{3}{4}x^4 + \frac{4}{3}x^3\right]_{0}^{2}\right| + \left|\left[\frac{1}{10}x^5 - \frac{3}{4}x^4 + \frac{4}{3}x^3\right]_{2}^{4}\right| = 1\frac{13}{15} + 6\frac{2}{15} = 8$

c) $f(x) = \sqrt{x} - 1 = x^{\frac{1}{2}} - 1$; Nullstelle: $x = 1$; $F(x) = \frac{2}{3}x^{\frac{3}{2}} - x = \frac{2}{3}\sqrt{x^3} - x$

$A = \left|\int_{0}^{1}(\sqrt{x} - 1)dx\right| + \left|\int_{1}^{4}(\sqrt{x} - 1)dx\right| = \left|\left[\frac{2}{3}\sqrt{x^3} - x\right]_{0}^{1}\right| + \left|\left[\frac{2}{3}\sqrt{x^3} - x\right]_{1}^{4}\right| = \frac{1}{3} + 1\frac{2}{3} = 2$

d) $f(x) = \frac{1}{(x-1)^2} + 1$; keine Nullstellen, Definitionsbereich $D = \mathbb{R}/1$, die Funktion ist im gesamten Intervall $\left[-2; \frac{1}{2}\right]$ definiert.

$A = \left|\int_{-2}^{1/2}\left(\frac{1}{(x-1)^2} + 1\right)dx\right| = \left|\left[-\frac{1}{x-1} + x\right]_{-2}^{1/2}\right| = 4\frac{1}{6}$

Seite 78 | Aufgabe 4

$f(x) = 2x^3 - 8x = x \cdot (2x^2 - 8)$; Nullstellen: $x_1 = 0;\ x_2 = 2;\ x_3 = -2$

Zu zeigen ist also $\int_{-2}^{2} f(x)dx = 0$

$\int_{-2}^{2}(2x^3 - 8x)\,dx = \left[\frac{1}{2}x^4 - 4x^2\right]_{-2}^{2} = (-8) - (-8) = 0$

Seite 78 | Aufgabe 5

Die gesuchte Fläche ist symmetrisch zur x-Achse. Es genügt also, den Flächeninhalt der Fläche oberhalb der x-Achse zu berechnen.

$A = 2 \cdot \left(\int_{0}^{1} f(x)\,dx + \int_{1}^{5} g(x)\,dx\right) = 2 \cdot \left(\int_{0}^{1}\left(\frac{1}{2}x^2 - 3x + \frac{5}{2}\right)dx + \int_{1}^{5}\left(-\frac{1}{2}x^2 + 3x - \frac{5}{2}\right)dx\right)$

$= 2 \cdot \left(\left|\left[\frac{1}{6}x^3 - \frac{3}{2}x^2 + \frac{5}{2}x\right]_{0}^{1}\right| + \left|\left[-\frac{1}{6}x^3 + \frac{3}{2}x^2 - \frac{5}{2}x\right]_{1}^{5}\right|\right) = 2 \cdot \left(1\frac{1}{6} + 5\frac{1}{3}\right) = 13$

Seite 78 | Aufgabe 6

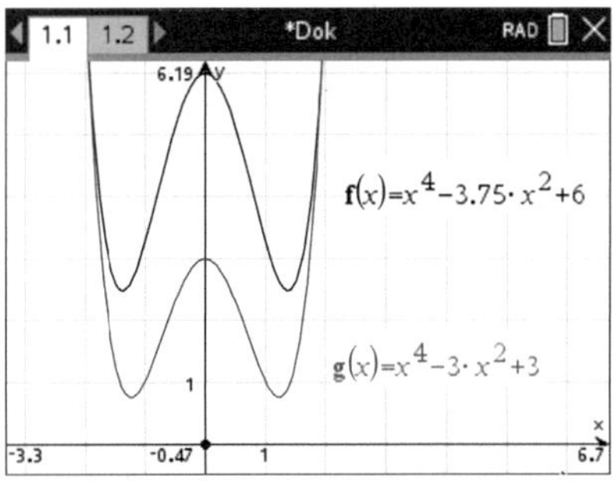

Der Flächeninhalt der Figur entspricht der Differenz der Integrale von f(x) und g(x) auf dem gegebenen Intervall.

$A = \int_{-2}^{2} f(x)\,dx - \int_{-2}^{2} g(x)dx = \left[\frac{1}{5}x^5 - \frac{5}{4}x^3 + 6x\right]_{-2}^{2} - \left[\frac{1}{5}x^5 - x^3 + 3x\right]_{-2}^{2} = 16{,}8 - 8{,}8 = 8$

Seite 78 | Aufgabe 7

a) $s_1 = \int_0^{40} v(t)\,dt = 142{,}2$

Die Draisine ist nach 40 Sekunden 142,2 Meter vom Startpunkt entfernt.

$s_2 = \int_0^{60} v(t)dt = 120$

Nach 60 Sekunden ist die Draisine 120 Meter vom Startpunkt entfernt.

b) $s_3 = \int_{40}^{60} v(t)dt = -22{,}22$

Nach 40 s hat die Draisine 142,2 Meter zurückgelegt. Nach 60 s hat sie 164,42 Meter zurückgelegt.

Seite 80 | Aufgabe 8

a) ① $A_1 = \left|\int_{-4}^{0}(g(x) - f(x))\,dx\right| = 8$ ② $A_2 = \left|\int_0^6(g(x) - f(x))\,dx\right| = 23{,}625$ ③ $A_3 = A_1 + A_2 = 31{,}625$

b) ① $A_1 = \left|\int_0^{-2}(g(x) - f(x))\,dx\right| \approx 0{,}42$ ② $A_2 = \left|\int_2^6(g(x) - f(x))\,dx\right| \approx 2{,}67$ ③ $A_3 = A_1 + A_2 \approx 3{,}08$

Seite 80 | Aufgabe 9

a)

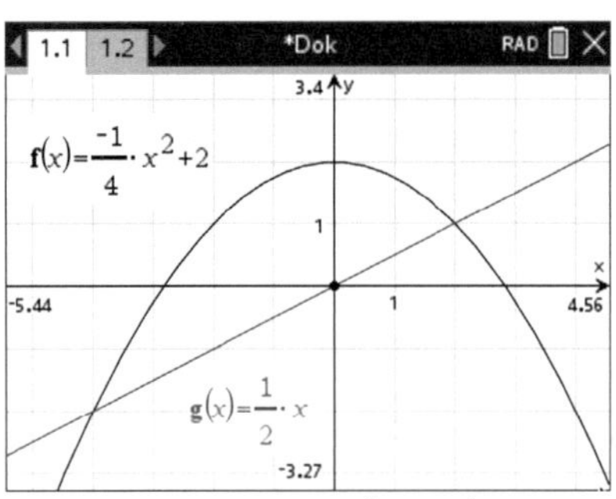

$h(x) = g(x) - f(x) = -\frac{1}{4}x^2 - \frac{1}{2}x + 2$

Nullstellen von h(x): $x_1 = -4;\ x_2 = 2$

$A = -42\left(-\frac{1}{4}x^2 - \frac{1}{2}x + 2\right)dx = \left[-\frac{1}{12}x^3 - \frac{1}{4}x^2 + 2x\right]_{-4}^{2} = 9$

b)

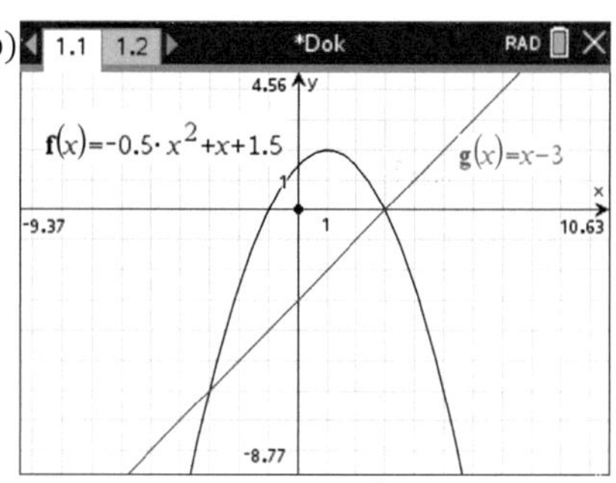

$h(x) = g(x) - f(x) = -\frac{1}{2}x^2 + 4{,}5$

Nullstellen von h(x): $x_1 = -3;\ x_2 = 3$

$A = \int_{-3}^{3}\left(-\frac{1}{2}x^2 + 4{,}5\right)dx = \left[-\frac{1}{6}x^3 + 4{,}5x\right]_{-3}^{3} = 18$

c)

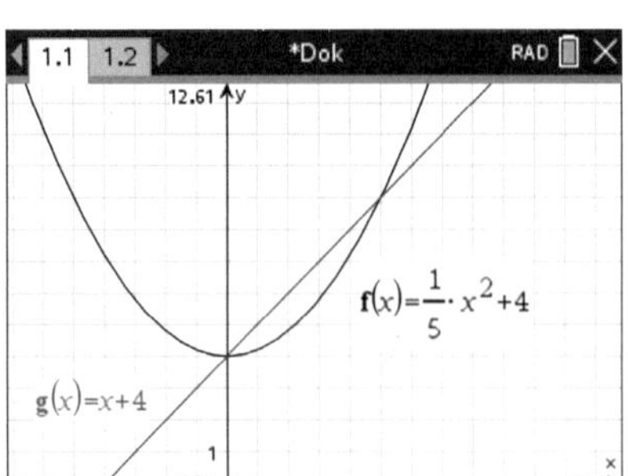

$h(x) = g(x) - f(x) = \frac{1}{5}x^2 - x$

Nullstellen von h(x): $x_1 = 0;\ x_2 = 5$

$A = \left|\int_0^5\left(\frac{1}{5}x^2 - x\right)dx\right| = \left|\left[\frac{1}{15}x^3 - \frac{1}{2}x^2\right]_0^5\right| = 4\frac{1}{6}$

d)

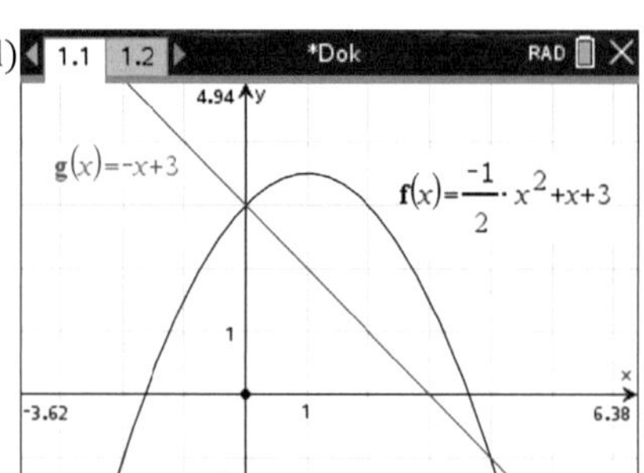

$h(x) = g(x) - f(x) = -\frac{1}{2}x^2 + 2x$

Nullstellen von h(x): $x_1 = 0;\ x_2 = 4$

$A = \left|\int_0^4\left(-\frac{1}{2}x^2 + 2x\right)dx\right| = \left|\left[-\frac{1}{6}x^3 + x^2\right]_0^4\right| = 5\frac{1}{3}$

Seite 80 | Aufgabe 10

a) $h(x) = f(x) - g(x) = x^2 - x - 2 = (x+1)\cdot(x-2)$; Schnittstellen (Nullstellen von h(x)): $x_1 = -1$; $x_2 = 2$

$A = \left|\int_{-2}^{-1}(x^2 - x - 2)dx\right| + \left|\int_{-1}^{2}(x^2 - x - 2)dx\right| + \left|\int_{2}^{3}(x^2 - x - 2)dx\right|$

$= \left|\left[\frac{1}{3}x^3 - \frac{1}{2}x^2 - 2x\right]_{-2}^{-1}\right| + \left|\left[\frac{1}{3}x^3 - \frac{1}{2}x^2 - 2x\right]_{-1}^{2}\right| + \left|\left[\frac{1}{3}x^3 - \frac{1}{2}x^2 - 2x\right]_{2}^{3}\right| = \frac{11}{6} + \frac{9}{2} + \frac{11}{6} = 8\frac{1}{6}$

b) $h(x) = f(x) - g(x) = x^3 - 5x^2 + 6x = x\cdot(x^2 - 5x + 6)$; Schnittstellen (Nullstellen von h(x)): $x_1 = 0$; $x_2 = 2$; $x_3 = 3$

$A = \left|\int_{0}^{2}(x^3 - 5x^2 + 6x)dx\right| + \left|\int_{2}^{3}(x^3 - 5x^2 + 6x)dx\right| = \left|\left[\frac{1}{4}x^4 - \frac{5}{3}x^3 + 3x^2\right]_{0}^{2}\right| + \left|\left[\frac{1}{4}x^4 - \frac{5}{3}x^3 + 3x^2\right]_{2}^{3}\right| = 2\frac{2}{3} + \frac{5}{12} = 3\frac{1}{12}$

c) $h(x) = f(x) - g(x) = -2x^2 - 6x = -2x\cdot(x+3)$; Schnittstellen (Nullstellen von h(x)): $x_1 = 0$; $x_2 = 3$

$A = \left|\int_{-2}^{0}(-2x^2 - 6x)dx\right| + \left|\int_{0}^{1}(-2x^2 - 6x)dx\right| = \left|\left[-\frac{2}{3}x^3 - 3x^2\right]_{-2}^{0}\right| + \left|\left[-\frac{2}{3}x^3 - 3x^2\right]_{0}^{1}\right| = 6\frac{2}{3} + 3\frac{2}{3} = 10\frac{1}{3}$

d) $h(x) = f(x) - g(x) = x^4 - 5x^2 + 4$; Schnittstellen (Nullstellen von h(x), berechnet mit der Substitution $x^2 = u$):

$x_1 = -2$; $x_2 = -1$; $x_3 = 1$; $x_4 = 2$

$A = \left|\int_{-2}^{-1}(x^4 - 5x^2 + 4)dx\right| + \left|\int_{-1}^{1}(x^4 - 5x^2 + 4)dx\right| = \left|\left[\frac{1}{5}x^5 - \frac{5}{3}x^3 + 4x\right]_{-2}^{-1}\right| + \left|\left[\frac{1}{5}x^5 - \frac{5}{3}x^3 + 4x\right]_{-1}^{1}\right| = \frac{22}{15} + \frac{76}{15} = 6\frac{8}{15}$

Seite 80 | Aufgabe 11

$h(x) = f(x) - g(x) = x^3 - 9x^2 + 18x = x\cdot(x^2 - 9x + 18)$; Schnittstellen (Nullstellen von h(x)): $x_1 = 0$; $x_2 = 3$; $x_3 = 6$

Die beiden von den Graphen eingeschlossenen Flächen liegen also zwischen x = 0 und x = 3 bzw. zwischen x = 3 und x = 6.

$A_1 = \left|\int_{0}^{3}(x^3 - 9x^2 + 18x)dx\right| = \left|\left[\frac{1}{4}x^4 - 3x^3 + 9x^2\right]_{0}^{3}\right| = 20{,}25$

$A_2 = \left|\int_{3}^{6}(x^3 - 9x^2 + 18x)dx\right| = \left|\left[\frac{1}{4}x^4 - 3x^3 + 9x^2\right]_{3}^{6}\right| = 20{,}25$ Die beiden Flächen sind gleich groß.

Seite 80 | Aufgabe 12

$h(x) = f(x) - g(x) = x^2 - 6x + 5$; Schnittstellen (Nullstellen von h(x)): $x_1 = 1$; $x_2 = 5$

$A = \left|\int_{0}^{1}(x^2 - 6x + 5)dx\right| + \left|\int_{1}^{5}(x^2 - 6x + 5)dx\right| = \left|\left[\frac{1}{3}x^3 - 3x^2 + 5x\right]_{0}^{1}\right| + \left|\left[\frac{1}{3}x^3 - 3x^2 + 5x\right]_{1}^{5}\right| = 2\frac{1}{3} + 10\frac{2}{3} = 13$

Das Ergebnis entspricht dem Ergebnis von Aufgabe 5.

Seite 80 | Aufgabe 13

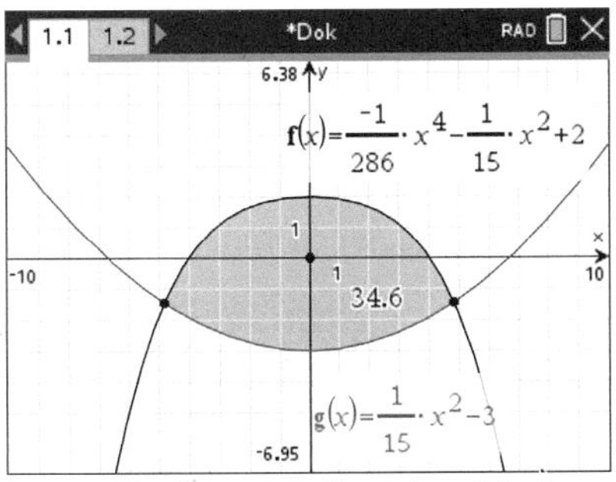

Die Fläche liegt zwischen den Schnittpunkten bei $x = -4{,}83$ und $x = 4{,}83$ und ähnelt etwas einem Helm.

$A = \int_{-4{,}83}^{4{,}83}(f(x) - g(x))dx = 34{,}6$

Seite 80 | Aufgabe 14

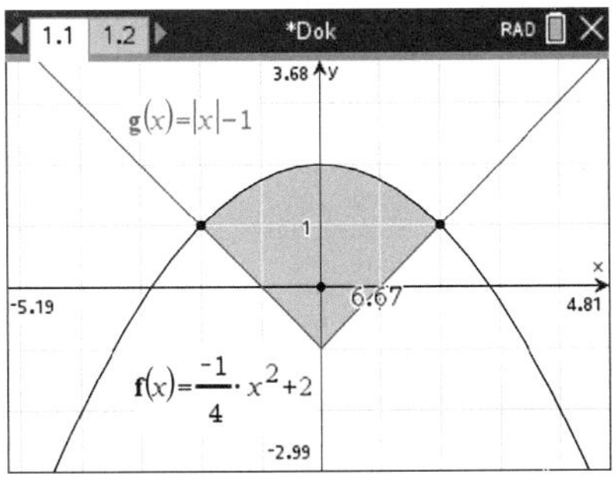

Die Graphen sind symmetrisch zur y-Achse, sodass für die Fläche gilt:

$A = 2\cdot\int_{0}^{2}\left(-\frac{1}{4}x^2 - x + 3\right) = 2\cdot\left(\left[-\frac{1}{12}x^3 - \frac{1}{2}x^2 + 3x\right]_{0}^{2}\right) = 2\cdot\left(3\frac{1}{3}\right) = 6\frac{2}{3}$

Seite 81 | Aufgabe 15

a) Nullstellen von f(x): $-x^2 + 4x - 3 = 0 \Rightarrow x_1 = 1$; $x_2 = 3$

$A = \left|\int_{1}^{3} f(x)dx\right| = \left|\int_{1}^{3}(-x^2 + 4x - 3)dx\right| = \left|\left[-\frac{1}{3}x^3 + 2x^2 - 3x\right]_{1}^{3}\right| = \frac{4}{3}$

b) Schnittstellen von f(x) und g(x): $-x^2 + 4x - 1 = x - 1 \Rightarrow x_1 = 0$; $x_2 = 3$

$A = \left|\int_{0}^{3}(-x^2 + 4x - 3)dx\right| = \left|\int_{0}^{3}(-x^2 + 3x)dx\right| = \left|\left[-\frac{1}{3}x^3 + \frac{3}{2}x^2\right]_{0}^{3}\right| = 4{,}5$

c) Nullstellen von f(x): $-\frac{1}{4}x^2 + x + 3 = 0 \Rightarrow x_1 = -2;\ x_2 = 6$
Da die Fläche auch von der y-Achse begrenzt wird, gilt:
$A = \left|\int_0^6 f(x)dx\right| = \left|\int_0^6 \left(-\frac{1}{4}x^2 + x + 3\right)dx\right| = \left|\left[-\frac{1}{12}x^3 + \frac{1}{2}x^2 + 3x\right]_0^6\right| = 18$

d) Schnittstellen von f(x) und g(x):
$x^3 + 2x^2 = x + 2 \Rightarrow x_1 = -2;\ x_2 = -1;\ x_3 = 1$
Im ersten Quadranten gilt:
$A = \left|\int_0^1 (g(x) - f(x))dx\right| = \left|\int_0^1 (x^3 + 2x^2 - x - 2)dx\right| = \left|\left[\frac{1}{4}x^4 + \frac{2}{3}x^3 - \frac{1}{2}x^2 - 2x\right]_0^1\right| = \frac{19}{12}$

e) Schnittstellen von f(x) und g(x):
$-x^2 + 4x + 1 = -2x + 9 \Rightarrow x_1 = 2;\ x_2 = 4$
$A = \left|\int_2^4 (f(x) - g(x))dx\right| = \left|\int_2^4 (-x^2 + 6x - 8)dx\right| = \left|\left[-\frac{1}{3}x^3 + 3x^2 - 8x\right]_2^4\right| = \frac{4}{3}$

f) Schnittstellen von f(x) und g(x):
$\sin(x) = x \Rightarrow x_1 = 0;\ x_2 = \pi$
$A = \left|\int_0^\pi (g(x) - f(x))dx\right| = \left|\int_0^\pi (x - \sin(x))dx\right| = \left|\left[\frac{1}{2}x^2 + \cos(x)\right]_0^\pi\right| = \frac{1}{2}\pi^2 - 2$

g) Nullstellen von f(x):
$2 - 0{,}5(x-1)^2 = 0 \Rightarrow x_1 = -1;\ x_2 = 3$
Nullstelle von g(x):
$6 - x = 0 \Rightarrow x = 6$
$A = \left|\int_0^3 (g(x) - f(x))dx\right| + 4{,}5 = \left|\int_0^3 (4 - x + 0{,}5(x-1)^2)dx\right| + 4{,}5 = \left|\int_0^3 (0{,}5x^2 - 2x + 4{,}5)dx\right| + 4{,}5$
$= \left|\left[\frac{1}{6}x^3 - x^2 + 4{,}5x\right]_0^3\right| + 4{,}5 = 9 + 4{,}5 = 13{,}5$

Seite 81 | Aufgabe 16

Holger hat die orange gefärbte Fläche berechnet. Luises Gedanke ist richtig, doch sie muss zwei Mal integrieren, um das richtige Ergebnis zu erhalten: von 0 bis 4 und von 4 bis 6. Emres Einwand ist folglich korrekt: „Stattdessen muss man die Flächeninhalte der Teilstücke zwischen den Schnittstellen einzeln ausrechnen, also zwei Integrale berechnen, das von 0 bis 4 und das von 4 bis 6. Die Ergebnisse werden dann addiert."
Für den Flächeninhalt gilt dann
$A = \left|\int_0^4 \left(\frac{1}{3}x^3 - \frac{10}{3}x^2 + 8x\right)dx\right| + \left|\int_4^6 \left(\frac{1}{3}x^3 - \frac{10}{3}x^2 + 8x\right)dx\right| = \left|\left[\frac{1}{12}x^4 - \frac{10}{9}x^3 + 4x^2\right]_0^4\right| + \left|\left[\frac{1}{12}x^4 - \frac{10}{9}x^3 + 4x^2\right]_4^6\right| = \frac{128}{9} + \frac{20}{9} = \frac{148}{9}$

Seite 81 | Aufgabe 17

a) Alle drei Graphen schneiden sich in $(0|0)$, Schnittpunkt von g und h: $\left(\frac{\pi}{2}\middle|2{,}47\right)$; Schnittstelle von f und h: $(\pi|0)$.

b) Die gesuchte Fläche wird im Intervall $\left[0; \frac{\pi}{2}\right]$ von den Graphen g und f eingeschlossen, im Intervall $\left[\frac{\pi}{2}; \pi\right]$ von den Graphen h und f. Man berechnet also $A_1 = \int_0^{\pi/2} (g(x) - f(x))\,dx$ und $A_2 = \int_{\pi/2}^{\pi} (h(x) - f(x))\,dx$.

c) $A_1 = \int_0^{\pi/2} (x^2 + \sin(x))dx = \left[\frac{1}{3}x^3 - \cos(x)\right]_0^{\pi/2} = \frac{1}{24}\pi^3 + 1$
$A_2 = \int_{\pi/2}^{\pi} (-x^2 + \pi x + \sin(x))dx = \left[-\frac{1}{3}x^3 + \frac{1}{2}\pi x^2 - \cos(x)\right]_{\pi/2}^{\pi} = \frac{1}{12}\pi^3 + 1$
Gesamtfläche: $A = A_1 + A_2 = \frac{1}{8}\pi^3 + 2$

Seite 81 | Aufgabe 18

a) Schnittpunkt g(x) und h(x): $(1|5)$
$A_1 = \left|\int_0^1 (h(x) - f(x))dx\right| = \left|\int_0^1 (x^2 + x)\right| = \left|\left[\frac{1}{3}x^3 + \frac{1}{2}x^2\right]_0^1\right| = \frac{5}{6}$
$A_2 = \left|\int_1^2 (g(x) - f(x))dx\right| = \left|\int_1^2 (2x^2 - 8x + 8)\right| = \left|\left[\frac{2}{3}x^3 - 4x^2 + 8x\right]_1^2\right| = \frac{2}{3}$
Gesamtfläche: $A = A_1 + A_2 = 1{,}5$

b) Schnittpunkt g(x) und h(x): $(0{,}5|4)$
$A_1 = \left|\int_0^{0{,}5} (g(x) - f(x))dx\right| = \left|\int_0^{0{,}5} (-x^3 + 8x^2)\right| = \left|\left[-\frac{1}{4}x^4 + \frac{8}{3}x^3\right]_0^{0{,}5}\right| = \frac{1}{3} - \frac{1}{64} = \frac{61}{192}$
$A_2 = \left|\int_{0{,}5}^1 (h(x) - f(x))dx\right| = \left|\int_{0{,}5}^1 (-x^3 - 2x + 3)\right| = \left|\left[-\frac{1}{4}x^4 - x^2 + 3x\right]_{0{,}5}^1\right| = \frac{33}{64}$
Gesamtfläche: $A = A_1 + A_2 = \frac{5}{6}$

c) Schnittpunkt f(x) und h(x): $(4|2)$; Schnittpunkt von g(x) und h(x): $(5|1)$
$A_1 = \left|\int_0^4 (f(x) - h(x))dx\right| = \left|\int_0^4 \left(\sqrt{x} - \frac{1}{5}x\right)\right| = \left|\left[\frac{2}{3}\sqrt{x^3} - \frac{1}{10}x^2\right]_0^4\right| = \frac{56}{15}$
$A_2 = \left|\int_4^5 (g(x) - h(x))dx\right| = \left|\int_4^5 \left(x^2 - \frac{51}{5}x + 26\right)\right| = \left|\left[\frac{1}{3}x^3 - \frac{51}{10}x^2 + 26x\right]_4^5\right| = \frac{13}{30}$
Gesamtfläche: $A = A_1 + A_2 = \frac{25}{6}$

Seite 81 | Aufgabe 19

Die Gerade geht durch die Punkte A(−2|−6) und B(4|6). Sie hat die Gleichung $g(x) = 2x - 2$.

$A = \left|\int_{-2}^{4}(f(x) - g(x))\,dx\right| = \left|\int_{-2}^{4}(-x^2 + 2x + 8)\right| = \left|\left[-\frac{1}{3}x^3 + x^2 + 8x\right]_{-2}^{4}\right| = 36$

Seite 82 | Aufgabe 20

a) Die Klammern können einzeln Null gesetzt werden.
$x_1 = -2;\ x_1 = 1 - \sqrt{3} \approx -0{,}73;\ x_3 = 1 + \sqrt{3} \approx 2{,}73;\ x_4 = 4$

b) $f(x) = \frac{1}{9}(x^2 - 2x - 8)(x^2 - 2x - 2) = \frac{1}{9}(x^4 - 4x^3 - 6x^2 + 20x + 16)$

Stammfunktion: $F(x) = \frac{1}{9}\left(\frac{1}{5}x^5 - x^4 - 2x^3 + 10x^2 + 16x\right)$

$A_1 = \left|\int_{-2}^{1-\sqrt{3}} f(x)\,dx\right| = \left|\left[\frac{1}{9}\left(\frac{1}{5}x^5 - x^4 - 2x^3 + 10x^2 + 16x\right)\right]_{-2}^{1-\sqrt{3}}\right| \approx 0{,}8332$

$A_2 = \left|\int_{1-\sqrt{3}}^{1+\sqrt{3}} f(x)\,dx\right| = \left|\left[\frac{1}{9}\left(\frac{1}{5}x^5 - x^4 - 2x^3 + 10x^2 + 16x\right)\right]_{1-\sqrt{3}}^{1+\sqrt{3}}\right| \approx 6{,}4663$

$A_3 = \left|\int_{1+\sqrt{3}}^{4} f(x)\,dx\right| = \left|\left[\frac{1}{9}\left(\frac{1}{5}x^5 - x^4 - 2x^3 + 10x^2 + 16x\right)\right]_{1+\sqrt{3}}^{4}\right| \approx 0{,}8332$

Gesamtfläche: $A = A_1 + A_2 + A_3 = 8{,}133$

c) Das Integral wird mit einem GTR berechnet: $\int_{-2}^{4} g(x)\,dx = \int_{-2}^{4} |f(x)|dx \approx 8{,}133$

d) Vorteil des Rechenwegs in b): Man erhält auch die Flächeninhalte der Teilflächen.
Vorteil des Rechenwegs in c): Man muss nur ein Integral berechnen und spart sich die Berechnung der inneren Nullstellen.

Seite 82 | Aufgabe 21

$A = \left|\int_{-1,5}^{1,65}(f(x) - g(x))\,dx\right| = \left|\int_{-1,5}^{1,65}(0{,}1x^4 - 0{,}25x^2 + 0{,}55)dx\right| = \left|\left[0{,}02x^5 - \frac{1}{12}x^3 + 0{,}55x\right]_{-1,5}^{1,65}\right| \approx 1{,}473$

Der See hat einen Flächeninhalt von etwa 1,5 km².

Seite 82 | Aufgabe 22

Legt man das Koordinatensystem so, dass der Ursprung in der Mitte des Tunnelbodens liegt, so sind die folgenden Punkte bekannt, außerdem ist die Parabel nach unten geöffnet.
Innerer Parabelboden: Scheitel bei S(0|3), Nullstellen bei (2|0) und (-2|0).
Daraus folgt die Gleichung $g(x) = -\frac{3}{4}x^2 + 3$
Äußerer Parabelboden: Scheitel bei S(0|3,2), Nullstellen bei (3|0) und (-3|0).
Daraus folgt die Gleichung $f(x) = -\frac{16}{45}x^2 + 3{,}2$

a) Fläche der Öffnung: $A = \left|\int_{-2}^{2} f(x)\,dx\right| = \left|\int_{-2}^{2}\left(-\frac{3}{4}x^2 + 3\right)dx\right| = \left|\left[-\frac{1}{4}x^3 + 3x\right]_{-2}^{2}\right| = 8\ \text{m}^2$

Ein Tunnel aus 12 Elementen ist 24 m lang, das Luftvolumen beträgt damit $V = 24\ \text{m} \cdot 8\ \text{m}^2 = 192\ \text{m}^3$.

b) Fläche unterhalb der äußeren Parabel:

$A = \left|\int_{-3}^{3}(g(x))\,dx\right| = \left|\int_{-3}^{3}\left(-\frac{16}{45}x^2 + 3{,}2\right)dx\right| = \left|\left[-\frac{16}{135}x^3 + 3{,}2x\right]_{-3}^{3}\right| = 12{,}8\ \text{m}^2$

Damit hat die Betonstirnfläche einen Flächeninhalt von $A_S = 12{,}8\ \text{m}^2 - 8\ \text{m}^2 = 4{,}8\ \text{m}^2$

Dichte: $2{,}2\ \frac{\text{g}}{\text{cm}^3} = 2200\ \frac{\text{kg}}{\text{m}^3}$

Für die Masse eines Elements gilt dann $m = 4{,}8\ \text{m}^2 \cdot 2\ \text{m} \cdot 2200\frac{\text{kg}}{\text{m}^3} = 21\,120\ \text{kg} = 21{,}21\ \text{t}$

Seite 82 | Aufgabe 23

a) Flächeninhalt der Fläche A:

$A = \int_1^3 f(x)\,dx = \int_1^3\left(\frac{1}{2}x^2\right)dx = \left[\frac{1}{6}x^3\right]_1^3 = 4\frac{1}{3}$

Wenn die Gerade x = c die Fläche halbieren soll, gilt: $A = \int_1^c f(x)\,dx = \left[\frac{1}{6}x^3\right]_1^c = \frac{1}{6}c^3 - \frac{1}{6} = 2\frac{1}{6}$

und damit $c = \sqrt[3]{14} \approx 2{,}41$.

b) $A = \int_1^3 f(x)\,dx = \int_1^3\left(\frac{1}{3}x^2\right)dx = \left[\frac{1}{9}x^3\right]_1^3 = 2\frac{8}{9}$

Die Gerade y = c schneidet die Kurve in dem Punkt $(\sqrt{3c}|c)$. Für den oberen Teil der Fläche gilt:

$A = \int_{\sqrt{3c}}^{3}\left(\frac{1}{3}x^2 - c\right)dx = \left[\frac{1}{9}x^3 - cx\right]_{\sqrt{3c}}^{3} = 3 - 3c + \frac{2}{3}\sqrt{3c} = 1\frac{4}{9}$ und daraus $c \approx 0{,}879$

c) $A = \int_1^3 f(x)\,dx = \int_1^3(x^2 + 2)dx = \left[\frac{1}{3}x^3 + 2x\right]_1^3 = 12\frac{2}{3}$

Die Fläche unterhalb der Geraden g(x) = mx soll halb so groß sein, also:

$A_G = \int_1^3(mx)dx = \left[\frac{m}{2}x^2\right]_1^3 = 4m = 6\frac{1}{3}$ und daraus $m = 1\frac{7}{12} \approx 1{,}58$

Seite 83 | Aufgabe 24

Nullstellen der Funktion f(x): $x_1 = \sqrt{\frac{2}{a}};\ x_2 = -\sqrt{\frac{2}{a}}$

Aus Symmetriegründen ist die Fläche zwischen $x = 0$ und $x = \sqrt{\frac{2}{a}}$ halb so groß wie die gesuchte, also $\frac{8}{3}$.

$A = \int_0^{\sqrt{2/a}} (2 - ax^2)\,dx = \left[2x - \frac{a}{3}x^3\right]_0^{\sqrt{2/a}} = 2\sqrt{\frac{2}{a}} - \frac{2}{3}\sqrt{\frac{2}{a}} = \frac{8}{3}$ und daraus $a = \frac{1}{2}$.

Seite 83 | Aufgabe 25

a) Wenn die linke Grundstücksgrenze bei a liegt, dann ist die rechte $a + 1$ (Breite 100 m). Der Flächeninhalt ist dann:
$A = \int_a^{a+1} \left(-\frac{1}{5}x^3 + x^2 + 2\right) dx = \left[-\frac{1}{20}x^4 + \frac{1}{3}x^3 + 2x\right]_a^{a+1} = -\frac{1}{20}(a+1)^4 + \frac{1}{3}(a+1)^3 + 2(a+1) - \left(-\frac{1}{20}a^4 + \frac{1}{3}a^3 + 2a\right)$
$= -\frac{1}{5}a^3 + \frac{7}{10}a^2 + \frac{4}{5}a + 2$
Um das a zu bestimmen, bei dem diese Fläche maximal wird, bestimmt man die ersten beiden Ableitungen von A:
$A'(a) = -\frac{3}{5}a^2 + \frac{7}{5}a + \frac{4}{5}$; $A''(a) = -\frac{6}{5}a + \frac{7}{5}$
Nullstellen von A': $a_1 \approx 2{,}808$; $a_2 \approx -0{,}475$
$A''(a_1) = -1{,}9696 < 0$; $A''(a_2) = 1{,}97 > 0$;
Bei $a_1 \approx 2{,}808$ liegt also ein Maximum vor, die Grundstücksgröße beträgt hier $A(a_1) \approx 5{,}34$
Randwerte: bei $a = 0$ ist $A(0) = 2$, die Nullstelle von f(x) liegt bei $x_0 \approx 5{,}349$, der andere Randwert liegt also bei $A(x_0 - 1) \approx 2{,}55$.
Damit ist das Maximum bei $a_1 \approx 2{,}808$ ein absolutes Maximum.
Das größte Grundstück mit den angegebenen Bedingungen geht von $x = 2{,}808$ bis $x = 3{,}808$.

b) Die gesamte Fläche geht von $x = 0$ bis $x = 5{,}349$ (Nullstelle von f).
$A_{ges} = \int_0^{5,349} \left(-\frac{1}{5}x^3 + x^2 + 2\right) dx = \left[-\frac{1}{20}x^4 + \frac{1}{3}x^3 + 2x\right]_0^{5,349} = 20{,}78$
Man sucht nun ein b, für das gilt:
$A_{1/2} = \int_0^b \left(-\frac{1}{5}x^3 + x^2 + 2\right) dx = \left[-\frac{1}{20}x^4 + \frac{1}{3}x^3 + 2x\right]_0^b = 10{,}39$
Mit einem GTR ergibt sich $b = 2{,}9$.

Seite 83 | Aufgabe 26

a) Schnittstelle mit der y-Achse: $S_1(0|0)$.
Schnittstellen mit der x-Achse: $\frac{1}{5}x^3 - 2x = 0 \Rightarrow x_2 = -\sqrt{10}$; $x_3 = \sqrt{10}$
$S_2(-\sqrt{10}|0)$; $S_3(\sqrt{10}|0)$.

b) $f(x) = \frac{1}{5}x^3 - 2x$
$f'(x) = \frac{3}{5}x^2 - 2$
$f''(x) = \frac{6}{5}x$
Nullstellen von $f'(x)$: $x_1 = -\sqrt{\frac{10}{3}}$; $x_2 = \sqrt{\frac{10}{3}}$
$f''\left(-\sqrt{\frac{10}{3}}\right) < 0$; $f\left(-\sqrt{\frac{10}{3}}\right) = 2{,}43$
$f''\left(\sqrt{\frac{10}{3}}\right) > 0$; $f\left(\sqrt{\frac{10}{3}}\right) = -2{,}43$
Es gibt also einen Tiefpunkt bei $TP\left(\sqrt{\frac{10}{3}}\middle|-2{,}43\right)$ und einen Hochpunkt bei $HP\left(-\sqrt{\frac{10}{3}}\middle|2{,}43\right)$.
Wendepunkte: Nullstelle von $f''(x)$ bei $x = 0$, $f'''(0) = \frac{6}{5} \neq 0$, also Wendepunkt bei $WP(0|0)$.

c) $f(-2) = 2{,}4$; $m = f'(-2) = 0{,}4$
Damit gilt für die Tangentengleichung $t(x) = 0{,}4 \cdot (x + 2) + 2{,}4 = 0{,}4x + 3{,}2$

d) $f(4) = 4{,}8$, also ist $P(4|4{,}8)$. Für die Tangente gilt $t(4) = 4{,}8$, die Tantente geht also ebenso durch P.

e) Schnittpunkte von f(x) und t(x):
$\frac{1}{5}x^3 - 2x = 0{,}4x + 3{,}2 \Rightarrow x_1 = 4$; $x_2 = -2$
$A = \int_{-2}^{4}(t(x) - f(x))dx = \int_{-2}^{4}\left(-\frac{1}{5}x^3 + 2{,}4x + 3{,}2\right) dx = \left[-\frac{1}{20}x^4 + \frac{6}{5}x^2 + \frac{16}{5}x\right]_{-2}^{4} = 21{,}6$

Seite 83 | Aufgabe 27

a)
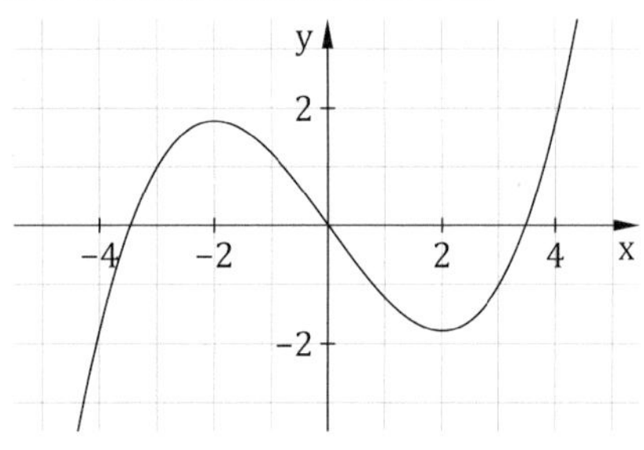

Eigenschaften des Graphen:
Nullstellen bei $x_{1/2} = \pm\sqrt{12}$ und $x_3 = 0$; Schnittpunkt mit y-Achse bei $y = 0$.
Wendepunkt bei $W(0|0)$. Hochpunkt bei $H\left(-2\middle|\frac{16}{9}\right)$; Tiefpunkt bei $T\left(2\middle|-\frac{16}{9}\right)$; punktsymmetrisch zum Ursprung.

b) $f(x) = \frac{1}{9}x^3 - \frac{4}{3}x;\ f'(x) = \frac{1}{3}x^2 - \frac{4}{3};\ f''(x) = \frac{2}{3}x$
Nullstellen von f'(x): $x_1 = 2; x_2 = -2$
$f''(-2) = -\frac{4}{3} < 0$, also $H\left(-2\middle|\frac{16}{9}\right)$
In Extremwerten hat die Tangente die Steigung 0, damit folgt die Tangentengleichung $t(x) = \frac{16}{9}$.
Bestimmung des zweiten Schnittpunkts: $f(x) = \frac{1}{9}x^3 - \frac{4}{3}x = \frac{16}{9} \Rightarrow x_0 = -2;\ x_1 = 4$
$4 = (-2) \cdot (-2)$, also $x_1 = -2 \cdot x_0$

c) $A = \int_{-2}^{4}(t(x) - f(x))dx = \int_{-2}^{4}\left(-\frac{1}{9}x^3 + \frac{4}{3}x + \frac{16}{9}\right)dx = \left[-\frac{1}{36}x^4 + \frac{2}{5}x^2 + \frac{16}{9}x\right]_{-2}^{4} = 12$

Seite 83 | Aufgabe 28

a) ① $\overline{m} = \frac{1}{6}\int_{-2}^{4}\left(-\frac{1}{8}x + 2\right)dx = \frac{1}{6}\left[-\frac{1}{16}x^2 + 2x\right]_{-2}^{4} = 1{,}875$

② $\overline{m} = \frac{1}{3}\int_{0}^{3}\left(-x^2 + \frac{1}{3}x - 5\right)dx = \frac{1}{3}\left[-\frac{1}{3}x^3 + \frac{1}{6}x^2\right]_{0}^{3} = -7{,}5$

③ $\overline{m} = \frac{1}{\pi}\int_{0}^{\pi}(\pi\sin(x))dx = \frac{1}{\pi}[-\pi \cdot \cos(x)]_0^\pi = 2$

④ $\overline{m} = \frac{1}{2}\int_{-1}^{1}\left(x - \left(\frac{1}{9}x + 1\right)^2\right)dx = \frac{1}{2}\left[-\frac{1}{243}x^2 + \frac{7}{18}x^2 - x\right]_{-1}^{1} = -1{,}004$

⑤ $\overline{m} = \int_{0}^{1}(\sqrt{x} - x)dx = \left[\frac{2}{3}x^{\frac{3}{2}} - \frac{1}{2}x^2\right]_{0}^{1} = \frac{1}{6}$

⑥ $\overline{m} = \frac{1}{\pi}\int_{0}^{\pi}\cos(x)\,dx = [\sin(x)]_0^\pi = 0$

b) $\overline{m} = \int_{0}^{1}(1 - \sqrt{x})dx = \left[x - \frac{2}{3}x^{\frac{3}{2}}\right]_{0}^{1} = \frac{1}{3}$ Die Rampe ist durchschnittlich $\frac{1}{3}$ m hoch.

c) Da die Grundfläche sich nicht ändert und die durchschnittliche Höhe der Rampe $\frac{1}{3}$m beträgt, muss die Höhe des Quaders auch $\frac{1}{3}$ m betragen.

Streifzug: Rotationskörper

Seite 84 | Einstieg

a) $V = \frac{1}{3} \cdot G \cdot h = \frac{1}{3} \cdot \pi r^2 \cdot h = \frac{1}{3} \cdot \pi \cdot \left(\frac{3}{4}\right)^2 \cdot 3 = 1{,}767$ VE

b) $V = \pi \cdot \left(\frac{1}{8}\right)^2 \cdot 0{,}5 + \pi \cdot \left(\frac{1}{4}\right)^2 \cdot 0{,}5 + \pi \cdot \left(\frac{3}{8}\right)^2 \cdot 0{,}5 + \pi \cdot \left(\frac{1}{2}\right)^2 \cdot 0{,}5 + \pi \cdot \left(\frac{3}{8}\right)^2 \cdot 0{,}5 = 1{,}35$ VE

c) Durch schmalere Zylinderscheiben lässt sich die Genauigkeit erhöhen.

Seite 85 | Aufgabe 1

a) $V = \pi \cdot \int_0^4 f^2(x)dx = \pi \cdot \int_0^4 3^2 dx = \pi \cdot [9x]_0^4 = 36\pi$

b) $V = \pi \cdot \int_0^2 f^2(x)dx = \pi \cdot \int_0^2 \left(\frac{1}{4}x\right)^2 dx = \pi \cdot \left[\frac{1}{48}x^3\right]_0^2 = \frac{1}{6} \cdot \pi$

c) $V = \pi \cdot \int_2^4 f^2(x)dx = \pi \cdot \int_2^4 \left(\frac{1}{4}x\right)^2 dx = \pi \cdot \left[\frac{1}{48}x^3\right]_2^4 = 1\frac{1}{6} \cdot \pi$

d) $V = \pi \cdot \int_0^3 f^2(x)dx = \pi \cdot \int_0^3 (x^2)^2 dx = \pi \cdot \left[\frac{1}{5}x^5\right]_0^3 = 48{,}6 \cdot \pi$

e) $V = \pi \cdot \int_0^2 f^2(x)dx = \pi \cdot \int_0^2 (-x^2 + 4)^2 dx = \pi \cdot \left[\frac{1}{5}x^5 - \frac{8}{3}x^3 + 16x\right]_0^2 = \frac{256}{15} \cdot \pi$

f) $V = \pi \cdot \int_{-1}^2 f^2(x)dx = \pi \cdot \int_{-1}^2 \left(\sqrt{x+1}\right)^2 dx = \pi \cdot \left[\frac{1}{2}x^2 + x\right]_{-1}^2 = \frac{9}{2} \cdot \pi$

Seite 85 | Aufgabe 2

a) Nullstellen der Funktion $f(x) = x^2 - 4$: $x_1 = -2;\ x_2 = 2$
$V = \pi \cdot \int_{-2}^2 f^2(x)dx = \pi \cdot \int_{-2}^2 (x^2 - 4)^2 dx = \pi \cdot \left[\frac{1}{5}x^5 - \frac{8}{3}x^3 + 16x\right]_{-2}^2 = \frac{512}{15}\pi$

b) Nullstellen der Funktion $f(x) = x^2 - x$: $x_1 = 0;\ x_2 = 1$
$V = \pi \cdot \int_0^1 f^2(x)dx = \pi \cdot \int_0^1 (x^2 - x)^2 dx = \pi \cdot \left[\frac{1}{5}x^5 - \frac{1}{2}x^4 + \frac{1}{3}x^3\right]_0^1 = \frac{1}{30}\pi$

c) Nullstellen der Funktion $f(x) = x^2 - 4x + 3$: $x_1 = 1;\ x_2 = 3$
$V = \pi \cdot \int_1^3 f^2(x)dx = \pi \cdot \int_1^3 (x^2 - 4x + 3)^2 dx = \pi \cdot \left[\frac{1}{5}x^5 - 2x^4 + \frac{22}{3}x^3 - 12x^2 + 9x\right]_1^3 = \frac{16}{15}\pi$

d) Nullstellen der Funktion $f(x) = -\frac{1}{4}x^2 + 1$: $x_1 = -2;\ x_2 = 2$
$V = \pi \cdot \int_{-2}^2 f^2(x)dx = \pi \cdot \int_{-2}^2 \left(-\frac{1}{4}x^2 + 1\right)^2 dx = \pi \cdot \left[\frac{1}{80}x^5 - \frac{1}{6}x^3 + x\right]_{-2}^2 = \frac{32}{15}\pi$

Seite 85 | Aufgabe 3

a) $V = \pi \cdot \int_0^4 f^2(x)dx = \pi \cdot \int_0^4 \left(\sqrt{16 - x^2}\right)^2 dx = \pi \cdot \left[-\frac{1}{3}x^3 + 16x\right]_0^4 = \frac{128}{3}\pi$

b) $V = \pi \cdot \int_0^4 f^2(x)dx = \pi \cdot \int_0^4 \left(2x - \frac{1}{4}x^2\right)^2 dx = \pi \cdot \left[\frac{1}{80}x^5 - \frac{1}{4}x^4 + \frac{4}{3}x^3\right]_0^4 = \frac{512}{15}\pi$

c) $V = \pi \cdot \int_1^4 f^2(x)dx = \pi \cdot \int_1^4 \left(\frac{1}{x}\right)^2 dx = \pi \cdot \left[-\frac{1}{x}\right]_1^4 = \frac{3}{4}\pi$

d) $V = \pi \cdot \int_{-2}^{2} f^2(x)dx = \pi \cdot \int_{-2}^{2} \left(\frac{1}{8}x^2 + 2\right)^2 dx = \pi \cdot \left[\frac{1}{320}x^5 + \frac{1}{6}x^3 + 4x\right]_{-2}^{2} = \frac{283}{15}\pi$

Seite 86 | Aufgabe 4

a) Man legt ein Koordinatensystem so, dass r auf der y-Achse und h auf der x-Achse liegt.
Der Zylinder entsteht, indem die Funktion $f(x) = r$ im Intervall $[0;h]$ um die x-Achse rotiert wird.
$V = \pi \cdot \int_0^h r^2 dx = \pi \cdot [r^2x]_0^h = \pi r^2 h$

b) Man legt ein Koordinatensystem so, dass r auf der y-Achse und h auf der x-Achse liegt.
Der Kegel entsteht, indem die Funktion $f(x) = \frac{r}{h}x$ im Intervall $[0;h]$ um die x-Achse rotiert wird.
$V = \pi \cdot \int_0^h \left(\frac{r}{h}x\right)^2 dx = \pi \cdot \left[\frac{r^2}{3h^2}x^3\right]_0^h = \frac{1}{3}\pi r^2 h$

c) Man legt ein Koordinatensystem so, dass r auf der y-Achse und h auf der x-Achse liegt.
Die Kugel entsteht, indem die Funktion $f(x) = \sqrt{r^2 - x^2}$ im Intervall $[-r;r]$ um die x-Achse rotiert wird.
$V = \pi \cdot \int_{-r}^{r} \left(\sqrt{r^2 - x^2}\right)^2 dx = \pi \cdot \left[r^2x - \frac{1}{3}x^3\right]_{-r}^{r} = \pi \cdot \left(r^3 - \frac{1}{3}r^3 + r^3 - \frac{1}{3}r^3\right) = \frac{4}{3}\pi r^3$

Seite 86 | Aufgabe 5

a) $V = \pi \cdot \int_{-1}^{4} \left(\frac{1}{3}x + 2\right)^2 dx = 32{,}4 \cdot \pi$

b) $V = \pi \cdot \int_{-1}^{1} (x^4 - 2x^2 + 1)^2 dx = 0{,}8 \cdot \pi$

c) $V = \pi \cdot \int_0^{\pi} (\sin(x))^2 dx = 1{,}6 \cdot \pi$

d) $V = \pi \cdot \int_1^2 \left(x^3 + \frac{2}{\sqrt{x}}\right)^2 dx = 32{,}7 \cdot \pi$

Seite 86 | Aufgabe 6

$V = \pi \cdot \int_0^{100} \left(\sqrt{0{,}05x^2 + 4x + 320}\right)^2 dx = \pi \cdot \left[\frac{1}{60}x^3 + 2x^2 + 320x\right]_0^{100} = 68\,667\pi \text{ m}^3 \approx 215\,723 \text{ m}^3$

Seite 86 | Aufgabe 7

a) Man legt ein Koordinatensystem so, dass der Ursprung in der Mitte des Balls liegt. Dann ist $f(0) = 8$ (halbe Dicke des Balls) und damit $b = 8$. Außerdem ist $f(14) = f(-14) = 0$ (Nullstellen bei der halben Länge des Balls), daraus folgt $a = -\frac{2}{49}$.
$f(x) = -\frac{2}{49}x^2 + 8$

b) $V = \pi \cdot \int_{-14}^{14} \left(-\frac{2}{49}x^2 + 8\right)^2 dx = 956\pi \text{ cm}^3 \approx 3002{,}5 \text{ cm}^3$
Der Ball hat ein Volumen von etwa 3 Litern.

Seite 86 | Aufgabe 8

a) Ansatz: $f(x) = a \cdot x^2 + bx + c$
Das Koordinatensystem wird so gelegt, dass der Ursprung in der Mitte des Fasses liegt. Aus der Symmetrie kann man dann schließen, dass $c = 0$. Außerdem gilt: $f(0) = 40; f(50) = 30; f(-50) = 30$. Damit erhält man die Gleichung:
$f(x) = -0{,}004x^2 + 40$

b) $V = \pi \cdot \int_{-50}^{50} (f(x))^2 dx = 135\,333\,\pi \text{ cm}^3 = 425 \text{ l}$

Seite 87 | Aufgabe 9

a) $V = \pi \cdot \int_0^{12} (f(x))^2 dx$
Glas 1: $V_1 = 96\pi \approx 302 \text{ cm}^3$ Glas 2: $V_1 = 64\pi \approx 201 \text{ cm}^3$ Glas 3: $V_3 = 38{,}4\,\pi \approx 121 \text{ cm}^3$

b) $W = \pi \cdot \int_0^6 (f(x))^2 dx$
Glas 1: $W_1 = 24\pi \approx 75 \text{ cm}^3$ Glas 2: $W_2 = 8\pi \approx 25 \text{ cm}^3$ Glas 3: $W_3 = 1{,}2\pi \approx 3{,}8 \text{ cm}^3$

c) Glas 1: $48\pi = \pi \cdot \left[\frac{2}{3}x^2\right]_0^a = \frac{2}{3}\pi a^2 \Rightarrow a = 6\sqrt{2} \approx 8{,}5 \text{ cm}$
Glas 2: $32\pi = \pi \cdot \left[\frac{1}{27}x^3\right]_0^a = \frac{1}{27}\pi a^3 \Rightarrow a = 6\sqrt[3]{4} \approx 9{,}5 \text{ cm}$
Glas 3: $19{,}2\,\pi = \pi \cdot \left[\frac{1}{6480}x^5\right]_0^a = \frac{1}{6480}\pi a^5 \Rightarrow a = 6\sqrt[5]{16} \approx 10{,}4 \text{ cm}$

d) $80 = \pi \cdot \left[\frac{2}{3}x^2\right]_0^a = \frac{2}{3}\pi a^2 \Rightarrow a \approx 6{,}2 \text{ cm}$

e) Variante A: Volumen Orangensaft: $V_O = \pi \cdot \left[\frac{2}{3}x^2\right]_0^3 = 6\pi$; Volumen Sekt: $V_S = \pi \cdot \left[\frac{2}{3}x^2\right]_3^6 = 18\pi$
Variante B: $V_O = 6\pi$; $V_S = 18\pi$;
In der Variante A besteht der Mix zu 75 % aus Sekt (Mischungsverhältnis 1 : 3), bei der Variante B sind es 25 % Sekt (Mischungsverhältnis 3 : 1).

Seite 87 | Aufgabe 10

a) Bei diesem Ansatz ändert sich der Abstand zur x-Achse und damit beim Rotieren der Durchmesser des Körpers.

b) $V = \pi \cdot \int_a^b f(x)^2 dx - \pi \cdot \int_a^b g(x)^2 dx = \pi \cdot \int_a^b (f(x)^2 - g(x)^2) dx$

Seite 87 | Aufgabe 11

a) Schnittstellen von f(x) und g(x): $f(x) - g(x) = -2x^2 - 2x + 4 = 0 \Rightarrow x_1 = 1;\ x_2 = -2$

$V = \pi \cdot \int_{-2}^{1}(f(x)^2 - g(x)^2)dx = 117\pi \approx 367{,}6$

b) Schnittstellen von f(x) und g(x): $f(x) - g(x) = 2x^2 - 2 = 0 \Rightarrow x_1 = 1;\ x_2 = -1$

$V = \pi \cdot \int_{-1}^{1}(f(x)^2 - g(x)^2)dx \approx 33{,}51$

c) Schnittstellen von f(x) und g(x): $f(x) - g(x) = \frac{1}{4}x^3 - x^2 = 0 \Rightarrow x_1 = 0;\ x_2 = 4$

$V = \pi \cdot \int_{0}^{4}(f(x)^2 - g(x)^2)dx \approx 90$

d) Schnittstellen von f(x) und g(x): $f(x) - g(x) = \frac{1}{8}x^3 - \frac{1}{2}x^2 = 0 \Rightarrow x_1 = 0;\ x_2 = 4$

$V = \pi \cdot \int_{0}^{4}(f(x)^2 - g(x)^2)dx \approx 62{,}7$

Seite 87 | Aufgabe 12

Gesucht ist das Volumen zwischen f_O und f_U.

$V = \pi \cdot \int_{-r}^{r}(f_o(x)^2 - f_u(x)^2)dx = 4 \cdot R \cdot \pi \int_{-r}^{r}\sqrt{r^2 - x^2}dx = 4 \cdot R \cdot \pi \cdot \frac{1}{2} \cdot \pi \cdot r^2 = 2\,\pi^2 r^2 R$

2.6 Abiturtraining

Seite 88 | Aufgabe 1

a) Schnittstellen von f(x) und g(x): $f(x) - g(x) = \frac{1}{3}x^2 - 3 = 0 \Rightarrow x_1 = 3;\ x_2 = -3$

Flächeninhalt: $A = \int_{-3}^{3}(g(x) - f(x))dx = \int_{-3}^{3}\left(3 - \frac{1}{3}x^2\right)dx = \left[3x - \frac{1}{9}x^3\right]_{-3}^{3} = 12$ FE

b) Die Breite des Flächenstücks ist 6 LE, die Höhe 3 LE. Es ist $A = \frac{2}{3} \cdot 6 \cdot 3 = 12$ FE

Seite 88 | Aufgabe 2

a)

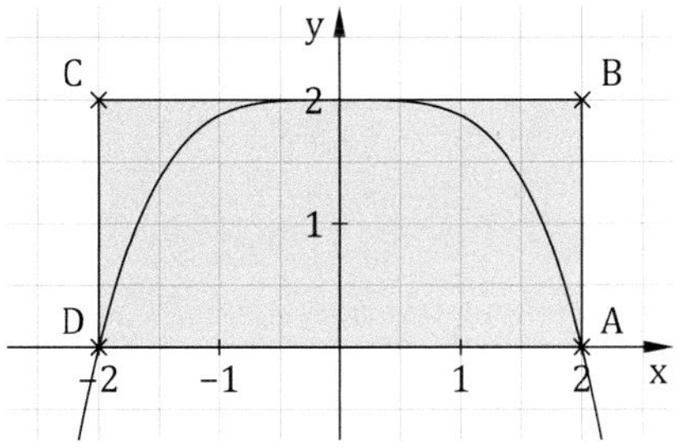

b) $A = \int_{-2}^{2}(g(x) - f(x))dx = \int_{-2}^{2}\left(2 - \frac{1}{8}x^4\right)dx = \left[2x - \frac{1}{40}x^5\right]_{-2}^{2} = 6{,}4$ FE

c) Das Rechteck hat den Flächeninhalt $A_R = 8$ FE; $\frac{6{,}4}{8} = 0{,}8 = 80\ \%$

Seite 88 | Aufgabe 3

a) Nullstellen von $f_a(x)$:): $f_a(x) = -ax^2 + a = 0 \Rightarrow x_1 = -1;\ x_2 = 1$ für jedes $a > 0$.

$A = \int_{-1}^{1}(-ax^2 + a)dx = \left[-\frac{1}{3}ax^3 + ax\right]_{-1}^{1} = \frac{4}{3}a$

b) $A(a) = \frac{4}{3}a = 4 \Rightarrow a = 3$

c) Flächeninhalt des Rechtecks: $A_{Rechteck} = 2a$; also ist der Flächeninhalt der oberen Teilfläche $A_{Teilfläche} = 2a - \frac{4}{3}a = \frac{2}{3}a$.

Das Verhältnis der Flächen ist damit $= \frac{A_{Teilfläche}}{A_{Rechteck}} = \frac{2}{3}a : \frac{4}{3}a = 1 : 2$

Seite 88 | Aufgabe 4

a) $A = \int_{-3}^{3}\left(\frac{1}{9}x^4 - \frac{6}{5}x^2 + \frac{9}{5}\right)dx = \left[\frac{1}{45}x^5 - \frac{2}{5}x^3 + \frac{9}{5}x\right]_{-3}^{3} = 0$

Geometrisch bedeutet dies, dass die Flächen zwischen der Funktion und der x-Achse unterhalb der Achse genauso groß sind wie die Fläche zwischen Funktion udn x-Achse oberhalb der Achse.

b) Aus Symmetriegründen gilt dann für die Fläche oberhalb der x-Achse: $A_O = \int_{-a}^{a}f(x)dx = 2 \cdot \frac{432}{625} \cdot \sqrt{5} = \frac{864}{625} \cdot \sqrt{5}$

Da nach Aufgabenteil a) und b) die Flächen ober- und unterhalb der Achse gleich groß sind, gilt weiter:

$A_{ges} = 2 \cdot A_O = 2 \cdot \frac{864}{625} \cdot \sqrt{5} = \frac{1728}{625} \cdot \sqrt{5}$

Seite 88 | Aufgabe 5

a) $f(x) = -\frac{1}{2}x^4 + 8 = 0 \Leftrightarrow x^4 = 16 \Rightarrow x_1 = -2;\ x_2 = 2$

b) Da es keine weiteren Nullstellen gibt, liegt der Graph zwischen $x_1 = -2$ und $x_2 = 2$ entweder vollständig über oder vollständig unter der x-Achse. Wegen $f(0) = 8 > 0$ ist $f(x) \geq 0$ für alle $x \in [-2; 2]$. Daraus folgt $\int_{-2}^{2}f(x)dx > 0$.

c) $\int_{-2}^{2}\left(-\frac{1}{2}x^4 + a\right)dx = \left[-\frac{1}{10}x^5 + ax\right]_{-2}^{2} = 4a - \frac{32}{5} = 0 \Rightarrow a = \frac{8}{5} = 1{,}6$

Seite 89 | Aufgabe 6

a) Berechnung der Schnittstellen von f(x)und g(x):
$\frac{3}{80}x^3 - \frac{27}{80}x = \frac{3}{80}x^3 + \frac{3}{32}x^2 - \frac{27}{80}x - \frac{75}{32} \Rightarrow 0 = \frac{3}{32}x^2 - \frac{75}{32} \Rightarrow x^2 = 25 \Rightarrow x_1 = -5;\ x_2 = 5$
Die Fläche zwischen den beiden Kurven befindet sich also im Intervall $[-5; 5]$.

b) Die Breite der Fläche in x-Richtung wird durch die Funktion $d(x) = f(x) - g(x)$ beschrieben.
$d(x) = \frac{3}{80}x^3 - \frac{27}{80}x - \frac{3}{80}x^3 - \frac{3}{32}x^2 + \frac{27}{80}x + \frac{75}{32} = -\frac{3}{32}x^2 + \frac{75}{32}$
Der Graph von d(x) ist eine nach unten geöffnete Parabel, die symmetrisch zur y-Achse ist. Der Scheitel liegt so bei $S\left(0\middle|\frac{75}{32}\right)$.
Der längste Querschnitt in y-Richtung hat die Länge $d(0) = \frac{75}{32} \approx 2{,}34$.

c) Fläche des Logos:$A = \int_{-5}^{5}\big(f(x) - g(x)\big)dx = \int_{-5}^{5} d(x)dx = \int_{-5}^{5}\left(-\frac{3}{32}x^2 + \frac{75}{32}\right)dx = \left[-\frac{1}{32}x^3 + \frac{75}{32}x\right]_{-5}^{5} = 15{,}625\ \text{dm}^3$
Der Flächeninhalt beträgt 15,625 dm² = 0,1563 m². Die Herstellungskosten sind damit $0{,}1563\ \text{m}^2 \cdot 60\frac{€}{\text{m}^2} \approx 9{,}38$ €.

Seite 89 | Aufgabe 7

a) Aus $f(x) = \frac{1}{2}x^3 + \frac{3}{2}x^2 = 1$ folgt $x = -1$; der Punkt B liegt damit bei $B(-1|1)$.
Aus $g(x) = \frac{1}{3}x^2 = 1$ folgt $x = \sqrt{3}$; der Punkt C liegt damit bei $C(\sqrt{3}|1)$.
Die Entfernung zwischen B und C ist $|\overline{BC}| = 1 + \sqrt{3} \approx 2{,}73$ m

b) $A = \int_{-2}^{0}(1 - f(x))dx + \int_{0}^{\sqrt{3}}(1 - g(x))dx = \left[x - \frac{1}{8}x^4 - \frac{1}{2}x^3\right]_{-2}^{0} + \left[x - \frac{1}{9}x^3\right]_{0}^{\sqrt{3}} = 0{,}625 + \frac{2}{3}\sqrt{3} \approx 1{,}78\ \text{m}^2$

c) Der Kanal kann bis zur Höhe des Punktes A gefüllt werden. Für A gilt $x = -2$ und damit $y = f(-2) = 2$, also $A(-2|2)$
Für den gegenüberliegenden Punkt A' gilt ebenfalls $y = 2$. Aus $g(x) = \frac{1}{3}x^2 = 2$ folgt $x = \sqrt{6}$, also $A'(\sqrt{6}|2)$.
Die Querschnittsfläche des Wassers bei maximaler Füllhöhe ist damit:
$A_W = \int_{-2}^{0}(2 - f(x))dx + \int_{0}^{\sqrt{6}}(2 - g(x))dx = \left[2x - \frac{1}{8}x^4 - \frac{1}{2}x^3\right]_{-2}^{0} + \left[2x - \frac{1}{9}x^3\right]_{0}^{\sqrt{6}} = 2 + \frac{4}{3}\sqrt{3} \approx 5{,}27\ \text{m}^2$
Pro Meter Länge fasst der Kanal maximal ca. 5,3 m³ Wasser.

d) Der Punkt D liegt bei $D(3|3)$. Die Gerade zwischen den Punkten A und D hat die Gleichung $h(x) = \frac{12}{5} + \frac{1}{5}x$.
Es muss also die folgende Querschnittsfläche aufgefüllt werden:
$A_S = \int_{-2}^{0}(h(x) - f(x))dx + \int_{0}^{3}\big(h(x) - g(x)\big)dx = \left[\frac{12}{5}x + \frac{1}{10}x^2 - \frac{1}{2}x^3 - \frac{1}{8}x^4\right]_{-2}^{0} + \left[\frac{12}{5}x + \frac{1}{10}x^2 - \frac{1}{9}x^3\right]_{0}^{3} = 2{,}4 + 5{,}1 = 7{,}5\ \text{m}^2$
Wenn der Kanal 120 m lang ist, benötigt man also $7{,}5\ \text{m}^2 \cdot 120\ \text{m} = 900\ \text{m}^3$ Erde.

Seite 89 | Aufgabe 8

a) Ansatz: Allgemeine Form einer Funktion 3. Gerades:
$f(x) = ax^3 + bx^2 + cx + d$
$f'(x) = 3ax^2 + 2bx + c$
gegebene Bedingungen: $f(1) = 1; f'(1) = -1{,}5; f(3) = 0; f'(3) = 0$
Setzt man diese Bedingungen ein, erhält man das lineare Gleichungssystem:
$a + b + c + d = 1$
$3a + 2b + c = 1{,}5$
$27a + 9b + 3c + d = 0$
$27a + 6b + c = 0$
Die Lösung dieses Gleichungssystems ist: $a = -\frac{1}{8}; b = \frac{9}{8}; c = \frac{27}{8}; d = \frac{27}{8}$.
Die Rampe auf der rechten Seite fällt ab $x = 0{,}5$ ab. Dort wird die Rampe begrenzt durch die folgende Funktion:
$f(x) = -\frac{1}{8}x^3 + \frac{9}{8}x^2 - \frac{27}{8}x + \frac{27}{8}$ für $0{,}5 \leq x \leq 3$
Auf der linken Seite fällt aus Symmetriegründen die Rampe gemäß der folgenden Funktion ab:
$g(x) = \frac{1}{8}x^3 + \frac{9}{8}x^2 + \frac{27}{8}x + \frac{27}{8}$ für $-3 \leq x \leq -0{,}5$
Die obere waagrechte Fläche wird durch die folgende Funktion beschrieben:
$h(x) = f(0{,}5) = \frac{125}{64}$ für $-0{,}5 \leq x \leq 0{,}5$

b) Die rechte obere Ecke des Plakats liegt im Punkt $(u|f(u))$. Die Fläche des Rechtecks ist dann $A(u) = 2 \cdot u \cdot f(u)$.
$A(u) = -\frac{1}{4}u^4 + \frac{9}{4}u^3 - \frac{27}{4}u^2 + \frac{27}{4}u$
$A'(u) = -u^3 + \frac{27}{4}u^2 - \frac{27}{2}u + \frac{27}{4}$
$A''(u) = -3u^2 + \frac{27}{2}u - \frac{27}{2}$
Die Nullstellen von A'(u) (bestimmt mit einem GTR) sind $u_1 = -1;\ u_2 = 0{,}75;\ u_3 = 3$.
Von diesen liegt nur $u = 0{,}75$ im Inneren des betrachteten Bereichs.
$A''(0{,}75) = -\frac{81}{16} < 0$, also hat A dort ein lokales Minimum, für das gilt $A(0{,}75) = \frac{2187}{1024} \approx 2{,}14$.
Randwerte: $A(0{,}5) \approx 1{,}95$ und $A(3) = 0$, also ist $A(0{,}75)$ das absolute Maximum.
Das Plakat hat also den größten Flächeninhalt, wenn u = 0.75 ist. Es ist dann etwa 2,14 m² groß.

c) Da die linke und rechte Rampe symmetrisch sind, gilt für den Flächeninhalt der Seitenfläche:
$A_R = 1 \cdot \frac{125}{64} + \int_{0{,}5}^{3} f(x)dx \approx 4{,}4\ \text{m}^2$
Da drei Eimer Farbe nur für 3,9 m² reichen, benötigt man vier Eimer Spezialfarbe.

3. Exponentialfunktionen und Wachstum

3.1 Exponentialfunktionen – Eulersche Zahl e

Seite 96 | Einstieg

a) Es fällt auf, dass bei beiden Funktionen die jeweilige Ableitung unter dem Graphen der Funktion verläuft. Dies ist jedoch nicht immer der Fall: Bei einer Basis von 4 verläuft der Graph der Ableitung oberhalb.

b) Der Wert der Basis kann beispielsweise mithilfe eines Schiebereglers bestimmt werden. Die Funktion und ihre Ableitungen werden geplottet und der Regler so verschoben, dass beide Graphen übereinander liegen. Dann kann der Wert der Basis anhand des Schiebereglers abgelesen werden, in diesem Fall: 2,7.

Seite 97 | Aufgabe 1

a)

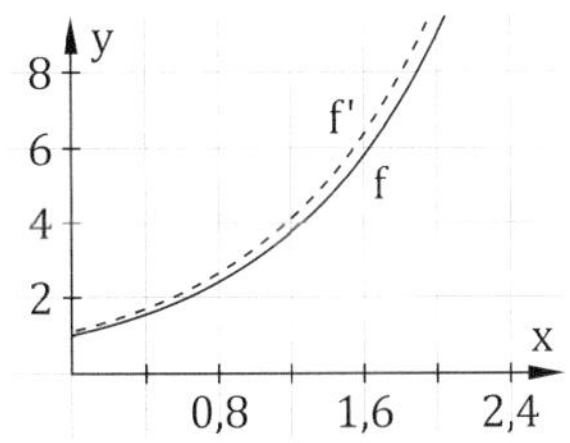

b)

x	0	1	2	3	4	...	10
f(x)	1	3	9	27	81		59049
f'(x)	ln(3)	$3 \cdot \ln(3)$	$9 \cdot \ln(3)$	$27 \cdot \ln(3)$	$81 \cdot \ln(3)$		$59049 \cdot \ln(3)$
Verhältnis $\frac{f'(x)}{f(x)}$	ln(3)	ln(3)	ln(3)	ln(3)	ln(3)		ln(3)

c) Das Verhältnis zwischen $f'(x)$ und $f(x)$ ist konstant $\ln(3)$. Daher muss die Funktionsgleichung von $f'(x) = \ln(3) \cdot f(x) = \ln(3) \cdot 3^x$ sein.
$f'(x)$ ist die Ableitung von $f(x)$ und geht daher aus ihrer momentanen Änderungsrate hervor. Man erhält die Funktion, idem man mit $\ln(3)$ multipliziert.

Seite 97 | Aufgabe 2

a) $f'(0) = \lim\limits_{h \to 0} \frac{4^{0+h} - 4^0}{h} = \lim\limits_{h \to 0} \frac{4^h - 1}{h} = \ln(4)$

b) Die Untersuchung mit dem GTR bestätigt die Rechnung aus Aufgabenteil a).

c) $f'(x) = \ln(4) \cdot 4^x$

Seite 97 | Aufgabe 3

a) $f'(0) = \lim\limits_{h \to 0} \frac{b^{0+h} - b^0}{h} = \lim\limits_{h \to 0} \frac{b^h - 1}{h} = \ln(b)$
$f'(x) = f'(0) \cdot b^x = \ln(b) \cdot b^x$
Es ist immer $\ln(b) > 0$ und b^x wird für $b > 0$ für wachsende Werte von x immer größer. Daher wird die Steigung $f'(x)$ für größere Werte von x ebenfalls größer.

b) Für $0 < b < 1$ ist $\ln(b)$ stets negativ. Für b^x gilt dann: Je größer x wird, desto kleiner wird b^x. Damit wird die Steigung $f'(x) = \ln(b) \cdot b^x$ für größere Werte von x ebenfalls größer.

Seite 98 | Aufgabe 4

a)

x	−2	−1	0	1	2
e^x	0,135	0,368	1	2.718	7,389

b) Definitionsbereich: $\mathbb{D} = \{-\infty, \infty\} = \mathbb{R}$
Wertebereich: $\mathbb{W} = \{0, \infty\} = \mathbb{R}^+$
Für $x \to -\infty$ gehen die Funktionswerte gegen 0 und für $x \to \infty$ gehen die Funktionswerte gegen ∞.

c) Der Graph ist streng monoton steigend und linksgekrümmt.

Seite 98 | Aufgabe 5

a) $f'(x) = 5e^x, f''(x) = 5e^x$

b) $f'(x) = e^x, f''(x) = e^x$

c) $f'(t) = -3e^t, f''(t) = -3e^t$

d) $f'(x) = -e^x, f''(x) = -e^x$

e) $f'(x) = 5e^{5x}, f''(x) = 25e^{5x}$

f) $f'(x) = 2e^{0,5x}, f''(x) = e^{0,5x}$

g) $f'(t) = -3e^{3t-5}, f''(t) = -9e^{3t-5}$

h) $f'(x) = 2e^{3+4x}, f''(x) = 8e^{3+4x}$

i) $f'(x) = -e^{\frac{1}{2}x+2}, f''(x) = -\frac{1}{2}e^{\frac{1}{2}x+2}$

j) $f'(x) = 3e^{-x+4}, f''(x) = -3e^{-x+4}$

k) $f'(x) = -\frac{1}{2}e^{-x} + \frac{1}{2}e^x, f''(x) = \frac{1}{2}e^{-x} + \frac{1}{2}e^x$

l) $f'(x) = -4e^{2+4x}, f''(x) = -16e^{2+4x}$

Seite 98 | Aufgabe 6

a) $F(x) = 2e^x$

b) $F(x) = 3x + e^x$

c) $F(t) = e^t - 4t$

d) $F(x) = 4e^x$

e) $F(x) = -\frac{1}{3}e^{-3x} + x$

f) $F(x) = 3e^{2x}$

g) $F(t) = e^{-t-1}$

h) $F(x) = -\frac{4}{3}e^{1-\frac{1}{4}x} + 2x$

i) $F(x) = 2x - 5e^{\frac{3}{5}x+1}$

j) $F(x) = -2e^{2x-2} - 2x$

k) $F(x) = \frac{1}{3}e^{-x} + \frac{1}{3}e^x$

l) $F(t) = \frac{1}{5}e^{2+5t} - e^2t$

Seite 99 | Aufgabe 7

a) Es gilt: $f(x) = f'(x) = f''(x) = e^x$
b) Die Funktionswerte von $f'(x)$ und $f''(x)$ sind beide durchgängig steigend. Somit ist der Graph von $f(x)$ streng monoton steigend und linksgekrümmt.
c) Die Funktionen $f'(x)$ und $f''(x)$ besitzen keine Nullstellen, somit kann die notwendige Bedingung für Extrempunkte und Wendepunkt nicht erfüllt werden.

Seite 99 | Aufgabe 8

a) Da sich die Exponentialfunktion beim Ableiten reproduziert gilt für $f(x) = e^x$: $f(x) = f'(x)$.
Die Funktion und ihre Ableitungen haben somit für jeden x-Wert die gleichen Funktionswerte. Die Steigung der Funktion x stimmt also in jedem Punkt mit ihrem Funktionswert überein, was der Tangentensteigung entspricht.
b) $f'(0) = 1$
$f'(1) = e \approx 2{,}72$
c) Für eine Tangente mit der Steigung m hat die Normale an der Stelle die Steigung $-\frac{1}{m}$. Für $x = 1$ lautet die Normalengleichung demnach: $n(x) = -\frac{1}{e}x + e + \frac{1}{e} \approx -0{,}37x + 3{,}09$

Seite 99 | Aufgabe 9

a)

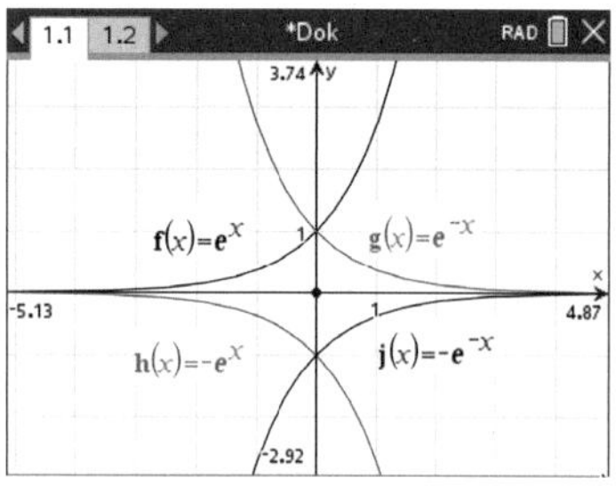

c)

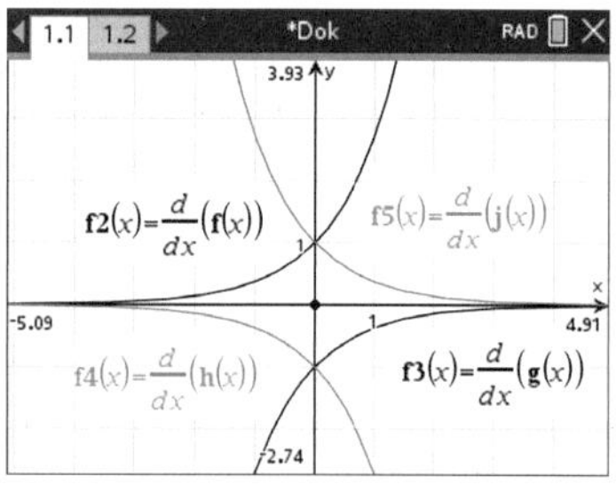

b) g aus f: Der Graph der Funktion g(x) geht durch die Spiegelung des Graphen von f(x) entlang der y-Achse hervor.
h aus f: Der Graph der Funktion h(x) geht durch die Spiegelung des Graphen von f(x) entlang der x-Achse hervor.
j aus f: Der Graph der Funktion j(x) geht durch die Spiegelung des Graphen von f(x) entlang der x-Achse und der y-Achse hervor.

$f'(x)$ und $h'(x)$ reproduzieren sich, hier entspricht die Ableitung also wieder der Stammfunktion. Bei $g'(x)$ und $j'(x)$ fand im Zuge des Ableitens ein Vorzeichenwechsel statt, beide Funktionsgraphen wurden gespiegelt.

Seite 99 | Aufgabe 10

① $h(x) = 2e^{-x}$ ② $f(x) = e^x$ ③ $j(x) = -0{,}5e^{-x}$
④ $i(x) = -0{,}5e^{3x}$ ⑤ $g(x) = -0{,}5e^{1{,}5x}$

Seite 99 | Aufgabe 11

	$a < 0, c < 0$	$a > 0, c < 0$	$a < 0, c > 0$	$a > 0, c > 0$
Definitionsbereich	$\mathbb{D} = \mathbb{R}$	$\mathbb{D} = \mathbb{R}$	$\mathbb{D} = \mathbb{R}$	$\mathbb{D} = \mathbb{R}$
Wertebereich	$\mathbb{W} = \mathbb{R}^-$	$\mathbb{W} = \mathbb{R}^-$	$\mathbb{W} = \mathbb{R}^+$	$\mathbb{W} = \mathbb{R}^+$
Monotonie- und Krümmungsverhalten	Streng monoton steigend, rechtsgekrümmt	Streng monoton fallend, rechtsgekrümmt	Streng monoton fallend, linksgekrümmt	Streng monoton steigend, linksgekrümmt
$x \to \infty$	$f(x) \to 0$	$f(x) \to -\infty$	$f(x) \to 0$	$f(x) \to \infty$
$x \to -\infty$	$f(x) \to -\infty$	$f(x) \to 0$	$f(x) \to \infty$	$f(x) \to 0$

Seite 99 | Aufgabe 12

Beide Aussagen sind wahr.
Funktion f hat die Funktionsgleichung $f(x) = e^{-x}$ und Funktion g die Gleichung $g(x) = -e^{-x}$.
Somit gilt: $f'(x) = -e^{-x} = g(x)$ und ebenso $g'(x) = e^{-x} = f(x)$.

Seite 99 | Aufgabe 13

a) $F(t) = 18e^{5a+\frac{2}{3}a\cdot t} - a^{2x}$, $f'(t) = 8a^2 \cdot e^{5a+\frac{2}{3}at}$
b) $F(x) = -\frac{4a-5}{2} \cdot e^{-2x+3a} - x$, $f'(x) = -2 \cdot (4a-5) \cdot e^{-2x+3a}$

Seite 100 | Aufgabe 14

Gleichung der Tangente:
Die Funktion f(x) hat am Punkt $P(4|f(4)) = P(4|0{,}736)$ eine Steigung von $-0{,}736$. Diese Steigung und der berechnete Punkt werden in die Geradengleichung eingesetzt, es ergibt sich: $t(x) = -0{,}736x + 3{,}68$ für die Tangente.

Flächeninhalt des Dreiecks:
Das Dreieck ist rechtwinklig. Die Längen der Katheten berechnen sich aus den Schnittpunkten der Tangente mit den Koordinatenachsen:

$t(0) = 3{,}68$; $t(5) = 0$: Dreiecksfläche: $A = \frac{1}{2} \cdot 5 \cdot 3{,}68 = 9{,}2$ FE

Seite 100 | Aufgabe 15

a) Irene multipliziert nicht nur mit dem Faktor des Exponenten von e, sondern auch mit dem x.

b) $f'(x) = 12e^{4x}$, $F(x) = \frac{3}{4}e^{4x}$

Seite 100 | Aufgabe 16

a) Diese Funktion hat keine Nullstellen.
Auch die erste und zweite Ableitung hat keine Nullstellen. Deswegen verfügt diese Funktion über keine Extrem- oder Wendepunkte.

b) Alle Funktionen der Form $g(x) = c \cdot e^{ax}$ (für $a \neq 0$ und $c \neq 0$) haben keine Nullstellen, keine Extrempunkte und keine Wendepunkte. Die Parameter a und c bewirken lediglich Streckungen und Spiegelungen an der x- und y-Achse, dies hat keinen Einfluss auf die Existenz von Nullstellen, Extrem-und Wendepunkte.

Seite 100 | Aufgabe 17

a) $\left[\frac{2}{5}e^{5x+8}\right]_0^2 = \frac{2 \cdot (e^{10}-1) \cdot e^8}{5} \approx 2{,}62 \cdot 10^7$

b) $[-4e^{4-2x} + 3x]_0^3 = 4e^4 - 4e^{-2} + 9 \approx 226{,}85$

c) $\left[e^{\frac{x}{3}}\right]_1^3 = \left(e^{\frac{2}{3}} - 1\right) \cdot e^{\frac{1}{3}} \approx 1{,}32$

d) $\left[\frac{1}{3}e^{3x-5}\right]_1^3 = \frac{(e^6-1) \cdot e^{-2}}{3} \approx 18{,}15$

e) $\left[-\frac{1}{2}e^{4x-5} + \frac{1}{3}x^3\right]_2^4 = -\frac{e^{11}}{2} + \frac{e^3}{2} + \frac{56}{3} \approx -29\,908{,}36$

f) $\left[\frac{a^2}{b}e^{bt-2} - t^3\right]_2^3 = \frac{a^2(e^b-1) \cdot e^{2b-2}}{b} - 19$

Seite 100 | Aufgabe 18

$P(0|f(0)) = P(0|-15{,}99)$; $f'(x) = 0{,}23e^{-0{,}1x+2}$; $f'(0) = 1{,}7$
Tangente in P: $t(x) = 1{,}7x - 15{,}99$
Nullstelle von f(x): $x = 28{,}33$
Fläche zwischen f(x) und der x-Achse ab $x = 0$: $A_1 = \left|\int_0^{28{,}33}(-0{,}23e^{-0{,}1x+2} + 1)dx\right| \approx 131{,}62$
Schnittpunkte der Tangente mit den Koordinatenachsen: $t(0) = -15{,}99$; $t(9{,}41) = 0$
Fläche des Dreiecks zwischen der Tangente und den Koordinatenachsen: $A_2 = \frac{1}{2} \cdot 15{,}99 \cdot 9{,}41 \approx 75{,}2$ FE
Eingeschlossene Fläche $A = A_1 - A_2 = 131{,}62 - 75{,}2 = 56{,}42$ [FE]

Seite 100 | Aufgabe 19

a) $[-ae^{-x}]_1^2 = \frac{a(e-1)}{e^2} = 5$; $a = \frac{5e^2}{e-1} \approx 21{,}50$

b) $[ax - e^{1-x}]_0^{0{,}5} = 0{,}5a + e^{0{,}5}(e^{0{,}5} - 1) = 2$; $a \approx 1{,}86$

Seite 100 | Aufgabe 20

a) $f'(x) = 10e^{2x+3}$, $f''(x) = 20e^{2x+3}$, $f'''(x) = 40e^{2x+3}$

b) Pro Ableitung wird der Faktor vor dem e mit 2 multipliziert, der Rest der Gleichung reproduziert sich. Für die 10. Ableitung ergibt sich somit: $f^{(10)}(x) = 5120e^{2x+3}$

Seite 100 | Aufgabe 21

a) ① Streckung/Stauchung des Graphen um den Faktor a an der y-Achse, bei $a < 0$ Spiegelung an der x-Achse.
② Verschiebung entlang der x-Achse.
③ Verschiebung entlang der y-Achse.
④Streckung/Stauchung des Graphen um den Faktor a an der x-Achse, bei $a < 0$ Spiegelung an der y-Achse.

b) $f'(x) = f(x)$ gilt für die Graphen ① und ③

c) Eine Exponentialfunktion stimmt dann mit ihrer Ableitung überein, wenn die innere Ableitung 1 ergibt und kein Term beim Ableiten Null wird

Seite 100 | Aufgabe 22

Man setzt die gegebenen Informationen in $f(x) = c \cdot e^{ax}$, $f'(x) = a \cdot c \cdot e^{ax}$ und $f''(x) = a^2 \cdot c \cdot e^{ax}$ ein.

a) $f(x) = -4 \cdot e^{\frac{1}{4}x}$

b) $f(x) = 1{,}56 \cdot e^{0{,}5x}$

c) $f(x) = 0{,}135e^{2x}$

Seite 101 | Aufgabe 23

a) ① $g(x) = -f(x) = -4e^{-2x}$
② $g(x) = f(-x) = 4e^{2x}$
③ $g(x) = -f(-x) = -4e^{2x}$

b) Der Schnittpunkt ist S(0|4), die Steigung des Graphen beträgt dort -8.

c) ① g'(1) = 8 ② g'(1) = 8 ③ g'(1) = -8

Seite 101 | Aufgabe 24

Rechnerisch müsste für Tinas Aussage gelten, dass es zwei Zahlen a und b gibt, für die gilt: $e^{x+b} = ae^x$
Es ist: $e^{x+b} = e^x \cdot e^b = ae^x$ für $a = e^b$
Man kann tatsächlich jede Verschiebung an der x-Achse um b durch eine Streckung mit dem Streckfaktor $a = e^b$darstellen.

Seite 101 | Aufgabe 25

Fläche zwischen h(x) und f(x):
$A_f = \int_{-1,79}^{0}(5 - e^{-x} + 1)\,dx + \left|\int_0^7 (e^{-x} - 1)\,dx\right| + \int_0^7 5\,dx \approx 48{,}75$ FE
Fläche zwischen h(x) und g(x):
$A_g = \int_{-0,61}^{7}(5 - e^{-x+1})\,dx \approx 33{,}0497$
Fläche des Gehwegs: $A = A_f - A_g = 15{,}7$ FE

Seite 101 | Aufgabe 26

a) $\int_0^{0,75} 0{,}4e^{-2x+1,5}\,dx = 0{,}6963$
b) $\int_0^{k} 0{,}4e^{-2x+1,5}\,dx = [-0{,}2e^{-2x+1,5}]_0^k = -0{,}2e^{-2k+1,5} + 0{,}2e^{1,5}$
$\lim\limits_{k\to\infty}\left(-0{,}2e^{-2k+1,5} + 0{,}2e^{1,5}\right) = 0{,}2e^{1,5} \approx 0{,}8963$
Die Fläche beträgt für beliebiges $k \in \mathbb{R}$ $-0{,}2e^{-2k+1,5} + 0{,}2e^{1,5}$. Für sehr große k beträgt sie $0{,}2e^{1,5} \approx 0{,}8963$.

Seite 101 | Aufgabe 27

a) Für $x \to \infty$ gilt $f(x) \to 9$. Das Fahrzeug strebt auf der Rampe also eine Höhe von 9 m an.
b) $f(x) = 5$ bei $x = 16{,}27$
Die Tangente am Graphen im Punkt P(16,27|5) beschreibt die Flugbahn von Frank. Die Funktion lautet $t(x) = 0{,}2x + 1{,}7452$.
c) Punkt, in dem die Tangentengleichung den Wert 9 annimmt: $t(x) = 9 \Leftrightarrow x = 36{,}274$.
Abstand zwischen den Punkten $P_1(16{,}27|5)$ und $P_2(36{,}274|9)$:
$d = \sqrt{(36{,}274 - 16{,}2741)^2 + (9-5)^2} \approx 20{,}396$ m.
Franks Flugstrecke beträgt also etwa 20,4 m.

3.2 Der natürlich Logarithmus

Seite 102 | Einstieg

a) $2^x = 3 \Leftrightarrow x \approx 1{,}58$ und $3^x = 3 \Leftrightarrow x = 1$
b) $e^x = 3 \Leftrightarrow x \approx 1{,}10$, die Lösung kann man im Schnittpunkt von g und f ablesen.

Seite 102 | Aufgabe 1

a) $\ln(2{,}718) \approx 1$ b) $\ln(1) = 0$ c) $\ln(0{,}37) \approx -1$ d) $\ln(0{,}82) \approx -0{,}2$ e) $\ln(2{,}12) \approx \frac{3}{4}$

Seite 102 | Aufgabe 2

a) 0,69 b) Nicht definiert c) Nicht definiert d) 0,125 e) $-\frac{1}{2}$

Seite 102 | Aufgabe 3

a) 1 b) 1 c) 5 d) 16 e) $\frac{3}{2}$
f) 5 g) −2 h) $\frac{1}{3}$ i) $-6 \cdot e$ j) ln(5)

Seite 102 | Aufgabe 4

a) $x = 1$ b) $x > 1$ c) $0 < x < 1$

Seite 103 | Aufgabe 5

a) $f'(x) = \ln(2) \cdot 2^x$
b) $f'(x) = -\ln(3) \cdot 3^x$
c) $f'(x) = -\ln(0{,}5) \cdot 0{,}5^x$
d) $f'(x) = -4 \cdot \ln(3{,}2) \cdot 3{,}2^x$
e) $f'(x) = \ln\left(\frac{1}{2}\right) \cdot \left(\frac{1}{2}\right)^x$
f) $f'(X) = 4 \cdot \ln\left(\frac{1}{3}\right) \cdot \left(\frac{1}{3}\right)^x$
g) $f'(x) = \frac{1}{7} \cdot \ln(3) \cdot 3^x$
h) $f'(x) = -\frac{6}{5} \cdot \ln(0{,}25) \cdot 0{,}25^x$

Seite 103 | Aufgabe 6

a) $f(x) = \left(e^{\ln(2)}\right)^x = e^{x\cdot\ln(2)}$, $f'(x) = \ln(2) \cdot e^{x\cdot\ln(2)} = \ln(2) \cdot 2^x$
b) $f(x) = 2 \cdot \left(e^{\ln(6)}\right)^x = 2 \cdot e^{x\cdot\ln(6)}$, $f'(x) = 2 \cdot \ln(6) \cdot e^{x\cdot\ln(6)} = 2 \cdot \ln(6) \cdot 6^x$
c) $f(x) = \left(e^{\ln(3)}\right)^{2x} = e^{2x\cdot\ln(3)}$, $f'(x) = 2 \cdot \ln(3) \cdot e^{2x\cdot\ln(3)} = 2 \cdot \ln(3) \cdot 3^{2x}$
d) $f(x) = 1{,}5 \cdot \left(e^{\ln(2)}\right)^{4x-3} = 1{,}5 \cdot \left(e^{\ln(2)}\right)^{4x} \cdot \left(e^{\ln(2)}\right)^{-3} = \frac{1{,}5}{8} \cdot e^{4x\cdot\ln(2)}$, $f'(x) = \frac{1{,}5}{8} \cdot 4 \cdot \ln(2) \cdot e^{4x\cdot\ln(2)} = \frac{3}{4} \cdot 2^{4x}$

Seite 103 | Aufgabe 7

Es gilt: $f(x) = 2{,}5^x$ und $f'(x) = \ln(2{,}5) \cdot 2{,}5^x$
a) $t(x) = 0{,}0006x + 0{,}0048$ b) $t(x) = 2{,}29x + 0{,}21$ c) $t(x) = 35{,}79x - 104{,}11$ d) $t(x) = 0{,}15x + 0{,}45$

Seite 104 | Aufgabe 8

a) $x = \ln(7)$ b) $x = \ln(2)$ c) $x = \ln(3)$ d) $t = \ln(4) = 2 \cdot \ln(2)$

Seite 104 | Aufgabe 9

a) Keine Lösung b) $x = -\ln(3)$ c) $x = \ln(6) + 3$ d) $t = -5 \cdot \ln(0{,}5)$
e) $x = 0$ f) $x = \frac{1}{2} \cdot \ln(5) + 2$ g) $x = \frac{1}{2} \cdot (\ln(2) + 7)$ h) $x = \frac{1}{4} \cdot (\ln(3) + 5)$
i) $x = \frac{1}{3} \cdot (\ln(3) - 2)$ j) $x = \frac{1}{2} - \frac{1}{8} \cdot \ln(2)$ k) $x = \ln(142 - e^8)$ l) $x = 4$

Seite 104 | Aufgabe 10

a) $x = 0$ b) $x_1 = 3,\ x_2 = -3$ c) $x = -1$ d) $x_1 = 0, x_2 = \frac{1}{2} \cdot \ln(6)$
e) $x_1 = \frac{1}{3} \cdot \ln(5), x_2 = \ln(4)$ f) $x = 1$ g) $x = 0$ h) $x_1 = -2, x_2 = 2$

Seite 104 | Aufgabe 11

a) $x = -4$ b) $x = \frac{1}{2} \cdot \ln(3)$ c) $x = \frac{-2}{3} \cdot \ln(2)$ d) $x_1 = -1, x_2 = 0, x_3 = 1$
e) $x = -\ln(2) - 1$ f) Keine Lösung g) Keine Lösung h) $x = \frac{1}{5} \cdot (\ln(4) + 3)$

Seite 104 | Aufgabe 12

a) $x \approx 0{,}28$ b) $x \approx -0{,}35$ c) $x \approx -0{,}90$ d) $x \approx 1{,}15$

Seite 104 | Aufgabe 13

① (C) ② (A) ③ (B)

Seite 105 | Aufgabe 14

a) Die Koordinaten des Punktes lauten $P(6{,}29|1{,}6)$.
b) Der Graph von f schneidet $g(x)$ an der Stelle $x = 10 \cdot \ln(3)$, also ungefähr im Punkt $S(10{,}98|1)$.
c) Die Graphen von f und h schneiden sich im Punkt $A(1{,}44|2{,}60)$.

Seite 105 | Aufgabe 15

a) $x > 6 \cdot \ln(10) \approx 13{,}8155$ b) $x < -6 \cdot \ln(10) \approx -13{,}8155$

Seite 105 | Aufgabe 16

Es gilt: $f(x) = e^x \Leftrightarrow f'(x) = \ln(e) \cdot e^x = e^x$
Es gibt keine weiteren Basen mit dieser Eigenschaft, abgehsehen von der Nullfunktion $g(x) = 0^x = 0$

Seite 105 | Aufgabe 17

a) Diese Gleichung wird mithilfe der Rechenregeln für den Logarithmus gelöst.
b) ①: $3^x = 8 \Leftrightarrow \ln(3^x) = \ln(8) \Leftrightarrow x \cdot \ln(3) = \ln(8) \Leftrightarrow x = \frac{\ln(8)}{\ln(3)} \approx 1{,}89$
②: $0{,}9^x = 0{,}5 \Leftrightarrow \ln(0{,}9^x) = \ln(0{,}5) \Leftrightarrow x \cdot \ln(0{,}9) = \ln(0{,}5) \Leftrightarrow x = \frac{\ln(0{,}5)}{\ln(0{,}9)} \approx 6{,}58$
③: $2^t = \frac{3}{5} \Leftrightarrow \ln(2^t) = \ln\left(\frac{3}{5}\right) \Leftrightarrow x \cdot \ln(2) = \ln\left(\frac{3}{5}\right) \Leftrightarrow x = \frac{\ln\left(\frac{3}{5}\right)}{\ln(2)} \approx -0{,}74$
④: $6^{2x} = 3 \Leftrightarrow \ln(6^{2x}) = \ln(3) \Leftrightarrow 2x \cdot \ln(6) = \ln(3) \Leftrightarrow 2x = \frac{\ln(3)}{\ln(6)} \Leftrightarrow x = \frac{1}{2} \cdot \frac{\ln(3)}{\ln(6)} \approx 0{,}307$
c) Individuelle Lösungen.

Seite 105 | Aufgabe 18

a) Zu zeigen: $f'(0) = \ln(b)$
Es gilt $(b^x)' = \ln(b) \cdot b^x$. Setzt man 0 ein, erhält man $\ln(b) \cdot b^0 = \ln(b) = f'(0)$.
b) Mit der zweiten Formel $f'(x) = \ln(b) \cdot b^x$ kann man die Ableitung von $f(x)$ explizit angeben.
Für die Formel $f'(x) = f'(0) \cdot b^x$ wird stets ein Funktionswert benötigt und die Funktion auf diese Weise rekursiv definiert.

Seite 105 | Aufgabe 19

Amira hat die Klammer falsch aufgelöst: $\ln(e^3 \cdot e^x) = \ln(e^3) + \ln(e^x) = 3 + x$.
Bruno hat den Logarithmus der Summe falsch gebildet, er hätte zunächst die 5 subtrahieren müssen:
$5 + e^x = 8 \Leftrightarrow e^x = 3 \Leftrightarrow \ln(e^x) = \ln(3) \Leftrightarrow x \approx 1{,}10$.
Carla hat die falsche Regel beim Ableiten verwendet: $f(x) = 5^x, f'(x) = \ln(5) \cdot 5^x$.

Seite 105 | Aufgabe 20

a) Wenn Edins aufgestellte Stammfunktion abgeleitet wird, ergibt sich wieder die ursprüngliche Funktion:
$F(x) = \frac{1}{\ln(b)} \cdot b^x \Leftrightarrow f(x) = \frac{1}{\ln(b)} \cdot \ln(b) \cdot b^x = b^x$
b) ① $G(x) = \frac{1}{\ln(4)} \cdot 4^x$ ② $G(x) = \frac{1}{\ln(e)} \cdot e^x = e^x$
③ $G(x) = ex - \frac{1}{\ln(2)} \cdot 2^x$ ④ $G(x) = e^x - \frac{1}{\ln(4)} \cdot 4^x$

Seite 105 | Aufgabe 21

$\left|A = \int_0^9 (14 - f(x))dx\right| = 39{,}82$ FE
Der Flächeninhalt der eingeschlossenen Fläche beträgt 39,82 FE.

Seite 106 | Aufgabe 22

a) $e^{4x} - 3e^{2x} - 4 = (e^x)^4 - 3(e^x)^2 - 4$ b) $z^2 - 3z - 4 = 0 \Leftrightarrow z_1 = -1, z_2 = 4$
c) $e^{2x} = -1 \Leftrightarrow$ Keine Lösung; $e^{2x} = 4 \Leftrightarrow x = \ln(2)$ d) $\mathbb{L} = \{\ln(2)\}$

Seite 106 | Aufgabe 23

a) $\mathbb{L} = \{\ln(4); \ln(5)\}$ b) $\mathbb{L} = \{\ln(3)\}$ c) $\mathbb{L} = \left\{\frac{\ln(3)}{2}\right\}$
d) $\mathbb{L} = \{0\}$ e) $\mathbb{L} = \{\ln(2)\}$ f) $\mathbb{L} = \{e^5 + 2\}$
g) $\mathbb{L} = \{0\}$ h) $\mathbb{L} = \{\}$ i) $\mathbb{L} = \{2\}$

Seite 106 | Aufgabe 24

a) $f(34{,}65) = 5$: $P(34{,}65|5)$
Das Fahrwerk muss nach 3465 m ausgefahren werden.

b) 3° entsprechen einer Steigung von −0,0524.
$f'(x) = \frac{1}{5} \cdot \left(-e^{-\frac{1}{50}x}\right)$; $f'(x) = -0{,}0524$ bei $x \approx 66{,}96$.
$f(66{,}96) = 2{,}625$: $Q(66{,}96|2{,}65)$
Das Flugzeug sollte nach 6696 m landen.

c) Löse: $0 = 10 \cdot e^{-0{,}02 \cdot 66{,}96} - a \Leftrightarrow a = 10 \cdot e^{-\frac{6697}{5000}} \approx 2{,}625$
Die gesuchte Funktion lautet also: $f_a(x) = 10 \cdot e^{-0{,}02x} - 2{,}625$

Seite 106 | Aufgabe 25

a) Tangente an der Flugbahn des Helden:
$t(x) = f'(u) \cdot (x - u) + f(u) \Leftrightarrow t(x) = -3 \cdot e^{-0{,}1u} \cdot (x - u) + 30e^{-0{,}1u} + 52$

b) Einsetzen des Punktes, an dem sich der Schurke befindet. in die Tangentengleichung und Ermittlung von u:
$51 = -3 \cdot e^{-0{,}1u} \cdot (30 - u) + 30e^{-0{,}1u} + 52 \Leftrightarrow u \approx 17{,}99$
Tangente bei $u \approx 17{,}99$: $t(x) = -0{,}497x + 65{,}9$
Der Held sollte also seine Waffe in der Höhe von $f(17{,}99) \approx 59{,}96$ m betätigen.

c) Löst man das Gleichungssystem aus $g(40) = 52{,}55$ und $g(70) = 0$ nach a und b erhält man die Gleichung
$g(x) = -0{,}461 \cdot 1{,}072^x + 60$

Seite 106 | Aufgabe 26

a) $\mathbb{D} = \mathbb{R}^+$, $\mathbb{W} = \mathbb{R}$

b) Der Graph von $\ln(x)$ ist streng monoton steigend. Die Funktionswerte sind im Bereich von $0 < x < 1$ negativ und im Bereich $x > 1$ positiv. Es gibt eine Nullstelle bei $x = 1$. Für $x \to 0$ geht $\ln(x) \to -\infty$.

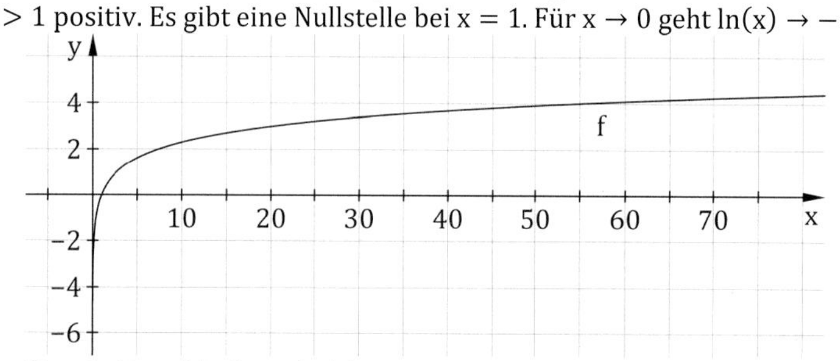

c) Marvin liegt falsch: Da $\ln(x)$ monoton Steigend ist, überschreitet die Funktion irgendwann den Wert e.
Einfacher Beweis ist ein Gegenbeispiel: $\ln(100) \approx 4{,}61 > e \approx 2{,}72$

3.3 Exponentielles Wachstum

Seite 107 | Einstieg

① gehört zu ④, denn die Basis ist 1000 und 2^t beschreibt die Verdopplung pro Woche.
② gehört zu ⑧, denn die Basis ist 1000 und $1{,}025^t$ beschreibt das Wachstum um 2,5 % im Jahr.
③ gehört zu ⑦, denn die Basis ist 1000 und $1{,}25^t$ beschreibt das Wachstum von 25 % im Jahr.

Seite 109 | Aufgabe 1

a) Exponentielle Zunahme mit einem Anfangsbestand von 3. $f(4) = 40{,}39$
b) Exponentielle Abnahme mit einem Anfangsbestand von 25. $f(3{,}5) = 12{,}41$
c) Exponentielle Zunahme mit einem Anfangsbestand von 0. $f(3) = 77{,}68$
d) Exponentielle Zunahme mit einem Anfangsbestand von 2,7. $f(0{,}5) = 4{,}92$

Seite 109 | Aufgabe 2

a)	f(t): ②	g(t): ④	h(t): ①	i(t): ③
b)	f(t): $T_V = 8$	g(t): $T_h = 3$	h(t): $T_h = 6$	i(t): $T_V = 5$

Seite 109 | Aufgabe 3

a) Nach einer Stunde: $f(1) \approx 6{,}45$ mg
Nach 2,5 Stunden: $f(2{,}5) \approx 5{,}15$ mg
Nach 5 Stunden: $f(5) \approx 3{,}54$ mg

b) Löse: $f(t) = 1 \Leftrightarrow t \approx 13{,}43$ h. Also fällt die Menge an Narkosemittel nach ca. 13,43 Stunden unter 1 mg.

c) $T_h = \frac{\ln\left(\frac{1}{2}\right)}{-0{,}15} \approx 4{,}62$ h Nach4 Stunden und etwa 37 Minuten hat sich die Menge des Narkosemittels im Blut halbiert.

Seite 109 | Aufgabe 4

a) $f(t) = 1{,}5 \cdot e^{0{,}029t}$
b) $f(14) \approx 2{,}25$: Nach 14 Tagen ist die bewachsene Fläche 2,25 m² groß.
c) $f(t) = 3$ bei $t \approx 23{,}9$: Nach knapp 24 Tagen ist die Fläche 3 m² groß.
d) Die Verdopplungszeit beträgt ebenfalls 23,9 Tage.
Alle 24 Tage verdoppelt sich die Fläche mit Unkraut bis der ganze Garten bewachsen ist.

Seite 109 | Aufgabe 5

a) Nach einer Woche: 4,4 Millionen Schädlinge
Nach zwei Wochen: 3,87 Millionen Schädlinge
Nach drei Wochen: 3,41 Millionen Schädlinge
b) $f(t) = 5 \cdot 0{,}88^t$ (f in Millionen Schädlingen, t in Wochen)
c) $f_e(t) = 5 \cdot e^{-0{,}128t}$
d) $f(t) = 1$ bei $t \approx 12{,}59$: Der Schädlingsbestand fällt nach etwa 12,6 Wochen unter eine Million.

Seite 109 | Aufgabe 6

Prozentuale Wachstumsrate r %	25 %	10 %	-3 %	2 %	-50 %
Wachstumsfaktor $b = 1 + \frac{r}{100}$	1,25	1,1	0,97	1,02	0,50
Wachstumskonstante $k = \ln(b)$	0,223	0,095	-0,03	0,02	-0,693

Seite 110 | Aufgabe 7

a) $f(t) = 100 \cdot e^{1,10t}$
b) $f(t) = 5 \cdot e^{0,15t}$
c) $f(t) = 20\,000 \cdot e^{-0,22t}$
d) $f(t) = 13 \cdot e^{0,06t}$
e) $f(t) = 4000 \cdot e^{-0,23t}$
f) $f(t) = 1 \cdot e^{0,23t}$
g) $f(t) = 200 \cdot e^{-0,35t}$

Seite 111 | Aufgabe 8

a) 68,60
b) 88 211
c) 1,39
d) 0,7

Seite 111 | Aufgabe 9

a) Wachstumsgeschwindigkeit nach einer Woche: $f'(1) = 3{,}04$
Wachstumsgeschwindigkeit nach fünf Wochen: $f'(5) = 10{,}08$
b) $f'(t) = 0{,}3 \cdot 1{,}5e^{0,3t} = 10$ bei $t \approx 4{,}97$.
Also breitet sich die Pilzkultur nach 4,97 Wochen mit der Geschwindigkeit von 10 Millionen Pilzen pro Woche aus.
c) Die durchschnittliche Wachstumsgeschwindigkeit in der ersten Woche beträgt $\frac{f(1)-f(0)}{1-0} = 2{,}62$ Millionen Pilze pro Woche.

Seite 111 | Aufgabe 10

a) Die Änderungsrate ist negativ, da der Patient das Vitaminpräparat im Körper abbaut, der Bestand also stets abnimmt.
b) Änderungsrate zum Zeitpunkt $t = 2$: $f'(2) = -0{,}91$ und zum Zeitpunkt $t = 5$: $f'(5) = -0{,}43$
c) Durchschnittliche Änderungsrate zwischen der 1. und 10. Stunde: $\frac{f(10)-f(1)}{10-1} = -0{,}46$
d) $f'(t) = -0{,}25 \cdot 6e^{-0,25t} = -0{,}5$ bei $t = 4{,}39$. Also beträgt die Abbaugeschwindigkeit nach 4,39 Stunden $0{,}5\,\frac{mg}{h}$.

Seite 111 | Aufgabe 11

a) Wachstumsgeschwindigkeit für $t = 10$: $f'(10) = e \approx 2{,}72$
Wachstumsgeschwindigkeit für $t = 20$: $f'(20) = e^2 \approx 7{,}39$
b) Absolute Bestandsänderung im Intervall [1; 15]: $\int_1^{15} f(t)dt = 337{,}65$
Im Intervall [15; 20]: $\int_{15}^{20} f(t)dt = 290{,}74$
c) F(t) ist die Stammfunktion von f(t). Im Falle des exponentiellen Wachstums beschreibt diese also den Bestand zum Zeitpunkt t.

Seite 111 | Aufgabe 12

a) Gibt die Anzahl der Läuse zum Zeitpunkt $t = 0$ an, also den Anfangsbestand.
b) Bestimmt das t, für welches die Wachstumsfunktion den Wert 1000 annimmt, also 100 Läuse vorhanden sind.
c) Gibt die Wachstumsgeschwindigkeit nach 10 Wochen an.
d) Gibt die Bestandsänderung zwischen $t = 0$ und $t = 10$ an.
e) Gibt den Bestand vom Beginn bis $t = 9$ an.
f) Bestimmt das t, für welches die Wachstumsgeschwindigkeit den Wert $500\,\frac{\text{Läuse}}{\text{Woche}}$ annimmt.
g) Bestimmt die durchschnittliche Bestandsänderungsrate zwischen $t = 5$ und $t = 25$.
h) Bestimmt die durchschnittliche Bestandsänderung zwischen $t = 5$ und $t = 25$.

Seite 112 | Aufgabe 13

a) Zu einem beliebigen Zeitpunkt ist der Wert von f(t) halb so groß wie zu diesem Zeitpunkt plus der Verdopplungszeit.
b) $f(t) = 2 \cdot f(t + T_H)$.
c) Diese Aussage ist wahr, denn für $f(t) = a \cdot e^{k \cdot t}$ und $f'(t) = a \cdot k \cdot e^{k \cdot t}$ gilt: $f(T_V) = 2 \cdot f(0) \Leftrightarrow T_V = \frac{\ln(2)}{k}$ bzw.
Setzt man dies in die Gleichung für die Geschwindigkeit f' ein, erhält man:
$f'(T_V) = a \cdot k \cdot e^{k \cdot T_V} = a \cdot k \cdot e^{k \cdot \frac{\ln(2)}{k}} = a \cdot k \cdot e^{\ln(2)} = 2 \cdot a \cdot k = 2 \cdot f'(0)$

Seite 112 | Aufgabe 14

a) Hannes geht nicht von einem exponentiellen Wachstum aus. Die Verdopplungszeit wird berechnet durch $T_V = \frac{\ln(2)}{0{,}1} \approx 6{,}93$.
Also beträgt die Verdopplungszeit etwa 7 Tage.
b) Es wurde das Wachstum am 10. Tag bestimmt.
Für die Höhe der Pflanze muss die Stammfunktion bestimmt werden: $F(t) = 21 \cdot e^{0,095t}$
$F(10) = 54{,}3$: Nach 10 Tagen ist die Pflanze etwa 54,3 cm hoch.

Seite 112 | Aufgabe 15

a) Luftdruck in x km Höhe: : $F(x) = 1013 \cdot e^{-0{,}123x}$; $F(3) = 700$
In 3 km Höhe beträgt der Luftdruck noch etwa 700 hPa.

b) Es handelt sich um eine Stammfunktion von f(x): $F(x) = \int f(x)dx = 1013 \cdot e^{-0{,}123x}$

Seite 112 | Aufgabe 16

a) Die Ausbreitungsgeschwindigkeit nach 2 Tagen beträgt 2,67 cm²/Tag.

b) $\int_3^{10} f(t)dt \approx 153{,}83$. Die Bakterienkultur nimmt also zwischen den 3. und dem 10. Tag eine Fläche von 153,83 cm² zusätzlich ein.

c) $F(t) = 3 \cdot e^{0{,}4t}$; $F(7) = 49{,}33$; $F(14) = 811{,}3$.
Die bedeckte Fläche beträgt nach 7 Tagen etwa 49,33 cm², nach 14 Tagen 811,3 cm².

d) $\frac{f(t)}{F(t)} = \frac{1{,}2 \cdot e^{0{,}4t}}{3 \cdot e^{0{,}4t}} = \frac{2}{5}$, unabhängig von t, also liegt Proportionalität vor.

Seite 112 | Aufgabe 17

a) ① Tim stellt die allgemeine Gleichung auf und setzt die bekannten Informationen ein.
④ und ⑤ Tim berechnet zunächst die Unbekannte k.
② Tim setzt k in die allgemeine Gleichung ein.
⑥ Mit k kann Tim nun auch die Unbekannte a berechnen.
③ Tim setzt nun auch a in die allgemeine Gleichung ein und hat so die Funktion f(t) berechnet.

b) $30{,}1 = 4{,}1 \cdot e^{k\cdot(6-2)} = 4{,}1 \cdot e^{4k}$
$\frac{30{,}1}{4{,}1} = 7{,}341 = e^{4k}$
$\ln(7{,}341) = 4k$
$k = 0{,}498$

c) Carolin setzt zuerst das erste gegebene t als Anfangsbestand und rechnet so weiter zum zweiten t. Auf diese Weise erhalten beide die gleiche, richtige Lösungsfunktion.

d) ① $f(t) = 2{,}50 \cdot e^{0{,}75t}$
② $f(t) = 0{,}40 \cdot e^{1{,}2t}$
③ $f(t) = 4{,}01 \cdot e^{0{,}2t}$

e) Individuelle Lösungen.

Seite 113 | Aufgabe 18

a) Aus der Halbwertszeit $T_H = \frac{\ln\left(\frac{1}{2}\right)}{k}$ mit $T_H = 5730$ ergibt sich $k = -0{,}00012$
Aus $f(1991) = 0{,}5335$ ergibt sich $a = 0{,}68$ und somit $f(t) = 0{,}68 \cdot e^{-0{,}00012t}$
$f(t) = 1$bei $t = -3212$
Ötzi starb also 3212 v. Chr.

b) Ausgehend von der gleichen Wachstumsfunktion beträgt der C14-Anteil in einem 1 Mio. Jahre alten Dinosaurierknochen etwa $f(1\,000\,000) = 5{,}21 \cdot 10^{-53}$

Seite 113 | Aufgabe 19

a)

t in Stunden	0	1	2	3	4
f(t) in Liter	5000	4748	4512	4291	4073
$\frac{f(t)}{f(t-1)}$		0,950	0,950	0,951	0,949

Da der Quotient näherungsweise konstant bleibt, kann von exponentiellem Wachstum ausgegangen werden.

b) Der Durchschnitt beträgt 0.95. Dabei handelt es sich um die durchschnittliche Abflussgeschwindigkeit.
Es ist $k = \ln(0{,}95) = -0{,}0513$ und $a = 500$ L: $f(t) = 5000 \cdot e^{-0{,}0513\,t}$

c) ① $f(10) = 2993{,}5$. Nach 10 Stunden sind noch etwa 2993,5 Liter im Tank.
② $f(t) = 1000$ bei 31,4. Nach etwa 31,4 Stunden werden weniger als 1000 Liter im Tank sein.
③ $f'(t) = -256{,}5 \cdot e^{-0{,}0513\,t}$, $f'(t) = -100$bei $t = 18{,}35$.
Nach 18,35 Stunden fällt die Abnahmegeschwindigkeit des Wassers unter $100\,\frac{L}{h}$.

d) Individuelle Lösungen

Seite 113 | Aufgabe 20

a)

Jahr	2012	2014	2016	2018	2020
Geräte in Milliarden	8,7	14,2	22,9	34,8	50,1
$\frac{f(t)}{f(t-2)}$		1,63	1,61	1,51	1,44

Der Quotient ist näherungsweise konstant, der Durchschnitt ist 1,55.
$f(t) = 8{,}7 \cdot e^{0{,}22t}$ (mit t = Jahre nach 2012)

b) Individuelle Lösungen.

c) $f'(t) = 1{,}914 \cdot e^{0{,}22t}$; $f'(8) = 11{,}13\,\frac{\text{Mrd. Geräte}}{\text{Jahr}}$

d) $f'(t) = 2$ bei $t = 1{,}91$. Also wächst die Anzahl der Geräte bereits im Jahr 2013 erstmal schneller als mit 2 Mrd. Geräte im Jahr.

e) $f(t) - f(8) = 43{,}5 \Leftrightarrow t = 10{,}82$. Also wird es bereits 2,82 Jahre später um 43,5 Mrd. Geräte wachsen.

Seite 113 | Aufgabe 21

a) ① $f(t) = 1000 + 500t$ ② $g(t) = 1000 \cdot 1{,}05^t$

b) Gleiche Population: $1000 + 500t = 1000 \cdot 1{,}05^t$ bei $t = 74{,}76$, also nach etwa 75 Tagen.
Gleiche Wachstumsgeschwindigkeit: $f'(t) = 500$; $g'(t) = 1000 \cdot \ln(1{,}05) \cdot 1{,}05^t$
$f'(t) = g'(t)$ bei $t = 47{,}70$, also nach etwa 48 Tagen.

c) ① Bei linearen Funktionen gibt es keine entsprechende Konstante, da $f'(t)$ unabhängig von t ist.
② $k = \ln(1{,}05) = 0{,}049$

d) Eine Exponentialfunktion

3.4 Begrenztes Wachstum

Seite 114 | Einstieg

a) Individuelle Lösungen
Beispiele: Die Wachstumsrate nimmt von Jahr zu Jahr ab. Das Wachstum scheint zu stagnieren.

b) Individuelle Lösungen
Beispiel: Der Markt für Smartphones ist irgendwann gesättigt und die Nachfrage nimmt ab.

Seite 116 | Aufgabe 1

	a)	b)	c)
Zu-/Abnahme	Zunahme	Abnahme	Zunahme
Grenze	10	5	7
Anfangsbestand	6	35	2
Wert zum Zeitpunkt t	9,80	23,53	2,48

Seite 116 | Aufgabe 2

① h(t) ② i(t) ③ f(t) ④ g(t)

Seite 116 | Aufgabe 3

a) Grenze: 2000
Anfangsbestand: 900
Zu Beginn der Zählung gibt es 900 Tiere, sie vermehren sich höchstens auf eine Anzahl von 2000 Tiere.

b) Von 2000 wird ein Term abgezogen, dessen Wert mit der Zeit t abnimmt und für $t \to \infty$ gegen 0 geht. Der Funktionswert nimmt also stetig zu und nähert sich asymptotisch der Grenze 2000.

c) ① $f(t) = 1500$ bei $t = 7{,}88$, also nach etwa 7,88 Wochen
② $f'(t) = 110e^{-0{,}1t} = 50$ bei $t = 7{,}88$: Nach etwa 7,88 Wochen beträgt die Änderungsrate 50 Tiere/Monat.

Seite 116 | Aufgabe 4

① $f(t) = 25 - (25 - 85) \cdot e^{-0{,}14t} = 25 + 60 \cdot e^{-0{,}14t}$
② $f(t) = 25 - (25 - 8) \cdot e^{-0{,}21t} = 25 - 17 \cdot e^{-0{,}21t}$
③ $f(t) = 25 - (25 - 13) \cdot e^{-0{,}69t} = 25 - 12 \cdot e^{-0{,}69t} =$

Seite 116 | Aufgabe 5

$f(t) = 1000 - (1000 - 200) \cdot e^{-0{,}013t} = 1000 - 800 \cdot e^{-0{,}013t}$

a) Nach 10 Jahren: $f(10) = 297{,}52$: etwa 300 Pferde
Nach 15 Jahren: $f(15) = 341{,}73$: etwa 340 Pferde

b) 95 % der Maximalzahl entspricht 950 Pferden.
$f(t) = 950$ bei 213,27: Nach etwa 213 Jahren beträgt der Bestand 950 Pferde.

c) $f'(t) = 10{,}4 \cdot e^{-0{,}013t}$; $f'(8) = 9{,}37$: Nach 8 Jahren wächst der Bestand um etwa 9 Pferde pro Jahr.

Seite 116 | Aufgabe 6

a) $f(t) = 20 - (20 - 95) \cdot e^{-0{,}073t} = 20 + 75 \cdot e^{-0{,}073t}$

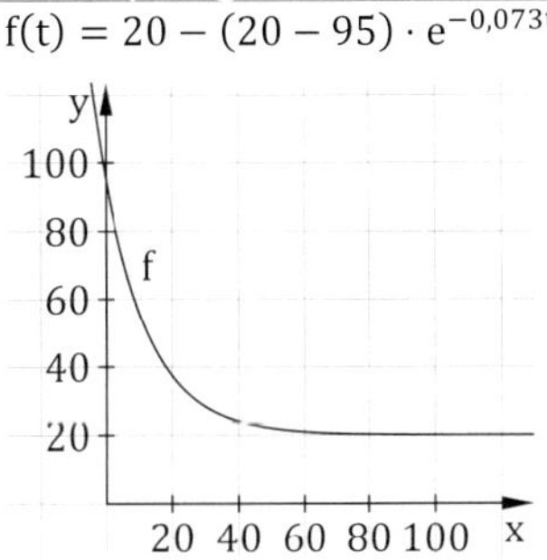

b) $f(5) = 72{,}06$ [°C] $f(10) = 56{,}14$ [°C] $f(30) = 28{,}39$ [°C] $f(60) = 20{,}94$ [°C]

c) $f'(t) = -5{,}475 \cdot e^{-0{,}073t}$; $f'(20) = -1{,}27 \left[\frac{°C}{min}\right]$

d) Löse nach t auf: $f'(t) = -1$ bei $t = 23{,}29$ [min]

Seite 117 | Aufgabe 7

a) f(t): Der Anfangsbestand beträgt 5, der Graph nähert sich asymptotisch der Grenze von 15.
   g(t): Der Anfangsbestand beträgt 25, der Graph nähert sich asymptotisch der Grenze von 5.

b) Individuelle Lösungen, Beispiele:
   f(t): Erwärmen eines Kaltgetränkes von 5 °C auf 15 °C Außentemperatur.
   g(t): Kühlen eines Getränkes von 25 °C auf 5 °C Kühlschranktemperatur.

c) Wachstumsgeschwindigkeit von $f(t) = 15 - (15 - 5) \cdot e^{-0,15t} = 15 - 10 \cdot e^{-0,15t}$ ist $f'(t) = 1,5e^{-0,15t}$
   Wachstumsgeschwindigkeit von $g(t) = 5 + 20e^{-0,26t}$ ist $g'(x) = -5,2e^{-0,26t}$

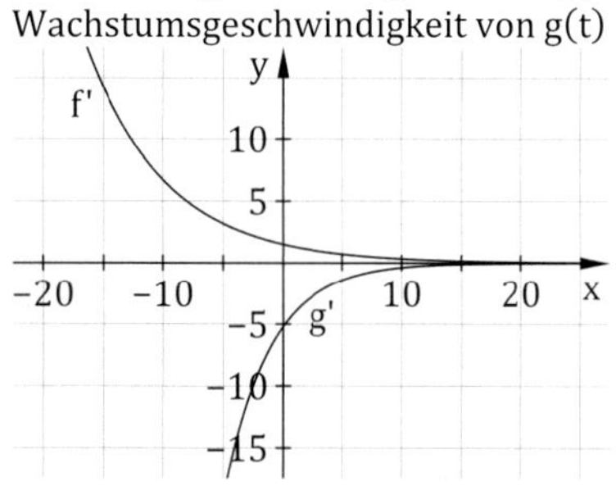

Seite 117 | Aufgabe 8

Tim hat den Anfangsbestand falsch berechnet, dieser beträgt nicht 7, sondern 27.
$f(0) = 20 + 7e^{-0,04 \cdot 0} = 27$. Die Grenze wird so auch von oben, nicht von unten angenähert.
Maike: Die Halbwertszeit wird nur bei exponentiellen Zu- und Abnahmen sinnvoll berechnet. Die Hälfte des Ausgangsbestands $27 : 2 = 13,5$ wird nicht erreicht, da der Bestand nur bis zur Grenze 20 abnimmt.

Seite 117 | Aufgabe 9

a) falsch, der Anfangsbestand kann auch negativ sein.
b) falsch, die Wachstumsgeschwindigkeit nähert sich asymptotisch der 0.
c) wahr, die Wachstumsgeschwindigkeit nähert sich der 0.
d) wahr, die Wachstumsfunktionen steigen bzw. fallen monoton.
e) falsch. Die Halbwertszeit ist nur für exponentielle Zu- und Abnahme definiert.
f) falsch. Da in der Bestandsgleichung der Anfangsbestand auftritt, ist der Quotient der Funktionen nicht konstant.

Seite 117 | Aufgabe 10

a) Betrachte die Temperaturen nach 5 Minuten:
   ① $\frac{2}{3} \cdot 85 + \frac{1}{3} \cdot 8 = 59,33$ [°C]
   Nach 5 Minuten: $f_1(5) = 20 - (20 - 59,33) \cdot e^{-0,15 \cdot 5} = 38,58$ [°C]
   ② Der Kaffee kühlt nach 5 Minuten auf $f_2(5) = 20 - (20 - 85) \cdot e^{-0,15 \cdot 5} = 50,70$ [°C] ab.
   Mischt Peter dann die Milch hinzu, so kühlt sein Kaffee weiter auf $\frac{2}{3} \cdot 50,70 + \frac{1}{3} \cdot 8 = 36,47$ [°C]
   Der Kaffee wird bei der zweiten Variante also mehr gekühlt.

b) $f_1(t) = 40$ bei $t = 4,51$ [min]. Maik muss seinen Kaffee also 4,51 Minuten abkühlen lassen.

c) Man bestimmt zunächst, wie warm der Kaffee sein muss, um beim Mischen eine Temperatur von 40 °C zu erreichen:
   $\frac{2}{3} \cdot x + \frac{1}{3} \cdot 8 = 40 \Leftrightarrow x = 56$ [°C].
   Man berechnet nun, wie lange der Kaffee ungemischt stehen muss, um 56 °C zu erreichen: $f_2(t) = 56$ bei $t = 3,93$ [min]
   Carla muss ihren Kaffee also 3,93 Minuten abkühlen lassen, bevor sie die Milch dazu gibt.

Seite 118 | Aufgabe 11

a) A ③ g(t)   B ① f(t)   C ② h(t)

b) Mit entsprechenden Parametern kann Graph ① auch mit einer exponentiellen Abnahme beschrieben werden.

Seite 118 | Aufgabe 12

a) Spalte A beschreibt die Anzahl der Einkäufe, die anderen Spalten zeigen die dazugehörigen Punkte für jedes Bonussystem an. In C2 wird zu dem aktuellen Punktestand (aus C1 entnommen) die Nummer der Einkäufe addiert, da diese Zahl der Bonuspunkte bei diesem Modell entspricht.

b) P(n) beschreibt Bonussystem 2, bei dem die Zahlen von 1 bis zur letzten Einkaufsanzahl aufaddiert werden. n ist hierbei die Anzahl der Einkäufe insgesamt.
   Bonussystem 1: $P_1(n) = 5 \cdot n$ Bonussystem 3: $P_3(n) = 0,1 \cdot 2^{t-1} = 0,05 \cdot 2^t$

c) Für Bonussystem 1 erhält sie $P_1(10) = 50$, für Bonussystem 2 erhält sie $P_2(10) = 55$ und für Bonussystem 3 erhält sie $P_3(10) = 51,2$ [= 51] Bonuspunkte. Sie sollte sich also für Bonussystem 2 entscheiden.

d)

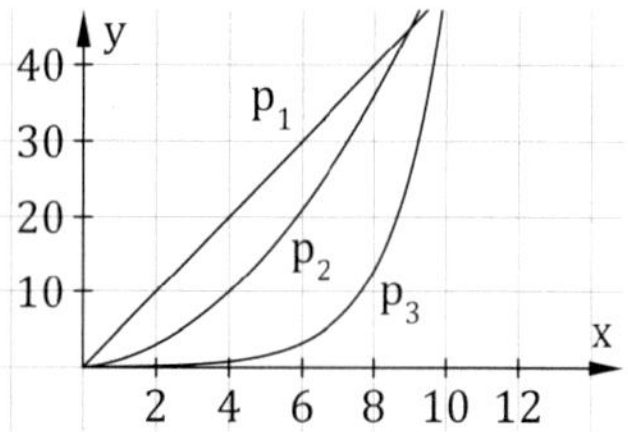

1 bis 8 Einkäufe: Die meisten Punkte gibt es bei Bonussystem 1
9 Einkäufe: Es gibt gleich viele Punkte bei Bonussystem 1 und 2 (45), bei beiden mehr als bei Bonussystem 3.
10 Einkäufe: Die meisten Punkte gibt es bei Bonussystem 2
Mehr als 10 Einkäufe: Die meisten Punkte gibt es bei Bonussystem 3.

e) 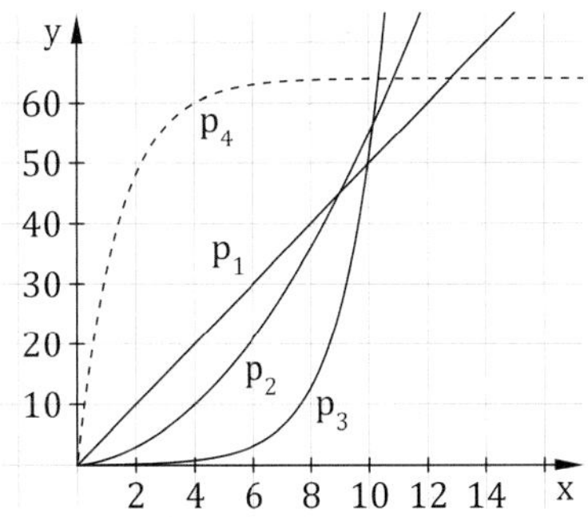

Die Punktzahl steigt hier bei den ersten Einkäufen sehr schnell an, nähert sich daraufhin jedoch asymptotisch dem Wert 64, sodass die Punktzahl auch bei sehr vielen Einkäufen nicht über 64 Punkt hinausgeht.
Bei wenigen Einkäufen ist dieses System also für den Kunden sehr attraktiv. Ab 11 Einkäufen erhält man allerdings mit Bonussystem 2 und 3 mehr Punkte, ab 13 auch bei Bonussystem 3.
Für den Shop hat dieses System den Vorteil dass auch Dauerkunden keine sehr großen Punktzahlen erhalten, Allerdings könnte es auch Kunden verleiten, nicht weiter in diesem Shop zu kaufen, wenn sie die maximale Punktzahl erreicht haben.

f) Lineares Wachstum: System 1; exponentielles Wachstum: System 3; begrenztes Wachstum: System 4 mit der Grenze 64.

Seite 118 | Aufgabe 13

Die Körpertemperatur in Abhängigkeit von der Zeit wird beschrieben durch:
$f(t) = 18 - (18 - 23{,}5) \cdot e^{-0{,}68t} = 18 + 5{,}5 \cdot e^{-0{,}68t}$.
$f(t) = 36{,}8$ bei $t = -1{,}81$.
Die Person ist also knapp 2 Stunden vor Eintreffen des Gerichtsmediziners gestorben.

Seite 119 | Aufgabe 14

a)

Zeit in Stunden	0	1	2	3	4	5	6	7	8
Gewicht in %	100	61,9	39,9	27,2	19,9	15,8	13,2	11,9	11,1
Differenz	90	51,9	29,9	17,2	9,9	5,8	3,2	1,9	1,1

Funktionsgleichung: $d(t) = 0 - (0 - 90) \cdot e^{-0{,}55t} = 90 \cdot e^{-0{,}55t}$

b) Die Funktionsgleichung d(t) beschreibt eine exponentielle Annäherung an die Grenze 0 von oben.

c) Pro Stunde nimmt die Differenz um etwa 42 % ab.

d) $f(t) = 10 - (10 - 100) \cdot e^{-0{,}55t} = 10 + 90 \cdot e^{-0{,}55t}$

e) $f'(t) = -49{,}5 \cdot e^{-0{,}55t}$
Differenz: $\frac{f(t)}{d(t)} = \frac{-49{,}5 \cdot e^{-0{,}55t}}{0-(0-90) \cdot e^{-0{,}55t}} = -0{,}55$, unabhängig von t.
Damit sind beide Funktionen proportional zueinander.

Seite 119 | Aufgabe 15

a) Die Geschwindigkeit ist die Ableitung des Bestands, also ist die Bestandsfunktion eine Stammfunktion der Wachstumsgeschwindigkeit.

b) Es gilt: $F(t) = C - 8 \cdot e^{-0{,}5t}$
① $F_1(t) = 20 - 8 \cdot e^{-0{,}5t}$
② $F_2(t) = 28 - 8 \cdot e^{-0{,}5t}$
③ $F_3(t) = 8 - 8 \cdot e^{-0{,}5t}$

Seite 119 | Aufgabe 16

a) Der Ausdruck bedeutet, dass innerhalb der ersten 5 Minuten etwa 278,6 Liter Wasser ausgetreten sind.

b) $\int_2^{10} f(t)dt \approx -401{,}83$, also etwa 401,83 Liter Wasser.

c) $F(t) = 2000 \cdot e^{-0{,}03t} + C$
Mit dem Anfangsvolumen $F(0) = 3000$ Liter ergibt sich für das Wasservolumen in Abhängigkeit von t:
$F_A(t) = 2000 \cdot e^{-0{,}03t} + 1000$

d) Die Abnahmegeschwindigkeit nähert sich asymptotisch der 0, da das Wasser irgendwann aufhört, aus dem Aquarium zu fließen. Die Funktion für das Wasservolumen nähert sich asymptotisch der 1000, da das Leck auf einer Höhe ist, bei der nicht mehr als 2000 Liter aus dem Aquarium fließen können.

e) $F_A(t) = 1500$ bei $t = 46{,}20$: Nach etwa 46,2 Minuten hat sich das Volumen des Wassers halbiert.

Seite 119 | Aufgabe 17

a) Die Formel berechnet die Bevölkerung (in Mio.) im zweiten Jahr. Hierzu wird die vorherige Bevölkerungszahl mit dem prozentualen Rückgang der Bevölkerung multipliziert und die Anzahl der jährlichen Zuwanderer hinzuaddiert.

b) Mittels Tabellenkalkulation:

	B	C	D
1	Bevölkerung (in Mio)		Rückgang
2	60		0,985
3	59,6		Zuwanderung
4	59,206		0,5
5	58,81791		
6	58,43564135		
7	58,05910673		
8	57,68822013		
9	57,32289683		
10	56,96305337		
11	56,60860757		
12	56,25947846		
13	55,91558628		

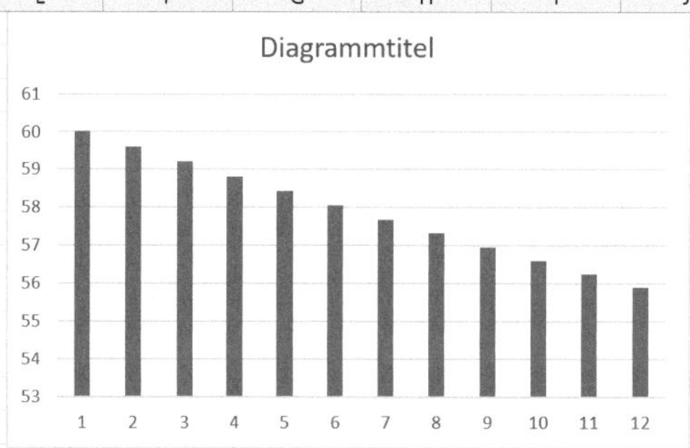

c) Die Bevölkerungsanzahl nimmt ab.

d) Man testet verschiedene Werte für die Zuwanderer grafisch aus und wählt den Wert, für den die Bevölkerungszahl konstant bleibt. Es ergibt sich 0,9 Millionen, also 900 000 Einwanderer pro Jahr.

	B	C	D
1	Bevölkerung (in Mio)		Rückgang
2	60		0,985
3	60		Zuwanderung
4	60		0,9
5	60		
6	60		
7	60		
8	60		
9	60		
10	60		
11	60		
12	60		
13	60		

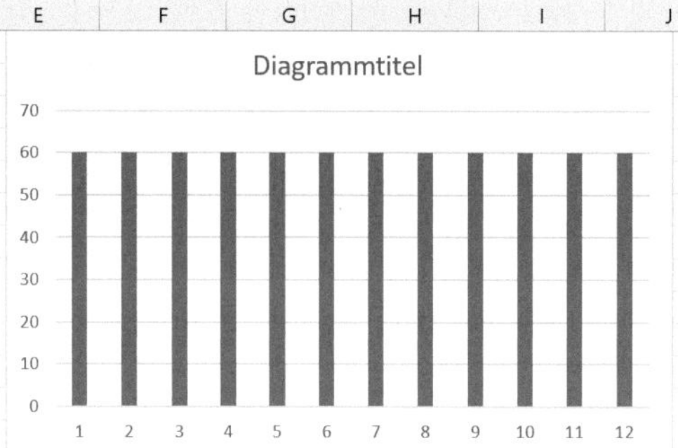

e) $f(t) = 60 \cdot (0{,}985)^t + 0{,}5 \cdot \frac{(0{,}985)^t - 1}{0{,}985 - 1}$

Eine stufenlose Modellfunktion gibt auch Werte zwischen den jährlichen Messungen an.
Da die Einwanderung aber wahrscheinlich nicht gleichmäßig über das Jahr verteilt stattfinden wird, sind diese Zwischenwerte oft keine gute Darstellung der Wirklichkeit.

3.5 Zusammengesetzte Funktionen untersuchen

Seite 120 | Einstieg

a) Graph von $f(x) = g(x) \cdot h(x) = -x^2 \cdot e^{-x}$

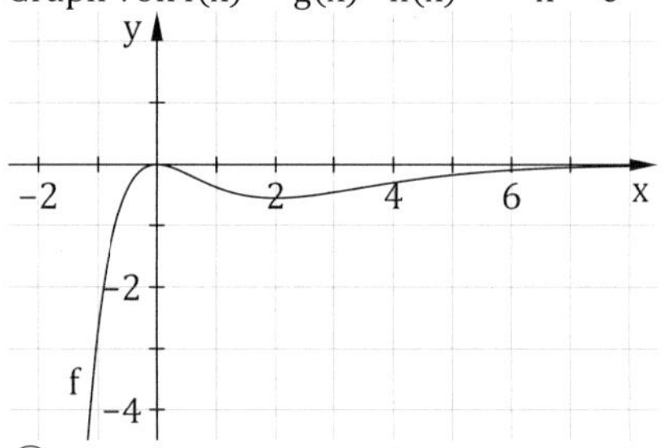

b) ① Dann ist x auch eine Nullstelle von f(x).
② Dann hat f(x) an der Stelle x den Wert h(x)
③ Dann ist der Funktionswert von f(x) an der Stelle x negativ
④ Dann gilt für $x \to -\infty$: $f(x) \to -\infty$

Seite 121 | Aufgabe 1

a) $f'(x) = e^x + 1$
$f''(x) = e^x$

b) $f'(x) = 32x^3 - e^x$
$f''(x) = 96x^2 - e^x$

c) $f'(x) = 6e^{-6x} + 10$
$f''(x) = -36e^{-6x}$

d) $f'(x) = 9e^{3x} - e^x$
$f''(x) = 27e^{3x} - e^x$

e) $f'(x) = 2e^{2x} + 2e^{-x}$
$f''(x) = 4e^{2x} - 2e^{-x}$

f) $f'(x) = -2e^{\frac{8}{3} - \frac{2}{3}x} - e^{\frac{5}{3}x - \frac{2}{3}}$
$f''(x) = -2 \cdot e^{\frac{8}{3} - \frac{2}{3}x} - e^{\frac{5}{3}x - \frac{2}{3}}$

Seite 121 | Aufgabe 2

a) $f'(x) = (x + 1) \cdot e^x$
$f''(x) = (x + 2) \cdot e^x$

b) $f'(x) = -x \cdot e^x$
$f''(x) = (-x - 1) \cdot e^x$

c) $f'(x) = (4x + 9) \cdot e^x$
$f''(x) = (4x + 13) \cdot e^x$

d) $f'(x) = (6x + 1) \cdot e^{6x}$
$f''(x) = (36x + 12) \cdot e^{6x}$

e) $f'(x) = (-4x - 4) \cdot e^{1+x}$
$f''(x) = (-4x - 8) \cdot e^{1+x}$

f) $f'(x) = (-6x^4 - 8x^3) \cdot e^{3x+2}$
$f''(x) = -6x^2 \cdot (3x^2 + 8x + 4) \cdot e^{3x+2}$

g) $f'(t) = (t^2 - 2t) \cdot e^{-t}$
$f''(t) = (-t^2 + 4t - 2) \cdot e^{-t}$

h) $f'(x) = (10x^3 + 3x^3 + 10) \cdot e^{10x+2}$
$f''(x) = 2 \cdot (50x^3 + 30x^2 + 3x + 50) \cdot e^{10x+2}$

i) $f'(x) = -\frac{3}{2}(x^2 - 4x - 1) \cdot e^{7-\frac{x}{2}}$
$f''(x) = \frac{3}{4}(x^2 - 8x + 7) \cdot e^{7-\frac{x}{2}}$

Seite 121 | Aufgabe 3

a) $x = 0$
b) $x = -2$
c) $x = -\frac{7}{3}$
d) $x = 4$
e) $x = -\frac{1}{2}$
f) $t = 3$
g) $x_1 = -3, x_2 = 3$
h) $x_1 = -4, x_2 = -1$
i) Fehler im 1. Druck: korrekter Term: $x^2e^x - 8xe^x + 12e^x$
Lösung der korrigierten Aufgabe: $x_1 = 6, x_2 = 2$

Seite 122 | Aufgabe 4

a) Tiefpunkt bei $P(-1|-0{,}37)$
b) Hochpunkt bei $P(-0{,}5|0{,}18)$
c) Hochpunkt bei $H(-2|1{,}08)$, Tiefpunkt bei $T(0|0)$
d) Tiefpunkt bei $P(0|2)$
e) Hochpunkt bei $P(-0{,}46|1{,}55)$
f) Tiefpunkt bei $T(0|-2)$, Hochpunkt bei $H(2|-1{,}46)$

Seite 122 | Aufgabe 5

a) Wendepunkt bei $W(-2|-0{,}27)$
b) Wendepunkt bei $W(\ln(16)|-24) = W(2{,}77|-24)$
c) Wendepunkt bei $W(3|0{,}1)$

Seite 122 | Aufgabe 6

a) $F(x) = e^x + x^4$
b) $F(x) = -\frac{2}{3}e^{3x+4} + \frac{4}{3}x^3 - \frac{1}{2}x^2$
c) $F(x) = \frac{5}{3}e^{\frac{2}{5}t-3} + \frac{1}{12}t^4 - 5t$

Seite 122 | Aufgabe 7

Nullstelle der Funktion: $f(x) = 0$ bei $x = 2 \cdot \ln(3) \approx 2{,}20$
Diese Nullstelle ist die obere Grenze des Integrals:
$\int_0^{2,20} f(x)\,dx \approx -5{,}18$.
Es wird eine Fläche von etwa 5,18 FE eingeschlossen.

Seite 122 | Aufgabe 8

$F'(x) = 5x^2 \cdot e^{5x} + 2x \cdot e^{5x} = (5x^2 + 2x) \cdot e^{5x} = f(x)$
$\int_0^1 f(x)\,dx = [F(x)]_0^1 = e^5 \approx 148{,}41$.
Es wird eine Fläche von 148,41 FE eingeschlossen.

Seite 122 | Aufgabe 9

a) Nullpunkt: $N(0|0)$
Tiefpunkt: $T(-2|-0{,}4)$, Hochpunkt $H(0|0)$
Wendepunkte: $W_1(-3{,}41|-0{,}29)$, $W_2(-0{,}59|-0{,}14)$

b) Nullpunkt: $N(2{,}01|0)$
Keine Extremstellen
Wendepunkt: $W(0{,}0166|-0{,}9983)$

c) Nullpunkte: $N_1(-4{,}26|0)$, $N_2(-0{,}06|0)$, $N_3(0|0)$
Hochpunkt: $H(-3{,}24|27{,}67)$, Tiefpunkt: $T(-0{,}03|0)$
Wendepunkt: $W(-2{,}1|1639)$

Seite 122 | Aufgabe 10

$\int_{-1}^{3}(-5x \cdot e^{0,5x} + 20x)\,dx \approx 16{,}99$

Seite 122 | Aufgabe 11

a) $F(x) = -\frac{1}{9} \cdot (3x - 1) \cdot e^{3x-1}$
$f'(x) = (-3x - 1) \cdot e^{3x-1}$
$f''(x) = -3(3x + 2) \cdot e^{3x-1}$

b) $F(x) = -2(x - 2) \cdot e^{1-x}$
$f'(x) = -2 \cdot (x - 4) \cdot e^{1-x}$
$f''(x) = 2 \cdot (x - 5) \cdot e^{1-x}$

c) $F(x) = 5 \cdot (x^2 - 2x + 8) \cdot e^{0,2x+1}$
$f'(x) = \frac{1}{5} \cdot (x^2 + 18x + 38) \cdot e^{0,2x+1}$
$f''(x) = \frac{1}{25} \cdot (x^2 + 28x + 128) \cdot e^{0,2x+1}$

Seite 123 | Aufgabe 12

a) $\lim_{x\to\infty} f(x) = \infty$; $\lim_{x\to-\infty} f(x) = 4$
b) $\lim_{x\to\infty} f(x) = 0$; $\lim_{x\to-\infty} f(x) = -\infty$
c) $\lim_{x\to\infty} f(x) = -\infty$; $\lim_{x\to-\infty} f(x) = 0$
d) $\lim_{x\to\infty} f(x) = 0$; $\lim_{x\to-\infty} f(x) = \infty$
e) $\lim_{x\to\infty} f(x) = 0$; $\lim_{x\to-\infty} f(x) = \infty$
f) $\lim_{x\to\infty} f(x) = -\infty$; $\lim_{x\to-\infty} f(x) = \infty$
g) $\lim_{x\to\infty} f(x) = \infty$; $\lim_{x\to-\infty} f(x) = \infty$
h) $\lim_{x\to\infty} f(x) = \infty$; $\lim_{x\to-\infty} f(x) = 4$

Seite 123 | Aufgabe 13

a) Waagrechte Asymptote: $f(x) = 0$ für $x \to -\infty$
b) Waagrechte Asymptote: $f(x) = 5$ für $x \to -\infty$
c) Keine waagrechte Asymptote
d) waagrechte Asymptote: $f(x) = 0$ für $x \to \infty$

Seite 124 | Aufgabe 14

	$x \to \infty$, n gerade	$x \to -\infty$, n gerade	$x \to \infty$, n ungerade	$x \to \infty$, n ungerade
$f(x) = x^n \cdot e^x$	$f(x) \to \infty$	$f(x) \to 0$	$f(x) \to \infty$	$f(x) \to 0$
$g(x) = x^n \cdot e^{-x} = \frac{x^n}{e^x}$	$f(x) \to 0$	$f(x) \to \infty$	$f(x) \to 0$	$f(x) \to -\infty$
$h(x) = e^x - x^n$	$f(x) \to \infty$	$f(x) \to -\infty$	$f(x) \to \infty$	$f(x) \to \infty$

Seite 124 | Aufgabe 15

a) falsch, denn die Funktion g(x) nimmt an einer Stelle den Wert 0 an.
b) wahr, da die e-Funktion dominiert.
c) falsch, richtig wäre: $\lim\limits_{x \to -\infty} h(x) = -\infty$.
d) wahr, denn beide Funktionswerte f(1) und g(1) sind größer als 0.
e) wahr, da h(x) = f(x) für x = 0 und h(x) = g(x) für x = 1

Seite 124 | Aufgabe 16

a)

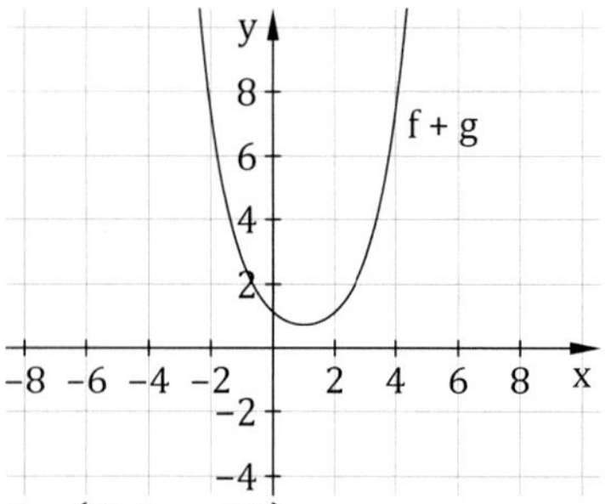

$\lim\limits_{x \to \infty} \big(f(x) + g(x)\big) = \infty$
$\lim\limits_{x \to -\infty} (f(x) + g(x)) = \infty$

b)

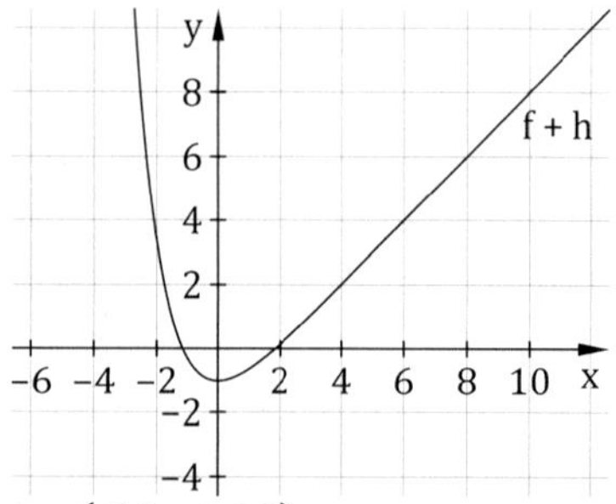

$\lim\limits_{x \to \infty} \big(f(x) + h(x)\big) = \infty$
$\lim\limits_{x \to -\infty} (f(x) + h(x)) = \infty$

c)

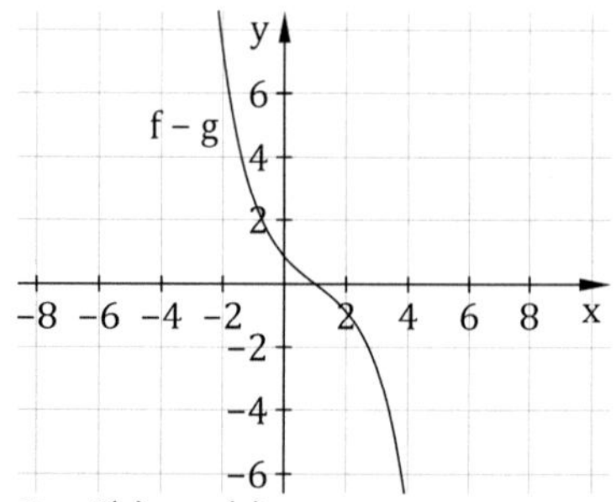

$\lim\limits_{x \to \infty} f(x) - g(x) = -\infty$
$\lim\limits_{x \to -\infty} f(x) - g(x) = \infty$

Seite 124 | Aufgabe 17

a) $\lim\limits_{x \to \infty} f(x) = -\infty$; $\lim\limits_{x \to -\infty} f(x) = \infty$

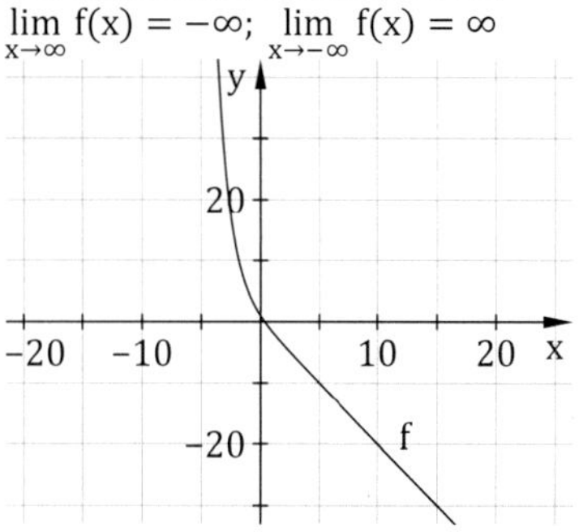

b) $\lim\limits_{x \to \infty} f(x) = \infty$; $\lim\limits_{x \to -\infty} f(x) = \infty$

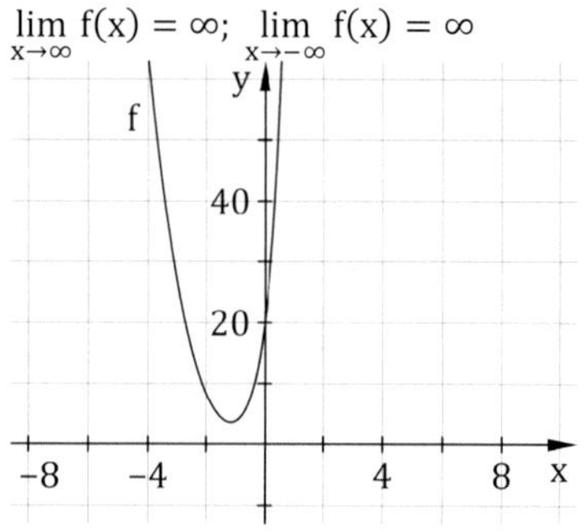

c) $\lim\limits_{x \to \infty} f(x) = \infty$; $\lim\limits_{x \to -\infty} f(x) = \infty$

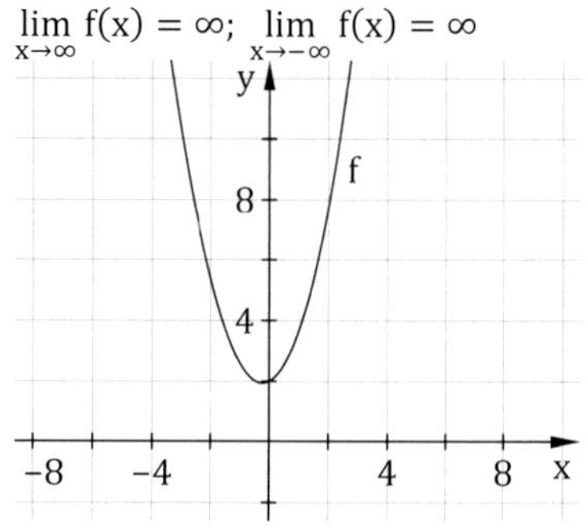

d) $\lim\limits_{x \to \infty} f(x) = 0$; $\lim\limits_{x \to -\infty} f(x) = -\infty$

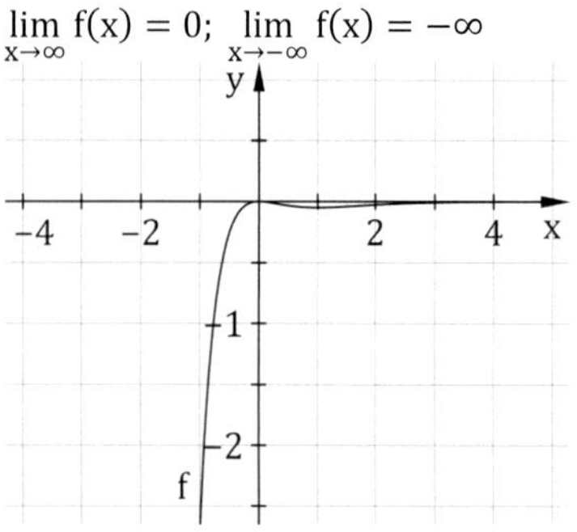

e) $\lim\limits_{x \to \infty} f(x) = 0$; $\lim\limits_{x \to -\infty} f(x) = -\infty$

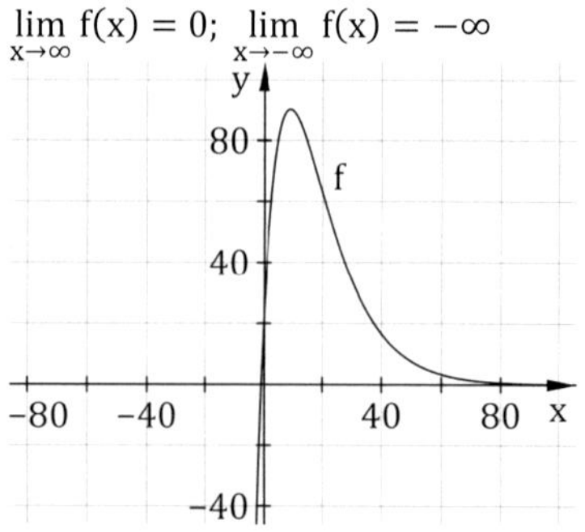

f) $\lim\limits_{x \to \infty} f(x) = 0$; $\lim\limits_{x \to -\infty} f(x) = \infty$

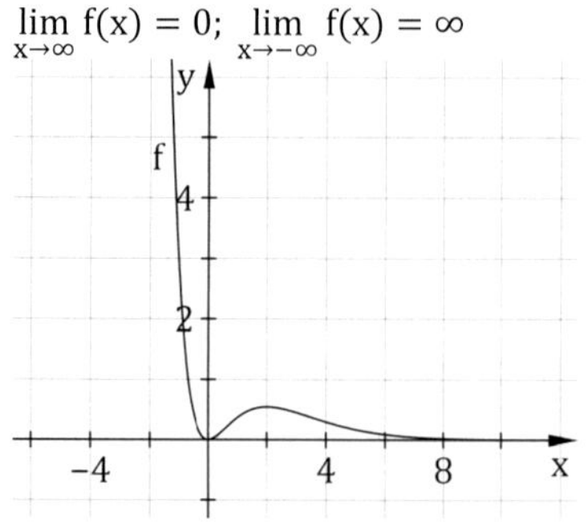

Seite 124 | Aufgabe 18

① j(x) ② k(x) ③ h(x) ④ i(x)

Seite 125 | Aufgabe 19

a) $\lim\limits_{x \to \infty} f(x) = 0$; $\lim\limits_{x \to -\infty} f(x) = -\infty$
Asymptote: a(x) = 0 für $x \to \infty$
Nullstellen: $N_1(0|0)$
Extrempunkte: H(1|1,47)
Wendepunkte: W(2|1,08)

b) $\lim\limits_{x \to \infty} f(x) = \infty$; $\lim\limits_{x \to -\infty} f(x) = 0$
Asymptote: a(x) = 0 für $x \to -\infty$
Nullstellen: $N_1(0{,}5|0)$
Extrempunkte: T(−0,5| − 24,37)
Wendepunkte: W(−1,5| − 17,93)

c) $\lim\limits_{x \to \infty} f(x) = 0$; $\lim\limits_{x \to -\infty} f(x) = \infty$;
Asymptote: a(x) = 0 für $x \to \infty$
Nullstellen: $N_1(0|0)$
Extrempunkte: T(1| − 2,72)
Wendepunkte: W(2| − 2)

d) $\lim\limits_{x \to \infty} f(x) = \infty$; $\lim\limits_{x \to -\infty} f(x) = 0$
Asymptote: a(x) = 0 für $x \to -\infty$
Nullstellen: $N_1(0|0)$
Extrempunkte: H(−4|2,17), T(0|0)
Wendepunkte: W_1(-6,83|1,53); W_2(-1,17|0,76)

e) $\lim\limits_{x\to\infty} f(x) = 0$; $\lim\limits_{x\to-\infty} f(x) = \infty$
Asymptote: $a(x) = 0$ für $x \to \infty$
Nullstellen: $N_1(-1|0), N_2(1|0)$
Extrempunkte: $H(2{,}41|0{,}43), T(-0{,}41|-1{,}25)$
Wendepunkte: $W_1(0{,}27|-0{,}71), W_2(3{,}73|0{,}31)$

f) $\lim\limits_{x\to\infty} f(x) = 0$; $\lim\limits_{x\to-\infty} f(x) = \infty$;
Asymptote: $a(x) = 0$ für $x \to \infty$
Nullstellen: $N_1(1|0)$
Extrempunkte: $T(2|-0{,}1)$
Wendepunkte: $W(3|-0{,}07)$

Seite 125 | Aufgabe 20

a) $\lim\limits_{x\to\infty} f(x) = -\infty$; $\lim\limits_{x\to-\infty} f(x) = 0$
keine Symmetrie
Asymptote: $a(x) = 0$ für $x \to -\infty$
Nullpunkt $N(0|0)$

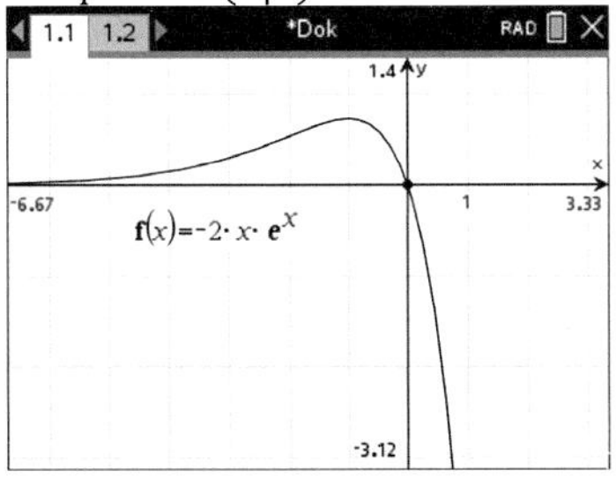

b) $\lim\limits_{x\to\infty} f(x) = \infty$; $\lim\limits_{x\to-\infty} f(x) = 0$
keine Symmetrie, verläuft nie unterhalb der x-Achse
Asymptote: $a(x) = 0$ für $x \to -\infty$

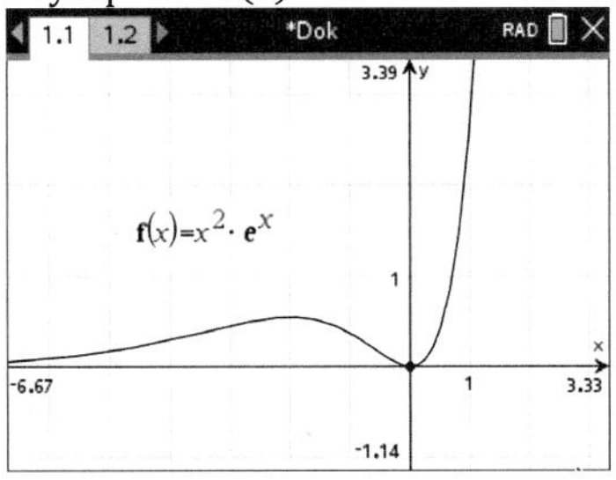

c) $\lim\limits_{x\to\infty} f(x) = 0$; $\lim\limits_{x\to-\infty} f(x) = -\infty$
keine Symmetrie
Asymptote: $a(x) = 0$ für $x \to \infty$
y-Achsenabschnitt $P(0|-8)$

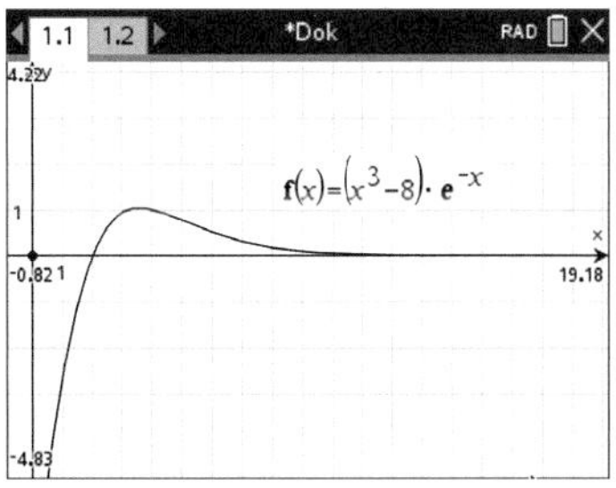

Seite 125 | Aufgabe 21

a) $\lim\limits_{x\to\infty} (e^{-x} + 3x^4) = \infty$
Die e-Funktion ist hier nicht dominant, da es sich um eine Summe handelt.

b) $\lim\limits_{x\to\infty} (-3x^2 \cdot e^x) = -\infty$
Hier wirkt sich das negative Vorzeichen des Faktors $-3x^2$ auf die e-Funktion aus.

c) $\lim\limits_{x\to-\infty} (e^{2x+3} + 1) = 1$
Wie bei Aufgabenteil a) dominiert die e-Funktion nicht, weil es sich um eine Summe handelt.

d) $\lim\limits_{x\to\infty} \left(\frac{2}{e^x}\right) = 0$
Der Grenzwert eines Bruchs mit unendlich im Nenner ist Null.

Seite 125 | Aufgabe 22

② ist die Ableitung von ①. Denn ② hat eine Nullstelle an der x-Stelle 2, an der ① einen Hochpunkt aufweist. Analog muss ③ die Ableitung von ② sein.
Demnach: $F(x) =$ ①; $f(x) =$ ②; $f'(x) =$ ③

Seite 125 | Aufgabe 23

$f(x) = (e^{3x-4})^2 = e^{6x-8}$ $\quad f'(x) = 6 \cdot e^{6x-8}$ $\quad f''(x) = 36 \cdot e^{6x-8}$

Seite 125 | Aufgabe 24

$f'(x) = (x+1) \cdot e^x$; $f''(x) = (x+2) \cdot e^x$ $\quad$ Demnach gilt: $f^{(n)}(x) = (x+n) \cdot e^x$

Seite 125 | Aufgabe 25

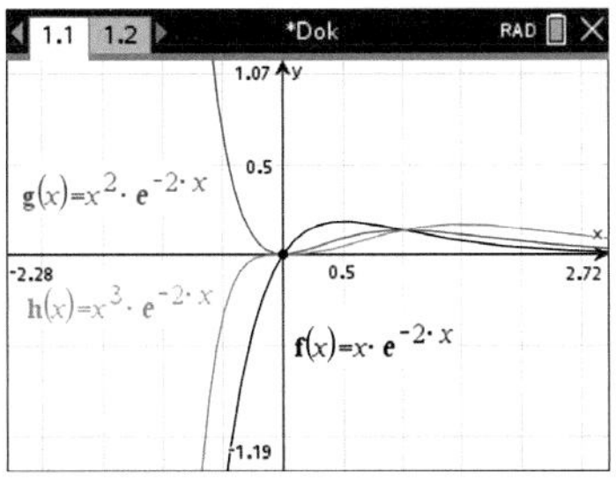

$\lim\limits_{x\to\infty} f(x) = 0$; $\lim\limits_{x\to-\infty} f(x) = -\infty$
einfache Nullstelle bei $x = 0$

$\lim\limits_{x\to\infty} h(x) = 0$; $\lim\limits_{x\to-\infty} h(x) = \infty$
doppelte Nullstelle bei $x = 0$

$\lim\limits_{x\to\infty} g(x) = 0$; $\lim\limits_{x\to-\infty} g(x) = -\infty$
dreifache Nullstelle bei $x = 0$

Seite 125 | Aufgabe 26

a) Nullstelle: $N(1|0)$

b) $\lim\limits_{x\to\infty} f(x) = \infty$; $\lim\limits_{x\to-\infty} f(x) = 0$

c) Extrempunkt: $T(0|-1)$
Somit ist $f(x)$ im Intervall $]-\infty; 0[$ streng monoton fallend und im Intervall von $]0; \infty[$ streng monoton steigend.

d) Die Wendetangente berührt den Graphen von $f(x)$ im Punkt $W(-1|-0{,}74)$ und hat die Funktion $t(x) = -0{,}37x - 1{,}1$

e) Der Graph ist weder achsensymmetrisch zur y-Achse noch punktsymmetrisch zum Ursprung.

f) $F(x) = (x-2) \cdot e^x$; $F'(x) = (x-1) \cdot e^x = f(x)$
$A = \left|\lim\limits_{k\to-\infty} \int_k^1 f(x)dx\right| = e \approx 2{,}72.$
Es wird eine Fläche von etwa 2,72 FE eingeschlossen.

Seite 126 | Aufgabe 27

a) Nullstelle: $N(-2|0)$
Für alle $x < -2$ ist der Funktionswert negativ und für alle $x > -2$ positiv. Dies ist an dem Verhalten des Graphen für sehr große x-Werte erkennbar.
b) Extrempunkt: $H(-1|2{,}72)$
Wendepunkt: $W(0|2)$
c) $F'(x) = (x+2) \cdot e^{-x} = f(x)$
d) $A = \left|\lim\limits_{k\to\infty} \int_{-2}^{k} f(x)dx\right| = e^2 \approx 7{,}39$
Die Fläche ist etwa 7,39 FE groß.
e) Die Wendetangente wird beschrieben durch $t(x) = -x + 2$ mit der Nullstelle bei $x = 2$.
$A = \int_{-2}^{0} f(x)dx + \int_{0}^{2} t(x)dx \approx 4{,}39 + 2 \approx 6{,}39$ [FE]

Seite 126 | Aufgabe 28

a) 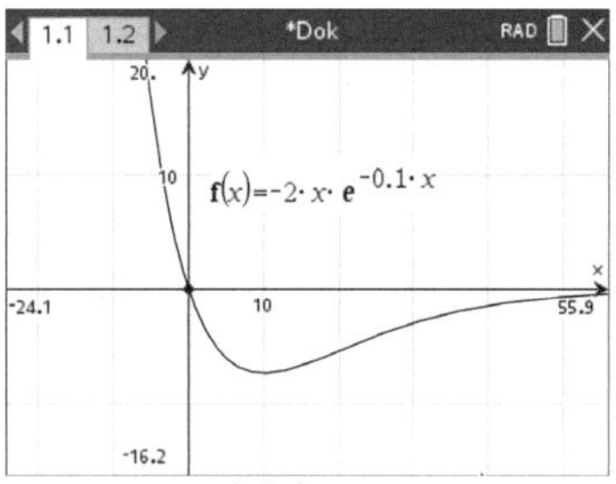

b) Nullstelle: $N(0|0)$
$\lim\limits_{x\to\infty} f(x) = 0$ und $\lim\limits_{x\to-\infty} f(x) = \infty$
c) $F(x) = (20x + 200) \cdot e^{-0{,}1x}$; $F'(x) = 20e^{-0{,}1x} - 0{,}1 \cdot (20x + 200)e^{-0{,}1x} = -2x \cdot e^{-0{,}1x} = f(x)$
$A = \left|\int_{-1}^{0} f(x)\,dx\right| + \left|\int_{0}^{1} f(x)\,dx\right| \approx 1{,}07 + 0{,}94 = 2{,}01$ [FE]
d) Die Schnittpunkte von f(x) und der Geraden g(x) liegen bei $S_1(-1{,}51|3{,}51)$ und $S_2(9{,}34|-7{,}34)$
$A = \left|\int_{-1{,}51}^{2} g(x)\,dx\right| - \left|\int_{-1{,}51}^{0} f(x)\,dx\right| + \left|\int_{0}^{2} f(x)\,dx\right| + \left|\int_{2}^{9{,}34} f(x)\,dx\right| - \left|\int_{2}^{-9{,}34} g(x)\,dx\right|$
$\approx 4{,}16 - 2{,}52 + 2 + 3{,}5 + 44{,}49 - 26{,}94 = 24{,}69$ [FE]

Seite 126 | Aufgabe 29

a) Nullstelle: $N(0|0)$
$\lim\limits_{x\to\infty} f(x) = 0$; $\lim\limits_{x\to-\infty} f(x) = \infty$;
Extrempunkte: $T(0|0)$, $H(2|4)$
Wendepunkte: $W_1(0{,}59|1{,}41)$, $W_2(3{,}41|2{,}83)$
b) $F(x) = (-x^2 - 2x - 2)e^{-x+2}$; $F'(x) = (-2x - 2)e^{-x+2} - (-x^2 - 2x - 2)e^{-x+2} = x^2 \cdot e^{-x+2} = f(x)$
c) Die Gerade wird beschrieben durch $g(x) = -2x + 8$.
$A = \int_{0}^{2} f(x)\,dx + \int_{2}^{4} g(x)\,dx \approx 4{,}78 + 4 = 8{,}78$ [FE]
d) F ist monoton steigend über $\mathbb{R}$. F hat einen Sattelpunkt bei $x = 0$ und eine Wendestelle bei $x = 2$.
Es existieren keine Extremstellen.

Seite 126 | Aufgabe 30

Fehler im ersten Druck des Schülerbuchs: die korrekte Funktionsgleichung lautet $f(x) = -0{,}5x \cdot e^{0{,}1x+2} + 2$.
a) $f'(x) = -0{,}5e^{0{,}1x+2} - 0{,}5x \cdot 0{,}1 \cdot e^{0{,}1x+2} = (-0{,}05x - 0{,}5)e^{0{,}1x+2}$
Hochpunkt von f(x): $H(-10|15{,}59)$.
Die Rampe ist an der höchsten Stelle 15,59 m hoch.
b) Der Wendepunkt von f(x) entspricht dem Hochpunkt der ersten Ableitung, dort ist die Steigung am größten.
$W(-20|12$; $f'(-20) = 0{,}5$
Die größte Steigung auf der Rampe beträgt 0,5.
c) $f'(-13) \approx 0{,}3$; $t(x) = 0{,}3x + 19{,}01$

Seite 126 | Aufgabe 31

a) Hochpunkt der Funktion innerhalb des gegebenen Intervalls: $H(1000|1771{,}52)$.
Die höchste Stelle des Geländes ist 1771,52 m hoch.
b) $f'(x) = 4e^{-0{,}001x} - 0{,}004xe^{-0{,}001x} = (4 - 0{,}004x)e^{-0{,}001x}$
$f''(x) = -0{,}004e^{-0{,}001x} - 0{,}001(4 - 0{,}004x)e^{-0{,}001x} = (-0{,}008 + 0{,}000\,004x)e^{-0{,}001x}$
Tiefpunkt der Ableitung : $T(2000|1382{,}7)$.
$f'(2000) = -0{,}54$
Das größte Gefälle befindet sich an der Stelle $x = 2000$ mit einer Steigung von $-0{,}54$.
Innerhalb des gegebenen Intervalls findet sich kein Hochpunkt, daher werden die Randpunkte untersucht.
Die Steigung an der Stelle $x = 0$ beträgt 4 und ist somit die größte Steigung auf dem Gelände.
c) $F'(x) = 300 + 4x \cdot e^{-0{,}001x} = f(x)$
$A = \int_{0}^{6000} f(x)\,dx \approx 1\,730\,595 - (-4\,000\,000) = 5\,730\,595$ [FE]

Seite 127 | Aufgabe 32

a) $f'(x) = 4e^{-0,125x} - 0,125 \cdot (4x + 8) \cdot e^{-0,125x} = (-0,5x + 3)e^{-0,125x}$
Hochpunkt von f(x): H(6|15,116)
Die größte Höhe des Endabschnitts ist 15,116 m (bei x = 6).

b) 40 ° Gefälle entsprechen einer Steigung von $-\tan(40°) \approx -0,84$ -0,84.
Tiefpunkt der f'(x): T(14| − 0,7).
Das größten Gefälle wird bei x = 14 erreicht und beträgt -0,7 dürfen Kinder auch ohne Eltern mit der Achterbahn fahren.

c) $A_S = \int_0^{40} f(x)\,dx \approx 309,22\ [m^2]$
Da die Fläche auf beiden Seiten gestrichen wird, betrifft dies eine Fläche von etwa 618,44 m^2.

d) $f'(28) \approx -0,332$; Steigung der Normalen an dieser Stelle: $m_n = 3,0105$
Gleichung der Normalen: n(x) = 3,0105x - 80,6703
Nullstelle von n(x): x = 26,7963
f(28)=3,6237
Die Stütze erstreckt sich also vom Punkt P(28|3,6237) zum Punkt N(26,7963|0)
Länge der Stütze: $d = \sqrt{(28 - 26,7963)^2 + (3,6237 - 0)^2} = 4,5772$ m

Seite 127 | Aufgabe 33

a) Die Jugendherberge befindet sich im Punkt H(140|21,93).

b) Die durchschnittliche Steigung des Hügels bis zur Herberge beträgt $\frac{21,93+0,16}{140-0} = 0,16$.

c) Der Punkt mit dem steilsten Anstieg ist der Wendepunkt von f, W(120|16,14).
Der Anstieg beträgt hier 0,4.

d) 20 ° entsprechen einer Steigung von 0,36. Im Intervall von]108,88; 128,09[ist die Steigung größer als 0,36.

e) Beide befinden sich am Punkt P(x|16,93), wenn zwischen ihnen und der Herberge noch 5 m Höhenunterschied liegen. Den Wert 16,93 nimmt die Funktion für x = 121,97 an. Somit haben sie eine horizontale Entfernung von
140 − 121,97 = 18,03 m zur Herberge.

f) Die Gleichung der Geraden lautet $g(x) = -2,48x + 313,58$

Seite 127 | Aufgabe 34

a) Schnittpunkt von f(x) mit der x-Achse: N(−0,67|0).
Die waagerechte Länge beträgt 6 − 0,67 = 5,33 cm.

b) Die höchste Steigung der oberen Kurve befindet sich im Wendepunkt von f(x): W(−1,33|0,18).
Das Auge soll genau 0,3 cm senkrecht darunter platziert werden, daher lauten die Koordinaten: A(−1,33| − 0,12)

c) f(−0,2) = -3,84: Die Gerade h(x) = -3,84 begrenzt das Logo nach unten.
g(−0,96) = -3,84
Der Flächeninhalt des Vereinslogos beträgt
$$\int_{-6}^{-0,67} f(x)\,dx + \left|\int_{-6}^{-0,96} g(x)\,dx\right| + \left|\int_{-0,96}^{-0,2} (-3,84)\,dx\right| - \left|\int_{-0,67}^{-0,2} f(x)dx\right| \approx 0,23 + 3,73 + 2,92 - 0,59 = 6,29\ [cm^2]$$

Seite 128 | Aufgabe 35

Auch wenn x^n zu Beginn schneller wächst als e^x, wächst ab einem gewissen, von n abhängigen x die Funktion e^x immer schneller als x^n.
Es gilt für alle n: $\lim\limits_{x\to\infty} \frac{x^n}{e^x} = 0$

Seite 128 | Aufgabe 36

a) Die beiden Funktionen g(x) und f(x) sind ihre gegenseitigen Ableitungen:
f'(x) = g(x) und g'(x) = f(x).

b) Die Kettenlinie hat keine Nullstellen. Im Intervall] − ∞; 0[ist sie fallend, im Intervall]0; ∞[steigend.
Graph von g(x) und der Näherungsparabel aus c):

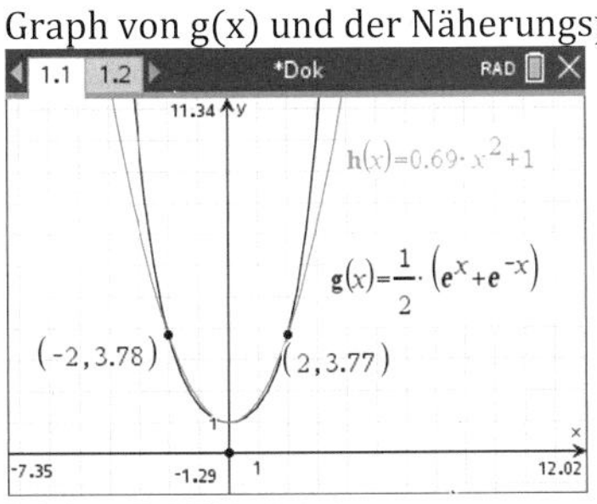

c) $h(x) = 0,6906x^2 + 1$.
g schließt im Intervall [-2;2] mit der x-Achse den Flächeninhalt 7,2538 FE ein, während h den Flächeninhlat 7,6832 FE einschließt. Die prozentuale Abweichung beträgt 5,921 %.
Die Abweichung g(x) - h(x) ist maximal für $x_1 = -1,4365$ und $x_2 = 1,4365$.

d) $f^2(x) - g^2(x) = -1$, $g^2(x) - f^2(x) = 1$,
f(x) bezeichnet man auch als Sinus Hyperbolicus, g(x) als Cosinus hyperbolicus.
Der Name kommt daher, dass sie zur Parametrisierung von Hyperbeln der Form $x^2 - y^2 = 1$ verwendet werden können.

Seite 128 | Aufgabe 37

a) $f_k'(x) = (x - k + 1)e^x$; $f_k''(x) = (x - k + 2)e^x$

① $k = 3$ ② $k = 4$ ③ $k = 5$

b) 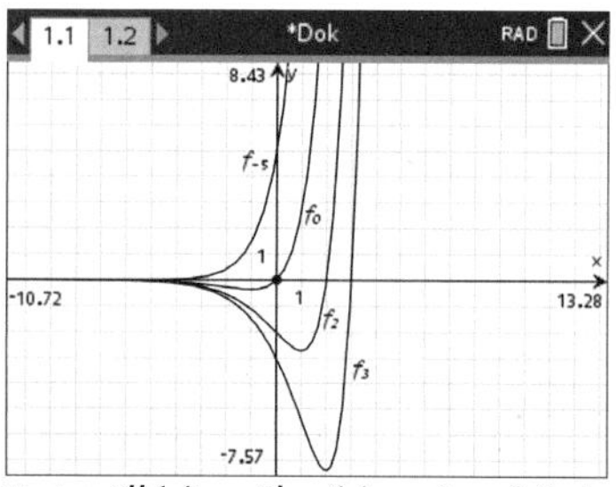

Es ist $f_k''(x) = f_{k-1}'(x) = f_{k-2}(x)$. An der Nullstelle von $f_k(x)$ ist der Tiefpunkt von $f_{k+1}(x)$ und der Wendepunkt von $f_{k+2}(x)$. Die Extremstelle ist immer an der Stelle $x = k - 1$. Die Nullstelle ist immer bei $x = k$ und die Wendestelle ist stets bei $x = k + 1$.

Seite 128 | Aufgabe 38

a) Nullstellen: $N(\ln(k)\,|0), k > 0$

Extrempunkte: $H\left(\ln\left(\frac{k}{2}\right)\middle|\frac{k^2}{4}\right), k > 0$ Wendepunkte: $W\left(\ln\left(\frac{k}{4}\right)\middle|\frac{3k^2}{16}\right), k > 0$

b) $f^{(n)}(x) = k \cdot e^x - 2^n \cdot e^{2x}$

Seite 128 | Aufgabe 39

Man stellt ein Gleichungssystem auf und setzt die gegebenen Punkte ein. Dann löst man nach a und b auf.
$f(x) = 2{,}08 \cdot x \cdot e^{2{,}65x}$.

Seite 128 | Aufgabe 40

Der Flächeninhalt des Dreiecks wird beschrieben durch $A_D(u) = \frac{1}{2} \cdot u \cdot f(u)$

$A_D(u) = \frac{1}{2} \cdot u \cdot 4u \cdot e^{-u} = 2u^2 \cdot e^{-u}$

$A_D'(u) = (4u - 2u^2) \cdot e^{-u}$.

Extrempunkte von $A_D(u)$ bei $u_1 = 0$ oder $u_2 = 2$.

$u = 0$: Minimum, da der Flächeninhalt hier 0 ist.

$u = 2$: Maximum mit $A_D(2) = 2 \cdot 2^2 \cdot e^{-2} \approx 1{,}08$

Seite 128 | Aufgabe 41

a) Der Definitionsbereich ist $\mathbb{R}\backslash 0$.

b) $\lim\limits_{x\to\infty} \frac{e^x}{x} = \infty$

$\lim\limits_{x\to-\infty} \frac{e^x}{x} = 0$

$\lim\limits_{x\to 0^+} \frac{e^x}{x} = \infty$ (Annäherung von links)

$\lim\limits_{x\to 0^-} \frac{e^x}{x} = -\infty$ (Annäherung von rechts)

c) Es gibt keine Nullstelle, und keine Wendepunkte. Es gibt eine Extremstelle bei $T(1|e)$.

3.6 Bestände und Änderungsraten mit zusammengesetzten Funktionen beschreiben

Seite 129 | Einstieg

Die maximale Geschwindigkeit des Athleten beträgt $10{,}67\,\frac{m}{s}$.

Dem Graphen kann entnommen werden, dass der Läufer zunächst stark beschleunigt und nach der 11. Sekunde an Tempo verliert. Es ist davon auszugehen, dass es sich um einen 400 m Lauf handelt. Das Integral der Funktion im Intervall von [0; 60] ergibt etwa 310 m, was in die angenommene Größenordnung passt.

Seite 131 | Aufgabe 1

a) An den Nullstellen ist die Beleuchtungsstärke gleich 0 ist. Die Lichtquelle ist also aus.

b) Die Beleuchtungsstärke ist dann am höchsten, wenn der Graph ein Maximum hat. Dies ist nach etwa 12 Stunden der

c) Da der Graph von f eine Rechtskurve ist, ist die Zunahme maximal bei $t = 0$ und die Abnahme maximal für $t = 24$.

Seite 131 | Aufgabe 2

a) $f(0) = 5$. Die Drohne hat eine Anfangshöhe von 5 m. Langfristig bleibt die Dohne auf der Höhe von 5 m.

b) f(t) hat einen Tiefpunkt bei $T(2|3{,}53)$. Die Drohne erreicht also nach 2 Sekunden ihre minimale Höhe von 3,53 m.

c) $W(4|3{,}92)$, es handelt sich um einen Links-Rechts-Wendepunkt. An dieser Stelle ist die Steigung maximal.

Seite 131 | Aufgabe 3

Fehler im ersten Druck des Schülerbuchs: das korrekte Intervall lautet $0 \leq t \leq 60$ und in a) sollen 4° C erreicht sein.

a) $f(t) = 24$ bei $t \approx$hat keine Lösung. Die Zimmertemperatur von 24 °C wird etwa nach einer viertel Minute erreicht.

b) Die maximale Temperatur wird direkt zu Beobachtungsbeginn erreicht und beträgt $f(t) = 25{,}31$ °C. Die minimale Temperatur beträgt 18,76° C.

c) Der maximale Temperaturanstieg findet nach 19,77 min statt.
d) Die Temperatur nähert sich langfristig 20 °C, denn es gilt $\lim_{x\to\infty} f(x) = 20$.

Seite 131 | Aufgabe 4

a) Die Temperatur steigt in den ersten 10 Stunden rapide auf über 40 °C an und sinkt danach langsam wieder in Richtung des Normalwertes von 36,5 °C.
b) Hochpunkt von f(t) bei H(10|40,18)
Die Temperatur ist nach 10 Stunden am höchsten. Bei t = 10 beträgt sie 40,18 °C.
c) Wendepunkt von f(t): W(20|−0,135)
Die Temperatur nimmt zum Zeitpunkt x = 20 am schnellsten ab mit einer Rate von $-0{,}135\ \frac{°C}{h}$.
d) Die Temperatur nimmt direkt zu Beobachtungsbeginn (t = 0) am stärksten zu mit einer Rate von $1\ °\frac{C}{h}$.

Seite 133 | Aufgabe 5

a) Die Wachstumsgeschwindigkeit ist im 20. Jahr am größten und erreicht fast einen Wert von 20.
b) Die Nullstelle der Wachstumsgeschwindigkeit liegt ungefähr bei $t \approx 23$. Im Zeitraum 23 bis 24 ist die Wachstumsgeschwindigkeit negativ, dort nimmt die Anzahl der Füchse ab.
c) In diesem Jahr nimmt die Anzahl der Füchse weder zu noch ab.
d) Das bedeutet, dass die Fuchspopulation seit Beobachtungsbeginn insgesamt um 233 Füchse gewachsen ist.

Seite 133 | Aufgabe 6

a) Der Kontostand wird für alle negativen Funktionswerte niedriger, das bedeutet im Intervall von [0;7].
Am niedrigsten ist der Kontostand demnach kurz bevor wieder Gewinne erzielt werden, also bei t = 7.
b) Der Kontostand nimmt für t = 2,18 am stärksten ab, nämlich mit $-6090\ \frac{€}{\text{Monat}}$.
Für t = 12,82 nimmt der Kontostand am stärksten zu, nämlich mit $3030\ \frac{€}{\text{Monat}}$.
c) Die Funktion lautet: $F(t) = (-4t^2 - 4t - 16) \cdot e^{-0{,}25t} + 5$

Seite 134 | Aufgabe 7

a) f(10) = 9,54. Nach 10 Monaten fließen 9540 m^3/Monat in den See.
b) Die Wassermenge im See nimmt ab in den Intervallen [3,99; 8,21] und [12,31; 13] (also bis zum Ende der Beobachtungszeit).
Lokal maximale Wassermenge nach rund 4 Monaten sowie nach 12,31 Monaten. Lokal minimale Wassermenge zu Beginn, nach 8,2 Monaten sowie nach 13 Monaten.
c) Die Wassermenge im See nimmt nach 13 Monaten am meisten ab (Randwert) und nach 11,14 Monaten am meisten zu.
d) $\int_0^{13} f(t)dt \approx 22{,}37$.
Während der Beobachtungsdauer sind insgesamt 22 370 m^3 Wasser in den See geflossen.

Seite 134 | Aufgabe 8

a) f(23) = 53,37: Das Gewicht nach 23 Tagen beträgt etwa 53,4 kg.
b) Die Person erreicht nach 20 Tagen das niedrigste Gewicht mit ca. 53,23 kg.
c) f(0) = 60: Das Anfangsgewicht der Person beträgt 60 kg.
$\lim_{t\to\infty} f(t) = 60$ kg: Langfristig wird sich das Gewicht dieser Person wieder auf 60 kg einpendeln.
d) Das ist falsch. da f(t) nicht die Änderungsrate der Gewichtsabnahme beschreibt, sondern den Verlauf des momentanen Gewichts. Das Integral hat in diesem Fall keinen interpretierbaren Sachzusammenhang.

Seite 134 | Aufgabe 9

a) 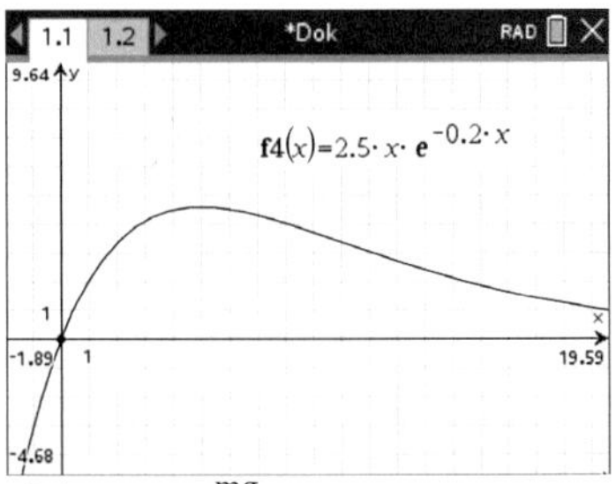

b) $f(3) = 4{,}12\ \frac{mg}{l}$. Die Wirkstoffkonzentration im Blut beträgt nach den ersten 3 Stunden $4{,}12\ \frac{mg}{l}$.
c) Die maximale Wirkstoffkonzentration wird nach 5 Stunden erreicht und beträgt $4{,}6\ \frac{mg}{l}$.
d) f(t) = 1,5 bei t = 16,6.
Nach 16,6 Stunden sollte dem Patienten das Medikament erneut verabreicht werden-
e) Die Konzentration nimmt nach 10 Stunden am stärksten ab mit einer Rate von −0,34.
f) Nach 10 Stunden sind noch $f(10) = 3{,}38\ \frac{mg}{l}$ im Blut des Patienten.
Gleichung der Tangente bei t = 10: $y(t) = -0{,}34t + 6{,}77$; Nullstelle der Tangente bei $t \approx 20$.
Nach etwa 20 Stunden ist nach diesem Modell kein Wirkstoff mehr im Blut vorhanden.

Seite 135 | Aufgabe 10

A ⑤ B ① C ④

Seite 135 | Aufgabe 11

a) $f(0) = 21{,}25\,\frac{MB}{s}$; $f(4) = 9{,}24\,\frac{MB}{s}$
b) $f(t) = 20$ für $x_1 = 0{,}14$ und $t_2 = 5{,}32$.
c) Die geringste Datenübertragungsrate tritt nach 2,92 Sekunden auf und beträgt $6{,}84\,\frac{MB}{s}$.
d) $\int_0^{14} f(t)\,dt = 3182{,}42$ MB. Das sind weniger als 4 GB und somit passt die Datei auf den USB-Stick.
e) $\frac{f(10)-f(0)}{10-0} = \frac{230{,}52-21{,}25}{10} = 20{,}87\,\frac{MB}{s}$

Seite 135 | Aufgabe 12

a) Gleichungssystem: $31 = 64a \cdot e^{8b}$; $8 = 144a \cdot e^{12b}$
Parameter a: 36,8 und Parameter b: -0,5
Die Funktion lautet demnach: $f(t) = 36{,}8 \cdot t^2 \cdot e^{-0{,}5t}$
b) F(t) ableiten: $F'(t) = 36{,}8 \cdot t^2 \cdot e^{-0{,}5t} = f(t)$
c) $F(t) = 36{,}8 \cdot e^{-0{,}5t} \cdot (-2t^2 - 8t - 16) + 599{,}8$

Seite 135 | Aufgabe 13

Fehler im ersten Druck des Schülerbuchs: die korrekte Funktionsgleichung lautet $f(t) = 8 - \frac{1}{10\,000}t^2e^{-0{,}02t+3{,}5}$
a) 2019 - 1845 = 174; f(174) = 4,91
2019 beträgt die Einwohnerzahl Irlands nach diesem Modell 4,91 Millionen. (Aktuell laut wikipedia 4,78 Millionen)
Das sind etwa 61 % der Einwohnerzahl von 1845.
b) 3,52 Mio. bei $t \approx 100$, also etwa im Jahr 1945
c) Mittlere Bevölkerung in der Abnahmephase: $m_1 = \frac{1}{100-0} \cdot \int_0^{100} f(t)\,dt \approx 5{,}32$ Millionen Einwohner.
Mittlere Bevölkerung in der Anstiegsphase: $m_2 = \frac{1}{174-100} \cdot \int_{100}^{174} f(t)\,dt \approx 4{,}06$ Millionen Einwohner
Abnahmephase: 5,32 Mio.
Zunahmephase: 4,06 Mio.
d) Grenzwert: 8 Mio., denn $\lim\limits_{x\to\infty} f(x) = 8$.
e) I) $4{,}91 = a \cdot e^{174k}$
II) $5 = a \cdot e^{175k}$
Durch Division erhält man: k = 0,0182 und a = 0,2081.

3.7 Abiturtraining

Seite 136 | Aufgabe 1

Fehler im ersten Druck des Schülerbuchs: der korrekte Term oben rechts lautet $22 \cdot e^{-0{,}16t}$
a) $15 \cdot e^{0{,}16t}$ – ④ grüner Funktionsgraph
$22 \cdot e^{-0{,}16t}$ – ① blauer Funktionsgraph
$22 - 15 \cdot e^{-0{,}16t}$ – ② roter Funktionsgraph
$22 + 15 \cdot e^{-0{,}16t}$ – ③ orangener Funktionsgraph
b) Der rote Funktionsgraph mit der Funktionsvorschrift von $f(x) = 22 - 15 \cdot e^{-0{,}16t}$ trifft auf den beschriebenen Sachverhalt zu. Es liegt ein begrenztes Wachstum vor, das sich der Grenze von 22 [°C] asymptotisch von unten nähert.
c) ① gibt den Startwert für t = 0 zu Beobachtungsbeginn an.
② gibt die Rate der Temperaturänderung zum Zeitpunkt t = 10 an.
③ beschreibt die durchschnittliche Temperaturänderung zwischen der 5. und der 15. Minute.
④ gibt an, wann die Änderungsrate 0,5 beträgt.

Seite 136 | Aufgabe 2

a) Term ③ ist die Ableitung f'(x) der Funktion f(x).
b) Für $x = -1$ wird die zweite Ableitung gleich 0, was die notwendige Bedingung für eine Wendestelle ist.
Für $x = -2$ wird die zweite Ableitung ungleich 0 und die erste Ableitung 0, sodass hier sowohl die notwendige als auch die hinreichende Bedingung für ein Extremum erfüllt werden.
c) ① f''(x) und ② f'(x).
Es ist zu sehen, dass $f'(x)$ an der Stelle $x = -1$ eine Nullstelle hat, während $f''(x) \neq 0$ ist. Also ist dort ein Hochpunkt von f-
Weiterhin ist zu sehen, dass $f''(-2) = 0$ ist und somit die Voraussetzungen für eine Wendestelle von f gegeben sind.

Seite 136 | Aufgabe 3

a) Nullstelle von f(x): N(2|0).
$f'(x) = \frac{1}{2}(-2x \cdot e^{-2x} + 5e^{-2x}) = (-x + 2{,}5)e^{-2x}$, Nullstelle von f'(x): N(2,5|0)
b) $\lim\limits_{x\to\infty} f(x) = 0$ und $\lim\limits_{x\to-\infty} f(x) = -\infty$
c) Fehler im ersten Druck des Schülerbuchs: eine korrekte Stammfunktion ist $F(x) = -\frac{1}{4} \cdot (x - 1{,}5) \cdot e^{-2x}$
Es gilt $F'(x) = -\frac{1}{4}e^{-2x} + \frac{2}{4} \cdot (x - 1{,}5) \cdot e^{-2x} = \left(-\frac{1}{4} + \frac{1}{2}x - \frac{3}{4}\right) \cdot e^{-2x} = \frac{1}{2}(x - 2) \cdot e^{-2x} = f(x)$
$G(1{,}5) = 3$ für $G(x) = -\frac{1}{4} \cdot (x - 1{,}5) \cdot e^{-2x} + 3$

Seite 137 | Aufgabe 4

a) $f(t) = a \cdot e^{k \cdot t}$

$f(0) = 120 \Rightarrow 120 = a \cdot e^{k \cdot 0} = a$

$f(3) = 60 = 120 \cdot e^{k \cdot 3} \Leftrightarrow k = \frac{\ln(0,5)}{3}$.

$f(t) = 120e^{\frac{\ln\left(\frac{1}{2}\right)}{3}t}$

b) $f(4) \approx 47,62$. Nach 4 Stunden beträgt die Koffeinmenge etwa 47,62 mg.

$\frac{2}{3}$ von 120 sind 80, die Menge Koffein beträgt also 40 mg.

$f(t) = 40$ bei $t \approx 4,75$. Nach etwa 4,75 Stunden wurden $\frac{2}{3}$ des Koffeins abgebaut.

c) Julians Toleranzgrenze: $1,82\text{ mg} \cdot 70 = 127,4\text{ mg}$

$g(t) = 180 \cdot e^{\frac{\ln\left(\frac{1}{2}\right)}{3}t} = 127,4 \Leftrightarrow t \approx 1,50$.

Julian sollte seinen Energy spätestens ca. 1,5 Stunden vor dem Schlafen, also um 20:30 Uhr trinken.

Schwarztee: $s(t) = 154 \cdot e^{\frac{\ln\left(\frac{1}{2}\right)}{3}t} = 127,5$ bei $t \approx 0,82$.

Julian könnte den Tee weniger als eine Stunde vor dem Schlafen trinken.

d) $\int_0^a f(t) = 500 \Leftrightarrow a \approx 14,23$.

Ab einem Wert von 14,23 übersteigt das Integral den Flächeninhalt von 500 FE.

Seite 137 | Aufgabe 5

a) $f'(t) = (15 - 3t)e^{-0,2t}$; $f'(t) = 0$ bei $t = 5$

Zum Zeitpunkt $t = 5$ ist der Wirkstoffgehalt maximal mit einem Wert von $27,59\,\frac{\text{mg}}{\text{l}}$.

$\lim\limits_{t \to \infty} f(t) = 0$: Der Wirkstoffgehalt des Medikaments geht asymptotisch wieder auf 0 zurück.

$f(t) = 10$ für $x_1 \approx 0,8$ und $x_2 \approx 15,85$

b) Die Tangente ab $t = 30$ wird beschrieben durch $g(t) = -0,19t + 6,69$

$g(t) = 0$ bei $t = 36$.

Nach 36 Stunden wurde der gesamte Wirkstoff abgebaut.

c) $f_a'(x) = (a - 0,2a \cdot x) \cdot e^{-0,2x}$

$f_a'(x) = 0$ bei $x = 5$ oder $a = 0$.

Die Nullstelle $x = 5$ ist unabhängig von a, da die Klammer vor dem Exponentialterm für $x = 5$ immer $a - a = 0$ ergibt.

Die Koordinaten des Hochpunktes lauten: $H(5|f_a(5)) = H(5|1,84a)$

$F_a'(x) = a \cdot x \cdot e^{-0,2x} = f_a(x)$

$\int_{-5}^{0} f_a(t) = -5$ bei $a = 0,2$.

Für $a = 0,2$ gilt $\int_{-5}^{0} f_a(t) = -5$.

4. Punkte und Vektoren im Raum

4.1 Punkte im Raum

Seite 144 | Einstieg

a) Der Ball befindet sich aus der Sicht des Betrachters links vom linken Spieler.
b) Es ist nicht erkennbar, wie weit der Ball vom Betrachter entfernt ist.
c) Es sind drei Zahlenangaben nötig, z. B. den Abstand des Balles von einer Raumecke entlang der drei Raumachsen.

Seite 145 | Aufgabe 1

A(3|−1|0); B(3|3|0); C(0|3|0); D(0|−1|0); E(3|−1|3); F(3|3|3); G(0|3|3); H(0|−1|3)

Seite 145 | Aufgabe 2

a)

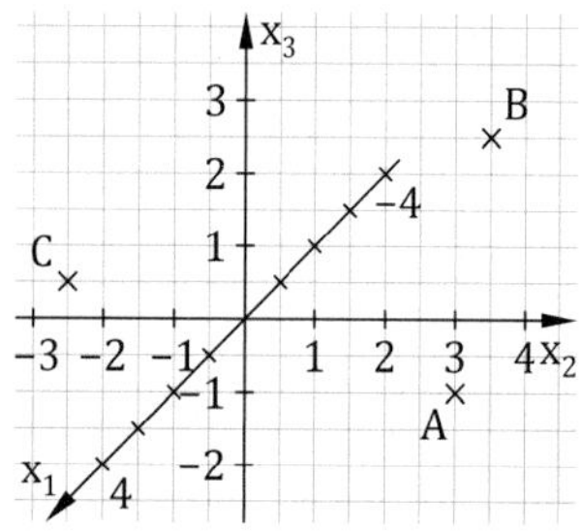

b)

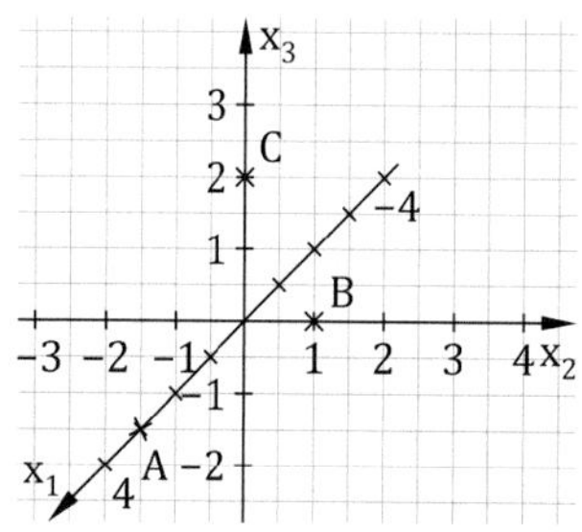

c)

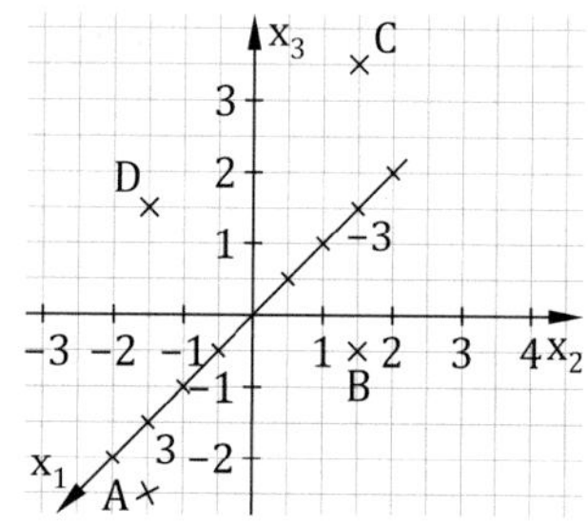

Seite 145 | Aufgabe 3

Die gezeichneten Pfeile in x_1-, x_2- und x_3-Richtung enden unabhängig von der Reihenfolge der Pfeile alle im Punkt P.

Seite 145 | Aufgabe 4

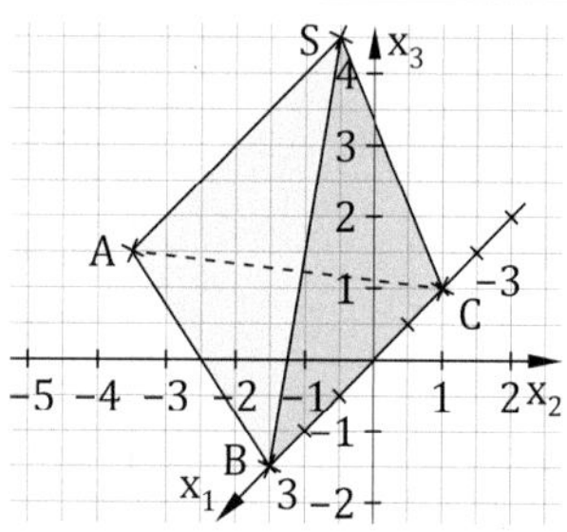

Seite 145 | Aufgabe 5

a) F(2|3|3), G(−2|3|3), H(−2|−2|3)
b) B(1|2|0), E(1|−1|2), G(−2|2|2)
c) A(3|0|0); D(0|0|0); F(3|3|3)

Seite 145 | Aufgabe 6

a)

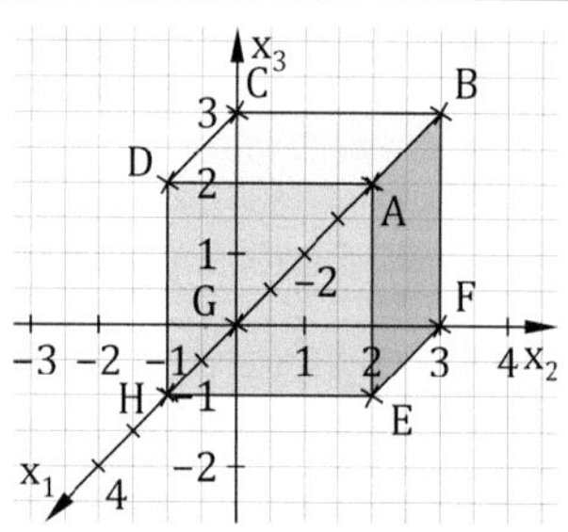

Koordinaten: A(2|3|3); B(0|3|3); C(0|0|3); D(2|0|3); E(2|3|0); F(0|3|0); G(0|0|0); H(2|0|0)

b)

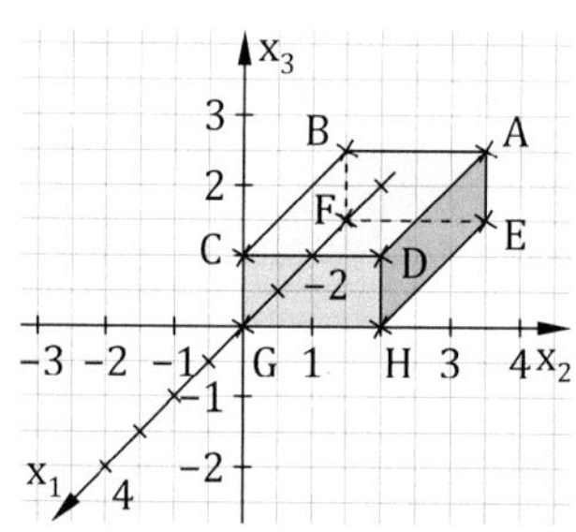

Koordinaten: A(−3|2|1); B(−3|0|1); C(0|0|1); D(0|2|1); E(−3|2|0); F(−3|0|0); G(0|0|0); H(0|2|0)

c)

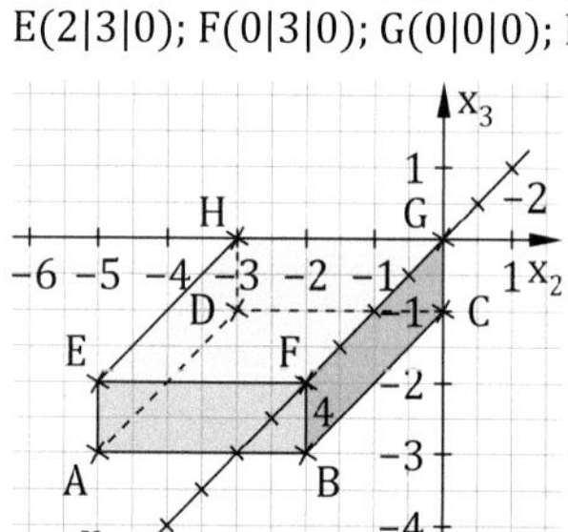

Koordinaten:A(4|−3|−1); B(4|0|−1); C(0|0|−1); D(0|−3|−1); E(4|−3|0); F(4|0|0); G(0|0|0); H(0|−3|0)

d)

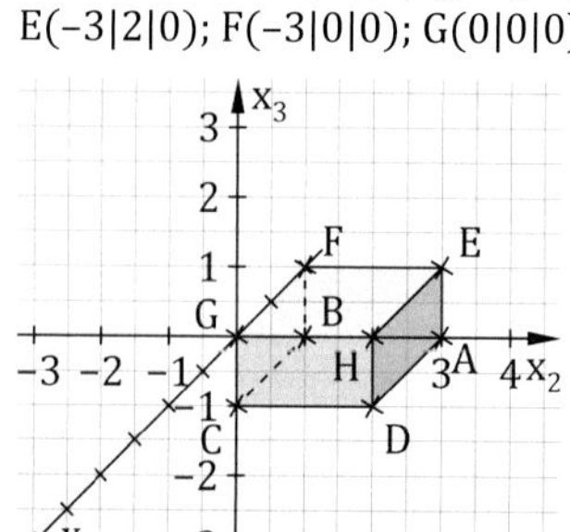

Koordinaten: A(−2|2|−1); B(−2|0|−1); C(0|0|−1); D(0|2|−1); E(−2|2|0); F(-2|0|0); G(0|0|0); H(0|2|0)

Seite 146 | Aufgabe 7

A: Auf der x_3-Achse, in der x_1x_3-Ebene, x_2x_3-Ebene
B: In der x_1x_3-Ebene
C: Auf der x_1-Achse, in der x_1x_2-Ebene, x_1x_3-Ebene
D: Auf der x_2-Achse, in der x_1x_2-Ebene, x_2x_3-Ebene
E: In der x_1x_2-Ebene
F: Im Ursprung und damit auf allen drei Achsen und in allen drei Ebenen

Seite 146 | Aufgabe 8

a) (x|0|0): Alle Punkte, bei denen Koordinate zwei und drei 0 sind, sind richtig.
b) (0|0|z): Alle Punkte, bei denen Koordinate eins und zwei 0 sind, sind richtig.
c) (x|y|0): Alle Punkte, bei denen Koordinate drei 0 ist, sind richtig.
d) (x|0|z): Alle Punkte, bei denen Koordinate zwei 0 ist, sind richtig.
e) (0|y|z): Alle Punkte, bei denen Koordinate eins 0 ist, aber alle anderen Koordinaten nicht 0 sind, sind richtig.

Seite 146 | Aufgabe 9

a) Diese Punkte liegen in der x_2x_3-Ebene.
b) Diese Punkte liegen auf der x_1-Achse.
c) Diese Punkte liegen auf der x_2-Achse.
d) Diese Punkte liegen in der um 2 nach oben (in x_3-Richtung) verschobenen x_1x_2-Ebene.
e) Diese Punkte liegen auf der um 1 nach rechts (in x_2-Richtung) verschobenen x_3-Achse

Seite 146 | Aufgabe 10

Alle genannten Punkte haben dieselbe Position in der Darstellung des dreidimensionalen Koordinatensystems. Deswegen ist keines der Ergebnisse falsch. Man kann Koordinaten von Punkten in einer Darstellung auf Karopapier nicht eindeutig ablesen.

Seite 146 | Aufgabe 11

① A(0|2,5|1,5) ② A(−3|1|0) ③ A(−2|1,5|0,5) ④ A(0,5|2,5|2)

Seite 146 | Aufgabe 12

Das ist falsch, die Koordinaten des Ursprungs sind immer (0|0|0). Tobias' Punkte werden zwar im Ursprung gezeichnet, dies liegt aber an dieser Projektion des Koordinatensystems. Im dreidimensionalen Raum liegen sie vor oder hinter dem Ursprung und aus einer anderen Perspektive wären sie vom Ursprung zu unterscheiden.

Seite 146 | Aufgabe 13

a) Wahr
b) Falsch, das wäre der Fall, wenn die x_3-Koordinaten verschiedene Vorzeichen hätten.
c) Falsch, der Abstand entspricht dem Betrag der x_3-Koordinaten.

Seite 146 | Aufgabe 14

a) A(0|2|0), B(0|6|0), C(0|10|0)
b) A(1|1|0), B(4|4|0), C(7|7|0)
c) A(10|16|−2), B(5|8|−1), C(0|0|0)
d) A(−2|3|10), B(1|4|6), C(4|5|2)
e) A(7|0|3,5), B(5|6|4), C(3|12|4,5)
f) A(1|−6|2), B(4|−1|2,5), C(7|4|3)

Seite 147 | Aufgabe 15

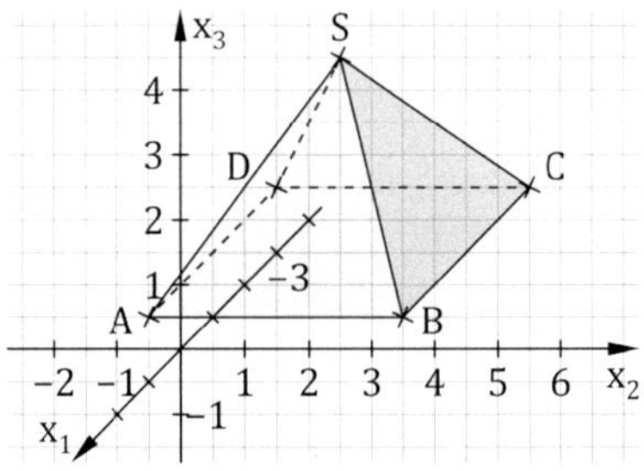

Koordinaten: D(−3|0|1), S(−1|2|4)
Man könnte die Spitze auch nach unten zeichnen. Sie hätte dann die Koordinaten S(−1|2|−2).

Seite 147 | Aufgabe 16

a) Wir wählen eine Königselle als Längeneinheit und setzen den Mittelpunkt der Grundfläche in den Ursprung des Koordinatensystems. Dann ergeben sich für die 4 Eckpunkte der Grundfläche A(205|205|0), B(−205|205|0), C(−205|−205|0) und D(205|−205|0) sowie für die Spitze S(0|0|275).
b) Je nachdem, wo der Ursprung und welche Längeneinheit gewählt wird, ergeben sich sehr unterschiedliche Ergebnisse.

Seite 147 | Aufgabe 17

a) Punkte A(4|1|0); B(0|1|−1); C(2|3|0,5)

Ansicht 1

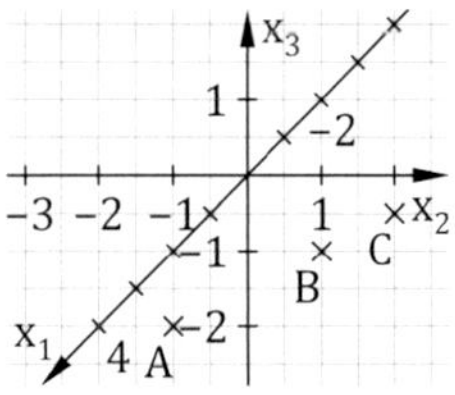

Es sieht aus, als ob die drei Punkte auf einer Eben liegen.

b)

Ansicht 2

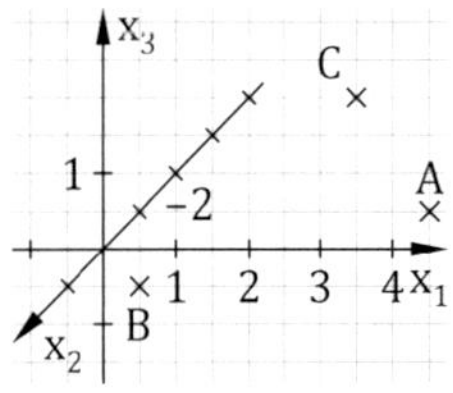

Wenn man eine andere Ansicht wählt sieht man, dass die Punkte nicht auf einer Geraden liegen.

c) Punkte P(−1|−4|−1); Q(5|5|2); R(2|0,5|0,5)

Ansicht 1

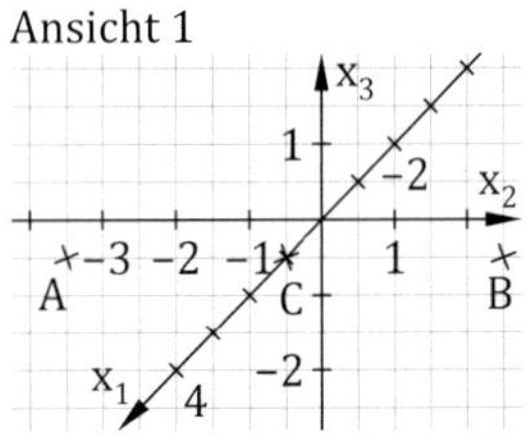

Ansicht 2

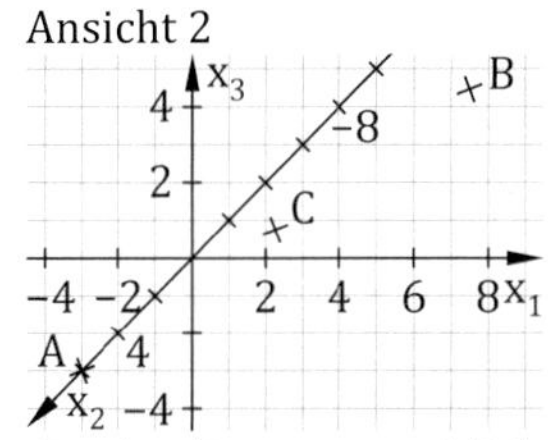

In diesem Beispiel ist es egal, wie man die Ansicht dreht, die drei Punkte liegen tatsächlich auf einer Geraden.

Seite 147 | Aufgabe 18

a) B(1|1,5|0)

b) C(1|0|2); D(0|1,5|2)

Seite 147 | Aufgabe 19

a)

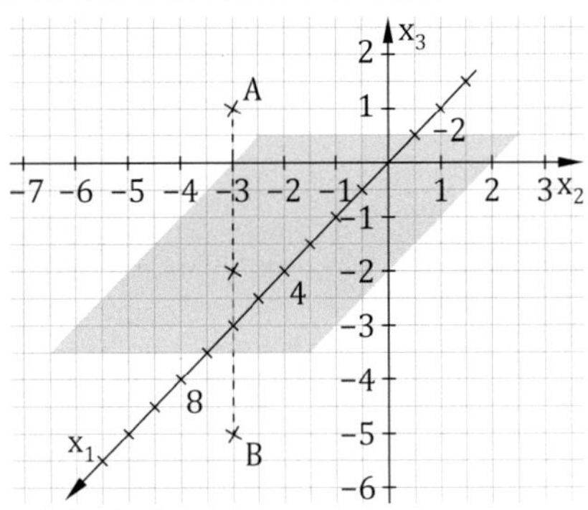

B(4|−1|−3)

b) C(4|1|3), D(−4|−1|3)

c) E(−4|1|−3)

Seite 147 | Aufgabe 20

A(1|90°|0°); B(2|90°|180°); C(3|90°|90°); D($\sqrt{2}$|90°|45°); E($\sqrt{2}$|45°|0°); F($\sqrt{2}$|135°|90°);

4.2 Vektoren

Seite 148 | Einstieg

a) Alle Pfeile, die gleich lang sind und in die gleiche Richtung zeigen, könnte man als gleich bezeichnen. Das gilt z. B. für die drei Pfeile am unteren Bildrand, die den Wind „Chili" symbolisieren.

b) Die Richtung des Pfeils zeigt, in welche Richtung der Wind weht. Die Länge der Pfeile gibt an, wie stark der Wind ist.

Seite 149 | Aufgabe 1

Zeichnungen individuell

Allgemein gilt für die Vektorpfeile in a) bis d):

a) Anfangspunkt $A(a_1|a_2)$; Endpunkt: $B(a_1 + 2|\ a_2)$

b) Anfangspunkt $A(a_1|a_2)$; Endpunkt: $B(a_1|\ a_2 - 1)$

c) Anfangspunkt $A(a_1|a_2)$; Endpunkt: $B(a_1 + 1|\ a_2 + 2)$

d) Anfangspunkt $A(a_1|a_2)$; Endpunkt: $B(a_1 - 1|\ a_2 - 3)$

Allgemein gilt für die Vektorpfeile in e) bis h):

e) Anfangspunkt $A(a_1|a_2|a_3)$; Endpunkt: $(a_1 + 2|a_2|\ a_3)$

f) Anfangspunkt $A(a_1|a_2|a_3)$; Endpunkt: $(a_1 + 1|a_2|a_3 - 1)$

g) Anfangspunkt $A(a_1|a_2|a_3)$; Endpunkt: $(a_1 + 1|a_2 + 3|a_3 - 2)$

h) Anfangspunkt $A(a_1|a_2|a_3)$; Endpunkt: $(a_1 - 2|a_2 - 1|a_3 + 3)$

Seite 149 | Aufgabe 2

a) $\begin{pmatrix} 5 \\ -2 \end{pmatrix}$ b) $\begin{pmatrix} 5 \\ 1 \end{pmatrix}$ c) $\begin{pmatrix} -8 \\ 7 \\ 0 \end{pmatrix}$ d) $\begin{pmatrix} 3 \\ -10 \\ -1 \end{pmatrix}$ e) $\begin{pmatrix} -8 \\ 5 \\ -7 \end{pmatrix}$ f) $\begin{pmatrix} 0 \\ 0 \\ 0 \end{pmatrix}$

Seite 149 | Aufgabe 3

a) $\overrightarrow{AB} = \overrightarrow{EF}$

b) $\overrightarrow{AB} = \overrightarrow{HG}$

c) $\overrightarrow{FE} = \overrightarrow{CD}$

d) $\overrightarrow{HD} = \overrightarrow{GC}$

e) $\overrightarrow{EH} = \overrightarrow{AD} = \overrightarrow{FG}$

f) $\overrightarrow{DG} = \overrightarrow{AF}$

g) $\overrightarrow{HF} = \overrightarrow{DB}$

h) $\overrightarrow{BC} = \overrightarrow{EH} = \overrightarrow{FG} = \overrightarrow{AD}$

Seite 150 | Aufgabe 4

a) A(4|0|1), B(4|8|1), C(1|2|1), D(4|0|4)

$\overrightarrow{AB} = \begin{pmatrix} 0 \\ 8 \\ 0 \end{pmatrix}, \overrightarrow{AC} = \begin{pmatrix} -3 \\ 2 \\ 0 \end{pmatrix}, \overrightarrow{AD} = \begin{pmatrix} 0 \\ 0 \\ 3 \end{pmatrix}, \overrightarrow{BC} = \begin{pmatrix} -3 \\ -6 \\ 0 \end{pmatrix}$

b) $\overrightarrow{AB} = \overrightarrow{DE}, \overrightarrow{AC} = \overrightarrow{DF}, \overrightarrow{AD} = \overrightarrow{BE} = \overrightarrow{CF}, \overrightarrow{BC} = \overrightarrow{EF}$

Seite 150 | Aufgabe 5

a) Q(5|6|−1)

b) Q(9|9|5)

c) P(−2|−2|4)

d) Q(16|0|−9)

e) P(−12|2|−1)

f) P(−4|−2|a + 2)

g) P(x − 4|y − 5|z + 2)

h) Q(x + 4|y + 3|z + 2)

Seite 150 | Aufgabe 6

Zeichnung zu a) und b)

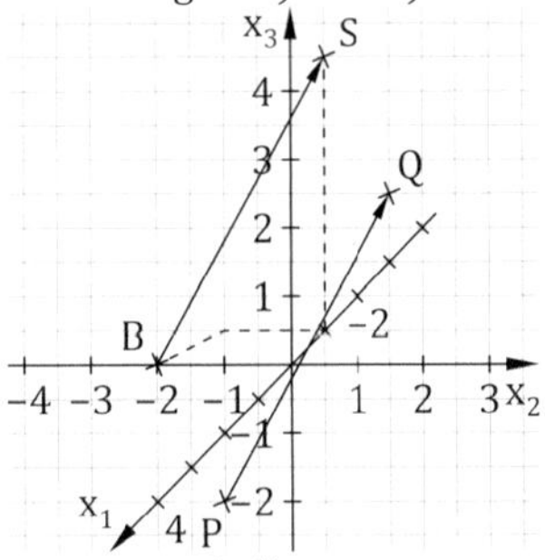

a) $\overrightarrow{PQ} = \begin{pmatrix} -1 \\ 2 \\ 4 \end{pmatrix}$

b) S(1|1|5)

c) Tarik hat Recht, da ein Vektor von seinem Startpunkt unabhängig ist und daher je nach Wahl eines solchen unterschiedliche Punkte verbindet.

d) Svea hat Recht, auch wenn der Ausdruck „Weg" nicht genau definiert ist. Punkt und Vektor werden beide durch drei Koordinaten gekennzeichnet, unterscheiden sich aber in der mit ihnen verbundenen Vorstellung: Ein Punkt ist eine Position im Raum, während ein Vektor eine startpunktunabhängige Verschiebung darstellt.

Seite 151 | Aufgabe 7

Zeichnungen individuell, Beträge der Vektoren:

a) 4 b) 2 c) 5 d) 5 e) $\sqrt{29} \approx 5{,}39$

Seite 151 | Aufgabe 8

a) 9 b) 3 c) $\sqrt{8} \approx 2{,}83$ d) $\sqrt{38} \approx 6{,}16$ e) $\sqrt{129} \approx 11{,}36$

f) 0 g) $\frac{5}{6}$ h) 7 i) $\sqrt{100 + a^2}$ j) $\sqrt{2b^2} = \sqrt{2}|b|$

Seite 151 | Aufgabe 9

a) $\left|\begin{pmatrix} -3 \\ 4 \\ 0 \end{pmatrix}\right| = \sqrt{25} = 5$ b) $\left|\begin{pmatrix} -6 \\ -3 \end{pmatrix}\right| = \sqrt{45} \approx 6{,}71$ c) $\left|\begin{pmatrix} 12 \\ -5 \end{pmatrix}\right| = \sqrt{169} = 13$

d) $\left|\begin{pmatrix} 1 \\ 1 \\ -2 \end{pmatrix}\right| = \sqrt{6} \approx 2{,}45$ e) $\left|\begin{pmatrix} -3 \\ -9 \\ -2 \end{pmatrix}\right| = \sqrt{94} \approx 9{,}69$ f) $\left|\begin{pmatrix} 0 \\ 0 \\ 0 \end{pmatrix}\right| = 0$

Seite 152 | Aufgabe 10

$|\overline{AB}| = \sqrt{3^2 + 4^2 + 1^2} = \sqrt{26} \approx 5{,}01$ $|\overline{AC}| = \sqrt{3^2 + 0^2 + 1^2} = \sqrt{10} \approx 3{,}16$ $|\overline{BC}| = \sqrt{0^2 + 4^2 + 2^2} = \sqrt{20} \approx 4{,}47$

Seite 152 | Aufgabe 11

a) Beispiele: $\begin{pmatrix} 4 \\ 3 \end{pmatrix}, \begin{pmatrix} 3 \\ -4 \end{pmatrix}, \begin{pmatrix} 5 \\ 0 \end{pmatrix}, \begin{pmatrix} 0 \\ -5 \end{pmatrix}$ b) Beispiele: $\begin{pmatrix} 3 \\ -2 \\ 5 \end{pmatrix}, \begin{pmatrix} 0 \\ -5 \\ 5 \end{pmatrix}, \begin{pmatrix} 0 \\ 1 \\ 5 \end{pmatrix}, \begin{pmatrix} 0 \\ -2 \\ 8 \end{pmatrix}$

Seite 152 | Aufgabe 12

Zeichnung individuell

a) $|\vec{v}| = \sqrt{5} \approx 2{,}24$

b) Beispiele:

$\begin{pmatrix} 3 \\ -1{,}5 \end{pmatrix}$ hat ungefähr den Betrag 3,35. $\begin{pmatrix} 6 \\ -3 \end{pmatrix}$ hat ungefähr den Betrag 6,71.

$\begin{pmatrix} 1 \\ -0{,}5 \end{pmatrix}$ hat ungefähr den Betrag 1,12. $\begin{pmatrix} 4 \\ -2 \end{pmatrix}$ hat ungefähr den Betrag 4,47.

c) Beispiele:

$\begin{pmatrix} 2 \\ 1 \end{pmatrix}$ $\begin{pmatrix} -2 \\ 1 \end{pmatrix}$ $\begin{pmatrix} -2 \\ -1 \end{pmatrix}$ $\begin{pmatrix} 1 \\ -2 \end{pmatrix}$

Seite 152 | Aufgabe 13

a) $\overrightarrow{PQ} = \begin{pmatrix} -7 \\ 1 \\ -6 \end{pmatrix}$, $\overrightarrow{QP} = \begin{pmatrix} 7 \\ -1 \\ 6 \end{pmatrix}$, $|\overrightarrow{PQ}| = |\overrightarrow{QP}| = \sqrt{86}$

Die Beträge der Vektoren stimmen überein, ihre Richtungen sind genau entgegengesetzt, was den Namen Gegenvektor rechtfertigt: Ist $\overrightarrow{PQ}$ die Verschiebung von P nach Q, so ist $\overrightarrow{QP}$ die Verschiebung in die Gegenrichtung.

b) ① $-\vec{v} = \begin{pmatrix} -10 \\ -4 \\ 6 \end{pmatrix}$ ② $-\vec{v} = \begin{pmatrix} 2 \\ 11 \\ 0 \end{pmatrix}$ c) individuelle Lösungen

Seite 152 | Aufgabe 14

Leonard hat vergessen, die Koordinaten zu quadrieren. Ruby hat vergessen, Klammern um negative Koordinaten zu setzen, weshalb ihre dritte Koordinate fälschlicherweise von den anderen abgezogen wird.

Richtig: $\left|\begin{pmatrix}2\\5\\1\end{pmatrix}\right| = \sqrt{2^2+5^2+(-1)^2} = \sqrt{30} \approx 5{,}48$

Seite 152 | Aufgabe 15

a) $\left|\begin{pmatrix}3a\\a\end{pmatrix}\right| = 2 \Leftrightarrow \sqrt{(3a)^2+a^2} = 2 \Leftrightarrow 9a^2+a^2 = 4 \Leftrightarrow 10a^2 = 4 \Leftrightarrow a = \pm\sqrt{\frac{2}{5}} \approx \pm 0{,}63$

b) $\left|\begin{pmatrix}a\\1\\3\end{pmatrix}\right| = \sqrt{26} \Leftrightarrow \sqrt{a^2+1^2+3^2} = \sqrt{26} \Leftrightarrow a^2+1+9 = 26 \Leftrightarrow a^2 = 16 \Leftrightarrow a = \pm 4$

c) $\left|\begin{pmatrix}2a\\3a\\12\end{pmatrix}\right| = 14 \Leftrightarrow \sqrt{(2a)^2+(3a)^2+12^2} = 14 \Leftrightarrow 4a^2+9a^2+144 = 196 \Leftrightarrow 13a^2 = 52 \Leftrightarrow a = \pm 2$

Seite 152 | Aufgabe 16

Der Vektor $\overrightarrow{PQ}$ hat die Koordinaten $\begin{pmatrix}-1\\4\\a-6\end{pmatrix}$. Damit wird wie folgt gerechnet:

$\left|\begin{pmatrix}-1\\4\\a-6\end{pmatrix}\right| = 9 \Leftrightarrow \sqrt{(-1)^2+4^2+(a-6)^2} = 9 \Leftrightarrow 1+16+(a^2-12a+36) = 81 \Leftrightarrow a^2-12a-28 = 0.$

Nach PQ-Formel gilt dann $a_{1,2} = 6 \pm \sqrt{36+28}$, also $a_1 = 14$ und $a_2 = -2$

Seite 152 | Aufgabe 17

Sei a die betragsgrößte Koordinate eines Vektors $\vec{v}$. Die anderen beiden Koordinaten seien b und c. Dann gilt:
$|\vec{v}| = \sqrt{a^2+b^2+c^2} \geq \sqrt{a^2+0+0} = \sqrt{a^2} = a$, da b^2 und c^2 als Quadratzahlen größer als 0 sind.
Wenn b und c beide gleich Null sind, gilt $|\vec{v}| = \sqrt{a^2+0+0} = \sqrt{a^2} = a$, dann sind also die beiden Werte gleich.

Seite 153 | Aufgabe 18

a) Die um 2 nach rechts verschobene x_2-Achse, also die Gerade $x_1 = 2$.
b) Der Kreis mit dem Ursprung als Mittelpunkt und dem Radius 1.
c) Die Winkelhalbierende des ersten bzw. dritten Quadranten, also die Gerade $x_2 = x_1$.
d) Die um 3 nach unten verschobene x_1x_3-Ebene, also die Ebene $x_2 = -3$.
e) Die Ebene, die die x_2-Achse und die Winkelhalbierende zwischen x_1- und x_3-Achse enthält.
f) Die Kugel mit dem Ursprung als Mittelpunkt und dem Radius 2.

Seite 153 | Aufgabe 19

a) $\overrightarrow{EH} = \begin{pmatrix}0\\4\\5\end{pmatrix}$, $\overrightarrow{HK} = \begin{pmatrix}-10\\0\\0\end{pmatrix}$, $\overrightarrow{MP} = \begin{pmatrix}3\\0\\5\end{pmatrix}$, $\overrightarrow{LT} = \begin{pmatrix}-3\\-4\\5\end{pmatrix}$

b) Da Vektoren startpunktunabhängig sind, ist es unwichtig, wie man das Haus in einem Koordinatensystem platziert. Wichtig ist allerdings, dass ein Koordinatensystem mit den üblichen Achsen (rechtwinklig) gewählt wird.

c) $|\overrightarrow{EH}| = \sqrt{41} \approx 6{,}40$, $|\overrightarrow{HK}| = 10$, $|\overrightarrow{MP}| = \sqrt{34} \approx 5{,}83$, $|\overrightarrow{LT}| = \sqrt{50} \approx 7{,}07$

Seite 153 | Aufgabe 20

a) $|\overrightarrow{AB}| = \left|\begin{pmatrix}-2\\4\\3\end{pmatrix}\right| = \sqrt{29}$ $\quad |\overrightarrow{AC}| = \left|\begin{pmatrix}-5\\-2\\0\end{pmatrix}\right| = \sqrt{29}$ $\quad |\overrightarrow{BC}| = \left|\begin{pmatrix}-3\\-6\\-3\end{pmatrix}\right| = \sqrt{54}$

Das Dreieck ist also gleichschenklig, aber nicht gleichseitig.

b) $|\overrightarrow{AB}| = \left|\begin{pmatrix}-3\\3\\-7\end{pmatrix}\right| = \sqrt{67}$ $\quad |\overrightarrow{AC}| = \left|\begin{pmatrix}-3\\0\\0\end{pmatrix}\right| = \sqrt{9} = 3$ $\quad |\overrightarrow{BC}| = \left|\begin{pmatrix}0\\-3\\7\end{pmatrix}\right| = \sqrt{58}$

Das Dreieck ist weder gleichschenklig noch gleichseitig.

Seite 153 | Aufgabe 21

a) $|\overrightarrow{AB}| = \left|\begin{pmatrix}1\\-4\\3\end{pmatrix}\right| = \sqrt{26}$ $\quad |\overrightarrow{AC}| = \left|\begin{pmatrix}-2\\-2\\-2\end{pmatrix}\right| = \sqrt{12}$ $\quad |\overrightarrow{BC}| = \left|\begin{pmatrix}-3\\2\\-5\end{pmatrix}\right| = \sqrt{38}$

Es ist $38 = 26 + 12$, also ist das Dreieck rechtwinklig mit der Hypotenuse $\overrightarrow{BC}$.

b) $|\overrightarrow{AB}| = \left|\begin{pmatrix}-6\\-1\\9\end{pmatrix}\right| = \sqrt{118}$ $\quad |\overrightarrow{AC}| = \left|\begin{pmatrix}3\\-2\\2\end{pmatrix}\right| = \sqrt{17}$ $\quad |\overrightarrow{BC}| = \left|\begin{pmatrix}9\\1\\-7\end{pmatrix}\right| = \sqrt{131}$

Das Dreieck ist nicht rechtwinklig, denn $131 \neq 118+17$.

c) $|\overrightarrow{AB}| = \left|\begin{pmatrix}-5\\-1\\2\end{pmatrix}\right| = \sqrt{30}$ $\quad |\overrightarrow{AC}| = \left|\begin{pmatrix}-1\\-7\\9\end{pmatrix}\right| = \sqrt{131}$ $\quad |\overrightarrow{BC}| = \left|\begin{pmatrix}4\\-6\\7\end{pmatrix}\right| = \sqrt{101}$

Es ist $131 = 101 + 30$, also ist das Dreieck rechtwinklig mit der Hypotenuse $\overrightarrow{BC}$.

d) $|\overrightarrow{AB}| = \left|\begin{pmatrix}0\\-3\\-3\end{pmatrix}\right| = \sqrt{18}$ $\quad |\overrightarrow{AC}| = \left|\begin{pmatrix}0\\0\\-6\end{pmatrix}\right| = 6 = \sqrt{36}$ $\quad |\overrightarrow{BC}| = \left|\begin{pmatrix}0\\3\\-3\end{pmatrix}\right| = \sqrt{18}$

Es ist $36 = 18 + 18$, also ist das Dreieck rechtwinklig mit der Hypotenuse $\overrightarrow{AC}$.

Seite 153 | Aufgabe 22

a) $|\overrightarrow{AB}| = \left|\begin{pmatrix}5\\0\end{pmatrix}\right| = 5$ $\quad |\overrightarrow{BC}| = \left|\begin{pmatrix}3\\4\end{pmatrix}\right| = 5$ $\quad |\overrightarrow{CD}| = \left|\begin{pmatrix}-5\\0\end{pmatrix}\right| = 5$ $\quad |\overrightarrow{DA}| = \left|\begin{pmatrix}-3\\-4\end{pmatrix}\right| = 5$

Das Viereck hat 4 gleich lange Seiten, ist also eine Raute.

b) $|\overrightarrow{AB}| = \left|\begin{pmatrix}3\\2\end{pmatrix}\right| = \sqrt{13}$ $\quad |\overrightarrow{BC}| = \left|\begin{pmatrix}-3\\3\end{pmatrix}\right| = \sqrt{18}$ $\quad |\overrightarrow{CD}| = \left|\begin{pmatrix}-3\\-3\end{pmatrix}\right| = \sqrt{18}$ $\quad |\overrightarrow{DA}| = \left|\begin{pmatrix}3\\-2\end{pmatrix}\right| = \sqrt{13}$

Das Viereck hat keine 4 gleichlangen Seiten, ist also keine Raute.

Seite 153 | Aufgabe 23

Der Punkt (10|10), in dem sich die Biene befindet, wird P genannt.
Die Blumen befinden sich in A(1|7); B(5|7) und C(6|4). Dann gilt:

$|\overrightarrow{PA}| = \sqrt{90}$, $|\overrightarrow{PB}| = \sqrt{34}$, $|\overrightarrow{PC}| = \sqrt{52}$

$|\overrightarrow{AB}| = 4$, $|\overrightarrow{BC}| = \sqrt{10}$, $|\overrightarrow{AC}| = \sqrt{34}$

$|\overrightarrow{OA}| = \sqrt{50}$, $|\overrightarrow{OB}| = \sqrt{74}$, $|\overrightarrow{OC}| = \sqrt{52}$

Nun gibt es sechs mögliche Flugrouten, deren Längen sind:

P–A–B–C–O: ≈23,86 P–A–C–B–O: ≈27,08 P–B–A–C–O: ≈22,87
P–B–C–A–O: ≈21,90 P–C–A–B–O: ≈25,64 P–C–B–A–O: ≈21,44

Damit ist es am günstigsten, erst C, dann B und schließlich A anzusteuern, bevor die Biene nach Hause fliegt.

Seite 153 | Aufgabe 24

a) $\overrightarrow{PQ} = \begin{pmatrix}2\\-1\\2\end{pmatrix}$; $|\overrightarrow{PQ}| = \sqrt{2^2 + (-1)^2 + 2^2} = 3$. Der Betrag gibt die Strecke an, die der Balon in einer Sekunde geflogen ist.

b) zwei Sekunden: A(4|–2|11) drei Sekunden: B(6|–3|13) vier Sekunden: C(8|–4|15) zehn Sekunden: D(20|–10|27)

Seite 153 | Aufgabe 25

a)

	p = 1	p = 2	p = 3	p = 10
$\vec{a} = \begin{pmatrix}1\\4\\0\end{pmatrix}$	5	$\sqrt{17} \approx 4{,}12$	$\sqrt[3]{65} \approx 4{,}02$	$\sqrt[10]{1\,048\,577} \approx 4{,}00$
$\vec{b} = \begin{pmatrix}2\\-3\\1\end{pmatrix}$	0	$\sqrt{14} \approx 3{,}74$	$\sqrt[3]{36} \approx 3{,}30$	$\sqrt[10]{60\,074} \approx 3{,}01$

b) Für $p \to \infty$ strebt die p-Norm eines Vektors gegen den Betrag der Koordinate, die den größten Betrag hat. Diese sogenannte Unendlichnorm heißt deshalb auch Maximumsnorm.

4.3 Addition und Subtraktion von Vektoren

Seite 154 | Einstieg

a) Der Arzt bewegt sich insgesamt 0 Einheiten in x_1-Richtung und 12 Einheiten in x_2-Richtung: $\begin{pmatrix}0\\12\end{pmatrix}$.

b) $\begin{pmatrix}30\\42\end{pmatrix}$.

Seite 156 | Aufgabe 1

a) $\begin{pmatrix}-1\\4\\11\end{pmatrix}$ b) $\begin{pmatrix}9\\-8\\8\end{pmatrix}$ c) $\begin{pmatrix}2{,}2\\4{,}3\\-18{,}3\end{pmatrix}$ d) $\begin{pmatrix}-27\\17\end{pmatrix}$

Seite 156 | Aufgabe 2

a) $\begin{pmatrix}5\\-1\\-12\end{pmatrix}$ b) $\begin{pmatrix}4\\-16\\13\end{pmatrix}$ c) $\begin{pmatrix}0\\19\\9\end{pmatrix}$ d) $\begin{pmatrix}3\\-6\end{pmatrix}$

Seite 156 | Aufgabe 3

a) $\vec{a} + \vec{b} = \begin{pmatrix}2\\-1\end{pmatrix}$, $\vec{a} - \vec{b} = \begin{pmatrix}2\\-7\end{pmatrix}$

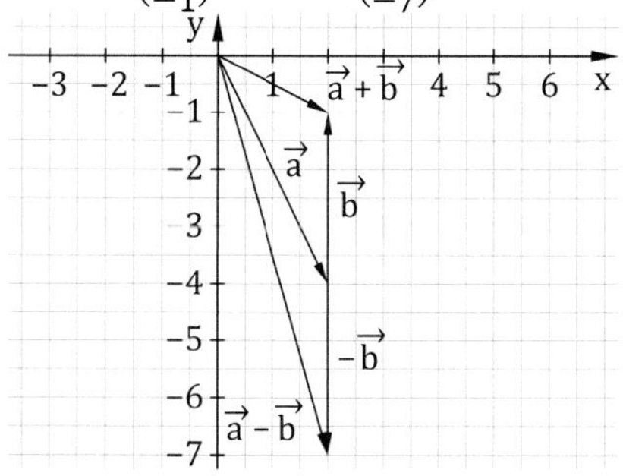

b) $\vec{a} + \vec{b} = \begin{pmatrix}1\\4\end{pmatrix}$, $\vec{a} - \vec{b} = \begin{pmatrix}9\\0\end{pmatrix}$

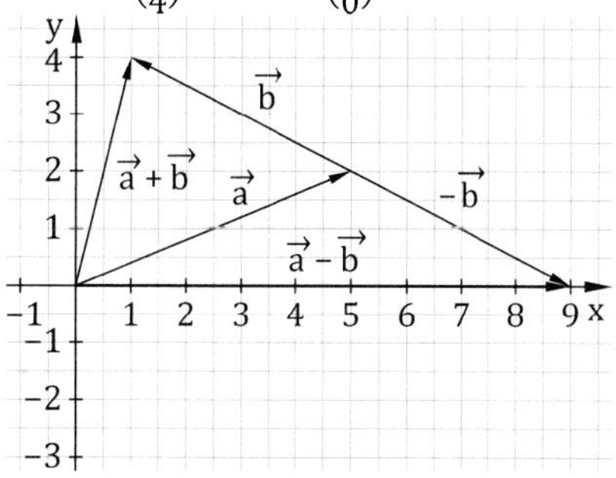

Seite 156 | Aufgabe 4

a) $\vec{a} + \vec{b} + \vec{a} = \overrightarrow{AE} = \overrightarrow{BD}$ b) $\overrightarrow{CD} = \vec{a}$, $\overrightarrow{DE} = -\vec{b}$, $\overrightarrow{AC} = \vec{b} + \vec{a} + \vec{b}$, $\overrightarrow{BE} = \vec{a} + \vec{a}$, $\overrightarrow{CF} = -\vec{b} - \vec{b}$, $\overrightarrow{AD} = \vec{a} + \vec{b} + \vec{a} + \vec{b}$

Seite 156 | Aufgabe 5

$\overrightarrow{OE} = \vec{a} + \vec{a} + \vec{c}$, $\overrightarrow{AC} = \vec{c} + \vec{b} - \vec{a}$, $\overrightarrow{DH} = \vec{c} + \vec{b} - \vec{a}$, $\overrightarrow{EB} = \vec{b} - \vec{c} - \vec{a} - \vec{a}$, $\overrightarrow{BD} = \vec{a} + \vec{a} - \vec{b}$

Seite 156 | Aufgabe 6

a) $\begin{pmatrix} -4 \\ 2 \\ 3 \end{pmatrix}$ b) $\begin{pmatrix} -12 \\ 4 \\ -3 \end{pmatrix}$ c) $\begin{pmatrix} 8 \\ -2 \\ 6 \end{pmatrix}$ d) $\begin{pmatrix} -2 \\ 6 \\ -7 \end{pmatrix}$ e) $\begin{pmatrix} 6 \\ -8 \\ 4 \end{pmatrix}$ f) $\begin{pmatrix} -18 \\ 1 \\ 4 \end{pmatrix}$

Seite 156 | Aufgabe 7

a) $\begin{pmatrix} 2 \\ 6 \end{pmatrix}$

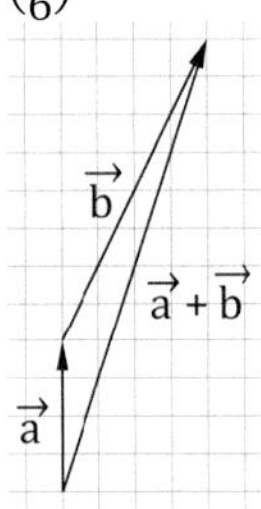

b) $\begin{pmatrix} 2 \\ 6 \end{pmatrix}$

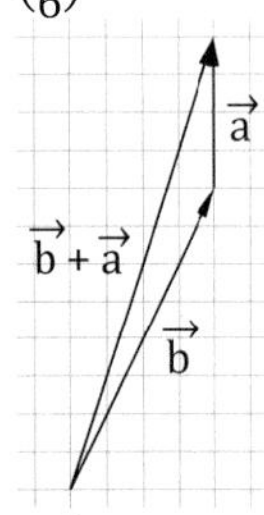

c) $\begin{pmatrix} -2 \\ -2 \end{pmatrix}$

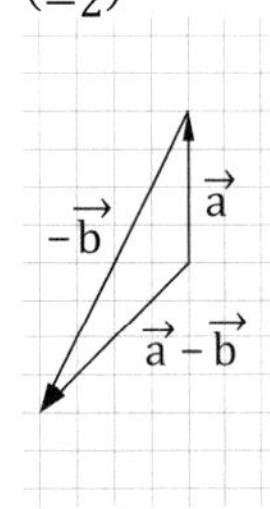

d) $\begin{pmatrix} 2 \\ 2 \end{pmatrix}$

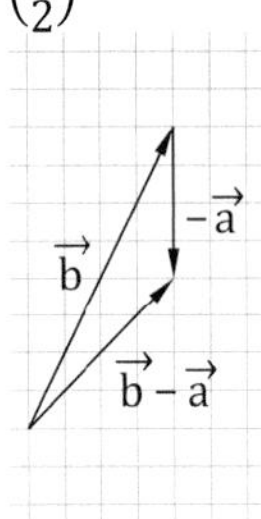

e) $\begin{pmatrix} 0 \\ -2 \end{pmatrix}$

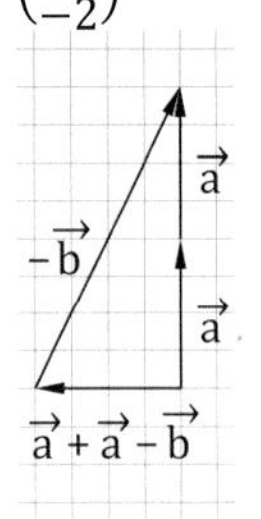

f) $\begin{pmatrix} 5 \\ 3 \end{pmatrix}$

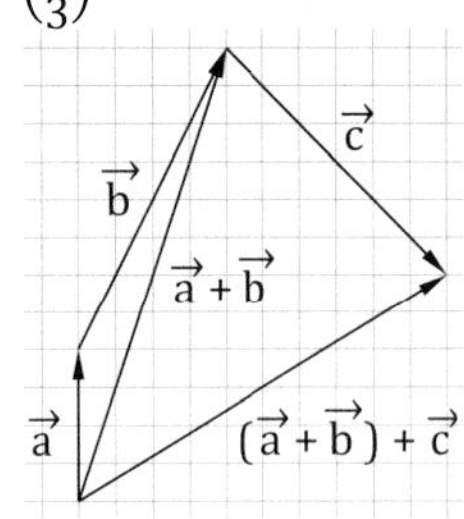

g) $\begin{pmatrix} 5 \\ 3 \end{pmatrix}$

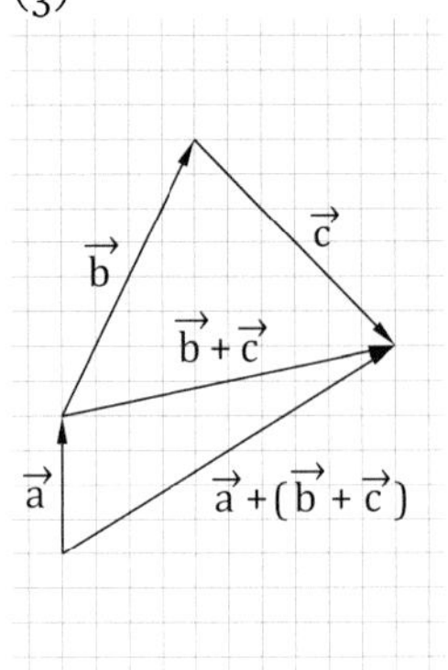

h) $\begin{pmatrix} -1 \\ 9 \end{pmatrix}$

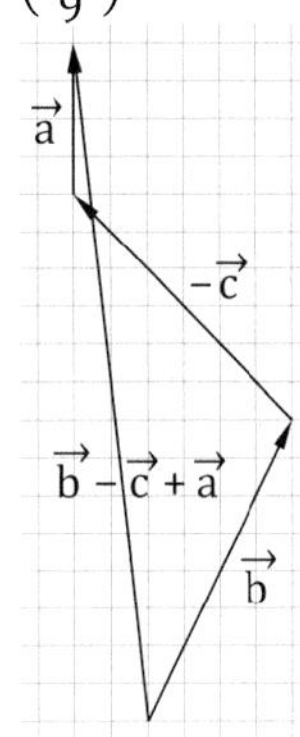

i) $\begin{pmatrix} -1 \\ 5 \end{pmatrix}$

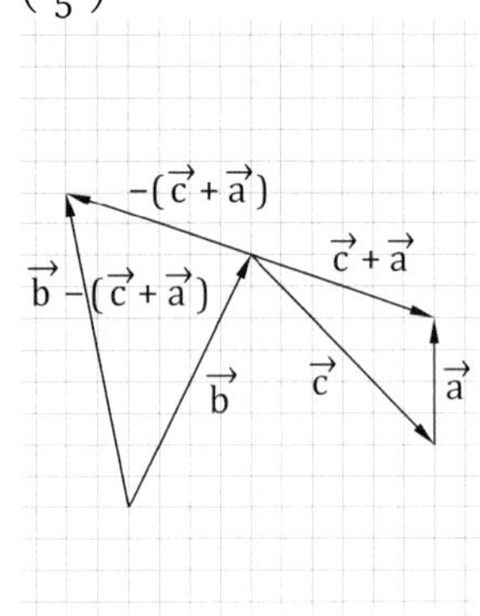

Seite 156 | Aufgabe 8

a) $\vec{a}$ b) $\vec{a}$ c) $\vec{a}$ d) $-\vec{a}$ e) $\vec{0}$

f) $\vec{0}$ g) 0 h) 0 i) $\vec{a}$

Seite 157 | Aufgabe 9

a) Nach der Dreiecksregel gilt: $\overrightarrow{OP} + \overrightarrow{PQ} = \overrightarrow{OQ}$. Subtrahieren von $\overrightarrow{OP}$ auf beiden Seiten ergibt $\overrightarrow{PQ} = -\overrightarrow{OP} + \overrightarrow{OQ}$.

b) $\overrightarrow{PQ} = -\overrightarrow{OP} + \overrightarrow{OQ} = -\begin{pmatrix} p_1 \\ p_2 \\ p_3 \end{pmatrix} + \begin{pmatrix} q_1 \\ q_2 \\ q_3 \end{pmatrix} = \begin{pmatrix} -p_1 \\ -p_2 \\ -p_3 \end{pmatrix} + \begin{pmatrix} q_1 \\ q_2 \\ q_3 \end{pmatrix} = \begin{pmatrix} q_1 - p_1 \\ q_2 - p_2 \\ q_3 - p_3 \end{pmatrix}$

Seite 157 | Aufgabe 10

a) $\overrightarrow{BC} + \overrightarrow{CA} = \overrightarrow{BA}$

b) $\overrightarrow{PQ} - \overrightarrow{RQ} = \overrightarrow{PQ} + \overrightarrow{QR} = \overrightarrow{PR}$

c) $\overrightarrow{TS} + \overrightarrow{ST} = \vec{0}$

d) $\overrightarrow{DC} + \overrightarrow{CB} + \overrightarrow{BA} = \overrightarrow{DA}$

e) $\overrightarrow{FG} + \overrightarrow{HI} + \overrightarrow{GH} = \overrightarrow{FG} + \overrightarrow{GH} + \overrightarrow{HI} = \overrightarrow{FI}$

f) $-\overrightarrow{PR} + \overrightarrow{ST} + \overrightarrow{PS} = \overrightarrow{RP} + \overrightarrow{PS} + \overrightarrow{ST} = \overrightarrow{RT}$

g) $\overrightarrow{KN} - \overrightarrow{KM} + \overrightarrow{LM} = \overrightarrow{LM} + \overrightarrow{MK} + \overrightarrow{KN} = \overrightarrow{LN}$

h) $\overrightarrow{UV} + \overrightarrow{WU} + \overrightarrow{VW} = \overrightarrow{UV} + \overrightarrow{VW} + \overrightarrow{WU} = \vec{0}$

Seite 157 | Aufgabe 11

a) $(\vec{a} + \vec{b}) + \vec{c} = \left(\begin{pmatrix} 2 \\ -1 \\ 3 \end{pmatrix} + \begin{pmatrix} -4 \\ 3 \\ 0 \end{pmatrix}\right) + \begin{pmatrix} 3 \\ -2 \\ 8 \end{pmatrix} = \begin{pmatrix} -2 \\ 2 \\ 3 \end{pmatrix} + \begin{pmatrix} 3 \\ -2 \\ 8 \end{pmatrix} = \begin{pmatrix} 1 \\ 0 \\ 11 \end{pmatrix}$

$\vec{a} + (\vec{b} + \vec{c}) = \begin{pmatrix} 2 \\ -1 \\ 3 \end{pmatrix} + \left(\begin{pmatrix} -4 \\ 3 \\ 0 \end{pmatrix} + \begin{pmatrix} 3 \\ -2 \\ 8 \end{pmatrix}\right) = \begin{pmatrix} 2 \\ -1 \\ 3 \end{pmatrix} + \begin{pmatrix} -1 \\ 1 \\ 8 \end{pmatrix} = \begin{pmatrix} 1 \\ 0 \\ 11 \end{pmatrix}$

b) Man sieht an der Zeichnung, dass ein Klammerwechsel bei der Addition von Vektoren nur einen anderen Weg bedeutet, dessen Start-und Endpunkt aber übereinstimmen. Deshalb ist der Ergebnisvektor derselbe.

c) $(\vec{a}+\vec{b})+\vec{c}=\left(\begin{pmatrix}a_1\\a_2\\a_3\end{pmatrix}+\begin{pmatrix}b_1\\b_2\\b_3\end{pmatrix}\right)+\begin{pmatrix}c_1\\c_2\\c_3\end{pmatrix}=\begin{pmatrix}a_1+b_1\\a_2+b_2\\a_3+b_3\end{pmatrix}+\begin{pmatrix}c_1\\c_2\\c_3\end{pmatrix}=\begin{pmatrix}a_1+b_1+c_1\\a_2+b_2+c_2\\a_3+b_3+c_3\end{pmatrix}$

$\vec{a}+(\vec{b}+\vec{c})=\begin{pmatrix}a_1\\a_2\\a_3\end{pmatrix}+\left(\begin{pmatrix}b_1\\b_2\\b_3\end{pmatrix}+\begin{pmatrix}c_1\\c_2\\c_3\end{pmatrix}\right)=\begin{pmatrix}a_1\\a_2\\a_3\end{pmatrix}+\begin{pmatrix}b_1+c_1\\b_2+c_2\\b_3+c_3\end{pmatrix}=\begin{pmatrix}a_1+b_1+c_1\\a_2+b_2+c_2\\a_3+b_3+c_3\end{pmatrix}$

Beide Rechnungen haben also dasselbe Ergebnis.

Seite 157 | Aufgabe 12

Lea: Das gilt nur, falls $\vec{a}$ und $\vec{b}$ in die gleiche Richtung zeigen und die gleiche Orientierung haben. Ansonsten können sich Teile der Längen gegenseitig aufheben.

Tim: Das gilt nur, falls $\vec{a}$ und $\vec{b}$ rechtwinklig aufeinander stehen.
Niels und Tatjana haben wegen der Dreiecksungleichung beide Recht.

Seite 157 | Aufgabe 13

a) $\left|\begin{pmatrix}3\\4\\0\end{pmatrix}+\begin{pmatrix}8\\0\\-6\end{pmatrix}\right|=\left|\begin{pmatrix}11\\4\\-6\end{pmatrix}\right|=\sqrt{11^2+4^2+(-6)^2}=\sqrt{173}\approx 13{,}15$

$\left|\begin{pmatrix}3\\4\\0\end{pmatrix}\right|+\left|\begin{pmatrix}8\\0\\-6\end{pmatrix}\right|=\sqrt{25}+\sqrt{100}=15$

Der Betrag der Summe ist also in der Tat kleiner gleich der Summe der Beträge.

b) Die Vektoren $\vec{a}$, $\vec{b}$, und $\vec{a}+\vec{b}$ formen ein Dreieck. In einem Dreieck kann eine Seite nicht länger sein als die Summe der anderen beiden Seiten.

c) Ein mögliches Beispiel wäre $\vec{a}=\begin{pmatrix}1\\2\\2\end{pmatrix}$ und $\vec{b}=\begin{pmatrix}2\\4\\4\end{pmatrix}$; $\vec{a}+\vec{b}=\begin{pmatrix}3\\6\\6\end{pmatrix}$: $|\vec{a}|=3$; $|\vec{b}|=6$; $|\vec{a}+\vec{b}|=9$.

Allgemein müssen die Vektoren in die gleiche Richtung zeigen und die gleiche Orientierung haben, damit diese Aussage gilt.

Seite 157 | Aufgabe 14

$\vec{d}=\vec{a}-\vec{c}, \vec{e}=\vec{b}-\vec{a}, \vec{f}=\vec{b}, \vec{k}=-\vec{a}-\vec{b}+\vec{c}, \vec{h}=\vec{b}-\vec{c}$

Seite 157 | Aufgabe 15

a) $\vec{x}=\begin{pmatrix}3\\-5\\2\end{pmatrix}$ b) $\vec{x}=\begin{pmatrix}6\\3\\7\end{pmatrix}$ c) $\vec{x}=\begin{pmatrix}15\\-1\\19\end{pmatrix}$

Seite 157 | Aufgabe 16

a) $a=0, b=-2, c=-5$ b) $x=-1, y=7, z=10$ c) $r=39, s=-9\ t=18$

Seite 158 | Aufgabe17

a) Da sich die Diagonalen halbieren, gilt $\overrightarrow{MB}=\overrightarrow{DM}$ und $\overrightarrow{MC}=\overrightarrow{AM}$.
Daraus folgt $\overrightarrow{AB}=\overrightarrow{AM}+\overrightarrow{MB}=\overrightarrow{MC}+\overrightarrow{DM}=\overrightarrow{DM}+\overrightarrow{MC}=\overrightarrow{DC}$ und $\overrightarrow{AD}=\overrightarrow{AM}+\overrightarrow{MD}=\overrightarrow{MC}+\overrightarrow{BM}=\overrightarrow{BM}+\overrightarrow{MC}=\overrightarrow{BC}$.
Gegenüberliegende Seiten werden also durch gleiche Vektoren beschrieben.

b) Es gilt $\overrightarrow{AC}=\overrightarrow{AD}+\overrightarrow{DC}=\overrightarrow{AB}+\overrightarrow{BC}$. Da aber nach Vorraussetzung $\overrightarrow{AB}=\overrightarrow{DC}$ ist folgt direkt $\overrightarrow{AD}=\overrightarrow{BC}$.
Die anderen beiden Seiten werden also auch durch den gleichen Vektor beschrieben.

Seite 158 | Aufgabe 18

a) Es gilt (1) $\overrightarrow{AB}=\vec{e}-\vec{f}=-\vec{f}+\vec{e}=\overrightarrow{DC}$ nach der Zeichnung sowie $|\overrightarrow{AB}|=|\vec{e}-\vec{f}|=\left|\begin{pmatrix}-4\\2\\3\end{pmatrix}\right|=\sqrt{29}$ und

$|\overrightarrow{AD}|=|\vec{e}+\vec{f}|=\left|\begin{pmatrix}-2\\0\\5\end{pmatrix}\right|=\sqrt{29}$ und damit (2) $|\overrightarrow{AB}|=|\overrightarrow{AD}|$.

Wie in Aufgabe 17 gezeigt, ist das Viereck wegen (1) ein Parallelogramm und damit wegen (2) ein Parallelogramm mit 4 gleichlangen Seiten, also eine Raute. Damit stehen die Diagonalen und damit die Vektoren $\vec{e}$ und $\vec{f}$ senkrecht aufeinander.

b) Wenn von zwei Vektoren die Summe und die Differenz den gleichen Betrag haben, stehen diese senkrecht aufeinander.

Seite 158 | Aufgabe 19

a) $|\vec{F}|=|\vec{F_G}+\vec{F_W}|=\left|\begin{pmatrix}0\\1\end{pmatrix}+\begin{pmatrix}0{,}28\\0\end{pmatrix}\right|=\left|\begin{pmatrix}0{,}28\\1\end{pmatrix}\right|=\sqrt{0{,}28^2+1^2}\approx 1{,}04$

Die Gesamtkraft hat einen Betrag von 1,04 N.

b) $\tan(\alpha)=\frac{0{,}28}{1}\Leftrightarrow \alpha=\tan^{-1}(0{,}28)\approx 15{,}64°$

Der Knödel hängt in einem Winkel von etwa 15,64° zur Senkrechten.

Seite 158 | Aufgabe 20

a) Der effektive Weg ist die Summe der beiden Vektoren, also $\begin{pmatrix} -18 \\ 20 \\ 1{,}5 \end{pmatrix}$.

b) Die Geschwindigkeit über dem Erdboden entspricht dem Betrag des Wegvektors, wenn man die Bewegung nach oben ignoriert, also $\left|\overrightarrow{v_{x_1,x_2}}\right| = \left|\begin{pmatrix} -21 \\ 14 \end{pmatrix}\right| = \sqrt{637} \approx 25{,}24$ LE pro Stunde. Rechnet man den Wind mit ein, ergibt sich $\left|\begin{pmatrix} -18 \\ 20 \end{pmatrix}\right| = \sqrt{724} \approx 26{,}91$ LE pro Stunde. Der Betrag der Geschwindigkeit wird also vergrößert.

c) Dafür muss gelten: $\vec{v} + \begin{pmatrix} 3 \\ 6 \\ 0 \end{pmatrix} = \begin{pmatrix} 6 \\ -3 \\ 0 \end{pmatrix}$, also $\vec{v} = \begin{pmatrix} 3 \\ -9 \\ 0 \end{pmatrix}$.

Seite 158 | Aufgabe 21

a) $f_A(x) = -2x^3 + x^2 + 4x - 3$; $f_B(x) = 6x^2 + 2x - 3$; $f_C(x) = 2x^3 + 4$; $f_D(x) = x$

b) $f_1(x) = \begin{pmatrix} -3 \\ 5 \\ 4 \\ -7 \end{pmatrix}$, $f_2(x) = \begin{pmatrix} 0 \\ 5 \\ 0 \\ -4 \end{pmatrix}$, $f_3(x) = \begin{pmatrix} 0 \\ 0 \\ -3 \\ 0 \end{pmatrix}$, $f_4(x) = \begin{pmatrix} 0 \\ 0 \\ 0 \\ 0 \end{pmatrix}$

$$f_1 + f_2 = \begin{pmatrix} -3 \\ 5 \\ 4 \\ -7 \end{pmatrix} + \begin{pmatrix} 0 \\ 5 \\ 0 \\ -4 \end{pmatrix} = \begin{pmatrix} -3 \\ 10 \\ 4 \\ -11 \end{pmatrix} = -3x^3 + 10x^2 + 4x - 11$$

$$f_1 - f_2 = \begin{pmatrix} -3 \\ 5 \\ 4 \\ -7 \end{pmatrix} - \begin{pmatrix} 0 \\ 5 \\ 0 \\ -4 \end{pmatrix} = \begin{pmatrix} -3 \\ 0 \\ 4 \\ -3 \end{pmatrix} = -3x^3 + 4x - 3 \qquad f_2 + f_3 = \begin{pmatrix} 0 \\ 5 \\ 0 \\ -4 \end{pmatrix} + \begin{pmatrix} 0 \\ 0 \\ -3 \\ 0 \end{pmatrix} = \begin{pmatrix} 0 \\ 5 \\ -3 \\ -4 \end{pmatrix} = 5x^2 - 3x - 4$$

c Man kann zwei beliebige Funktionen vom Grad ≤ 3 addieren, das Ergebnis ist wieder eine Funktion vom Grad ≤ 3.

d) Der erste und dritte Vektor aus a) steht für $f_A(x) = -2x^3 + x^2 + 4x - 3$ und $f_C(x) = 2x^3 + 4$, also zwei Funktionen dritten Grades. Die Summe dieser Vektoren ist $\begin{pmatrix} -2 \\ 1 \\ 4 \\ -3 \end{pmatrix} + \begin{pmatrix} 2 \\ 0 \\ 0 \\ 4 \end{pmatrix} = \begin{pmatrix} 0 \\ 1 \\ 4 \\ 1 \end{pmatrix}$, dies steht für $f = x^2 + 4x + 1$, also eine Funktion zweiten Grades. Durch Addition zweier Funktionen vom Gerade 3 kann man eine Funktion niedrigeren Gerades (hier 2) erhalten.

4.4 Vielfache von Vektoren

Seite 159 | Einstieg

$\overrightarrow{P_2} = \begin{pmatrix} 70 \\ -90 \\ 42 \end{pmatrix}$; $\overrightarrow{P_3} = \begin{pmatrix} 105 \\ -135 \\ 63 \end{pmatrix}$; $\overrightarrow{P_5} = \begin{pmatrix} 175 \\ -225 \\ 105 \end{pmatrix}$; $\overrightarrow{P_{10}} = \begin{pmatrix} 350 \\ -450 \\ -210 \end{pmatrix}$

Seite 160 | Aufgabe 1

a) $\begin{pmatrix} 0 \\ 15 \\ 0 \end{pmatrix}$ b) $\begin{pmatrix} -28 \\ 4 \\ -16 \end{pmatrix}$ c) $\begin{pmatrix} 2 \\ -3 \\ \frac{1}{2} \end{pmatrix}$ d) $\begin{pmatrix} 0 \\ 0 \\ 0 \end{pmatrix}$ e) $\begin{pmatrix} 45 \\ 75 \end{pmatrix}$

Seite 160 | Aufgabe 2

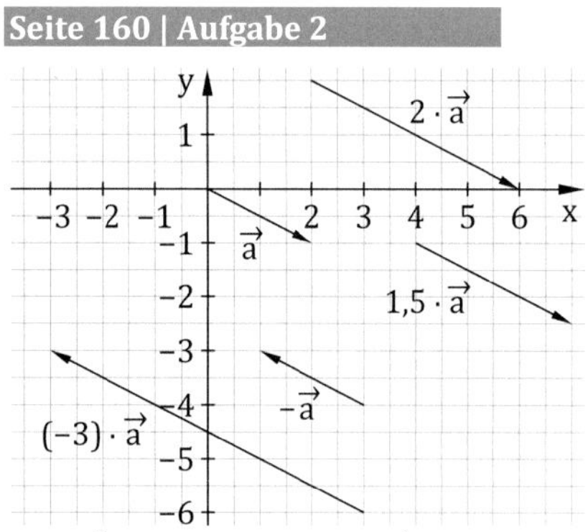

① $\begin{pmatrix} 2 \\ -1 \end{pmatrix}$ ② $\begin{pmatrix} 4 \\ -2 \end{pmatrix}$ ③ $\begin{pmatrix} 3 \\ -1{,}5 \end{pmatrix}$ ④ $\begin{pmatrix} -2 \\ 1 \end{pmatrix}$ ⑤ $\begin{pmatrix} -6 \\ 3 \end{pmatrix}$

Seite 160 | Aufgabe 3

a) $\vec{x} = \begin{pmatrix} -3 \\ 6 \\ 3 \end{pmatrix}$ b) $\vec{x} = \begin{pmatrix} 1{,}5 \\ 4{,}5 \\ -3 \end{pmatrix}$ c) $\vec{x} = \begin{pmatrix} 17 \\ -12 \\ 15 \end{pmatrix}$ d) $\vec{x} = \begin{pmatrix} 4 \\ 0 \\ \frac{4}{3} \end{pmatrix}$ e) $\vec{x} = \begin{pmatrix} -2 \\ 34 \\ -4 \end{pmatrix}$

f) $\vec{x} = \begin{pmatrix} 12 \\ -1 \\ -1 \end{pmatrix}$ g) $\vec{x} = \begin{pmatrix} 4 \\ 7 \\ -7 \end{pmatrix}$ h) $\vec{x} = \begin{pmatrix} -2 \\ -0.5 \\ 0.3 \end{pmatrix}$ i) $\vec{x} = \begin{pmatrix} -4 \\ 6 \\ -6 \end{pmatrix}$

Seite 160 | Aufgabe 4

$\vec{a} = \begin{pmatrix} -2 \\ 0 \end{pmatrix}; \vec{b} = \begin{pmatrix} 3 \\ -3 \end{pmatrix}; \vec{c} = \begin{pmatrix} -1 \\ -4 \end{pmatrix}$

a) $\begin{pmatrix} -8 \\ 0 \end{pmatrix}$

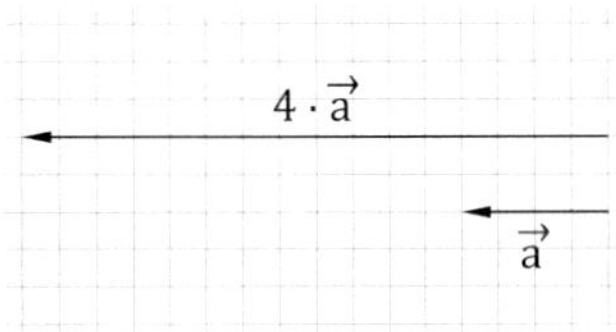

b) $\begin{pmatrix} 0 \\ -6 \end{pmatrix}$

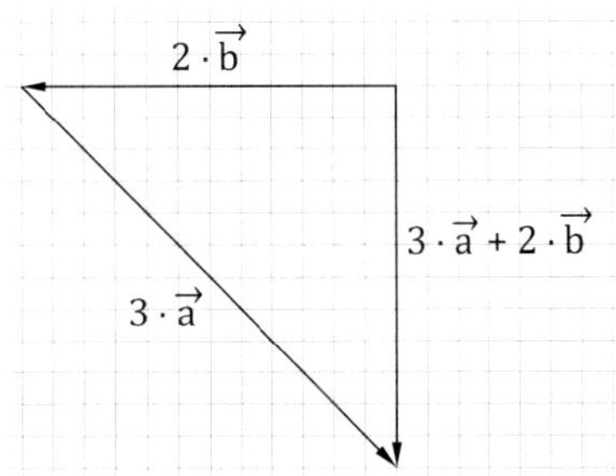

c) $\begin{pmatrix} 4 \\ -8 \end{pmatrix}$

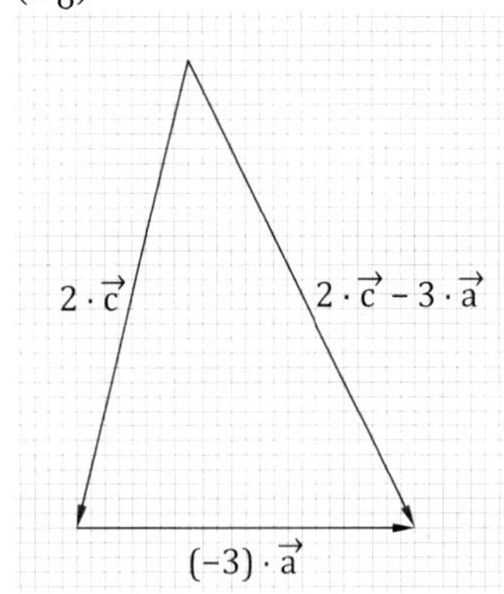

d) $\begin{pmatrix} 0{,}5 \\ -1{,}5 \end{pmatrix}$

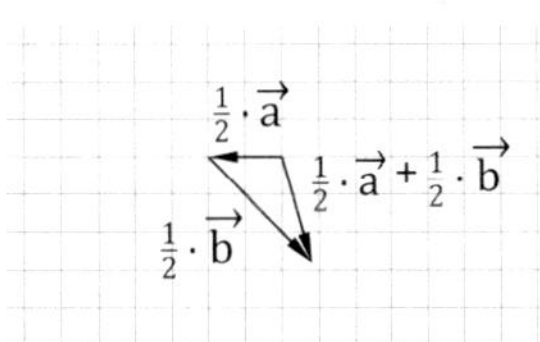

e) $\begin{pmatrix} 13 \\ -2 \end{pmatrix}$

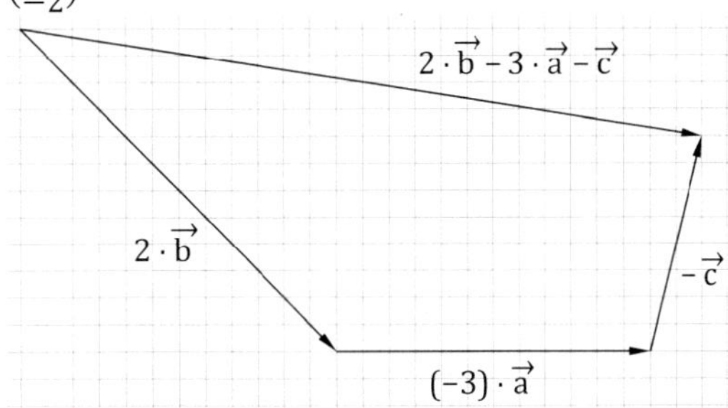

f) $\begin{pmatrix} 8 \\ 2 \end{pmatrix}$

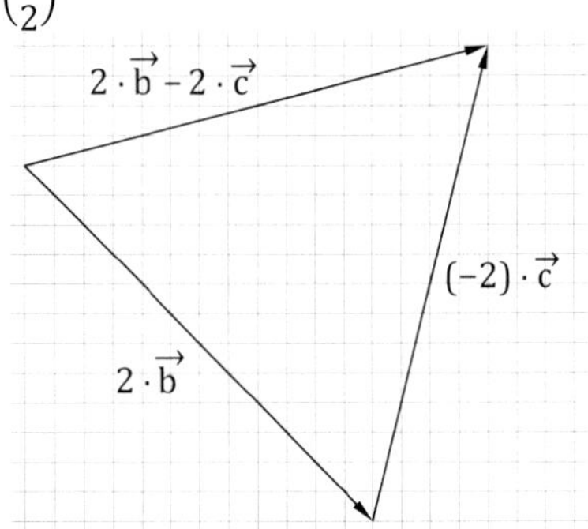

g) $\begin{pmatrix} 8 \\ 2 \end{pmatrix}$

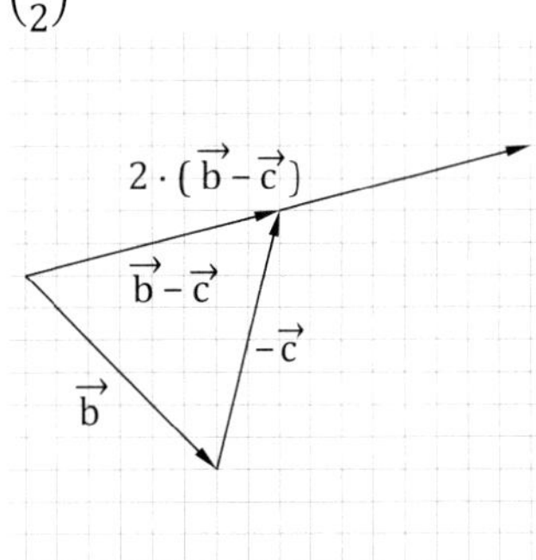

h) $\begin{pmatrix} 0 \\ -1 \end{pmatrix}$

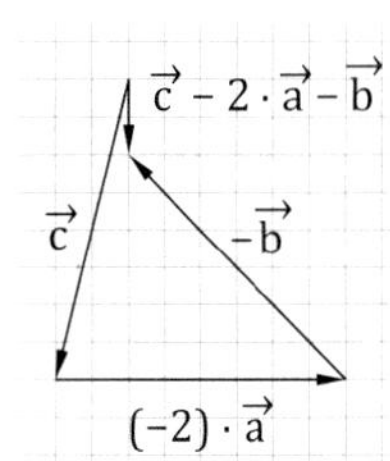

Seite 160 | Aufgabe 5

a) $2 \cdot \vec{a}$ b) $5 \cdot \vec{v} - 6 \cdot \vec{u}$ c) $\vec{a} + 4 \cdot \vec{b}$ d) $\frac{1}{2} \cdot \vec{a} - \frac{1}{2} \cdot \vec{b} - \frac{1}{2} \cdot \vec{c}$

e) $\vec{0}$ f) $15 \cdot \vec{u} - 6 \cdot \vec{v}$ g) $-23 \cdot \vec{c} + 18 \cdot \vec{b} - 3 \cdot \vec{a}$

Seite 160 | Aufgabe 6

a) $0{,}5 \cdot \begin{pmatrix} 1 \\ 8 \\ 3 \end{pmatrix}$ b) $\frac{1}{6} \cdot \begin{pmatrix} 1 \\ 14 \\ 4 \end{pmatrix}$ c) $0{,}1 \cdot \begin{pmatrix} 23 \\ 61 \\ -6 \end{pmatrix}$ d) $\frac{1}{12} \cdot \begin{pmatrix} 3 \\ 2 \end{pmatrix}$ e) $\frac{1}{12} \cdot \begin{pmatrix} 4 \\ 15 \\ -24 \end{pmatrix} = \frac{1}{100} \cdot \begin{pmatrix} 40 \\ 75 \\ -120 \end{pmatrix}$

Seite 162 | Aufgabe 7

a) ja, mit Faktor 2. b) nein c) nein

d) ja, mit Faktor $-\frac{5}{7}$ e) nein f) ja, mit Faktor $\sqrt{2}$

Seite 162 | Aufgabe 8

Der Vektor $\vec{b}$ ist kollinear zu $\vec{v}$: $\vec{b} = -1{,}5\vec{v}$

Seite 162 | Aufgabe 9

a) $a = -8$ b) $u = 10, v = 50$ c) $x = 0, y = -5$

Seite 162 | Aufgabe 10

a) $\begin{pmatrix} 7 \\ 16 \end{pmatrix}$ b) $\begin{pmatrix} 2{,}5 \\ 6{,}5 \end{pmatrix}$ c) $\begin{pmatrix} 6 \\ -2 \end{pmatrix}$ d) $\begin{pmatrix} -8 \\ -1 \end{pmatrix}$

Seite 162 | Aufgabe 11

a) $\overrightarrow{DF} = 2\vec{a} + 3\vec{b} + 2\vec{c}, \overrightarrow{DC} = 3\vec{b}, \overrightarrow{DE} = 2\vec{a} + 2\vec{c}, \overrightarrow{DI} = 2\vec{b} + 2\vec{c}, \overrightarrow{DJ} = 3\vec{b} + \vec{c}, \overrightarrow{AH} = -2\vec{a} + 2\vec{c}, \overrightarrow{HB} = 2\vec{a} + 3\vec{b} - 2\vec{c},$
$\overrightarrow{AJ} = -2\vec{a} + 3\vec{b} + \vec{c}, \overrightarrow{IB} = 2\vec{a} + \vec{b} - 2\vec{c}, \overrightarrow{JE} = 2\vec{a} - 3\vec{b} + 2\vec{c}$

b) ① $\overrightarrow{DB} = \overrightarrow{HG}$ ② $\overrightarrow{CA} = \overrightarrow{GE}$ ③ $\overrightarrow{AC} = \overrightarrow{EG}$ ④ $\overrightarrow{DH}$ ⑤ $\overrightarrow{DI}$ ⑥ $\overrightarrow{JA}$

Seite 162 | Aufgabe 12

① $2\vec{v} + \vec{w}$ ② $4\vec{v} + 0{,}5\vec{w}$ ③ $3\vec{v} - 0{,}5\vec{w}$ ④ $-\vec{v} + \vec{w}$ ⑤ $-2\vec{v} + 0{,}5\vec{w}$ ⑥ $-2\vec{v} - 0{,}5\vec{w}$

Seite 162 | Aufgabe 13

a) $\vec{v} = -9\vec{a} + 8\vec{b}, \ \vec{w} = 14\vec{a}$

b) Nein, denn $\vec{a}$ ist ein Vielfaches von $\vec{b}$, aber $\vec{v}$ und $\vec{w}$ sind es nicht.

c) $\vec{v} = -2\vec{a} - 3\vec{b}, \ \vec{w} = 4\vec{a} + 2\vec{b}$. Diese Aufgabe lässt sich am besten durch Aufstellen eines linearen Gleichungssystems lösen.

Seite 162 | Aufgabe 14

a) Das LGS $r\vec{a} + s\vec{b} = \vec{v}$, ergibt einen Widerspruch. $\vec{v}$ ist also nicht als Linearkombination von $\vec{a}$ und $\vec{b}$ darstellbar.
Das LGS $r\vec{a} + s\vec{b} = \vec{w}$, hat die Lösung $r = 3$ und $s = -2$. $\vec{w} = 3\vec{a} - 2\vec{b}$

b) Das LGS $r\vec{a} + s\vec{b} = \vec{v}$, ergibt einen Widerspruch. $\vec{v}$ ist also nicht als Linearkombination von $\vec{a}$ und $\vec{b}$ darstellbar.
Das LGS $r\vec{a} + s\vec{b} = \vec{w}$, ergibt einen Widerspruch. $\vec{w}$ ist also nicht als Linearkombination von $\vec{a}$ und $\vec{b}$ darstellbar.

c) Das LGS $r\vec{a} + s\vec{b} + t\vec{c} = \vec{v}$, hat die Lösung $r = 9{,}5$, $s = 1{,}5$ und $t = 3$. $\vec{v} = 9{,}5\vec{a} + 1{,}5\vec{b} - 3\vec{c}$
Das LGS $r\vec{a} + s\vec{b} + t\vec{c} = \vec{w}$ hat die Lösung $r = 4{,}5$, $s = 7{,}5$ und $t = 4$. $\vec{w} = 4{,}5\vec{a} + 7{,}5\vec{b} + 4\vec{c}$

Seite 163 | Aufgabe 15

$$\overrightarrow{AB} = \begin{pmatrix} 2 \\ -4 \\ 6 \end{pmatrix}, \overrightarrow{AC} = \begin{pmatrix} 2 \\ 8 \\ -4 \end{pmatrix}, \overrightarrow{AD} = \begin{pmatrix} -3 \\ 8 \\ -9 \end{pmatrix}, \overrightarrow{BC} = \begin{pmatrix} 0 \\ 12 \\ -10 \end{pmatrix}, \overrightarrow{BD} = \begin{pmatrix} -5 \\ 12 \\ -15 \end{pmatrix}, \overrightarrow{CD} = \begin{pmatrix} -5 \\ 0 \\ -5 \end{pmatrix}, \vec{u} = \begin{pmatrix} 1 \\ -2 \\ 3 \end{pmatrix}, \vec{v} = \begin{pmatrix} -1 \\ -3 \\ 2 \end{pmatrix}, \vec{w} = \begin{pmatrix} -0{,}5 \\ 1 \\ -1{,}5 \end{pmatrix}$$

$\overrightarrow{AB}$ und $\vec{u}$ zeigen in die gleiche Richtung. $\vec{w}$ zeigt in deren Gegenrichtung.

Seite 163 | Aufgabe 16

Maja: Das ist fast korrekt. Da r aber auch negativ sein kann und ein Betrag immer positiv ist, hat das Produkt immer den $|r|$-fachen Betrag von a.
Tom: Das ist falsch, da die reelle Zahl –1 dann die Kollinearitätsbedingung erfüllt. Kollinear heißt auf einer Gerade liegend, nicht in dieselbe Richtung zeigend.
Lena: Das ist falsch, da Vektoren, die zwar gleich lang wie $\vec{v}$, aber nicht kollinear zu $\vec{v}$ sind, so nicht dargestellt werden können.

Seite 163 | Aufgabe 17

Alle angegebenen Gesetze sind richtig. Beispiele:

a) $1 \cdot \binom{2}{3} = \binom{2}{3}$

b) $5 \cdot \left(\binom{4}{5} + \binom{3}{7}\right) = 5 \cdot \binom{7}{12} = \binom{35}{60}, \ 5 \cdot \binom{4}{5} + 5 \cdot \binom{3}{7} = \binom{20}{25} + \binom{15}{35} = \binom{35}{60}$

c) $(3 + 4) \cdot \binom{2}{5} = 7 \cdot \binom{2}{5} = \binom{14}{35}, 3 \cdot \binom{2}{5} + 4 \cdot \binom{2}{5} = \binom{6}{15} + \binom{8}{20} = \binom{14}{35}$

d) $2 \cdot \left(3 \cdot \binom{4}{5}\right) = 2 \cdot \binom{12}{15} = \binom{24}{30}, (2 \cdot 3) \cdot \binom{4}{5} = 6 \cdot \binom{4}{5} = \binom{24}{30}$

Seite 163 | Aufgabe 18

a) $$r \cdot (\vec{a} + \vec{b}) = r \cdot \left(\begin{pmatrix} a_1 \\ a_2 \\ a_3 \end{pmatrix} + \begin{pmatrix} b_1 \\ b_2 \\ b_3 \end{pmatrix}\right) = r \cdot \begin{pmatrix} a_1 + b_1 \\ a_2 + b_2 \\ a_3 + b_3 \end{pmatrix} = \begin{pmatrix} r(a_1 + b_1) \\ r(a_2 + b_2) \\ r(a_3 + b_3) \end{pmatrix} = \begin{pmatrix} ra_1 + rb_1 \\ ra_2 + rb_2 \\ ra_3 + rb_3 \end{pmatrix}$$

$$r \cdot \vec{a} + r \cdot \vec{b} = r \cdot \begin{pmatrix} a_1 \\ a_2 \\ a_3 \end{pmatrix} + r \cdot \begin{pmatrix} b_1 \\ b_2 \\ b_3 \end{pmatrix} = \begin{pmatrix} ra_1 \\ ra_2 \\ ra_3 \end{pmatrix} + \begin{pmatrix} rb_1 \\ rb_2 \\ rb_3 \end{pmatrix} = \begin{pmatrix} ra_1 + rb_1 \\ ra_2 + rb_2 \\ ra_3 + rb_3 \end{pmatrix}.$$

Beide Rechnungen liefern also dasselbe Ergebnis. Im Wesentlichen folgt das Distributivgesetz bei Vektoren aus dem Distributivgesetz der reellen Zahlen, das einfach komponentenweise angewandt wird.

b) $$r \cdot (s \cdot \vec{a}) = r \cdot \left(s \cdot \begin{pmatrix} a_1 \\ a_2 \\ a_3 \end{pmatrix}\right) = r \cdot \begin{pmatrix} sa_1 \\ sa_2 \\ sa_3 \end{pmatrix} = \begin{pmatrix} rsa_1 \\ rsa_2 \\ rsa_3 \end{pmatrix}$$

$$s \cdot (r \cdot \vec{a}) = s \cdot \left(r \cdot \begin{pmatrix} a_1 \\ a_2 \\ a_3 \end{pmatrix}\right) = s \cdot \begin{pmatrix} ra_1 \\ ra_2 \\ ra_3 \end{pmatrix} = \begin{pmatrix} rsa_1 \\ rsa_2 \\ rsa_3 \end{pmatrix}$$

$$(rs) \cdot \vec{a} = (rs) \cdot \begin{pmatrix} a_1 \\ a_2 \\ a_3 \end{pmatrix} = \begin{pmatrix} rsa_1 \\ rsa_2 \\ rsa_3 \end{pmatrix}$$

Alle drei Rechnungen liefern dasselbe Ergebnis. Auch hier folgt das Assoziativgesetz mit Vektoren im Wesentlichen aus dem Assoziativgesetz der reellen Zahlen.

Seite 163 | Aufgabe 19

a) ① $\left|3 \cdot \begin{pmatrix} 4 \\ 0 \end{pmatrix}\right| = \left|\begin{pmatrix} 12 \\ 0 \end{pmatrix}\right| = 12,\ |3| \cdot \left|\begin{pmatrix} 4 \\ 0 \end{pmatrix}\right| = 3 \cdot 4 = 12$

② $\left|2 \cdot \begin{pmatrix} 3 \\ 6 \\ 2 \end{pmatrix}\right| = \left|\begin{pmatrix} 6 \\ 12 \\ 4 \end{pmatrix}\right| = 14,\ |2| \cdot \left|\begin{pmatrix} 3 \\ 6 \\ 2 \end{pmatrix}\right| = 2 \cdot 7 = 14$

③ $\left|-4 \cdot \begin{pmatrix} -2 \\ 1 \\ 7 \end{pmatrix}\right| = \left|\begin{pmatrix} 8 \\ -4 \\ -28 \end{pmatrix}\right| = \sqrt{864},\ |-4| \cdot \left|\begin{pmatrix} -2 \\ 1 \\ 7 \end{pmatrix}\right| = 4 \cdot \sqrt{54} = \sqrt{864}$

④ $\left|0 \cdot \begin{pmatrix} -6 \\ 8 \\ 0 \end{pmatrix}\right| = \left|\begin{pmatrix} 0 \\ 0 \\ 0 \end{pmatrix}\right| = 0,\ |0| \cdot \left|\begin{pmatrix} -6 \\ 8 \\ 0 \end{pmatrix}\right| = 0 \cdot 10 = 0$

b) $|r \cdot \vec{a}| = \left|r \cdot \begin{pmatrix} a_1 \\ a_2 \\ a_3 \end{pmatrix}\right| = \left|\begin{pmatrix} ra_1 \\ ra_2 \\ ra_3 \end{pmatrix}\right| = \sqrt{r^2a_1{}^2 + r^2a_2{}^2 + r^2a_3{}^2}$

$|r| \cdot |\vec{a}| = |r| \cdot \left|\begin{pmatrix} a_1 \\ a_2 \\ a_3 \end{pmatrix}\right| = |r| \cdot \sqrt{a_1{}^2 + a_2{}^2 + a_3{}^2} = \sqrt{|r|^2 \cdot a_1{}^2 + |r|^2 \cdot a_2{}^2 + |r|^2 \cdot a_3{}^2} = \sqrt{r^2a_1{}^2 + r^2a_2{}^2 + r^2a_3{}^2}$

Da eine Quadratzahl immer positiv ist, kann bei der letzten Umformung einfach der Betrag weggelassen werden.

Seite 163 | Aufgabe 20

a) $\begin{pmatrix} 1 \\ 0 \\ 0 \end{pmatrix}$ und $\begin{pmatrix} -1 \\ 0 \\ 0 \end{pmatrix}$ b) $\begin{pmatrix} 0 \\ \frac{1}{\sqrt{2}} \\ \frac{1}{\sqrt{2}} \end{pmatrix}$ und $\begin{pmatrix} 0 \\ -\frac{1}{\sqrt{2}} \\ -\frac{1}{\sqrt{2}} \end{pmatrix}$ c) $\begin{pmatrix} \frac{3}{5} \\ 0 \\ -\frac{4}{5} \end{pmatrix}$ und $\begin{pmatrix} -\frac{3}{5} \\ 0 \\ \frac{4}{5} \end{pmatrix}$ d) $\frac{1}{\sqrt{2}}\begin{pmatrix} \frac{4}{5} \\ -1 \\ -\frac{3}{5} \end{pmatrix}$ und $\frac{1}{\sqrt{2}}\begin{pmatrix} -\frac{4}{5} \\ 1 \\ \frac{3}{5} \end{pmatrix}$

Seite 163 | Aufgabe 21

a) $\overrightarrow{PQ} = \begin{pmatrix} 10 \\ 8 \\ 8 \end{pmatrix}$, $\overrightarrow{PR} = \begin{pmatrix} -5 \\ -4 \\ -4 \end{pmatrix}$. Damit sind die beiden Vektoren kollinear, es gilt $\overrightarrow{PQ} = -2\,\overrightarrow{PR}$.

Da die Verbindungsvektoren $\overrightarrow{PQ}$ und $\overrightarrow{PR}$ kollinear und damit parallel zueinander sind sowie den gleichen Startpunkt haben, müssen die drei Punkte auf einer Geraden liegen.

b) $\overrightarrow{AB} = \begin{pmatrix} 1 \\ -6 \\ 1 \end{pmatrix}$, $\overrightarrow{AC} = \begin{pmatrix} -7 \\ 10{,}5 \\ -6 \end{pmatrix}$.

Das Gleichungssystem $\overrightarrow{AB} = r\,\overrightarrow{AC}$ führt auf einen Widerspruch.

Damit sind die beiden Vektoren nicht kollinear und die drei Punkte liegen nicht auf einer Geraden.

Seite 163 | Aufgabe 22

a)

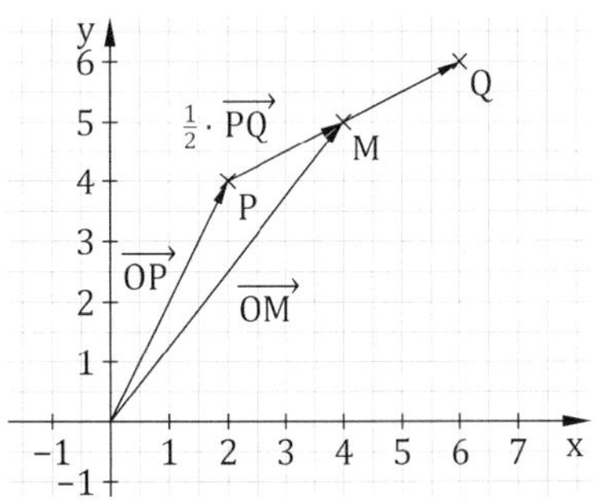

Um zum Mittelpunkt einer Strecke zu gelangen, geht man also zunächst zum Anfang der Strecke und dann noch einmal die halbe Strecke.

$\overrightarrow{OM} = \begin{pmatrix} 0 \\ 5 \\ -1 \end{pmatrix} + \frac{1}{2}\begin{pmatrix} 4 \\ -12 \\ 6 \end{pmatrix} = \begin{pmatrix} 2 \\ -1 \\ 2 \end{pmatrix}$

b) $\overrightarrow{OM} = \frac{1}{2}\left(\begin{pmatrix} 0 \\ 5 \\ -1 \end{pmatrix} + \begin{pmatrix} 4 \\ -7 \\ 5 \end{pmatrix}\right) = \begin{pmatrix} 2 \\ -1 \\ 2 \end{pmatrix}$

$\overrightarrow{OM} = \overrightarrow{OP} + \frac{1}{2}\overrightarrow{PQ} = \overrightarrow{OP} + \frac{1}{2}(\overrightarrow{OQ} - \overrightarrow{OP}) = \frac{1}{2}\overrightarrow{OP} + \frac{1}{2}\overrightarrow{OQ} = \frac{1}{2}(\overrightarrow{OP} + \overrightarrow{OQ})$

c) Die Koordinaten des Mittelpunktes M sind genau die Mittelwerte der Koordinaten der Endpunkte P und Q.

d) ① $\begin{pmatrix} 1{,}5 \\ 7 \end{pmatrix}$ ② $\begin{pmatrix} -0{,}5 \\ 1 \\ 4 \end{pmatrix}$ ③ $\begin{pmatrix} 9 \\ 5 \\ 5 \end{pmatrix}$

Seite 164 | Aufgabe 23

a) $\begin{pmatrix} 8{,}5 \\ 30 \\ 13 \\ 54 \end{pmatrix} + \begin{pmatrix} 0 \\ 27 \\ 0 \\ 250 \end{pmatrix} = \begin{pmatrix} 8{,}5 \\ 57 \\ 13 \\ 304 \end{pmatrix}$

8,5 g Fett, 57 g Kohlenhydrate, 13 g Eiweiß, 304 g Wasser

b) $2 \cdot \begin{pmatrix} 8{,}5 \\ 30 \\ 13 \\ 54 \end{pmatrix} + \begin{pmatrix} 21 \\ 54 \\ 5{,}2 \\ 64 \end{pmatrix} + 3\begin{pmatrix} 0 \\ 27 \\ 0 \\ 250 \end{pmatrix} = \begin{pmatrix} 38 \\ 195 \\ 31{,}2 \\ 922 \end{pmatrix}$

38 g Fett, 195 g Kohlenhydrate, 31,2 g Eiweiß, 922 g Wasser

Seite 164 | Aufgabe 24

a) $M_{AB} = (3|-1|-1), M_{BC} = (1|4|-1), M_{CD} = (-2|2|1), M_{DA} = (0|-3|1)$

b) Wegen $\overrightarrow{M_{AB}M_{BC}} = \begin{pmatrix}-2\\5\\0\end{pmatrix} = -\begin{pmatrix}2\\-5\\0\end{pmatrix} = -\overrightarrow{M_{CD}M_{DA}}$ sieht man, dass zwei gegenüberliegende Seiten des Vierecks Gegenvektoren sind. Das ist hinreichend für ein Parallelogramm (siehe Aufgabe 17).

c) $\left|\overrightarrow{M_{AB}M_{BC}}\right| = \left|\begin{pmatrix}-2\\5\\0\end{pmatrix}\right| = \sqrt{29}$

$\left|\overrightarrow{M_{BC}M_{CD}}\right| = \left|\begin{pmatrix}-3\\-2\\2\end{pmatrix}\right| = \sqrt{17}$

Da die beiden angrenzenden Seiten nicht gleich lang sind, ist das Viereck keine Raute.

Seite 164 | Aufgabe 25

a) $M_{AB} = \left(\frac{4+2}{2}\middle|\frac{-1+5}{2}\middle|\frac{3-1}{2}\right) = (3|2|1)$

$N_{AC} = \left(\frac{4-3}{2}\middle|\frac{-1+2}{2}\middle|\frac{3+1}{2}\right) = (0{,}5|0{,}5|2)$

b) $S = M + \frac{1}{3}\overrightarrow{MC} = (3|2|1) + \frac{1}{3}\begin{pmatrix}-6\\0\\0\end{pmatrix} = (1|2|1)$

$S = N + \frac{1}{3}\overrightarrow{NB} = (0{,}5|0{,}5|2) + \frac{1}{3}\begin{pmatrix}1{,}5\\4{,}5\\-3\end{pmatrix} = (1|2|1)$

c) $\overrightarrow{OS} = \overrightarrow{OA} + \overrightarrow{AM} + \overrightarrow{MS} = \overrightarrow{OA} + \frac{1}{2}\overrightarrow{AB} + \frac{1}{3}\overrightarrow{MC} = \overrightarrow{OA} + \frac{1}{2}\left(\overrightarrow{OB} - \overrightarrow{OA}\right) + \frac{1}{3}\left(\overrightarrow{MA} + \overrightarrow{AC}\right) = \frac{1}{2}\overrightarrow{OA} + \frac{1}{2}\overrightarrow{OB} + \frac{1}{3}\left(\frac{1}{2}\overrightarrow{BA} + \overrightarrow{OC} - \overrightarrow{OA}\right)$
$= \frac{1}{2}\overrightarrow{OA} + \frac{1}{2}\overrightarrow{OB} + \frac{1}{3}\left(\frac{1}{2}\left(\overrightarrow{OA} - \overrightarrow{OB}\right) + \overrightarrow{OC} - \overrightarrow{OA}\right) = \frac{1}{2}\overrightarrow{OA} + \frac{1}{2}\overrightarrow{OB} + \frac{1}{6}\overrightarrow{OA} - \frac{1}{6}\overrightarrow{OB} + \frac{1}{3}\overrightarrow{OC} - \frac{1}{3}\overrightarrow{OA} = \frac{1}{3}\left(\overrightarrow{OA} + \overrightarrow{OB} + \overrightarrow{OC}\right)$

Seite 164 | Aufgabe 26

Nach der Formel aus 22b gilt $\overrightarrow{OM_2} = \frac{1}{2}\left(\vec{a} + \vec{b}\right)$ sowie $\overrightarrow{OM_1} = \frac{1}{2}\left(\vec{b} + \vec{c}\right)$. Weiterhin gilt $\overrightarrow{TM_1} = \overrightarrow{OM_1} - \overrightarrow{OT}$. Damit folgt
$\overrightarrow{TM_1} = \frac{1}{2}\left(\vec{b} + \vec{c}\right) - \frac{1}{3}\left(\frac{1}{2}\left(\vec{a} + \vec{b}\right)\right) = \frac{1}{3}\vec{b} + \frac{1}{2}\vec{c} - \frac{1}{6}\vec{a}$.

$\overrightarrow{TM_1}$ wäre also nur dann kollinear zu $\vec{c}$, wenn $\vec{c}$ eine Linearkombination aus $\vec{a}$ und $\vec{b}$ ist, also die drei Vektoren in einer Ebene liegen. Dann würden sie aber keine Pyramide aufspannen.
Im Allgemeinen ist $\overrightarrow{TM_1}$ nicht kollinear zu $\vec{c}$.

Seite 164 | Aufgabe 27

In einem Parallelogramm ABCD gilt für die Mittelpunkte der Diagonalen AC bzw. BD:
$M_{AC} = \overrightarrow{OA} + \frac{1}{2}\overrightarrow{AC} = \overrightarrow{OA} + \frac{1}{2}\left(\overrightarrow{AB} + \overrightarrow{BC}\right)$ bzw. $M_{BD} = \overrightarrow{OB} + \frac{1}{2}\overrightarrow{BD} = \overrightarrow{OA} + \overrightarrow{AB} + \frac{1}{2}\left(\overrightarrow{BC} + \overrightarrow{CD}\right)$.
Weil aber in einem Parallelogramm $-\overrightarrow{AB} = \overrightarrow{CD}$ gilt, folgt $M_{BD} = \overrightarrow{OA} + \overrightarrow{AB} + \frac{1}{2}\left(\overrightarrow{BC} - \overrightarrow{AB}\right) = \overrightarrow{OA} + \frac{1}{2}\left(\overrightarrow{AB} + \overrightarrow{BC}\right) = M_{AC}$.
Damit sind die Mittelpunkte der Diagonalen gleich und sie halbieren sich.

Seite 164 | Aufgabe 28

Es muss das Gleichungssystem $\vec{v} = \begin{pmatrix}v_1\\v_2\end{pmatrix} = r\begin{pmatrix}2\\1\end{pmatrix} + s\begin{pmatrix}1\\0\end{pmatrix}$ gelöst werden. Subtrahiert man die zweite Zeile zweimal von der ersten, ergibt sich $v_1 - 2v_2 = s$. setzt man das für s in die erste Zeile ein, ergibt sich $v_1 = 2r + v_1 - 2v_2 \Leftrightarrow r = v_2$. Man hat also eindeutige Koeffizienten r und s gefunden.
Allgemein; Das Gleichungssystem $\vec{v} = \begin{pmatrix}v_1\\v_2\end{pmatrix} = r\begin{pmatrix}a_1\\a_2\end{pmatrix} + s\begin{pmatrix}b_1\\b_2\end{pmatrix}$ hat die Lösung
$\vec{v} = \left(-v_1\frac{b_2}{D} + v_2\frac{b_1}{D}\right)\begin{pmatrix}a_1\\a_2\end{pmatrix} + \left(v_1\frac{a_2}{D} - v_2\frac{b_2}{D}\right)\begin{pmatrix}b_1\\b_2\end{pmatrix}$ mit $D = a_2b_1 - a_1b_2$.
Für $D \neq 0$ ergibt sich also eine eindeutige Lösung.
Für $D = 0$ ist $a_2b_1 = a_1b_2$ und
$\frac{a_1}{b_1}\begin{pmatrix}b_1\\b_2\end{pmatrix} = \begin{pmatrix}a_1\\\frac{a_1b_2}{b_1}\end{pmatrix} = \begin{pmatrix}a_1\\\frac{a_2b_1}{b_1}\end{pmatrix} = \begin{pmatrix}a_1\\a_2\end{pmatrix}$ für $b_1 \neq 0$; für $b_1 = 0$ ergibt sich $a_1b_2 = 0$, also $a_1 = 0$ und $b_2 = 0$.
In allen diesen Fällen sind $\vec{a}$ und $\vec{b}$ kollinear. Da dies in der Voraussetzung ausgeschlossen wird, ist $D \neq 0$ und das LGS lösbar.

Seite 164 | Aufgabe 29

a) $r_1\overrightarrow{a_1} + r_2\overrightarrow{a_2} = 0 \Leftrightarrow r_1\overrightarrow{a_1} = -r_2\overrightarrow{a_2} \Leftrightarrow -\frac{r_1}{r_2}\overrightarrow{a_1} = \overrightarrow{a_2}$. Es existiert also eine reelle Zahl $\left(-\frac{r_1}{r_2}\right)$, die die Kollinearitätsbedingung erfüllt. Diese Umformung ist nur möglich, weil r_2 ungleich 0 ist.

b) Gegeben sind drei zweidimensionale Vektoren $\vec{a}, \vec{b}, \vec{c}$. Sind $\vec{a}$ und $\vec{b}$ kollinear, gibt es nach a) zwei Koeffizienten $r \neq 0$ und $s \neq 0$ mit $r\vec{a} + s\vec{b} = 0$ und damit $r\vec{a} + s\vec{b} + 0\vec{c} = 0$.
Sind $\vec{a}$ und $\vec{b}$ nicht kollinear, ist $\vec{c}$ nach Aufgabe 28 eine Linearkombination von $\vec{a}$ und $\vec{b}$, also ist $\vec{c} = r\vec{a} + s\vec{b}$ und damit .
$r\vec{a} + s\vec{b} + (-1)\vec{c} = 0$, die Vektoren also linear abhängig.

c) Drei linear abhängige Vektoren im Raum liegen in einer Ebene.

4.5 Abiturtraining

Seite 165 | Aufgabe 1

a) Da in einem Parallelogramm $\overrightarrow{AB} = \overrightarrow{CD}$ gilt, erfüllt der Punkt $D = C + \overrightarrow{AB} = (2|1|9) + \begin{pmatrix} -2 \\ 4 \\ 1 \end{pmatrix} = (0|5|10)$ die Bedingung.

b) Wegen $|\overrightarrow{AB}| = \left|\begin{pmatrix} -2 \\ 4 \\ 1 \end{pmatrix}\right| = \sqrt{21}$ und $|\overrightarrow{BC}| = \left|\begin{pmatrix} 3 \\ -3 \\ 3 \end{pmatrix}\right| = \sqrt{27}$ sind zwei benachbarte Seiten nicht gleich lang und können damit keine Raute bilden.

Seite 165 | Aufgabe 2

a) $|\overrightarrow{AB}| = \left|\begin{pmatrix} -2 \\ 1 \\ -3 \end{pmatrix}\right|$. Damit hat z.B. der Vektor $\begin{pmatrix} 1 \\ 2 \\ 3 \end{pmatrix}$ den gleichcen Betrag, ist aber nicht kollinear zu $\overrightarrow{AB}$.

b) $r \cdot \begin{pmatrix} -2 \\ 1 \\ -3 \end{pmatrix} = \begin{pmatrix} a \\ b \\ 4-b \end{pmatrix}$. Lösung: $r = b = -2$; $a = 4$; $\vec{w} = \begin{pmatrix} 4 \\ -2 \\ 6 \end{pmatrix}$

Seite 165 | Aufgabe 3

a) $M_a = \left(\frac{3-5}{2}\middle|\frac{8+6}{2}\middle|\frac{-3+5}{2}\right) = (-1|7|1)$, $M_b = \left(\frac{-1-5}{2}\middle|\frac{0+6}{2}\middle|\frac{1+5}{2}\right) = (-3|3|3)$, $M_c = \left(\frac{-1+3}{2}\middle|\frac{0+8}{2}\middle|\frac{1-3}{2}\right) = (1|4|-1)$

b) $\overrightarrow{AB} = \begin{pmatrix} 4 \\ 8 \\ -4 \end{pmatrix}$, $\overrightarrow{M_aM_b} = \begin{pmatrix} -2 \\ -4 \\ 2 \end{pmatrix}$. Die beiden Vektoren sind also kollinear mit dem Faktor –2.

Damit ist $\overrightarrow{M_aM_b} = \frac{1}{2}\overrightarrow{AB}$, also halb so lang.

Seite 165 | Aufgabe 4

$\vec{h} = \vec{a} - \vec{b} + \vec{c}$, $\vec{k} = -\frac{1}{2}\vec{a} + \vec{b} + \frac{1}{2}\vec{c}$, $\vec{m} = \vec{a} + \vec{c}$, $\vec{n} = \vec{a} - \vec{c}$

Seite 165 | Aufgabe 5

a)

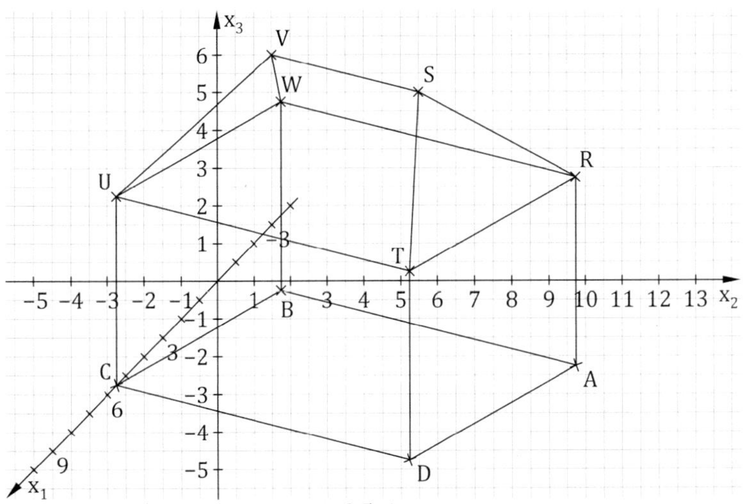

A(4,5|12|0)
B(0,5|2|0)
C(5,5|0|0)
D(9,5|10|0)
R(4,5|12|5)
W(0,5|2|5)
U(5,5|0|5)
T(9,5|10|5)
S(6|8,5|8)
V(4|3,5|8)

b) $|\overrightarrow{RS}| = \left|\begin{pmatrix} 1,5 \\ -3,5 \\ 3 \end{pmatrix}\right| = \frac{\sqrt{94}}{2}$, $|\overrightarrow{ST}| = \left|\begin{pmatrix} 3,5 \\ 1,5 \\ -3 \end{pmatrix}\right| = \frac{\sqrt{94}}{2}$. Die beiden Schenkel sind gleich lang, also ist das Dreieck gleichschenklig.

$M_{TR} = \left(\frac{9,5+4,5}{2}\middle|\frac{10+12}{2}\middle|\frac{5+5}{2}\right) = (7|11|5)$, $|\overrightarrow{M_{TR}S}| = \left|\begin{pmatrix} -1 \\ -2,5 \\ 3 \end{pmatrix}\right| = \frac{\sqrt{65}}{2}$, $|\overrightarrow{RT}| = \left|\begin{pmatrix} 5 \\ -2 \\ 0 \end{pmatrix}\right| = \sqrt{29}$

$A_{RTS} = \frac{1}{2} \cdot |\overrightarrow{M_{TR}S}| \cdot |\overrightarrow{RT}| \approx 10{,}85\ \text{m}^2$

c) Fehler im ersten Druck des Schülerbuchs: Statt $\overrightarrow{UC}$ soll $\overrightarrow{UT}$ verwendet werden.

$-\overrightarrow{TS} - \overrightarrow{VU} - \overrightarrow{UT} = \overrightarrow{SV}$

Die drei Vektoren $\overrightarrow{TS}$, $\overrightarrow{SR}$ und $\overrightarrow{TR}$ bilden ein Dreieck und liegen daher in einer Ebene, man kann also nur Vektoren in dieser Ebene als Linearkombination der drei darstellen. $\overrightarrow{SV}$ liegt aber nicht in dieser Ebene.

d) $M_{TU} = \left(\frac{9,5+5,5}{2}\middle|\frac{10+0}{2}\middle|\frac{5+5}{2}\right) = (7,5|5|5)$, $M_{SV} = \left(\frac{6+4}{2}\middle|\frac{8,5+3,5}{2}\middle|\frac{8+8}{2}\right) = (5|6|8)$.

$|\overrightarrow{M_{TU}M_{SV}}| = \left|\begin{pmatrix} -2,5 \\ 1 \\ 3 \end{pmatrix}\right| = \frac{\sqrt{65}}{2}$, $|\overrightarrow{SV}| = \left|\begin{pmatrix} 2 \\ -5 \\ 0 \end{pmatrix}\right| = \sqrt{29}$, $|\overrightarrow{TU}| = \left|\begin{pmatrix} -4 \\ -10 \\ 0 \end{pmatrix}\right| = \sqrt{116}$

$A_{UTSV} = \frac{1}{2} \cdot \left(|\overrightarrow{SV}| + |\overrightarrow{TU}|\right) \cdot |\overrightarrow{M_{TU}M_{SV}}| \approx 32{,}56\ \text{m}^2$ (nach Trapezformel)

$A_{Dach} = 2 \cdot A_{RTS} + 2 \cdot A_{UTSV} \approx 86.82\ \text{m}^2$.

5. Geraden und Ebenen

5.1 Parametergleichung einer Geraden

Seite 172 | Einstieg

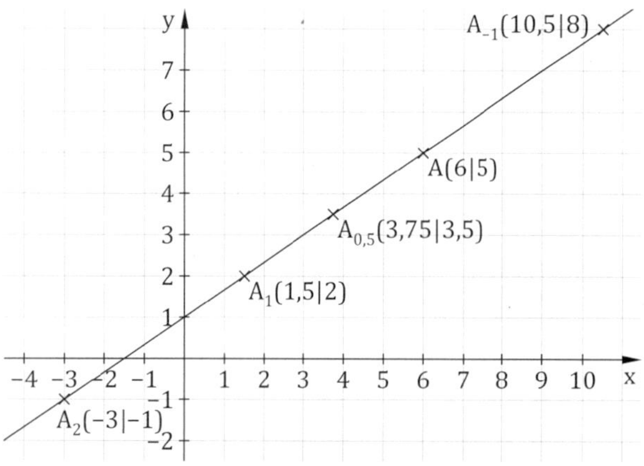

Seite 173 | Aufgabe 1

a) Beispiele: $A_0(-6|-1)$; $A_1(-3|-3)$; $A_2(0|-5)$; $A_3(3|-8)$
b) Beispiele: $B_0(0|2|-3)$; $B_1(2|1|0)$; $B_2(4|0|3)$; $B_3(6|-1|6)$

Seite 173 | Aufgabe 2

a) Es ergeben sich die Punkte (−6|−1); (−3|0); (0|1); (3|2); (6|3); (9|4)

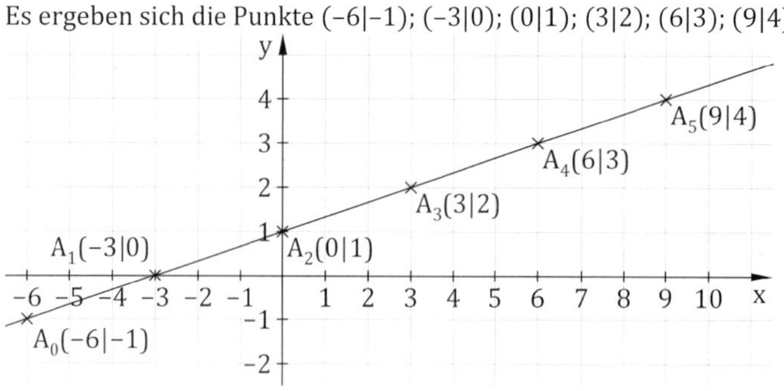

b) Es ergeben sich die Punkte (4|−1|6); (3|0|4); (2|1|2); (1|2|6); (6|3|−2); (−1|4|−4)

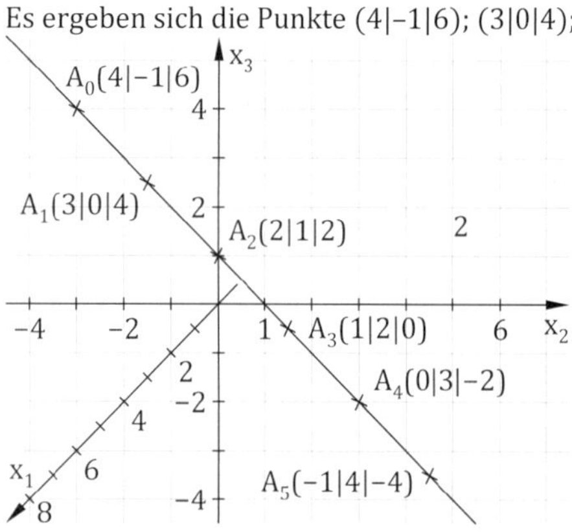

Seite 173 | Aufgabe 3

Als Stützvektor kann jeder beliebige Punkt auf der Geraden g gewählt werden. Der Richtungsvektor muss ein Vielfaches vom angegebenen Richtungsvektor sein. Beispiel: $g_{neu}: \vec{x} = \begin{pmatrix} 0 \\ 0 \\ 1 \end{pmatrix} + r \cdot \begin{pmatrix} -1 \\ 2 \\ 3 \end{pmatrix}$

Seite 173 | Aufgabe 4

Da die Parametergleichung einer Geraden nicht eindeutig bestimmt ist, gibt es keine eindeutige Lösung. Beispielsweise kann $\overrightarrow{OA}$ als Stützvektor und $\overrightarrow{AB}$ als Richtungsvektor verwendet werden:

a) $g: \vec{x} = \begin{pmatrix} 3 \\ -4 \\ 1 \end{pmatrix} + r \cdot \begin{pmatrix} -9 \\ 12 \\ -3 \end{pmatrix}$ b) $g: \vec{x} = \begin{pmatrix} 8 \\ -1 \\ 1 \end{pmatrix} + r \cdot \begin{pmatrix} -12 \\ -2 \\ 4 \end{pmatrix}$ c) $g: \vec{x} = \begin{pmatrix} 2 \\ 1 \\ 3 \end{pmatrix} + r \cdot \begin{pmatrix} -2 \\ -1 \\ -3 \end{pmatrix}$ d) $g: \vec{x} = \begin{pmatrix} 0 \\ 2 \\ 5 \end{pmatrix} + r \cdot \begin{pmatrix} 0 \\ 0 \\ -6 \end{pmatrix}$

Seite 173 | Aufgabe 5

a) P liegt auf g, Q liegt nicht auf g.
b) P liegt nicht auf g, Q liegt auf g.
c) P und Q liegen auf g.
d) P liegt nicht auf g, Q liegt auf g.

Seite 173 | Aufgabe 6

a) $r = 0$ b) $r = 1$ c) $0 \leq r \leq 1$ d) $r = \frac{1}{2}$ e) $r > 1$ f) $r < 0$

Seite 174 | Aufgabe 7

a) Die Strecke $\overline{AB}$ beschreibt alle Punkte, die sich zwischen Punkt A und Punkt B befinden, sowie die Punkte A und B selbst. Eine Parametergleichung der Geraden AB beschreibt darüber hinaus alle Punkte, die von B aus gesehen hinter A und die von A aus gesehen hinter B liegen. Die beiden Gleichungen unterscheiden sich nur durch die Bedingung für den Parameter r: Liegt er zwischen 0 und 1 ($0 \leq r \leq 1$), so liegt der Punkt auf der Strecke.

b) $\vec{x} = \begin{pmatrix} -5 \\ -8 \\ 11 \end{pmatrix} + r \cdot \begin{pmatrix} 12 \\ 8 \\ -4 \end{pmatrix}$ mit $0 \leq r \leq 1$

c) Beispiele: $r = 0{,}25$ ergibt $C_1(-2|-6|10)$; $r = 0{,}5$ ergibt $C_2(1|-4|9)$; $r = 0{,}75$ ergibt $C_3(4|-2|8)$.

Seite 174 | Aufgabe 8

a) $\vec{x} = \begin{pmatrix} -2 \\ 1 \\ 7 \end{pmatrix} + r \cdot \begin{pmatrix} 3 \\ -9 \\ 6 \end{pmatrix}$ mit $0 \leq r \leq 1$

b) A liegt auf der Geraden, aber nicht auf der Strecke $\overline{PQ}$. B liegt auf der Strecke $\overline{PQ}$. C liegt auf der Geraden, aber nicht auf der Strecke $\overline{PQ}$. D liegt nicht auf der Geraden.

Seite 174 | Aufgabe 9

a) $g: \vec{x} = \begin{pmatrix} 0 \\ 3 \\ 0 \end{pmatrix} + r \cdot \begin{pmatrix} 1 \\ 0 \\ 0 \end{pmatrix}$

b) $h: \vec{x} = \begin{pmatrix} 0 \\ 0 \\ 0 \end{pmatrix} + r \cdot \begin{pmatrix} 5 \\ 3 \\ 0 \end{pmatrix}$

c) $\overline{BC}: \vec{x} = \begin{pmatrix} 5 \\ 0 \\ 0 \end{pmatrix} + r \cdot \begin{pmatrix} 0 \\ 3 \\ 0 \end{pmatrix}$ mit $0 \leq r \leq 1$

d) $\overline{BE}: \vec{x} = \begin{pmatrix} 5 \\ 0 \\ 0 \end{pmatrix} + r \cdot \begin{pmatrix} -2 \\ 2 \\ 3 \end{pmatrix}$ mit $0 \leq r \leq 1$

Seite 174 | Aufgabe 10

a) $g: \vec{x} = \begin{pmatrix} 10 \\ -12 \\ 1{,}8 \end{pmatrix} + t \cdot \begin{pmatrix} -3 \\ 5 \\ 0{,}1 \end{pmatrix}$ mit $0 \leq t \leq 20$

b) Der Luftballon befindet sich in der Flugbahn ($t = 7$).

Seite 174 | Aufgabe 11

a) $\overrightarrow{OM_a} = \frac{1}{2}(\overrightarrow{OB} + \overrightarrow{OC}) = \begin{pmatrix} -1 \\ 7 \\ 1 \end{pmatrix}$; Seitenhalbierende durch M_a: $\vec{x} = \vec{a} + r \cdot (\overrightarrow{OM_a} - \vec{a}) = \begin{pmatrix} -1 \\ 0 \\ 1 \end{pmatrix} + r \cdot \begin{pmatrix} 0 \\ 7 \\ 0 \end{pmatrix}$

$\overrightarrow{OM_b} = \frac{1}{2}(\overrightarrow{OA} + \overrightarrow{OC}) = \begin{pmatrix} -3 \\ 3 \\ 3 \end{pmatrix}$; Seitenhalbierende durch M_b: $\vec{x} = \begin{pmatrix} 3 \\ 8 \\ -3 \end{pmatrix} + r \cdot \begin{pmatrix} -6 \\ -5 \\ 6 \end{pmatrix}$

$\overrightarrow{OM_c} = \frac{1}{2}(\overrightarrow{OA} + \overrightarrow{OB}) = \begin{pmatrix} 1 \\ 4 \\ -1 \end{pmatrix}$; Seitenhalbierende durch M_c: $\vec{x} = \begin{pmatrix} -5 \\ 6 \\ 5 \end{pmatrix} + r \cdot \begin{pmatrix} 6 \\ -2 \\ -6 \end{pmatrix}$

b) $M_bM_c: \vec{x} = \begin{pmatrix} 3 \\ 8 \\ -3 \end{pmatrix} + r \cdot \begin{pmatrix} 4 \\ 1 \\ -4 \end{pmatrix}$; $M_aM_b: \vec{x} = \begin{pmatrix} -1 \\ 7 \\ 1 \end{pmatrix} + r \cdot \begin{pmatrix} -2 \\ -4 \\ 2 \end{pmatrix}$; $M_cM_a: \vec{x} = \begin{pmatrix} 1 \\ 4 \\ -1 \end{pmatrix} + r \cdot \begin{pmatrix} -2 \\ 3 \\ 2 \end{pmatrix}$

c) Beispiel für $r = 1$: $P(-1|7|1)$

Seite 175 | Aufgabe 12

a) $S_{12}(2|3|0)$, $S_{13}(1|0|1)$, $S_{23}(0|-3|2)$

b) $g: \vec{x} = \begin{pmatrix} 2 \\ 3 \\ 0 \end{pmatrix} + r \cdot \begin{pmatrix} -1 \\ -3 \\ 1 \end{pmatrix}$

c) Es gilt: $x_1 = 0$, also $2 - r = 0 \Leftrightarrow r = 2$.: $\overrightarrow{OS_{23}} = \begin{pmatrix} 2 \\ 3 \\ 0 \end{pmatrix} + 2 \cdot \begin{pmatrix} -1 \\ -3 \\ 1 \end{pmatrix} = \begin{pmatrix} 0 \\ -3 \\ 2 \end{pmatrix}$; $S_{23}(0|-3|2)$

Seite 175 | Aufgabe 13

a) $S_{12}(3|2|0)$, $S_{13}(1|0|4)$, $S_{23}(0|-1|6)$

b) $S_{12}(-1|1{,}5|0)$, $S_{13}(2|0|3)$, $S_{23}(0|1|1)$

c) $S_{12}(3|-2|0)$, $S_{13}(2|0|1)$, $S_{23}(0|4|3)$

d) $S_{12}(-4|-4|0)$, $S_{13}(-2|0|3)$, $S_{23}(0|4|6)$

e) $S_{12}(-1|-2|0)$, $S_{13}(0|0|1{,}5)$, $S_{23}(0|0|1{,}5)$

Seite 175 | Aufgabe 14

$g: \vec{x} = \begin{pmatrix} -2 \\ 2{,}5 \\ 3 \end{pmatrix} + r \begin{pmatrix} 2 \\ -0{,}5 \\ -1 \end{pmatrix}$ Beim Schattenpunkt S′ gilt: $x_3 = 0 \Leftrightarrow r = 3 \Leftrightarrow \overrightarrow{OS'} = \begin{pmatrix} 4 \\ 1 \\ 0 \end{pmatrix} \Leftrightarrow S'(4|1|0)$

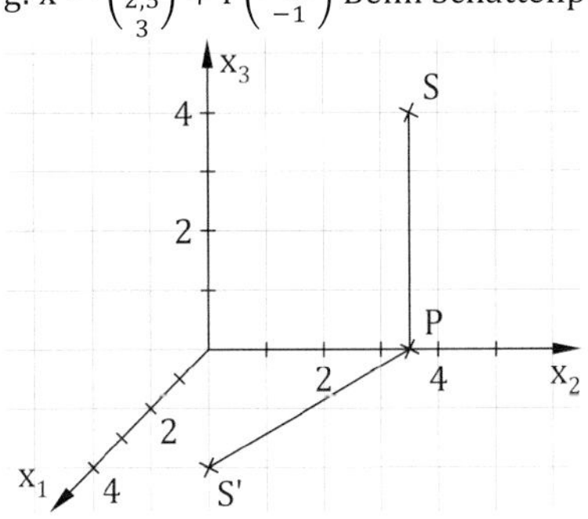

Seite 176 | Aufgabe 15

a) $g_{AB}: \vec{x} = \begin{pmatrix} -2 \\ 1 \\ 7 \end{pmatrix} + r \begin{pmatrix} -1 \\ 4 \\ -2 \end{pmatrix}$; $\vec{x} = \begin{pmatrix} 1 \\ -11 \\ 13 \end{pmatrix}$ mit $r = -3$. Die drei Punkte liegen auf einer Geraden.

b) $g_{AB}: \vec{x} = \begin{pmatrix} 14 \\ 0 \\ 2 \end{pmatrix} + r \begin{pmatrix} -16 \\ 3 \\ 6 \end{pmatrix}$; $\vec{x} \neq \begin{pmatrix} -10 \\ 1{,}5 \\ 11 \end{pmatrix}$: wird für kein r erfüllt. Die drei Punkte liegen nicht auf einer Geraden.

Seite 178 | Aufgabe 16

Mia hat mit ihrer Behauptung recht, denn $\vec{x} = \begin{pmatrix}0\\2\\0\end{pmatrix} + r_1\begin{pmatrix}0\\1\\-2\end{pmatrix}$ und $\vec{x} = \begin{pmatrix}0\\2\\0\end{pmatrix} + r_2\begin{pmatrix}0\\2\\-4\end{pmatrix}$ beschreiben dieselbe Gerade: Der Stützpunkt ist beide Male gleich und die Richtungsvektoren sind kollinear, zeigen also in die gleiche Richtung. Mit $r_1 = 2 \cdot r_2$ ergibt sich die gleiche Gleichung.

Moritz Vermutung ist falsch, denn sein gewählter Stützvektor liegt nicht auf der Geraden g: $\begin{pmatrix}0\\2\\0\end{pmatrix} + r\begin{pmatrix}0\\1\\-2\end{pmatrix} \neq \begin{pmatrix}0\\4\\0\end{pmatrix}$

Seite 176 | Aufgabe 17

a) g schneidet die x_1-Achse und verläuft parallel zur x_2x_3-Ebene.
b) g schneidet die x_3-Achse und verläuft in der x_2x_3-Ebene, parallel zur x_2-Achse.
c) g verläuft durch den Ursprung und diagonal durch den ersten Quadranten.
d) g ist gleich der x_3-Achse
e) g verläuft durch den Ursprung in der x_1x_3-Ebene.
f) g schneidet die x_2-Achse und verläuft in der x_2x_3-Ebene.

Seite 176 | Aufgabe 18

a) $g: \vec{x} = \begin{pmatrix}2\\-2\\3\end{pmatrix} + r\begin{pmatrix}1\\0\\0\end{pmatrix}$
b) $h: \vec{x} = r\begin{pmatrix}2\\5\\3\end{pmatrix}$
c) $k: \vec{x} = \begin{pmatrix}-2\\7\\-1\end{pmatrix} + r\begin{pmatrix}2\\5\\3\end{pmatrix}$
d) $l: \vec{x} = r\begin{pmatrix}0\\1\\0\end{pmatrix}$
e) $m: \vec{x} = r\begin{pmatrix}1\\0\\0\end{pmatrix}$
f) $n: \vec{x} = \begin{pmatrix}0\\0\\-2\end{pmatrix} + r\begin{pmatrix}0\\1\\0\end{pmatrix}$

Seite 176 | Aufgabe 19

a) $S_{12}(-3|-2|0)$, $S_{13}(-3|0|1)$, $h: \vec{x} = \begin{pmatrix}-3\\-2\\0\end{pmatrix} + r\begin{pmatrix}0\\2\\1\end{pmatrix}$
b) Die Gerade h liegt parallel zur x_2x_3-Ebene, weswegen sie diese nicht schneidet und es keinen Spurpunkt S_{23} gibt.
c) g_1: $S_{12} = S_{13} = S_{23}(0|0|0)$: ein Spurpunkt im Ursprung; g_2: $S_{12} = S_{13}(3|0|0)$, $S_{23}(0|8|1)$: zwei Spurpunkte
g_3: $S_{12} = S_{13}(4|0|0)$: ein Spurpunkt; g_4: $S_{12}(2|1|0)$, ein Spurpunkt
d) g_1 verläuft durch den Ursprung, alle drei Spurpunkte fallen dort zusammen.
g_2 schneidet die x_1-Achse im Punkt $(3|0|0)$ und dadurch sowohl die x_1x_2-Ebene, als auch die x_1x_3-Ebene in diesem Punkt. Der dritte Spurpunkt existiert.
g_3 schneidet ebenfalls eine Koordinatenachse (x1), der dritte Spurpunkt existiert aber nicht, da die Gerade parallel zur x_2x_3-Ebene verläuft.
g_4 verläuft parallel zur x_3-Achse und dadurch auch zur x_2x_3-Ebene und zur x_1x_3-Achse. Sie hat nur einen Spurpunkt.
e) ① Die Gerade schneidet eine der drei Koordinatenachsen und hat mit der durch die beiden anderen Koordinatenachsen aufgespannten Ebene einen Spurpunkt außerhalb der Achsen.
② Die Gerade ist parallel zu einer Koordinatenebene, aber zu keiner Achse parallel.

Seite 177 | Aufgabe 20

a) $g_{SB}: \vec{x} = \begin{pmatrix}-2\\3\\6\end{pmatrix} + r\begin{pmatrix}2\\5\\-6\end{pmatrix}$; $g_{SC}: \vec{x} = \overrightarrow{OS} + r\overrightarrow{SM} = \begin{pmatrix}-2\\3\\6\end{pmatrix} + r\begin{pmatrix}-2\\3\\-6\end{pmatrix}$; $g_{CB}: \vec{x} = \begin{pmatrix}-4\\6\\0\end{pmatrix} + r\begin{pmatrix}4\\2\\0\end{pmatrix}$ mit $\overrightarrow{OC} = \overrightarrow{OS} + 2\overrightarrow{SM}$, also $C(-4|6|0)$
b) $\overrightarrow{OD} = \overrightarrow{BC}$; $g_{BD}: \vec{x} = \begin{pmatrix}0\\8\\0\end{pmatrix} + r\begin{pmatrix}-4\\-10\\0\end{pmatrix} = \overrightarrow{OF}$ für $r = \frac{1}{2}$; $g_{FS}: \vec{x} = \begin{pmatrix}-2\\3\\0\end{pmatrix} + r\begin{pmatrix}0\\0\\6\end{pmatrix}$ Der Richtungsvektor $\vec{v} = \begin{pmatrix}0\\0\\6\end{pmatrix}$ zeigt, dass die Gerade durch die Punkte F und S parallel zur x_3-Achse verläuft und F somit senkrecht unter S liegt.

Seite 177 | Aufgabe 21

a)

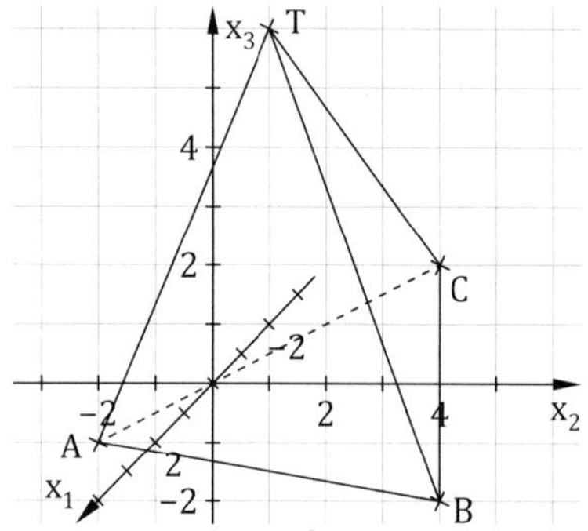

$g_{AC}: \vec{x} = \begin{pmatrix}2\\-1\\0\end{pmatrix} + r\begin{pmatrix}-4\\4\\1\end{pmatrix}\vec{x} \neq \begin{pmatrix}0\\0\\0\end{pmatrix}$; ist für kein k erfüllt.
g_{AC} ist damit keine Ursprungsgerade.
Die Ursprungsgerade, die in der Zeichnung mit g_{AC} zusammenfällt, hat die Gleichung
$g_{Ursprungsgerade}: \vec{x} = \begin{pmatrix}0\\0\\0\end{pmatrix} + r\begin{pmatrix}-4\\4\\1\end{pmatrix}$

b) $g_{AB}: \vec{x} = \begin{pmatrix}2\\-1\\0\end{pmatrix} + r\begin{pmatrix}0\\6\\-1\end{pmatrix}$, auf g_{AB} liegen zum Beispiel die Punkte $R(2|11|-2)$ und $Q(2|-7|1)$.

c) $\begin{pmatrix}2\\-1\\0\end{pmatrix} + r\begin{pmatrix}0\\6\\-1\end{pmatrix} = \begin{pmatrix}2\\2\\-1/2\end{pmatrix}$ für $r = \frac{1}{2}$. P ist der Mittelpunkt der Strecke $\overline{AB}$.

d) $g_C: \vec{x} = \begin{pmatrix}-2\\3\\1\end{pmatrix} + r\begin{pmatrix}4\\-1\\-1{,}5\end{pmatrix}$; $\overrightarrow{CS} = \frac{2}{3}\cdot\begin{pmatrix}4\\-1\\-3/2\end{pmatrix} = \begin{pmatrix}8/3\\-2/3\\-1\end{pmatrix}$; $\overrightarrow{OS} = \overrightarrow{OC} + \overrightarrow{CS} = \begin{pmatrix}-2\\3\\1\end{pmatrix} + \frac{2}{3}\begin{pmatrix}4\\-1\\-1{,}5\end{pmatrix} = \begin{pmatrix}2/3\\7/3\\0\end{pmatrix} \Rightarrow S\left(\frac{2}{3}\middle|\frac{7}{3}\middle|0\right)$

$g_{TS}: \vec{x} = \begin{pmatrix}0\\1\\6\end{pmatrix} + r\begin{pmatrix}2/3\\4/3\\-6\end{pmatrix}$; $\vec{x} = \begin{pmatrix}2\\5\\-12\end{pmatrix}$ für $r = 3$. Die Punkte T, S und Q liegen damit auf einer Geraden.

Seite 177 | Aufgabe 22

a) Wenn man den Koordinatenursprung an der vorderen linken Ecke wählt, gilt für die Punkte T und Z: T(2|2|1,5), Z(4|12|3).

Gerade durch T und Z: $g_{TZ}: \vec{x} = \overrightarrow{OT} + r \cdot \overrightarrow{TZ} = \begin{pmatrix} 2 \\ 2 \\ 1{,}5 \end{pmatrix} + r\begin{pmatrix} 2 \\ 10 \\ 1{,}5 \end{pmatrix}$

Da für alle Punkte A bis D $x_2 = 6$ gilt, muss gelten: $2 + 10r = 6$, also $r = 0{,}4$

$\begin{pmatrix} 2 \\ 2 \\ 1{,}5 \end{pmatrix} + 0{,}4\begin{pmatrix} 2 \\ 10 \\ 1{,}5 \end{pmatrix} = \begin{pmatrix} 2{,}8 \\ 6 \\ 2{,}1 \end{pmatrix}$. Dies entspricht den Koordinaten von Punkt D, der also als Bohrpunkt gewählt werden sollte.

b) Blick von „oben" unter Betrachtung der x_2-Koordinaten. $\frac{x}{2} = \frac{4}{10} \Leftrightarrow x = 2{,}8$.

x entspricht hier der x_1-Koordinate des gesuchten Punktes, somit kommt nur Punkt D infrage.

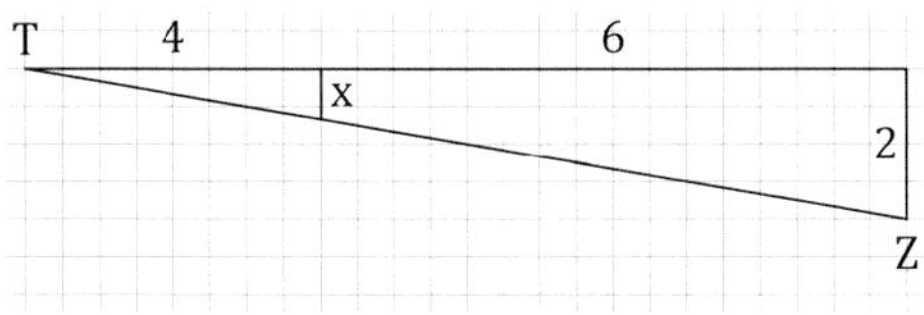

Seite 177 | Aufgabe 23

a) L(−1|−2|4); F(2|0|2); G(2|3|2); H(0|3|2)

$g_{FL}: \vec{x} = \begin{pmatrix} -1 \\ -2 \\ 4 \end{pmatrix} + r\begin{pmatrix} 3 \\ 2 \\ -2 \end{pmatrix}$

Aus $x_3 = 0$ folgt $r = 2$ und damit $F_S(5|2|0)$.

$g_{GL}: \vec{x} = \begin{pmatrix} -1 \\ -2 \\ 4 \end{pmatrix} + r\begin{pmatrix} 3 \\ 5 \\ -2 \end{pmatrix}$

Aus $x_3 = 0$ folgt $r = 2$ und damit $G_S(5|8|0)$.

$g_{HL}: \vec{x} = \begin{pmatrix} -1 \\ -2 \\ 4 \end{pmatrix} + r\begin{pmatrix} 1 \\ 5 \\ -2 \end{pmatrix}$

Aus $x_3 = 0$ folgt $r = 2$ und damit $H_S(1|8|0)$.

b)

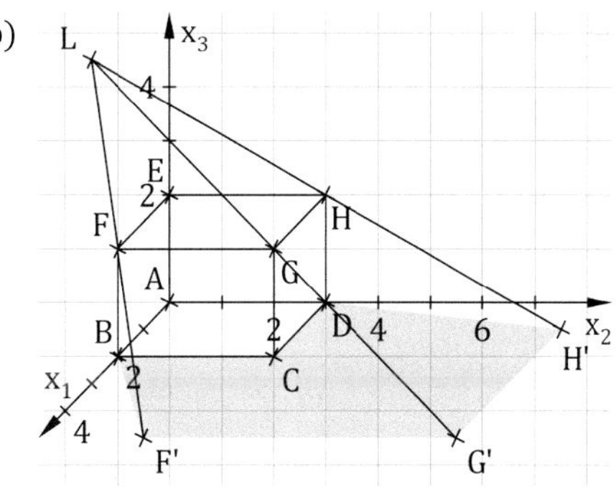

Seite 177 | Aufgabe 24

a) Fehler im ersten Druck des Schülerbuchs: Die Koordinaten des Punktes lauten (−3|5|2).

Lösung der korrigierten Aufgabe: $\vec{x} = \overrightarrow{OA} + r \cdot \overrightarrow{AC} = \begin{pmatrix} -7 \\ 3 \\ -8 \end{pmatrix} + r\begin{pmatrix} 6 \\ 3 \\ 15 \end{pmatrix}$, für $r = \frac{2}{3}$ ergibt sich (−3|5|2), also B.

Der Punkt B liegt zwischen den beiden anderen Punkten.

b) Gilt $x_{1A} < x_{1B} < x_{1C}$ bzw. $x_{1C} < x_{1B} < x_{1A}$, dann liegt der Punkt B zwischen den Punkten A und C.

Seite 178 | Aufgabe 25

a) Segler 1: $\vec{x} = \begin{pmatrix} -50 \\ 75 \end{pmatrix} + r\begin{pmatrix} 100 \\ -50 \end{pmatrix}$; $\vec{x} = \begin{pmatrix} 400 \\ -150 \end{pmatrix}$ für $r = 4{,}5$ Segler 2: $\vec{x} = \begin{pmatrix} -200 \\ -350 \end{pmatrix} + r\begin{pmatrix} 150 \\ 50 \end{pmatrix}$; $\vec{x} = \begin{pmatrix} 400 \\ -150 \end{pmatrix}$ für $r = 4$.

b) Segler 1 legt $\begin{pmatrix} 100 \\ -50 \end{pmatrix}$ pro Minute zurück, braucht also 4,5 Minuten zum Anlegeplatz. Segler 2 legt pro zwei Minuten die Strecke $\begin{pmatrix} 150 \\ 50 \end{pmatrix}$ zurück und braucht dadurch 8 Minuten zum Anlegeplatz. Folglich erreicht Segler 1 den Anlegeplatz H als erster.

Seite 178 | Aufgabe 26

a) Flugbahn: $g: \vec{x} = \begin{pmatrix} 1{,}5 \\ 9 \\ 0{,}5 \end{pmatrix} + t\begin{pmatrix} -1 \\ 5 \\ 0{,}2 \end{pmatrix}$; t in Minuten. $g_4: \vec{x} = \begin{pmatrix} 1{,}5 \\ 9 \\ 0{,}5 \end{pmatrix} + 4 \cdot \begin{pmatrix} -1 \\ 5 \\ 0{,}2 \end{pmatrix} = \begin{pmatrix} -2{,}5 \\ 29 \\ 1{,}3 \end{pmatrix}$.

Da die x_3-Koordinate der Höhe entspricht, befindet sich das Flugzeug nach 4 Minuten auf 1300 m Höhe.

b) $g_x: \vec{x} = \begin{pmatrix} 1{,}5 \\ 9 \\ 0{,}5 \end{pmatrix} + t\begin{pmatrix} -1 \\ 5 \\ 0{,}2 \end{pmatrix}$; $\vec{x} = \begin{pmatrix} x_1 \\ x_2 \\ 2{,}5 \end{pmatrix}$ für $t = 10$.

Es sind 10 Minuten vergangen, wenn sich das Flugzeug auf 2500 m Höhe im Punkt Q(−8,5|59|2,5) befindet.

c) $g_y: \vec{x} = \begin{pmatrix} 1{,}5 \\ 9 \\ 0{,}5 \end{pmatrix} + t\begin{pmatrix} -1 \\ 5 \\ 0{,}2 \end{pmatrix}$; $\vec{x} = \begin{pmatrix} -4{,}5 \\ 39 \\ x_3 \end{pmatrix}$ für $t = 6$. Es ergibt sich $x_3 = 1{,}7$.

Das Flugzeug überfliegt das Fußballstadion in einer Höhe von 1700 m, das sind 1600 m über dem Anstoßpunkt.

Seite 178 | Aufgabe 27

a) Der Luftballon befindet sich im Punkt B(280|600|5t). Das Flugzeug befindet sich im Punkt F(0|−1350 + 40t|650).

Der Abstand ist also gegeben durch $\overrightarrow{FB_t} = \begin{pmatrix} 280-0 \\ 600-(-1350+40t) \\ 5t-650 \end{pmatrix} = \begin{pmatrix} 280 \\ 1950-40t \\ -650+5t \end{pmatrix}$

b) $d_{F;B} = |\overrightarrow{FB_t}| = \sqrt{280^2 + (1950 - 40t)^2 + (-650 + 5t)^2} = f(t)$

Von dieser Funktion muss nun ihr Minimum bestimmt werden.

Da im Definitionsbereich fällt und steigt die Wurzelfunktion genau dann, wenn der Radikand fällt oder steigt. Es reicht also aus, das Minimum des Radikanden zu bestimmen:

$f(t) = 280^2 + (1950 - 40t)^2 + (-650 + 5t)^2$; $f'(t) = 0 + 2 \cdot (40t - 1950) \cdot 40 + 2 \cdot (5t - 650) \cdot 5 = 3250t - 162\,500$

$f'(t) = 0$ bei $t = 50$; $d_{FB}(50) = 490{,}8$

Hier wird der Sicherheitsabstand nicht mehr eingehalten und der Pilot muss reagieren.

c) $d_{FB}(t) = 500$ für $t = 47{,}63$. Nach 47,63 Sekunden wird der Sicherheitsabstand das erste Mal unterschritten.

Seite 179 | Aufgabe 28

A'(0|4|1), B'(0|7|1), C'(0|9|1,5), E'(0|4|5,5), F'(0|7|5,5), G'(0|9|4,5)
Die unsichtbaren Bildpunkte sind D'(0|7|1,5), H'(0|7|4,5)

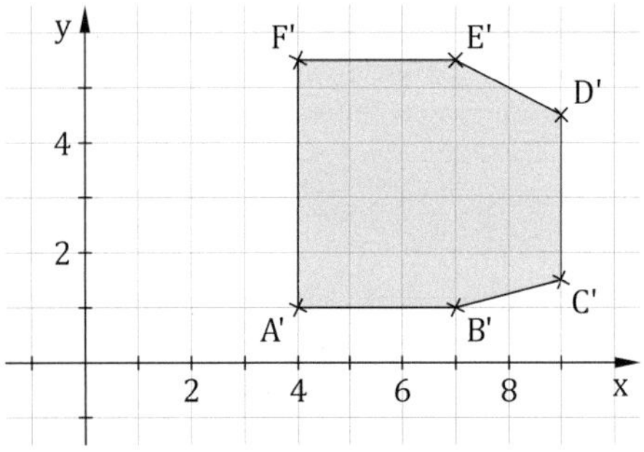

Seite 179 | Aufgabe 29

a) m beschreibt die Steigung der Geraden. b gibt den Schnittpunkt mit der y-Achse im Punkt (0|b) an.

b) $\vec{x} = \binom{0}{-3} + r \cdot \binom{1}{2}$

c) h: $\vec{x} = \binom{0}{1} + r \cdot \binom{2}{-1}$ j: $\vec{x} = \binom{0}{0} + r \cdot \binom{1}{-1}$ k: $\vec{x} = \binom{0}{4} + r \cdot \binom{1}{0}$

Seite 179 | Aufgabe 30

Eine Geradengleichung ordnet jedem x_1-Wert einen festen x_2-Wert und einen festen x_3-Wert zu.
In der angegebenen Gleichung sind x_2 und x_3 dagegen voneinander unabhängig. Einem beliebigen x_3-Wert wird kein eindeutiger x_1- bzw. x_2-Wert zugeordnet.

Seite 179 | Aufgabe 31

a) $S_{12}(4|6|0)$, $S_{13}(-2|0|6)$, $S_{23}(0|2|4)$

b) S_{12} befindet sich in der x_1x_2-Ebene und liegt folglich auch auf h. Da an der x_1x_2-Ebene gespiegelt wird, ändert sich das Vorzeichen der x_3-Koordinate des Richtungsvektors: h: $\vec{x} = \begin{pmatrix} 4 \\ 6 \\ 0 \end{pmatrix} + r \cdot \begin{pmatrix} 1 \\ 1 \\ 1 \end{pmatrix}$.

Seite 179 | Aufgabe 32

a) $L = \{(2 - 3t|5 + 2t|t)\}$

b) Beispiele: (8|1|–2); (5|3|–1); (2|5|0); (–1|7|1)
Alle vier Punkte liegen auf einer Geraden.

c) g: $\vec{x} = \begin{pmatrix} 2 \\ 5 \\ 0 \end{pmatrix} + t \cdot \begin{pmatrix} -3 \\ 2 \\ 1 \end{pmatrix}$

d) $x = -1 + 6 \cdot r$; $y = 7 - 4 \cdot r$; $z = 1 - 2 \cdot r$
Setzt man dies in das lineare Gleichungssystem ein, erhält man nur wahre Werte. Die Punkte der Geraden h sind alle Lösung des Gleichungssystems.

e) Da $\vec{v_g} = -2 \cdot \vec{v_h}$ gilt, muss nur noch untersucht werden, ob die Geraden einen gemeinsamen Punkt haben.
$\begin{pmatrix} 2 \\ 5 \\ 0 \end{pmatrix} + t \cdot \begin{pmatrix} -3 \\ 2 \\ 1 \end{pmatrix} = \begin{pmatrix} -1 \\ 7 \\ 1 \end{pmatrix}$ gilt für r = 1, folglich sind die Geraden g und h gleich.

5.2 Lagebeziehungen zwischen Geraden

Seite 180 | Einstieg

Zwei Geraden im Raum können sich schneiden, zueinander parallel sein, identisch oder windschief zueinander. Windschief bedeutet, dass sie nicht parallel sind, sich aber dennoch nicht schneiden. Dieser Fall kommt in der Ebene nicht vor.

Seite 181 | Aufgabe 1

a) r = 10; s = –7; S(3|1|2) b) r = –2; s = 1; S(–3|6|–2) c) r = –1; s = 2; S(5|–1|2) d) r = 1; s = 0; S(–2|6|0)

Seite 182 | Aufgabe 2

Die Geraden g und h sind zueinander…

a) windschief: $\begin{pmatrix} 8 \\ -4 \\ 2 \end{pmatrix} = r \cdot \begin{pmatrix} -4 \\ 2 \\ 1 \end{pmatrix}$: für kein r erfüllt

b) echt parallel: $\begin{pmatrix} 8 \\ -4 \\ 2 \end{pmatrix} = -2 \cdot \begin{pmatrix} -4 \\ 2 \\ -1 \end{pmatrix}$

c) windschief: $\begin{pmatrix} 2 \\ -4 \\ 1 \end{pmatrix} = r \cdot \begin{pmatrix} -1 \\ -1 \\ 2 \end{pmatrix}$: für kein r erfüllt

d) windschief: $\begin{pmatrix} 1 \\ 2 \\ 0 \end{pmatrix} = r \cdot \begin{pmatrix} -1 \\ 3 \\ 1 \end{pmatrix}$: für kein r erfüllt

Seite 182 | Aufgabe 3

Die Geraden g und h sind zueinander…

a) sind zueinander parallel.
b) sind zueinander windschief.
c) sind identisch.
d) schneiden sich im Punkt S(3|–2|4) bei r = s = 0.
e) schneiden sich im Punkt P(9|0|0) bei r = 1, s = 9.
f) sind zueinander parallel.

Seite 182 | Aufgabe 4

Samira hat mit ihrer Behauptung recht, dies ist ein gängiges Verfahren. Die Geraden sind zueinander…

a) parallel. b) windschief. c) identisch.

Seite 182 | Aufgabe 5

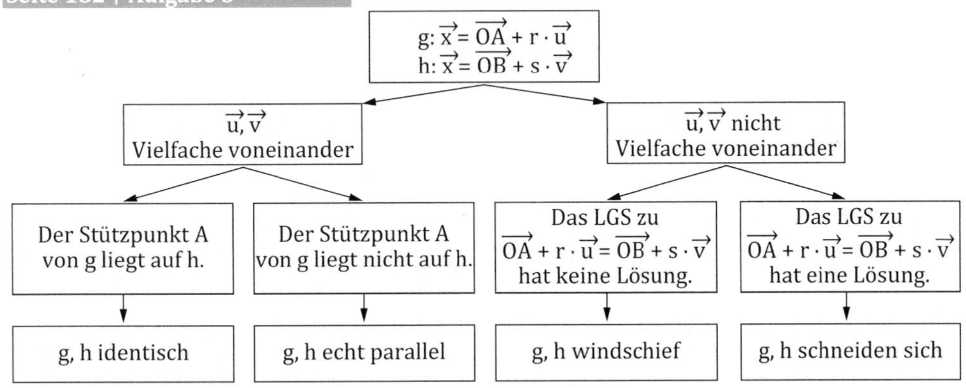

Seite 183 | Aufgabe 6

Die beiden Geraden...

a) sind parallel oder windschief. b) sind identisch. c) schneiden sich.
d) sind parallel oder windschief. e) schneiden sich.
f) sind parallel, da im Koeffiziententeil zwei Nullzeilen entstehen, die Richtungsvektoren also kollinear sind.

Seite 183 | Aufgabe 7

a) LGS unerfüllbar, Richtungsvektoren sind kollinear: Die Geraden sind parallel.
b) Die Geraden schneiden sich in S(3,2|2|−4,2).
c) Das LGS hat unendlich viele Lösungen, die Geraden sind identisch.
d) Die Geraden schneiden sich in S(−7|0,4|−19,5).

Seite 183 | Aufgabe 8

a)

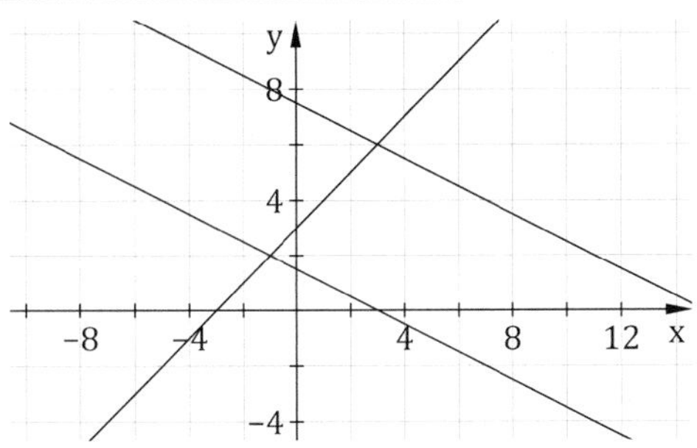

b) Das LGS hat die Lösung $r = -2$; $s = 5$; der Schnittpunkt ist (3|6).
c) $\vec{v_k} = -2 \cdot \vec{v_g}$: Die Richtungsvektoren sind kollinear, also sind die Geraden parallel.
d) Wenn das LGS eindeutig lösbar ist, schneiden sich die Geraden in einem Punkt.
Wenn das LGS nicht lösbar ist, sind die Geraden parallel.
Wenn das LGS unendlich viele Lösungen hat, sind die Geraden identisch.
Windschiefe Geraden gibt es in der Ebene nicht.

Seite 183 | Aufgabe 9

a)

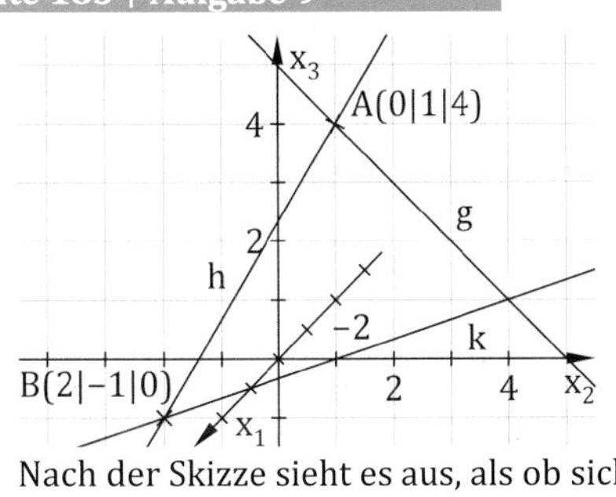

b) Nach der Skizze sieht es aus, als ob sich für $s = 2$ und $r = -1$ ein Schnittpunkt der Geraden g und h ergibt.
c) Einsetzen in die Geradengleichungen: $\begin{pmatrix}1\\3\\3\end{pmatrix} + (-1) \cdot \begin{pmatrix}1\\2\\-1\end{pmatrix} = \begin{pmatrix}0\\1\\4\end{pmatrix}$; $\begin{pmatrix}2\\-1\\0\end{pmatrix} + 2 \cdot \begin{pmatrix}-1\\1\\2\end{pmatrix} = \begin{pmatrix}0\\1\\4\end{pmatrix}$: Der Schnittpunkt ist S(0|1|4).
d) Nach der Skizze vermutet man $r = 1$, $t = 3$: Setzt man dies ein, ergibt sich:
$\begin{pmatrix}1\\3\\3\end{pmatrix} + \begin{pmatrix}1\\2\\-1\end{pmatrix} = \begin{pmatrix}2\\5\\2\end{pmatrix}$; $\begin{pmatrix}1\\0\\0\end{pmatrix} + 3 \cdot \begin{pmatrix}-1\\1\\0\end{pmatrix} = \begin{pmatrix}-2\\3\\0\end{pmatrix}$
Die Geraden g und k schneiden sich nicht, sie sind windschief.

Seite 184 | Aufgabe 10

a) Lösung des LGS: $r = 2$; $s = \frac{2}{3}$. Die Geraden schneiden sich im Punkt (3|1|4).
b) Das LGS hat keine Lösung und die Richtungsvektoren sind kollinear. Die Geraden sind parallel.

Seite 184 | Aufgabe 11

g_{AB}: $\vec{x} = \begin{pmatrix} 5 \\ -1 \\ 2 \end{pmatrix} + r \cdot \begin{pmatrix} -4 \\ 6 \\ 4 \end{pmatrix}$ g_{CD}: $\vec{x} = \begin{pmatrix} 8 \\ 7{,}5 \\ 8 \end{pmatrix} + s \cdot \begin{pmatrix} -5 \\ -7{,}5 \\ -5 \end{pmatrix}$

g_{FE}: $\vec{x} = \begin{pmatrix} 0 \\ -1{,}5 \\ 3{,}5 \end{pmatrix} + t \cdot \begin{pmatrix} 3 \\ 7{,}5 \\ -1{,}5 \end{pmatrix}$ g_{HG}: $\vec{x} = \begin{pmatrix} -1 \\ -2 \\ 6 \end{pmatrix} + u \cdot \begin{pmatrix} 10 \\ 10 \\ -5 \end{pmatrix}$

g_{AB} und g_{HC} scheiden sich bei $r = \frac{1}{2}$; $s = \frac{2}{5}$ im Punkt S(3|2|4).

Die neue Leitung $\overline{AB}$ kam mit der Leitung $\overline{HG}$ im Punkt (3|2|4) in Kontakt.

Seite 184 | Aufgabe 12

a) h: $\vec{x} = \begin{pmatrix} -8 \\ 3 \\ 3 \end{pmatrix} + r \cdot \begin{pmatrix} 5 \\ 0 \\ -2 \end{pmatrix}$

b) h: $\vec{x} = \begin{pmatrix} x \\ y \\ z \end{pmatrix} + r \cdot \begin{pmatrix} 5 \\ 0 \\ -2 \end{pmatrix}$ mit $\begin{pmatrix} x \\ y \\ z \end{pmatrix} \neq \begin{pmatrix} 2 \\ 3 \\ -1 \end{pmatrix}$

c) Der Richtungsvektor von h darf nicht kollinear zum Richtungsvektor von g sein. Das LGS muss genau eine Lösung haben.
Beispiel: h: $\vec{x} = \begin{pmatrix} 2 \\ 3 \\ -1 \end{pmatrix} + r \cdot \begin{pmatrix} 1 \\ 1 \\ 1 \end{pmatrix}$ mit dem Stützvektor als Schnittpunkt.

d) Das LGS hat keine Lösung und die Richtungsvektoren sind nicht kollinear.
Beispiel: $\vec{x} = \begin{pmatrix} 2 \\ 4 \\ 1 \end{pmatrix} + r \cdot \begin{pmatrix} 1 \\ 0 \\ 1 \end{pmatrix}$

Seite 184 | Aufgabe 13

a) richtig. Da die Richtungsvektoren von g und h Vielfache voneinander sind, ist der Richtungsvektor von k weder ein Vielfaches von g, noch von h. Folglich können h und k nicht parallel zueinander sein.

b) falsch. Trotz den gegebenen Bedingungen können h und k windschief sein. Gegenbeispiel: Die x_1-Achse und $\vec{x} = \begin{pmatrix} 0 \\ 2 \\ 0 \end{pmatrix} + r \cdot \begin{pmatrix} 0 \\ 0 \\ 1 \end{pmatrix}$ schneiden beide die x_2-Achse und sind dennoch windschief zueinander.

c) falsch. Die Darstellung im dreidimensionalen Koordinatensystem kann den Betrachter auch täuschen. Folglich sollte die Vermutung stets mit einer Rechnung überprüft werden. Beispiel: Es sei $\vec{v} = \begin{pmatrix} 2 \\ 1 \\ 1 \end{pmatrix}$ und $\vec{u} \neq 0$ sei kein Vielfaches von $\vec{v}$. Dann scheinen $\vec{u}$ und $\vec{v} + \vec{u}$ im Koordinatensystem gleich, also kollinear, zu sein, sind es aber offensichtlich nicht.

Seite 184 | Aufgabe 14

a) Da die x_2- und die x_3-Koordinate von h gleich null sind, muss r = –3 gelten. Dann ist s = 1,6 und der Schnittpunkt (0|0|0).

b) Man setzt für r = 0 und s = –2. Schnittpunkt (0|0|0)

Seite 184 | Aufgabe 15

Die x_1-Koordinate der Gerade g nimmt stets den Wert 3 an, die der Gerade h stets den Wert –2. Die beiden Geraden schneiden sich nicht. Da zudem die Richtungsvektoren nicht Vielfache voneinander sind, sind die beiden Geraden windschief zueinander.

Seite 185 | Aufgabe 16

a) Es wurde vergessen, die Gleichung der x_3-Koordinaten zu überprüfen. Es ist $-1 + 0 \cdot (-1) \neq 2 \cdot 9$. Also schneiden sich die Geraden nicht.

b) Beim Gleichsetzen der Geraden darf nicht derselbe Parameter gewählt werden.
$\begin{pmatrix} 2 \\ 6 \\ -1 \end{pmatrix} + r \cdot \begin{pmatrix} 5 \\ 0 \\ -2 \end{pmatrix} = \begin{pmatrix} -7 \\ 7 \\ 5 \end{pmatrix} + s \cdot \begin{pmatrix} 6 \\ 1 \\ 0 \end{pmatrix}$.
Das LGS hat die Lösung r = –3 und s = –1. Die Geraden schneiden sich in S(–13|6|5).

Seite 185 | Aufgabe 17

Die Eckpunkte sind die Schnittpunkte von jeweils zwei Geraden. Paarweises Gleichsetzen ergibt:
A(3|–3|2), B(5|–2|–1), C(2|1|–1)
Die Seitenlängen sind die Beträge der Vektoren zwischen zwei Eckpunkten: $|\overrightarrow{AB}| = \sqrt{14}$, $|\overrightarrow{AC}| = \sqrt{26}$, $|\overrightarrow{BC}| = \sqrt{18}$

Seite 185 | Aufgabe 18

g_{AB}: $\vec{x} = \begin{pmatrix} 1 \\ -3 \\ 3 \end{pmatrix} + t \cdot \begin{pmatrix} -3 \\ 6 \\ -6 \end{pmatrix}$.

Wenn man g_{AB} mit h_1 schneidet, erhält man r = –1, $t = \frac{2}{3}$ und $H_1(-1|1|-1)$. Wegen $0 < t < 1$ liegt H_1 innerhalb der Strecke $\overline{AB}$.

Wenn man g_{AB} mit h_2 schneidet, erhält man s = 3, $t = \frac{4}{3}$ und $H_2(-3|5|-5)$. Wegen $t > 1$ liegt H_2 außerhalb der Strecke $\overline{AB}$.

Seite 185 | Aufgabe 19

a) $\overrightarrow{LP} = \begin{pmatrix} 6 \\ 6 \\ 4 \end{pmatrix}$; $\overrightarrow{LM} = \begin{pmatrix} 2 \\ 5 \\ 2 \end{pmatrix}$; $\overrightarrow{MN} = \begin{pmatrix} 3 \\ 3 \\ 2 \end{pmatrix}$; $\overrightarrow{NP} = \begin{pmatrix} -1 \\ 2 \\ 0 \end{pmatrix}$ $\overline{PL} \parallel \overline{MN}$ und $|\overline{LM}| \neq |\overline{NP}|$:
Das Viereck ein Paar paralleler Seiten, ist also ein Trapez. Da $|\overline{PN}| \neq |\overline{LM}|$ sind die Schenkel nicht gleich lang.

b) Die Diagonalengeraden sind g_{MP}: $\vec{x} = \begin{pmatrix} -2 \\ 5 \\ 1 \end{pmatrix} + r \cdot \begin{pmatrix} 4 \\ 1 \\ 2 \end{pmatrix}$ und g_{LN}: $\vec{x} = \begin{pmatrix} -4 \\ 0 \\ -1 \end{pmatrix} + r \cdot \begin{pmatrix} 5 \\ 8 \\ 4 \end{pmatrix}$. Der Schnittpunkt ist $P\left(-\frac{2}{3}\middle|5\frac{1}{3}\middle|1\frac{1}{3}\right)$.

c) Die nicht parallelen Seiten sind auf den Geraden g_{LM}: $\vec{x} = \begin{pmatrix} -4 \\ 0 \\ -1 \end{pmatrix} + r \cdot \begin{pmatrix} 2 \\ 5 \\ 2 \end{pmatrix}$ und g_{NP}: $\vec{x} = \begin{pmatrix} 1 \\ 8 \\ 3 \end{pmatrix} + r \cdot \begin{pmatrix} 1 \\ -2 \\ 0 \end{pmatrix}$.
Schnittpunkt der beiden Geraden ist Q(0|10|3).

Seite 185 | Aufgabe 20

a) $s_A: \vec{x} = r \cdot \begin{pmatrix} 7 \\ 0 \end{pmatrix}$; $s_B: \vec{x} = \begin{pmatrix} 8 \\ -2 \end{pmatrix} + r \cdot \begin{pmatrix} -5 \\ 3 \end{pmatrix}$; $s_C: \vec{x} = \begin{pmatrix} 6 \\ 2 \end{pmatrix} + r \cdot \begin{pmatrix} -2 \\ -3 \end{pmatrix}$.
   Die drei Seitenhalbierenden schneiden sich im Punkt $P\left(\frac{14}{3} | 0\right)$.
b) Das Verhältnis der Teilstrecken zueinander beträgt 1:2.
c) $s_A: \vec{x} = \begin{pmatrix} 3 \\ -1 \\ -2 \end{pmatrix} + r \cdot \begin{pmatrix} -3 \\ 6 \\ 3 \end{pmatrix}$; $s_B: \vec{x} = \begin{pmatrix} 3 \\ 5 \\ 0 \end{pmatrix} + r \cdot \begin{pmatrix} -3 \\ -3 \\ 0 \end{pmatrix}$; $s_C: \vec{x} = \begin{pmatrix} -3 \\ 5 \\ 2 \end{pmatrix} + r \cdot \begin{pmatrix} 6 \\ -2 \\ -3 \end{pmatrix}$.
   Die drei Seitenhalbierenden schneiden sich im Punkt P(1|3|0). Das Verhältnis der Teilstrecken zueinander beträgt 1:2.

Seite 186 | Aufgabe 21

a) Die gesuchten Geraden sind $g_a: \vec{x} = \begin{pmatrix} 2 \\ 0 \\ -2 \end{pmatrix} + r \cdot \begin{pmatrix} -1 \\ 3 \\ -2 \end{pmatrix}$, $g_b: \vec{x} = \begin{pmatrix} 2 \\ 2 \\ -2 \end{pmatrix} + r \cdot \begin{pmatrix} -1 \\ -1 \\ -2 \end{pmatrix}$ und $g_c: \vec{x} = \begin{pmatrix} -1 \\ 1 \\ -2 \end{pmatrix} + r \cdot \begin{pmatrix} 5 \\ 1 \\ -2 \end{pmatrix}$.
   Sie schneiden sich im Punkt S(1,5|1,5|–3).
b) $\frac{1}{4}(\overrightarrow{OA} + \overrightarrow{OB} + \overrightarrow{OC}) = \frac{1}{4}\left(\begin{pmatrix} 4 \\ 0 \\ -4 \end{pmatrix} + \begin{pmatrix} 4 \\ 4 \\ -4 \end{pmatrix} + \begin{pmatrix} -2 \\ 2 \\ -4 \end{pmatrix}\right) = \frac{1}{4}\left(\begin{pmatrix} 6 \\ 6 \\ -12 \end{pmatrix}\right) = \begin{pmatrix} 1,5 \\ 1,5 \\ -3 \end{pmatrix} = \overrightarrow{OS}$

Seite 186 | Aufgabe 22

a) Der hintere linke Punkt der Grundfläche wird in den Ursprung des Koordinatensystems gelebt.
   Für die vordere linke Kante gilt dann die Geradengleichung:
   $g_v: \vec{x} = \begin{pmatrix} 10 \\ 0 \\ 0 \end{pmatrix} + r \cdot \begin{pmatrix} -2 \\ 2 \\ 3 \end{pmatrix}$, für die hintere linke Kante gilt $g_h: \vec{x} = \begin{pmatrix} 10 \\ 10 \\ 0 \end{pmatrix} + r \cdot \begin{pmatrix} -2 \\ -2 \\ 3 \end{pmatrix}$.
   Der Schnittpunkt dieser Geraden und damit aus Symmetriegründen die Spitze der Pyramide ist S(5|5|7,5).
b) $V = \frac{1}{3} \cdot G \cdot h = \frac{1}{3} \cdot (10\text{ m})^2 \cdot 7,5\text{ m} = 250\text{ m}^3$
c) $V_{\text{Stumpf}} = 250\text{ m}^3 - \frac{1}{3} \cdot (6\text{ m})^2 \cdot 4,5\text{ m} = 196\text{ m}^3$

Seite 186 | Aufgabe 23

a) ① $g_{AC}: \vec{x} = \begin{pmatrix} 4 \\ -2 \\ 0 \end{pmatrix} + r \cdot \begin{pmatrix} -4 \\ 5 \\ -2 \end{pmatrix}$; $g_{BD}: \vec{x} = \begin{pmatrix} 4 \\ 4 \\ -1 \end{pmatrix} + s \cdot \begin{pmatrix} -8 \\ -4 \\ -1 \end{pmatrix}$
   Beide Geraden sind windschief zueinander, das Viereck ist deswegen nicht eben.
   ② $g_{AC}: \vec{x} = \begin{pmatrix} 3 \\ 0 \\ 0 \end{pmatrix} + r \cdot \begin{pmatrix} -2 \\ 5 \\ -1 \end{pmatrix}$; $g_{BD}: \vec{x} = \begin{pmatrix} 5 \\ 4 \\ -1 \end{pmatrix} + s \cdot \begin{pmatrix} -7 \\ -3 \\ 1 \end{pmatrix}$
   Beide Geraden sind windschief zueinander, das Viereck ist deswegen nicht eben.
b) Zeichenübung
c) Eine Möglichkeit ist es, das Dreieck ABD zum Parallelogramm zu ergänzen:
   $\overrightarrow{OC} = \overrightarrow{OB} + \overrightarrow{AD} = \begin{pmatrix} 6 \\ 4 \\ 0 \end{pmatrix} + \begin{pmatrix} -3 \\ 7 \\ -1 \end{pmatrix} = \begin{pmatrix} 3 \\ 11 \\ -1 \end{pmatrix}$. Folglich ist C(3|11|–1) ein möglicher Punkt.
d) Jeder beliebige Punkt, für den gilt, dass die Geraden $\overline{AC}$ und $\overline{BD}$ windschief sind, ist geeignet.
   Beispielsweise kann man nur eine Koordinate des in c) gefundenen Punktes verändern: C'(3|4|–1).

Seite 186 | Aufgabe 24

a) $\overrightarrow{AD} = \begin{pmatrix} -4 \\ 12 \\ -2 \end{pmatrix}$; $\overrightarrow{BC} = \begin{pmatrix} -1 \\ 3 \\ -0,5 \end{pmatrix}$; $\overrightarrow{AB} = \begin{pmatrix} 30 \\ 54 \\ -3 \end{pmatrix}$; $\overrightarrow{DC} = \begin{pmatrix} 33 \\ 45 \\ -1,5 \end{pmatrix}$
   Es gilt: $\overline{AD} \parallel \overline{BC}$ und $\overline{AB}$ nicht parallel zu $\overline{CD}$. Folglich handelt es sich um ein Trapez.
   $|\overline{AB}| = \left|\begin{pmatrix} 30 \\ 54 \\ -3 \end{pmatrix}\right| = \sqrt{30^2 + 54^2 + 3^2} = \sqrt{3825}$ und $|\overline{CD}| = \left|\begin{pmatrix} -33 \\ -45 \\ 1,5 \end{pmatrix}\right| = \sqrt{33^2 + 45^2 + 1,5^2} = \sqrt{3116,25}$
   Das Trapez ist nicht gleichschenklig.
b) $g_{AB}: \vec{x} = \begin{pmatrix} -10 \\ -22 \\ 26 \end{pmatrix} + r \cdot \begin{pmatrix} 30 \\ 54 \\ -3 \end{pmatrix}$ und $g_{CD}: \vec{x} = \begin{pmatrix} 19 \\ 35 \\ 22,5 \end{pmatrix} + r \cdot \begin{pmatrix} -33 \\ -45 \\ 1,5 \end{pmatrix}$ g_{AB} schneidet g_{CD} im Punkt S(30|50|22).
   Die Stange muss 2,2 m hoch sein und im Punkt (30|50) der x_1x_2-Ebene aufgestellt werden.

Seite 187 | Aufgabe 25

a) Für k = 4 schneiden sich die Geraden im Punkt S(–11|1|9).
b) Für k = –2 schneiden sich die Geraden im Punkt S(17|28|9).

Seite 187 | Aufgabe 26

a) t = 1 (10 Sekunden): F_1(10,95|–1,92|0,69), F_2(0,42|8,52|1,38), $d_{F1;F2}$=14,8 km
   t = 5 (50 Sekunden): F_1(9,15|–0,48|0,81), F_2(1,7|6,6|1,3), $d_{F1;F2}$=10,3 km
   t = 14 (140 Sekunden): F_1(5,1|2,76|1,08), F_2(4,58|2,28|1,12), $d_{F1;F2}$=0,7 km
   Nach 140 Sekunden beträgt der Abstand also nur noch 700 m, was sicher zu wenig ist.
b) Die Geraden schneiden sich: Für t_1 = 18 und t_2 = 10 erhält man jeweils S(3,3|4,2|1,2).
   Die Flugzeuge erreichen S mit 80 Sekunden Zeitunterschied.
c) Es kommt zu keiner Kollision, da Flugzeug 1 den Punkt P nach 180 s und Flugzeug 2 den Punkt nach 100 s erreicht.

Seite 187 | Aufgabe 27

a) Gerade auf der sich das Schmugglerboot bewegt $g_S: \vec{x} = \begin{pmatrix} 2 \\ 7 \end{pmatrix} + t \cdot \begin{pmatrix} 2,5 \\ -1 \end{pmatrix}$.
   Gerade auf welcher sich das Boot der Küstenwache befindet $g_K: \vec{x} = \begin{pmatrix} 1,5 \\ 0 \end{pmatrix} + t \cdot \begin{pmatrix} 2 \\ 1 \end{pmatrix}$.
   Die Geraden schneiden sich im Punkt P(9,5|4).

b) Abstand der Boote: $d_{S;K} = \left|\left(\begin{pmatrix}2\\7\end{pmatrix} + t\cdot\begin{pmatrix}2{,}5\\-1\end{pmatrix}\right) - \left(\begin{pmatrix}1{,}5\\0\end{pmatrix} + t\cdot\begin{pmatrix}2\\1\end{pmatrix}\right)\right| = \left|\begin{pmatrix}0{,}5 + 0{,}5t\\7 - 2t\end{pmatrix}\right| = \sqrt{4{,}25t^2 - 27{,}5t + 49{,}25}$

Der Abstand wird minimal, wenn der Radikand minimal ist:

$r(t) = 4{,}25t2 - 27{,}5t + 49{,}25$; $r'(t) = 8{,}5\,t - 27{,}5$; $r'(t) = 0$ für $t = \frac{55}{17}$

$d\left(\frac{55}{17}\right) = \frac{9}{\sqrt{17}} \approx 2{,}2 > 1$

Die Küstenwache wird das Schmugglerboot nicht sehen können.

Seite 187 | Aufgabe 28

a) $M_C(0{,}5|0)$, $M_b(0|0{,}5)$

g_C: $\vec{x} = \begin{pmatrix}0{,}5\\0\end{pmatrix} + t\cdot\begin{pmatrix}-0{,}5\\1\end{pmatrix}$, g_B: $\vec{x} = \begin{pmatrix}0\\0{,}5\end{pmatrix} + s\cdot\begin{pmatrix}1\\-0{,}5\end{pmatrix}$. Die Gerade g_C schneidet g_B im Punkt $P\left(\frac{1}{3}\middle|\frac{1}{3}\right)$.

b) $M_C(2{,}5|1)$, $M_b(2|1{,}5)$

g_C: $\vec{x} = \begin{pmatrix}2{,}5\\1\end{pmatrix} + t\cdot\begin{pmatrix}0{,}5\\1\end{pmatrix}$, g_B: $\vec{x} = \begin{pmatrix}2\\1{,}5\end{pmatrix} + t\cdot\begin{pmatrix}2\\-0{,}5\end{pmatrix}$. Die Geraden schneiden sich im Punkt $P\left(2\frac{1}{3}\middle|1\frac{1}{3}\right)$.

5.3 Parametergleichung einer Ebene

Seite 188 | Einstieg

$\vec{x} = \begin{pmatrix}-1\\0{,}5\\1\end{pmatrix} + r\cdot\begin{pmatrix}0\\2\\1\end{pmatrix} + s\cdot\begin{pmatrix}1\\2{,}5\\0\end{pmatrix}$

Mithilfe von g und h lassen sich alle Punkte auf der Ebene angeben, in der die beiden Geraden liegen.

Seite 189 | Aufgabe 1

a) A(−7|11|−3) b) B(1|13|5) c) C(7|12|11) d) D(−1|5|3)
e) E(−5|4|−1) f) F(−9|3|−5) g) G(−2|11|2) h) H(3|3,5|7)

Seite 189 | Aufgabe 2

a) E: $\vec{x} = \begin{pmatrix}1\\-3\\-4\end{pmatrix} + r\cdot\begin{pmatrix}0{,}5\\-1\\0{,}25\end{pmatrix} + s\cdot\begin{pmatrix}\frac{2}{3}\\\frac{1}{3}\\-2\end{pmatrix}$

b) E: $\vec{x} = \begin{pmatrix}-3\\0\\1\end{pmatrix} + r\cdot\begin{pmatrix}2\\-4\\1\end{pmatrix} + s\cdot\begin{pmatrix}2\\1\\-6\end{pmatrix}$

c) Beispielsweise: E: $\vec{x} = \begin{pmatrix}-3\\0\\1\end{pmatrix} + r\cdot\begin{pmatrix}0{,}5\\-1\\0{,}25\end{pmatrix} + s\cdot\begin{pmatrix}2\\6\\-13\end{pmatrix}\begin{pmatrix}4\\-3\\-5\end{pmatrix}$

d) Beispielsweise: E: $\vec{x} = \begin{pmatrix}-5\\4\\0\end{pmatrix} + r\cdot\begin{pmatrix}2\\-4\\1\end{pmatrix} + s\cdot\begin{pmatrix}4\\-3\\-5\end{pmatrix}$

Seite 189 | Aufgabe 3

a) Die Punkte A, B und C spannen eine Ebene auf. E: $\vec{x} = \begin{pmatrix}2\\-4\\1\end{pmatrix} + r\cdot\begin{pmatrix}-1\\11\\-4\end{pmatrix} + s\cdot\begin{pmatrix}-6\\6\\0\end{pmatrix}$

b) Die Punkte A, B und C spannen eine Ebene auf. E: $\vec{x} = \begin{pmatrix}4\\0\\0\end{pmatrix} + r\cdot\begin{pmatrix}-4\\5\\0\end{pmatrix} + s\cdot\begin{pmatrix}-4\\0\\6\end{pmatrix}$

c) Die Punkte A, B und C spannen eine Ebene auf. E: $\vec{x} = \begin{pmatrix}4\\6\\8\end{pmatrix} + r\cdot\begin{pmatrix}-7\\0\\-8\end{pmatrix} + s\cdot\begin{pmatrix}-5\\-4\\-8\end{pmatrix}$

d) Die Vektoren $\overrightarrow{AB}$ und $\overrightarrow{AC}$ sind kollinear. Die Punkte A, B und C spannen keine Ebene auf.

Seite 189 | Aufgabe 4

Sind $\vec{u}$ und $\vec{v}$ kollinear, so wird durch die Parametergleichung eine Gerade beschrieben.

Anschauliche Begründung: Da $\vec{u}$ und $\vec{v}$ in die gleiche Richtung zeigen, erreicht man auch nur Punkte, die von A aus in dieser Richtung liegen, also nur die Punkte einer Geraden.

Rechnerische Begründung: Alle Punkte, die man durch $\vec{x} = \overrightarrow{OA} + r\vec{u} + s\vec{v}$ darstellen kann, lassen sich auch durch $\vec{x} = \overrightarrow{OA} + k\vec{u}$ darstellen. Wegen Kollinearität ist $\vec{v} = t\vec{u}$, also $\overrightarrow{OA} + r\vec{u} + s\cdot(t\vec{u}) = \overrightarrow{OA} + (r + st)\vec{u} = \overrightarrow{OA} + k\vec{u}$, das ist eine Geradengleichung.

Seite 190 | Aufgabe 5

a) $\begin{pmatrix}-4\\6\\7\end{pmatrix} = \begin{pmatrix}-2\\5\\1\end{pmatrix} + r\cdot\begin{pmatrix}-2\\0\\3\end{pmatrix} + s\cdot\begin{pmatrix}1\\1\\0\end{pmatrix}$: LGS nicht lösbar, der Punkt P liegt nicht in der Ebene E.

$\begin{pmatrix}-4\\1\\-2\end{pmatrix} = \begin{pmatrix}-2\\5\\1\end{pmatrix} + r\cdot\begin{pmatrix}-2\\0\\3\end{pmatrix} + s\cdot\begin{pmatrix}1\\1\\0\end{pmatrix}$: Gilt für r = −1 und s = −4, der Punkt Q liegt in der Ebene E.

b) $\begin{pmatrix}1\\0\\-8\end{pmatrix} = \begin{pmatrix}1\\7\\-9\end{pmatrix} + r\cdot\begin{pmatrix}4\\2\\6\end{pmatrix} + s\cdot\begin{pmatrix}-1\\3\\-2\end{pmatrix}$: Gilt für s = −2 und r = −0,5, der Punkt P liegt in der Ebene E.

$\begin{pmatrix}6\\10\\-1\end{pmatrix} = \begin{pmatrix}1\\7\\-9\end{pmatrix} + r\cdot\begin{pmatrix}4\\2\\6\end{pmatrix} + s\cdot\begin{pmatrix}-1\\3\\-2\end{pmatrix}$: LGS nicht lösbar, der Punkt Q liegt nicht in der Ebene E.

c) $\begin{pmatrix}13\\5\\-10\end{pmatrix} = \begin{pmatrix}2\\1\\3\end{pmatrix} + r\cdot\begin{pmatrix}-7\\-1\\3\end{pmatrix} + s\cdot\begin{pmatrix}-3\\2\\-7\end{pmatrix}$: Gilt für r = −2 und s = 1: der Punkt P liegt in der Ebene E.

Seite 190 | Aufgabe 6

E: $\vec{x} = \begin{pmatrix}1\\-1\\3\end{pmatrix} + r\cdot\begin{pmatrix}-3\\1{,}5\\-3\end{pmatrix} + s\cdot\begin{pmatrix}-6\\2\\-2\end{pmatrix}$

a) $E_4(-5|1|1)$, $D_3(4\,|-2{,}5|6)$, $C_5(4|-1{,}5|2)$, $B_5(10|-3{,}5|4)$, $B_6(7|-2|1)$

b) M(8,5|−3,25|4,5)

c) Die Punkte P und Q liegen in E, an einer Ecke des Parallelogrammgitters.
Die Punkte R und T liegen in der Ebene E, innerhalb eines Parallelogrammgitters.
Der Punkt S liegt nicht in der Ebene E.

Seite 190 | Aufgabe 7

a) $E: \vec{x} = \begin{pmatrix} 8 \\ 7 \\ 11 \end{pmatrix} + r \cdot \begin{pmatrix} -2 \\ 1 \\ 0 \end{pmatrix} + s \cdot \begin{pmatrix} -2 \\ -4 \\ 2 \end{pmatrix}$

b) $R(2|5|13)$, $S(12|-5|15)$, $T_1(4|6{,}5|12)$, $T_2(14|-3{,}5|14)$

c) K liegt auf der Ebene E und in der Fläche ABCD, also dem Dachrechteck.
L liegt auf der Ebene E, allerdings nicht in dem Dachrechteck ABCD, da $s = 4$.

d) Es muss gelten: $-6 \le r \le 3$ und $-1 \le s \le 2$

Seite 190 | Aufgabe 8

a) $E: \vec{x} = r \cdot \begin{pmatrix} 1 \\ 0 \\ 0 \end{pmatrix} + s \cdot \begin{pmatrix} 0 \\ 0 \\ 1 \end{pmatrix}$

b) $E: \vec{x} = \begin{pmatrix} 2 \\ -3 \\ 5 \end{pmatrix} + r \cdot \begin{pmatrix} 1 \\ 0 \\ 0 \end{pmatrix} + s \cdot \begin{pmatrix} 0 \\ 0 \\ 1 \end{pmatrix}$

c) $E: \vec{x} = \begin{pmatrix} 1 \\ -1 \\ 4 \end{pmatrix} + r \cdot \begin{pmatrix} 3 \\ -1 \\ -5 \end{pmatrix} + s \cdot \begin{pmatrix} 6 \\ -8 \\ 1 \end{pmatrix}$

d) $E: \vec{x} = \begin{pmatrix} -5 \\ 4 \\ -1 \end{pmatrix} + r \cdot \begin{pmatrix} 1 \\ 1 \\ 0 \end{pmatrix} + s \cdot \begin{pmatrix} -3 \\ 0 \\ 5 \end{pmatrix}$

Seite 192 | Aufgabe 9

a) $S_1(5|0|0)$, $S_2(0|4|0)$, $S_3(0|0|2{,}5)$

$g_{12}: \vec{x} = \begin{pmatrix} 5 \\ 0 \\ 0 \end{pmatrix} + s \cdot \begin{pmatrix} -5 \\ 4 \\ 0 \end{pmatrix}$, $g_{23}: \vec{x} = \begin{pmatrix} 0 \\ 4 \\ 0 \end{pmatrix} + s \cdot \begin{pmatrix} 0 \\ -4{,}5 \\ 2{,}5 \end{pmatrix}$, $g_{13}: \vec{x} = \begin{pmatrix} 5 \\ 0 \\ 0 \end{pmatrix} + s \cdot \begin{pmatrix} -5 \\ 0 \\ 2{,}5 \end{pmatrix}$

$E: \vec{x} = \begin{pmatrix} 5 \\ 0 \\ 0 \end{pmatrix} + r \cdot \begin{pmatrix} -5 \\ 4 \\ 0 \end{pmatrix} + s \cdot \begin{pmatrix} -5 \\ 0 \\ 2{,}5 \end{pmatrix}$

b) $S_1(-2|0|0)$, $S_2(0|6|0)$, $S_3(0|0|4)$

$g_{12}: \vec{x} = \begin{pmatrix} -2 \\ 0 \\ 0 \end{pmatrix} + s \cdot \begin{pmatrix} 2 \\ 6 \\ 0 \end{pmatrix}$, $g_{23}: \vec{x} = \begin{pmatrix} 0 \\ 6 \\ 0 \end{pmatrix} + s \cdot \begin{pmatrix} 0 \\ -6 \\ 4 \end{pmatrix}$, $g_{13}: \vec{x} = \begin{pmatrix} -2 \\ 0 \\ 0 \end{pmatrix} + s \cdot \begin{pmatrix} 2 \\ 0 \\ 4 \end{pmatrix}$

$E: \vec{x} = \begin{pmatrix} -2 \\ 0 \\ 0 \end{pmatrix} + r \cdot \begin{pmatrix} 2 \\ 6 \\ 0 \end{pmatrix} + s \cdot \begin{pmatrix} 2 \\ 0 \\ 4 \end{pmatrix}$

Seite 192 | Aufgabe 10

a) $S_1(9|0|0)$, $S_2(0|3|0)$, $S_3(0|0|6)$

b) $S_1(3|0|0)$, $S_2(0|-2|0)$, $S_3(0|0|4)$

c) $S_1(3|0|0)$, $S_2(0|4|0)$, $S_3(0|0|2{,}5)$

d) $S_1(-4|0|0)$, $S_2(0|6|0)$, $S_3(0|0|-2)$

Seite 192 | Aufgabe 11

a) $S_1(4|0|0)$, $S_2(0|-2|0)$, $S_3(0|0|1)$

$g_{12}: \vec{x} = \begin{pmatrix} 4 \\ 0 \\ 0 \end{pmatrix} + s \cdot \begin{pmatrix} -4 \\ -2 \\ 0 \end{pmatrix}$, $g_{23}: \vec{x} = \begin{pmatrix} 0 \\ -2 \\ 0 \end{pmatrix} + s \cdot \begin{pmatrix} 0 \\ 2 \\ 1 \end{pmatrix}$, $g_{13}: \vec{x} = \begin{pmatrix} 4 \\ 0 \\ 0 \end{pmatrix} + s \cdot \begin{pmatrix} -4 \\ 0 \\ 1 \end{pmatrix}$

b) $S_1(-6|0|0)$, $S_2(0|3|0)$, $S_3(0|0|9)$

$g_{12}: \vec{x} = \begin{pmatrix} -6 \\ 0 \\ 0 \end{pmatrix} + s \cdot \begin{pmatrix} 6 \\ 3 \\ 0 \end{pmatrix}$, $g_{23}: \vec{x} = \begin{pmatrix} 0 \\ 3\frac{1}{3} \\ 0 \end{pmatrix} + s \cdot \begin{pmatrix} 0 \\ -3 \\ 9 \end{pmatrix}$, $g_{13}: \vec{x} = \begin{pmatrix} -6 \\ 0 \\ 0 \end{pmatrix} + s \cdot \begin{pmatrix} 6 \\ 0 \\ 9 \end{pmatrix}$

c) $E: \vec{x} = \begin{pmatrix} 10 \\ 5 \\ -6 \end{pmatrix} + r \cdot \begin{pmatrix} -16 \\ -4 \\ 12 \end{pmatrix} + s \cdot \begin{pmatrix} -7 \\ -3 \\ 6 \end{pmatrix}$

$S_1(5|0|0)$, $S_2(0|5|0)$, $S_3(0|0|3)$

$g_{12}: \vec{x} = \begin{pmatrix} 5 \\ 0 \\ 0 \end{pmatrix} + s \cdot \begin{pmatrix} -5 \\ 5 \\ 0 \end{pmatrix}$, $g_{23}: \vec{x} = \begin{pmatrix} 0 \\ 5 \\ 0 \end{pmatrix} + s \cdot \begin{pmatrix} 0 \\ -5 \\ 3 \end{pmatrix}$, $g_{13}: \vec{x} = \begin{pmatrix} 5 \\ 0 \\ 0 \end{pmatrix} + s \cdot \begin{pmatrix} -5 \\ 0 \\ 3 \end{pmatrix}$

Seite 192 | Aufgabe 12

Zeichnung mit Stütz- und Richtungsvektoren

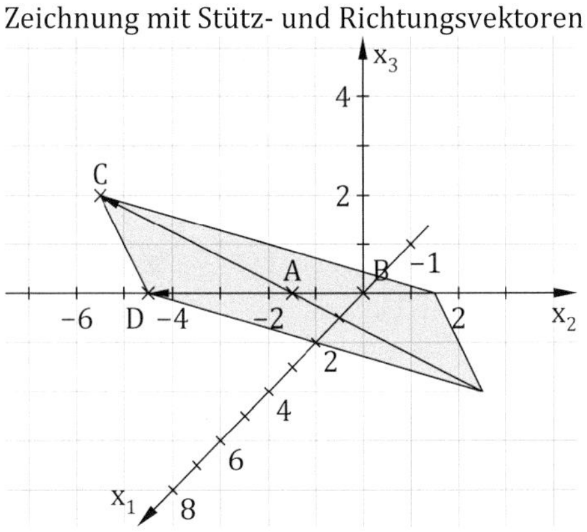

Spurpunkte: $S_1(2|0|0)$; $S_2(0|1{,}5|0)$, $S_3(0|0|3)$

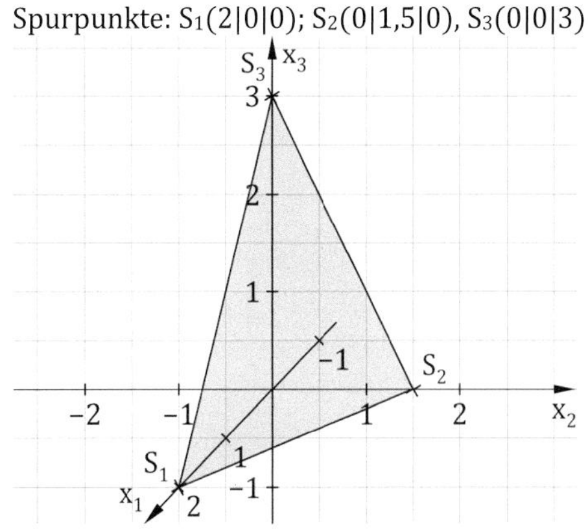

Die Zeichnung mithilfe der Spurpunkte vermittelt einen besseren Eindruck der Lage im Koordinatensytem.

Seite 192 | Aufgabe 13

a) $r = 0, s = 0$

b) B: $r = 1, s = 0$; C: $r = 0, s = 1$

c) $0 \le r \le 1, s = 0$

d) $r = 0; 0 \le s \le 1$

e) $r = 1, s = 1$

f) $r = 1; 0 \le s \le 1$

g) $0 \le r \le 1, s = 1$

h) $r = \frac{1}{2}, s = \frac{1}{2}$

i) $0 \le r, s \le 1$

Seite 193 | Aufgabe 14

a) Lara hat beide Richtungsvektoren und den Ortsvektor $\overrightarrow{OA}$ verkürzt. Den Ortsvektor darf man jedoch keinesfalls kürzen, da dies eine Parallelverschiebung der Ebene zur Folge hat. Das Verkürzen der Richtungsvektoren ist dagegen in Ordnung.
E wird also auch durch die folgende Gleichung beschrieben: $E: \vec{x} = \begin{pmatrix} 16 \\ -4 \\ 0 \end{pmatrix} + r \cdot \begin{pmatrix} 4 \\ 2 \\ -1 \end{pmatrix} + s \cdot \begin{pmatrix} 3 \\ 2 \\ 3 \end{pmatrix}$.

b) Dennis Aussage ist falsch, da er die Richtungsvektoren gekürzt hat. In seiner Ebenengleichung stehen nicht mehr die Vektoren $\vec{u}$ und $\vec{v}$, sondern $\frac{1}{14}\vec{u}$ und $\frac{1}{9}\vec{v}$. Es gilt also
$\overrightarrow{OP} = \overrightarrow{OA} + 2 \cdot \frac{1}{14}\vec{u} + 3 \cdot \frac{1}{9}\vec{v} = \overrightarrow{OA} + \frac{1}{7}\vec{u} + \frac{1}{3}\vec{v}$ Wegen $0 \leq \frac{1}{7}; \frac{1}{3} \leq 1$ liegt P im Parallelogramm.

Seite 193 | Aufgabe 15

① Die Ebene liegt parallel zur x_3-Achse, hat also keinen Spurpunkt auf dieser Achse und besitzt nur eine Spurgerade g_{12}.
② E_2 liegt parallel zur x_1x_2-Ebene, besitzt also nur einen Spurpunkt und keine Spurgerade.
③ E_3 verläuft durch den Ursprung, liegt in der x_1-Achse und besitzt eben diese als Spurgerade.
④ Die Ebene verläuft durch den Ursprung, besitzt nur diesen als Spurpunkt und hat folglich keine Spurgerade.

Seite 193 | Aufgabe 16

a) Die Ebene liegt parallel zur x_1x_2-Ebene und besitzt ihren Spurpunkt im Punkt $S_3(0|0|2)$.
b) Die Ebene verläuft durch den Ursprung (für $r = s = 0$) und schneidet alleine in diesem Punkt alle drei Koordinatenebenen. Hier fallen sie Spurpunkt zusammen, die Ebene verläuft zu keiner Koordinatenachse parallel.
c) Die Ebene verläuft parallel zur x_2x_3-Achse und besitzt den einzigen Spurpunkt im Punkt $S_1(5|0|0)$.
d) Die Ebene liegt parallel zur x_2-Achse. Die Spurpunkte sind $S_1(3|0|0)$ und $S_3(0|0|5)$.

Seite 193 | Aufgabe 17

a) richtig
b) richtig, die Ebene verläuft durch den Ursprung und wird in diesem von allen drei Koordinatenachsen geschnitten. Im Ursprung fallen die drei Spurpunkte zusammen.
c) falsch, diese Ebene kann auch durch den Ursprung verlaufen.
d) richtig, wegen der Parallelität schneidet die x_3-Achse die Ebene nicht.
e) falsch, alleine der Stützvektor kann bereits den Spurpunkt S_3 darstellen. Die Ebene könnte die x_3-Achse enthalten.

Seite 193 | Aufgabe 18

Ebenengleichung: $E: \vec{x} = \begin{pmatrix} 6 \\ 0 \\ 0 \end{pmatrix} + r \cdot \begin{pmatrix} -2 \\ 0 \\ 1 \end{pmatrix} + s \cdot \begin{pmatrix} -6 \\ 5 \\ 0 \end{pmatrix}$

a) $S_1(6|0|0)$, $S_2(0|5|0)$, $S_3(0|0|3)$
b) $E: \vec{x} = \begin{pmatrix} 6 \\ 0 \\ 0 \end{pmatrix} + r \cdot \begin{pmatrix} -2 \\ 0 \\ 1 \end{pmatrix} + s \cdot \begin{pmatrix} -6 \\ 5 \\ 0 \end{pmatrix} = \begin{pmatrix} 4 \\ 0 \\ 1 \end{pmatrix}$ für $r = 1$ und $s = 0$
c) Da der Punkt $A(4|0|1)$ in der Ebene liegt und einer der Richtungsvektoren $\begin{pmatrix} -2 \\ 0 \\ 1 \end{pmatrix}$ ist, liegt die Gerade g_0 in der Ebene.
d) Zum Beispiel: $g_1: \vec{x} = \begin{pmatrix} 4 \\ 0 \\ 1 \end{pmatrix} + k \cdot \begin{pmatrix} -6 \\ 5 \\ 0 \end{pmatrix}$

Seite 194 | Aufgabe 19

Gleichung der Ebene, in der das Parallelogramm liegt: $\vec{x} = \begin{pmatrix} -1 \\ -2 \\ 1 \end{pmatrix} + r \cdot \begin{pmatrix} 3 \\ 4{,}5 \\ 3 \end{pmatrix} + s \cdot \begin{pmatrix} 2 \\ 2 \\ 1 \end{pmatrix}$

Für A erhält man $r = 2$, $s = -1$. A liegt zwar in der Ebene, aber wegen $s < 0$ und $r > 1$ nicht in dem Parallelogramm.
Für B erhält man $r = \frac{1}{3}; s = \frac{1}{2}$. B liegt in der Ebene und im Parallelogramm.
Für C ist das LGS nicht lösbar. C liegt nicht in der Ebene und damit auch nicht im Parallelogramm,

Seite 194 | Aufgabe 20

Eine Ebene lässt sich festlegen durch
- eine Gerade und einen Punkt, der nicht auf dieser Gerade liegt,
- zwei parallel Geraden,
- zwei sich schneidenden Geraden.

Beispiele und Zeichnungen: Individuelle Lösungen

Seite 194 | Aufgabe 21

a) P liegt auf g (für $r = -0{,}4$), daher ist mit diesen Angaben keine eindeutige Ebene definiert.
b) $P \notin g$, damit ist also die folgende Ebene definiert: $E: \vec{x} = \begin{pmatrix} 1 \\ 0 \\ -5 \end{pmatrix} + r \cdot \begin{pmatrix} 3 \\ -2 \\ 4 \end{pmatrix} + s \cdot \begin{pmatrix} 6 \\ -4 \\ 4 \end{pmatrix}$

Seite 194 | Aufgabe 22

a) $E: \vec{x} = \begin{pmatrix} 11 \\ -13 \\ -9 \end{pmatrix} + r \cdot \begin{pmatrix} -2 \\ 5 \\ 1 \end{pmatrix} + s \cdot \begin{pmatrix} -4 \\ -1 \\ 3 \end{pmatrix}$
b) Die Geraden sind windschief, es ist keine Ebene definiert.
c) Die Geraden sind zwar parallel, sodass mit ihnen keine Ebene definiert werden kann. Man kann als zweiten Richtungsvektor aber dien Verbindungsvektor der beiden Stützpunkte nehmen:
$E: \vec{x} = \begin{pmatrix} 2 \\ -1 \\ 0 \end{pmatrix} + r \cdot \begin{pmatrix} -2 \\ 0 \\ 1 \end{pmatrix} + s \cdot \begin{pmatrix} -1 \\ 1 \\ 4 \end{pmatrix}$
d) Die Geraden sind identisch, es ist keine eindeutige Ebene definiert. Es gibt unendlich viele Ebenen, in denen die Gerade liegt.

Seite 194 | Aufgabe 23

Vorgehensweise: Aufstellen einer Ebenengleichung mit drei der gegebenen Punkte, überprüfen, ob der vierte Punkt in dieser Ebene liegt.

a) $\vec{x} = \begin{pmatrix} 5 \\ -7 \\ 9 \end{pmatrix} + r \cdot \begin{pmatrix} -2 \\ 0 \\ 1 \end{pmatrix} + s \cdot \begin{pmatrix} 1 \\ 3 \\ 4 \end{pmatrix}$; $\begin{pmatrix} 4 \\ -4 \\ 14 \end{pmatrix}$ liegt in dieser Ebene bei r 1; s = 1. Die vier Punkte liegen in einer Ebene,

b) $\vec{x} = \begin{pmatrix} 3 \\ -1 \\ 0 \end{pmatrix} + r \cdot \begin{pmatrix} 1 \\ 0 \\ 1 \end{pmatrix} + s \cdot \begin{pmatrix} 2 \\ 1 \\ 0 \end{pmatrix}$; $\begin{pmatrix} 7 \\ 1 \\ 3 \end{pmatrix}$ liegt nicht in dieser Ebene (LGS nicht lösbar). Die vier Punkte liegen nicht in einer Ebene,

Seite 194 | Aufgabe 24

Seitenflächen:

$E_1: \vec{x} = \begin{pmatrix} 3 \\ 0 \\ 0 \end{pmatrix} + r \cdot \begin{pmatrix} 0 \\ 6 \\ 0 \end{pmatrix} + s \cdot \begin{pmatrix} 0 \\ 0 \\ 2 \end{pmatrix}$ $E_2: \vec{x} = \begin{pmatrix} 0 \\ 0 \\ 2 \end{pmatrix} + r \cdot \begin{pmatrix} 3 \\ 0 \\ 0 \end{pmatrix} + s \cdot \begin{pmatrix} 0 \\ 6 \\ 0 \end{pmatrix}$ $E_3: \vec{x} = \begin{pmatrix} 0 \\ 6 \\ 0 \end{pmatrix} + r \cdot \begin{pmatrix} 3 \\ 0 \\ 0 \end{pmatrix} + s \cdot \begin{pmatrix} 0 \\ 0 \\ 2 \end{pmatrix}$

Diagonalflächen:

$E_1 \vec{x} = \begin{pmatrix} 3 \\ 6 \\ 2 \end{pmatrix} + r \cdot \begin{pmatrix} 0 \\ -6 \\ -2 \end{pmatrix} + s \cdot \begin{pmatrix} -3 \\ 0 \\ 0 \end{pmatrix}$ $E_2: \vec{x} = \begin{pmatrix} 3 \\ 6 \\ 2 \end{pmatrix} + r \cdot \begin{pmatrix} -3 \\ -6 \\ 0 \end{pmatrix} + s \cdot \begin{pmatrix} 0 \\ 0 \\ -2 \end{pmatrix}$ $E_3: \vec{x} = \begin{pmatrix} 3 \\ 6 \\ 2 \end{pmatrix} + r \cdot \begin{pmatrix} -3 \\ 0 \\ -2 \end{pmatrix} + s \cdot \begin{pmatrix} 0 \\ -6 \\ 0 \end{pmatrix}$

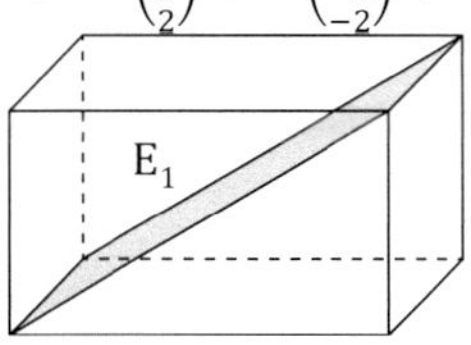

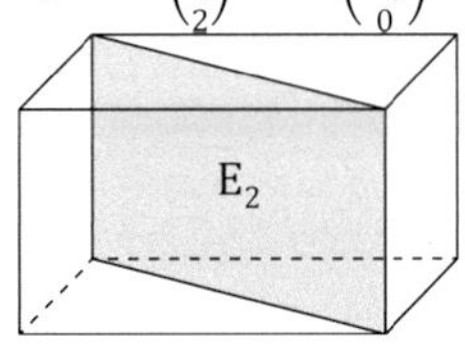

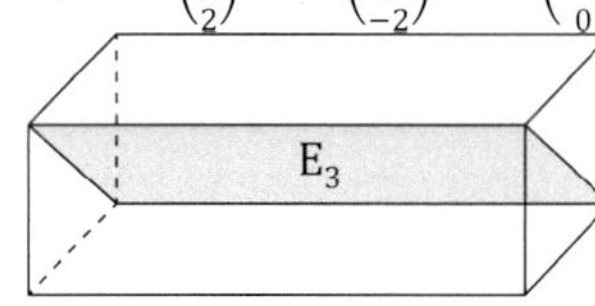

Seite 194 | Aufgabe 25

Punkt B liegt bei $(15|10|x_3)$

Dachebene des Carports E: $\vec{x} = \begin{pmatrix} 0 \\ 0 \\ 7{,}5 \end{pmatrix} + r \cdot \begin{pmatrix} 15 \\ 0 \\ -1{,}5 \end{pmatrix} + s \cdot \begin{pmatrix} 0 \\ 10 \\ -1{,}5 \end{pmatrix}$

$\begin{pmatrix} 0 \\ 0 \\ 7{,}5 \end{pmatrix} + r \cdot \begin{pmatrix} 15 \\ 0 \\ -1{,}5 \end{pmatrix} + s \cdot \begin{pmatrix} 0 \\ 10 \\ -1{,}5 \end{pmatrix} = \begin{pmatrix} 15 \\ 10 \\ x_3 \end{pmatrix}$ ist erfüllt für r = 1; s = 1 und $x_3 = 4{,}5$

Die Stütze unter dem Punkt B muss 4,5 Meter hoch sein.

Seite 195 | Aufgabe 26

a) Im Viereck ABCD gilt: $\overrightarrow{AB} = \overrightarrow{DC} = \begin{pmatrix} -3 \\ 6 \\ 0 \end{pmatrix}$ und $\overrightarrow{AD} = \overrightarrow{BC} = \begin{pmatrix} -3 \\ 3 \\ 1 \end{pmatrix}$, also ist ABCD ein Parallelogramm.

Im Viereck ABEF gilt: $\overrightarrow{AB} = \overrightarrow{EF} = \begin{pmatrix} -3 \\ 6 \\ 0 \end{pmatrix}$ und $\overrightarrow{AF} = \overrightarrow{BE} = \begin{pmatrix} -1 \\ 1 \\ 5 \end{pmatrix}$, also ist ABEF ein Parallelogramm.

Im Viereck DCEF gilt: $\overrightarrow{DC} = \overrightarrow{FE} = \begin{pmatrix} -3 \\ 6 \\ 0 \end{pmatrix}$ und $\overrightarrow{DF} = \overrightarrow{CE} = \begin{pmatrix} 2 \\ -2 \\ 4 \end{pmatrix}$, also ist DCEF ein Parallelogramm.

b) Es ist $\begin{pmatrix} 1 \\ 4 \\ 1 \end{pmatrix} = \begin{pmatrix} 1 \\ 3 \\ -1 \end{pmatrix} + \frac{1}{2} \cdot \begin{pmatrix} 2 \\ -2 \\ 4 \end{pmatrix} + \frac{1}{3} \cdot \begin{pmatrix} -3 \\ 6 \\ 0 \end{pmatrix}$ und damit gilt: Der Punkt P liegt im Parallelogramm DCEF.

Seite 195 | Aufgabe 27

a) C(−1|5|0)

b) $|\overrightarrow{AB}| = |\overrightarrow{DC}| = |\overrightarrow{AD}| = |\overrightarrow{BC}| = 5$: Die Seiten sind gleich lang.
$|\overrightarrow{AC}| = |\overrightarrow{BD}| = \sqrt{50}$: Die Diagonalen sind gleich lang.
Eine Raute mit gleich langen Diagonalen ist ein Quadrat.

c) $\overrightarrow{OM} = \overrightarrow{OA} + \frac{1}{2}\overrightarrow{AC} = \begin{pmatrix} 3 \\ 0 \\ -3 \end{pmatrix} + \frac{1}{2}\begin{pmatrix} -4 \\ 5 \\ 3 \end{pmatrix} = \begin{pmatrix} 1 \\ 2{,}5 \\ -1{,}5 \end{pmatrix} \Leftrightarrow M(1|2{,}5|-1{,}5)$;

$h: \vec{x} = \begin{pmatrix} 7 \\ 2{,}5 \\ 6{,}5 \end{pmatrix} + r \cdot \begin{pmatrix} 3 \\ 0 \\ 4 \end{pmatrix} = \begin{pmatrix} 1 \\ 2{,}5 \\ -1{,}5 \end{pmatrix}$ für $r = 4 \Leftrightarrow M \in h$

d) $|\overrightarrow{AS}| = |\overrightarrow{BS}| = |\overrightarrow{CS}| = |\overrightarrow{DS}| = \sqrt{112{,}5}$.
Die Strecke $\overrightarrow{MS} = \begin{pmatrix} 6 \\ 0 \\ 8 \end{pmatrix}$ stellt die Höhe der Pyramide dar. Ihre Länge ist $|\overrightarrow{MS}| = 10$.

e) $V = \frac{1}{3} \cdot G \cdot h = \frac{1}{3} \cdot 25 \cdot 10 = 83{,}33\ m^3$

Seite 195 | Aufgabe 28

a) $S_1(5|0|0)$, $S_2(0|4|0)$, S_3 existiert nicht
Die Ebene verläuft parallel zur x_3-Achse.
$g_{12}: \vec{x} = \begin{pmatrix} 5 \\ 0 \\ 0 \end{pmatrix} + s \cdot \begin{pmatrix} -5 \\ 4 \\ 0 \end{pmatrix}$; $g_{13}: \vec{x} = \begin{pmatrix} 5 \\ 0 \\ 0 \end{pmatrix} + s \cdot \begin{pmatrix} 0 \\ 0 \\ 1 \end{pmatrix}$
$g_{23}: \vec{x} - \begin{pmatrix} 0 \\ 4 \\ 0 \end{pmatrix} + s \cdot \begin{pmatrix} 0 \\ 0 \\ 1 \end{pmatrix}$

b) S_1 und S_2 existieren nicht; $S_3(0|0|4)$
Die Ebene verläuft parallel zur x_1x_2-Ebene.
g_{12} existiert nicht.
$g_{13}: \vec{x} = \begin{pmatrix} 0 \\ 0 \\ 4 \end{pmatrix} + s \cdot \begin{pmatrix} 1 \\ 0 \\ 0 \end{pmatrix}$; $g_{23}: \vec{x} = \begin{pmatrix} 0 \\ 0 \\ 4 \end{pmatrix} + s \cdot \begin{pmatrix} 0 \\ 1 \\ 0 \end{pmatrix}$

c) S_1 und S_3 existieren nicht, $S_2(0|2|0)$
Die Ebene verläuft parallel zur x_1x_3-Ebene.
g_{13} existiert nicht.
$g_{12}: \vec{x} = \begin{pmatrix} 0 \\ 2 \\ 0 \end{pmatrix} + s \cdot \begin{pmatrix} 1 \\ 0 \\ 0 \end{pmatrix}$; $g_{23}: \vec{x} = \begin{pmatrix} 0 \\ 2 \\ 0 \end{pmatrix} + s \cdot \begin{pmatrix} 0 \\ 0 \\ 1 \end{pmatrix}$

d) S_1 existiert nicht, $S_2(0|2|0)$, $S_3(0|0|3)$,
Die Ebene verläuft parallel zur x_1-Achse.
$g_{12}: \vec{x} = \begin{pmatrix} 0 \\ 2 \\ 0 \end{pmatrix} + s \cdot \begin{pmatrix} 1 \\ 0 \\ 0 \end{pmatrix}$; $g_{13}: \vec{x} = \begin{pmatrix} 0 \\ 0 \\ 3 \end{pmatrix} + s \cdot \begin{pmatrix} 1 \\ 0 \\ 0 \end{pmatrix}$
$g_{23}: \vec{x} = \begin{pmatrix} 0 \\ 2 \\ 0 \end{pmatrix} + s \cdot \begin{pmatrix} 0 \\ -2 \\ 3 \end{pmatrix}$

e) $S_1(0|0|0)$; $S_2(0|0|0)$; S_3: unendlich viele Lösungen
Die Ebene enthält die x_3-Achse.
g_{12} und g_{23}: identisch mit der x_3-Achse: $g_{12} = g_{23}: \vec{x} = s \cdot \begin{pmatrix} 0 \\ 0 \\ 1 \end{pmatrix}$
$g_{12}: \vec{x} = \begin{pmatrix} 3 \\ 6 \\ 0 \end{pmatrix} + s \cdot \begin{pmatrix} 5 \\ 10 \\ 0 \end{pmatrix}$

f) $S_1(0|0|0)$, für S_2 und S_3 gibt es unendlich viele Lösungen
Die Ebene ist identisch mit der x_2x_3-Ebene.
Es gibt nur zwei Spurgeraden: $g_2: \vec{x} = s \cdot \begin{pmatrix} 0 \\ 1 \\ 0 \end{pmatrix}$, $g_3: \vec{x} = s \cdot \begin{pmatrix} 0 \\ 0 \\ 1 \end{pmatrix}$

g) S_1: unendlich viele Lösungen; $S_2(0|0|0)$, $S_3(0|0|0)$
Die Ebene enthält die x_1-Achse.
g_{12} und g_{13} sind identisch mit der x_1-Achse: $\vec{x} = s \cdot \begin{pmatrix} 1 \\ 0 \\ 0 \end{pmatrix}$
$g_{23}: \vec{x} = \begin{pmatrix} 0 \\ -2 \\ 3 \end{pmatrix} + s \cdot \begin{pmatrix} 0 \\ -2 \\ 3 \end{pmatrix}$

h) S_1 und S_3: unendlich viele Lösungen; $S_2(0|0|0)$
Die Ebene ist identisch mit der x_1x_3-Ebene.
Die Spurgeraden entsprechend der x_1- und der x_3-Achse.
$g_1: \vec{x} = s \cdot \begin{pmatrix} 1 \\ 0 \\ 0 \end{pmatrix}$, $g_3: \vec{x} = s \cdot \begin{pmatrix} 0 \\ 0 \\ 1 \end{pmatrix}$

Seite 195 | Aufgabe 29

a) Die Gerade kann komplett in der Ebene liegen, die Ebene in einem Punkt schneiden oder parallel zu ihr verlaufen.
b) Die Gerade schneidet die Ebene im Punkt P(2|4|−3).
c) Hat das LGS keine Lösung, sind Ebene und Gerade parallel zueinander.
Hat das LGS genau eine Lösung, schneiden Gerade und Ebene sich in einem Punkt.
Hat das LGS unendlich viele Lösungen, verläuft die Gerade innerhalb der Ebene.

5.4 Skalarprodukt und orthogonale Vektoren

Seite 196 | Einstieg

a) $\vec{b} = \binom{-1}{1}$ ist orthogona zur $\vec{v}$.
b) $\vec{a}: -2 \cdot 2 + 1 \cdot 2 = -2; \vec{b}: -1 \cdot 2 + 1 \cdot 2 = 0; \vec{c}: -2 \cdot 2 + 3 \cdot 2 = 2$
Bei senkrechten Vektoren scheint die Summe der Koordinatenpunkte Null zu ergeben.

Seite 197 | Aufgabe 1

a) 6 b) 0 c) 4 d) 3 e) 31 f) 31

Seite 197 | Aufgabe 2

a) $\begin{pmatrix} 2 \\ 0 \\ 0 \end{pmatrix} \cdot \begin{pmatrix} 0 \\ 3 \\ 5 \end{pmatrix} = 0$: orthogonal
b) $\begin{pmatrix} 2 \\ 3 \\ -9 \end{pmatrix} \cdot \begin{pmatrix} 5 \\ 1 \\ 1 \end{pmatrix} = 4$: nicht orthogonal
c) $\begin{pmatrix} 1 \\ 1 \\ 7 \end{pmatrix} \cdot \begin{pmatrix} -3 \\ -4 \\ 1 \end{pmatrix} = 0$: orthogonal
d) $\begin{pmatrix} 0 \\ 9 \\ 17 \end{pmatrix} \cdot \begin{pmatrix} 21 \\ 17 \\ -9 \end{pmatrix} = 0$: orthogonal
e) $\begin{pmatrix} 13 \\ 1 \\ -6 \end{pmatrix} \cdot \begin{pmatrix} -2 \\ 1 \\ -3 \end{pmatrix} = -7$: nicht orthogonal
f) $\begin{pmatrix} -4 \\ 9 \\ -3 \end{pmatrix} \cdot \begin{pmatrix} 3 \\ 7 \\ 17 \end{pmatrix} = 0$: orthogonal

Seite 197 | Aufgabe 3

a) $\binom{-1}{-2} \cdot \binom{5}{-2} = -1$: nicht orthogonal
b) $\binom{2}{3} \cdot \binom{1{,}5}{-1} = 0$: orthogonal
c) $\binom{-1}{-2} \cdot (4) = 0$: orthogonal

Seite 197 | Aufgabe 4

a) $\vec{a} \cdot \vec{v} = \vec{b} \cdot \vec{v} = \vec{c} \cdot \vec{v} = 0$: $\vec{a}$; $\vec{b}$ und $\vec{c}$ sind orthogonal zu $\vec{v}$.
b) Um aus $\vec{v}$ einen der Vektoren: $\vec{a}$; $\vec{b}$, $\vec{c}$ zu erzeige, wurde eine Koordinate gleich 0 gesetzt, die beiden anderen Koordinaten getauscht und eines der Vorzeichen umgedreht. Entsprechend kann man die folgenden Vektoren erzeugen, die senkrecht zu $\vec{w}$ sind: $\vec{d} = \begin{pmatrix} 0 \\ 8 \\ 3 \end{pmatrix}$, $\vec{e} = \begin{pmatrix} 8 \\ 0 \\ 6 \end{pmatrix}$, $\vec{f} = \begin{pmatrix} -3 \\ 6 \\ 0 \end{pmatrix}$.

Seite 197 | Aufgabe 5

a) $\vec{c} = \begin{pmatrix} 0 \\ 0 \\ 1 \end{pmatrix}$ b) $\vec{c} = \begin{pmatrix} -1 \\ 2 \\ 0 \end{pmatrix}$ c) $\vec{c} = \begin{pmatrix} -1 \\ -1 \\ 3 \end{pmatrix}$ d) $\vec{c} = \begin{pmatrix} -9 \\ -5 \\ 1 \end{pmatrix}$ e) $\vec{c} = \begin{pmatrix} -1 \\ -1 \\ 2 \end{pmatrix}$ f) $\vec{c} = \begin{pmatrix} 1 \\ 2 \\ 13 \end{pmatrix}$

Seite 199 | Aufgabe 6

Die Geraden g und h verlaufen zueinander...
a) nicht orthogonal. b) orthogonal. c) orthogonal. d) nicht orthogonal.

Seite 199 | Aufgabe 7

a) Die Geraden durch BC, durch AD, durch FB und durch EA verlaufen orthogonal zu AB und schneiden AB.
b) Die Geraden durch FG, durch EH, durch HD und durch GC verlaufen orthogonal zu AB und schneiden AB nicht.
c) Die Geraden durch EF, durch HG, durch AB und durch DC verlaufen orthogonal zur Ebene durch die Punkte A, E und H.

Seite 199 | Aufgabe 8

a) Für s = 0 und r = 1 schneiden sich die Geraden im Punkt P(5|−6|9).
$\begin{pmatrix} 2 \\ -7 \\ 5 \end{pmatrix} \cdot \begin{pmatrix} 1 \\ 1 \\ 1 \end{pmatrix} = 0$: Die Geraden verlaufen orthogonal zueinander.
b) Für s = 0 und r = 1 schneiden sich die Geraden im Punkt P(0|1|0).
$\begin{pmatrix} -3 \\ 1 \\ -1 \end{pmatrix} \cdot \begin{pmatrix} 1 \\ 2 \\ 2 \end{pmatrix} = -3$: Die Geraden verlaufen nicht orthogonal zueinander.

Seite 199 | Aufgabe 9

Die Gerade g verläuft zur Ebene E...
a) nicht orthogonal. b) orthogonal. c) nicht orthogonal.

Seite 199 | Aufgabe 10

Es gibt unendlich viele Geraden, die jeweils auf der gegebenen senkrecht stehen. Es muss nur ein Richtungsvektor gewählt werden, der auf dem gegebenen senkrecht steht. Beispiele:

a) $h: \vec{x} = \overrightarrow{OA} + s \cdot \begin{pmatrix} -4 \\ 0 \\ 3 \end{pmatrix}$ b) $h: \vec{x} = \overrightarrow{OA} + s \cdot \begin{pmatrix} 1 \\ -2 \\ 1 \end{pmatrix}$ c) $h: \vec{x} = \overrightarrow{OA} + s \cdot \begin{pmatrix} 1 \\ 4 \\ 1 \end{pmatrix}$

Seite 199 | Aufgabe 11

a) Beispielsweise: $g: \vec{x} = \begin{pmatrix} 1 \\ 0 \\ 0 \end{pmatrix} + r \cdot \begin{pmatrix} 0 \\ 1 \\ 0 \end{pmatrix}$; $h: \vec{x} = \begin{pmatrix} 1 \\ 0 \\ 0 \end{pmatrix} + s \cdot \begin{pmatrix} 0 \\ 2 \\ 3 \end{pmatrix}$; $k: \vec{x} = \begin{pmatrix} 1 \\ 0 \\ 0 \end{pmatrix} + t \cdot \begin{pmatrix} 0 \\ 0 \\ 1 \end{pmatrix}$

b) $g: \vec{x} = s \cdot \begin{pmatrix} 0 \\ 3 \\ 3 \end{pmatrix}$. Eine Ebene, die die Vorgaben erfüllt, ist beispielsweise $E: \vec{x} = \begin{pmatrix} 0 \\ 3 \\ 3 \end{pmatrix} + r \cdot \begin{pmatrix} 5 \\ -1 \\ 1 \end{pmatrix} + s \cdot \begin{pmatrix} 3 \\ 3 \\ -3 \end{pmatrix}$.

Seite 200 | Aufgabe 12

a) Beispielsweise $\begin{pmatrix} 3 \\ 3 \\ 3 \end{pmatrix} \cdot \begin{pmatrix} 3 \\ 3 \\ 3 \end{pmatrix} = 3 \cdot 3 + 3 \cdot 3 + 3 \cdot 3 = 27$; $\left|\begin{pmatrix} 3 \\ 3 \\ 3 \end{pmatrix}\right|^2 = \sqrt{3^2 + 3^2 + 3^2}^2 = \sqrt{27}^2 = 27$

$\begin{pmatrix} 5 \\ -2 \\ 1 \end{pmatrix} \cdot \begin{pmatrix} 5 \\ -2 \\ 1 \end{pmatrix} = 5 \cdot 5 + (-2) \cdot (-2) + 1 \cdot 1 = 30$; $\left|\begin{pmatrix} 3 \\ 3 \\ 3 \end{pmatrix}\right|^2 = \sqrt{5^2 + (-2)^2 + 1^2}^2 = \sqrt{30}^2 = 30$

b) $\begin{pmatrix} x_1 \\ x_2 \\ x_3 \end{pmatrix} \cdot \begin{pmatrix} x_1 \\ x_2 \\ x_3 \end{pmatrix} = x_1 \cdot x_1 + x_2 \cdot x_1 + x_3 \cdot x_3 = x_1^2 + x_2^2 + x_3^2$; $\left|\begin{pmatrix} x_1 \\ x_2 \\ x_3 \end{pmatrix}\right|^2 = \sqrt{x_1^2 + x_2^2 + x_3^2}^2 = x_1^2 + x_2^2 + x_3^2$

c) $\sqrt{\vec{a} \cdot \vec{a}} = \sqrt{{x_1}^2 + {x_2}^2 + {x_3}^2} = \left|\begin{pmatrix} x_1 \\ x_2 \\ x_3 \end{pmatrix}\right|$

Seite 200 | Aufgabe 13

a) Das ist in der Ebene richtig.
b) Das ist im Raum nicht richtig. Drei Kanten eines Würfels, die an einer Ecke zusammenstoßen, sind paarweise orthogonal, aber nicht kollinear.
c) Das ist richtig.

Seite 200 | Aufgabe 14

a) Skizze individuell b) $h_c: \vec{x} = \begin{pmatrix} 4 \\ 2 \end{pmatrix} + s \cdot \begin{pmatrix} 2 \\ 6 \end{pmatrix}$ c) $H(2{,}5|-2{,}5)$

d) $A = \frac{1}{2} \cdot |\overrightarrow{AB}| \cdot |\overrightarrow{CH}| = 15$ FE e) $g_{AB}: \vec{x} = \begin{pmatrix} 0 \\ -3 \end{pmatrix} + r \cdot \begin{pmatrix} 6 \\ 3 \end{pmatrix}$; $h_c: \vec{x} = \begin{pmatrix} -1 \\ 4 \end{pmatrix} + s \cdot \begin{pmatrix} 3 \\ -6 \end{pmatrix}$; $H(2|-2)$; $A = 22{,}5$ FE

Seite 200 | Aufgabe 15

Michael hat zunächst die Gleichung der Geraden aufgestellt, auf der die Grundseite AB liegt. Dann hat er die Gleichung einer Geraden aufgestellt, die senkrecht auf AB steht. Auf dieser Geraden sollte die Höhe des Dreiecks liegen.
Dieser Weg entspricht dem Vorgehen in Aufgabe 14, in der Ebene würde er zum Erfolg führen.
Allerdings gibt es im Dreidimensionalen zu einer Geraden unendlich viele orthogonale Vektoren. Michaels gefundener Vektor ist zwar orthogonal zu der Geraden AB, schneidet aber nicht den Punkt C.

Seite 200 | Aufgabe 16

a) Vektoren des Skalarprodukts kann man kürzen. Claudia arbeitet mit $\vec{u}' = \frac{1}{7}\vec{u}$. $\vec{u}'$ und $\vec{u}$ sind kollinear, also folgt aus $\vec{u}' \cdot \vec{v} = 0$, dass auch gilt $\vec{u} \cdot \vec{v} = 0$. Das Rechengesetz dazu lautet: aus $(r\vec{u}) \cdot \vec{v} = r \cdot (\vec{u} \cdot \vec{v})$ mit $r = \frac{1}{7}$.

b) $\left[7 \cdot \begin{pmatrix} 2 \\ 3 \\ -4 \end{pmatrix}\right] \cdot \begin{pmatrix} 3 \\ 2 \\ -1 \end{pmatrix} = \begin{pmatrix} 14 \\ 21 \\ -28 \end{pmatrix} \cdot \begin{pmatrix} 3 \\ 2 \\ -1 \end{pmatrix} = 42 + 42 + 28 = 112$

$7 \cdot \left[\begin{pmatrix} 2 \\ 3 \\ -4 \end{pmatrix} \cdot \begin{pmatrix} 3 \\ 2 \\ -1 \end{pmatrix}\right] = 7 \cdot (6 + 6 + 4) = 7 \cdot 16 = 112$

c) Mit $\vec{a} = \begin{pmatrix} 3 \\ -1 \\ 4 \end{pmatrix}$; $\vec{b} = \begin{pmatrix} -2 \\ 5 \\ 1 \end{pmatrix}$ und $\vec{c} = \begin{pmatrix} 6 \\ 0 \\ 5 \end{pmatrix}$ hat Aufgabe 1e) die Form $\vec{a} \cdot (\vec{b} + \vec{c})$ und 1f) die Form $\vec{a} \cdot \vec{b} + \vec{a} \cdot \vec{c}$. Da sich bei beiden Teilaufgaben das gleiche Resultat ergab, wird damit die Regeln bestätigt.

Seite 200 | Aufgabe 17

Beispiellösungen:

a) $\vec{c} = \begin{pmatrix} -1 \\ 2 \\ 0 \end{pmatrix}$ b) $\vec{c} = \begin{pmatrix} 0 \\ 4 \\ 3 \end{pmatrix}$ c) $\vec{c} = \begin{pmatrix} 6 \\ 3 \\ 0 \end{pmatrix}$

Seite 201 | Aufgabe 18

a) $\overrightarrow{AB} = \begin{pmatrix} -5 \\ 6 \\ -1 \end{pmatrix}$; $\overrightarrow{BC} = \begin{pmatrix} 1 \\ -4 \\ 4 \end{pmatrix}$; $\overrightarrow{AC} = \begin{pmatrix} -4 \\ 2 \\ 3 \end{pmatrix}$

$\overrightarrow{AB} \cdot \overrightarrow{BC} \neq 0$; $\overrightarrow{AB} \cdot \overrightarrow{AC} \neq 0$; $\overrightarrow{BC} \cdot \overrightarrow{AC} = 0$: Das Dreieck ist rechtwinklig, der rechte Winkel liegt bei C.

b) $\overrightarrow{AB} = \begin{pmatrix} 2 \\ 6 \\ -2 \end{pmatrix}$; $\overrightarrow{BC} = \begin{pmatrix} -4 \\ 2 \\ 2 \end{pmatrix}$; $\overrightarrow{AC} = \begin{pmatrix} -2 \\ 8 \\ 0 \end{pmatrix}$

$\overrightarrow{AB} \cdot \overrightarrow{BC} = 0$; $\overrightarrow{AB} \cdot \overrightarrow{AC} \neq 0$; $\overrightarrow{BC} \cdot \overrightarrow{AC} \neq 0$: Das Dreieck ist rechtwinklig, der rechte Winkel liegt bei B.

Seite 201 | Aufgabe 19

a) $\overrightarrow{AB} = \begin{pmatrix} -3 \\ 2 \\ 0 \end{pmatrix}$; $\overrightarrow{AD} = \begin{pmatrix} 0 \\ 0 \\ 4 \end{pmatrix}$; $\overrightarrow{CD} = \begin{pmatrix} 3 \\ -2 \\ 0 \end{pmatrix}$

$\overrightarrow{AB} \parallel \overrightarrow{CD}$: ja; $|\overrightarrow{AB}| = 5$; $|\overrightarrow{AD}| = 4$; $\overrightarrow{AB} \cdot \overrightarrow{AD} = 0$: Rechteck

b) $\overrightarrow{AB} = \begin{pmatrix} 2 \\ -1 \\ 6 \end{pmatrix}$; $\overrightarrow{AD} = \begin{pmatrix} -6 \\ 2 \\ 1 \end{pmatrix}$; $\overrightarrow{CD} = \begin{pmatrix} -2 \\ 1 \\ -6 \end{pmatrix}$

$\overrightarrow{AB} \parallel \overrightarrow{CD}$: ja; $|\overrightarrow{AB}| = \sqrt{41}$; $|\overrightarrow{AD}| = \sqrt{41}$; $\overrightarrow{AB} \cdot \overrightarrow{AD} = -8$: Raute

c) $\overrightarrow{AB} = \begin{pmatrix} 5 \\ 0 \\ 0 \end{pmatrix}$; $\overrightarrow{AD} = \begin{pmatrix} 0 \\ -3 \\ 4 \end{pmatrix}$; $\overrightarrow{CD} = \begin{pmatrix} -5 \\ 0 \\ 0 \end{pmatrix}$

$\overrightarrow{AB} \parallel \overrightarrow{CD}$: ja; $|\overrightarrow{AB}| = 5$; $|\overrightarrow{AD}| = 5$; $\overrightarrow{AB} \cdot \overrightarrow{AD} = 0$: Quadrat

d) $\overrightarrow{AB} = \begin{pmatrix} 4 \\ -3 \\ 2 \end{pmatrix}$; $\overrightarrow{AD} = \begin{pmatrix} 4 \\ 6 \\ 1 \end{pmatrix}$; $\overrightarrow{CD} = \begin{pmatrix} -2 \\ 3 \\ -4 \end{pmatrix}$

$\overrightarrow{AB} \parallel \overrightarrow{CD}$: nein; $|\overrightarrow{AB}| = \sqrt{29}$; $|\overrightarrow{AD}| = \sqrt{41}$; $\overrightarrow{AB} \cdot \overrightarrow{AD} = 0$: keine der genannten Figuren

Seite 201 | Aufgabe 20

Mit $\overrightarrow{AB} = \begin{pmatrix} 10 \\ 5 \\ 10 \end{pmatrix}$; $\overrightarrow{BC} = \begin{pmatrix} 5 \\ 10 \\ -10 \end{pmatrix}$ ist $|\overrightarrow{AC}| = |\overrightarrow{BD}| = 15$ und $\overrightarrow{AC} \cdot \overrightarrow{DB} = 0$

Die Diagonalen des Vierecks sind gleichlang und stehen senkrecht aufeinander.
Das Viereck ist jedoch kein Quadrat, da $|\overrightarrow{AB}| \neq |\overrightarrow{BC}|$ und $\overrightarrow{AB} \cdot \overrightarrow{BC} \neq 0$.

Seite 201 | Aufgabe 21

a) $\overrightarrow{AB} = \begin{pmatrix} -4 \\ 12 \\ -4 \end{pmatrix}$, $\overrightarrow{AD} = \begin{pmatrix} -4 \\ 2 \\ 10 \end{pmatrix}$, es ist $\overrightarrow{AB} \cdot \overrightarrow{AD} = 0$, also spannen die Vektoren ein Rechteck auf.

Das Rechteckt liegt in der Ebene E: $\vec{x} = \begin{pmatrix} 4 \\ -6 \\ -1 \end{pmatrix} + s \cdot \begin{pmatrix} -4 \\ 12 \\ -4 \end{pmatrix} + t \cdot \begin{pmatrix} -4 \\ 2 \\ 10 \end{pmatrix}$

$\vec{x} = \begin{pmatrix} -1 \\ 4 \\ 1 \end{pmatrix}$ für $s = \frac{3}{4}$ und $t = \frac{1}{2} \Leftrightarrow$ Der Punkt P ist ein innerer Punkt des Rechtecks.

b) $\begin{pmatrix} 31 \\ 18 \\ 11 \end{pmatrix} + r \cdot \begin{pmatrix} -16 \\ -7 \\ -5 \end{pmatrix} = \begin{pmatrix} -1 \\ 4 \\ 1 \end{pmatrix}$ für $r = 2$: Der Punkt P liegt auf der Flugbahn.

c) Der Ball trifft orthogonal auf die Platte, denn der Richtungsvektor der Flugbahn $\begin{pmatrix} -16 \\ -7 \\ -5 \end{pmatrix}$ ist zu beiden Richtungsvektoren der Ebene orthogonal. Es ist dann $\begin{pmatrix} -1 \\ 4 \\ 1 \end{pmatrix} + r \cdot \begin{pmatrix} -16 \\ -7 \\ -5 \end{pmatrix} = \begin{pmatrix} 31 \\ 18 \\ 11 \end{pmatrix}$ für $r = -2$

Seite 201 | Aufgabe 22

a) $\overrightarrow{AB} = \begin{pmatrix} -6 \\ 3 \\ 3 \end{pmatrix}$, $\overrightarrow{AD} = \begin{pmatrix} 1 \\ -2 \\ 4 \end{pmatrix}$; $\overrightarrow{AB} \cdot \overrightarrow{AD} = 0$: $\overrightarrow{AB}$ und $\overrightarrow{AD}$ stehen senkrecht aufeinander. $\overrightarrow{OC} = \overrightarrow{OA} + \overrightarrow{AB} + \overrightarrow{AD} = \begin{pmatrix} -2 \\ 2 \\ 6 \end{pmatrix}$, also C(−2|2|6)

b) Das Rechteck liegt in der Ebene E: $\vec{x} = \begin{pmatrix} 3 \\ 1 \\ -1 \end{pmatrix} + s \cdot \begin{pmatrix} -6 \\ 3 \\ 3 \end{pmatrix} + t \cdot \begin{pmatrix} 1 \\ -2 \\ 4 \end{pmatrix}$; $\vec{x} = \begin{pmatrix} -0{,}5 \\ 2 \\ 3 \end{pmatrix}$ für $s = \frac{2}{3}$ und $t = \frac{1}{2}$

Der Punkt P liegt im Rechteck ABCD, da $0 \leq r, s \leq 1$. Er ist aber nicht dessen Mittelpunkt, da $s \neq \frac{1}{2}$.

c) Der Richtungsvektor von g steht auf den beiden Richtungsvektoren der Grundebene senkrecht, der Stützvektor ist P(−0,5|2|3). Damit ergibt sich g: $\vec{x} = \begin{pmatrix} -0{,}5 \\ 2 \\ 3 \end{pmatrix} + s \cdot \begin{pmatrix} 2 \\ 3 \\ 1 \end{pmatrix}$.

d) $\vec{x} = \begin{pmatrix} -0{,}5 \\ 2 \\ 3 \end{pmatrix} + s \cdot \begin{pmatrix} 2 \\ 3 \\ 1 \end{pmatrix} = \begin{pmatrix} 5{,}5 \\ 11 \\ 6 \end{pmatrix}$ für $s = 3$

e) $V = \frac{1}{3} |\overrightarrow{AB}| \cdot |\overrightarrow{AD}| \cdot |\overrightarrow{PS}| = \frac{1}{3} \cdot \sqrt{54} \cdot \sqrt{21} \cdot \sqrt{126} = 126$ VE

Seite 201 | Aufgabe 23

a) $t = 0$: $\overrightarrow{OQ_0} = \begin{pmatrix} 2 \\ -1 \\ 1 \end{pmatrix}$; $\overrightarrow{PQ_0} = \begin{pmatrix} -4 \\ -5 \\ -7 \end{pmatrix}$; $\overrightarrow{PQ_0} \cdot \begin{pmatrix} -4 \\ 6 \\ 2 \end{pmatrix} = -28$

$t = 1$: $\overrightarrow{OQ_1} = \begin{pmatrix} -2 \\ 5 \\ 3 \end{pmatrix}$; $\overrightarrow{PQ_1} = \begin{pmatrix} -8 \\ 1 \\ -5 \end{pmatrix}$; $\overrightarrow{PQ_1} \cdot \begin{pmatrix} -4 \\ 6 \\ 2 \end{pmatrix} = 28$

$t = 2$: $\overrightarrow{OQ_2} = \begin{pmatrix} -6 \\ 11 \\ 5 \end{pmatrix}$; $\overrightarrow{PQ_2} = \begin{pmatrix} -12 \\ 7 \\ -3 \end{pmatrix}$; $\overrightarrow{PQ_2} \cdot \begin{pmatrix} -4 \\ 6 \\ 2 \end{pmatrix} = 84$

Für keinen der genannten Werte steht $\overrightarrow{PQ}$ senkrecht auf g.

b) $\overrightarrow{PQ_t} = \begin{pmatrix} -4-4t \\ -5+6t \\ -7+2t \end{pmatrix}$; $\overrightarrow{PQ_t} \cdot \begin{pmatrix} -4 \\ 6 \\ 2 \end{pmatrix} = 56t - 28 = 0$ für $t = \frac{1}{2}$.

$\overrightarrow{PQ_{0,5}} = \begin{pmatrix} -6 \\ -2 \\ -6 \end{pmatrix}$; $|\overrightarrow{PQ_{0,5}}| = \sqrt{76} \approx 8{,}72$

Der Abstand von P zu g ist $\sqrt{76}$, da der kürzeste Abstand einer Gerade zu einem Punkt erreicht wird, wenn der Verbindungsvektor senkrecht auf der Geraden steht.

c) $\overrightarrow{PQ_r} = \begin{pmatrix} -3+2r \\ -17-3r \\ -3+r \end{pmatrix}$; $\overrightarrow{PQ_r} \cdot \begin{pmatrix} 2 \\ -3 \\ 1 \end{pmatrix} = 14r + 42 = 0$ für $r = -3$.

$\overrightarrow{PQ_{\;3}} = \begin{pmatrix} -9 \\ -8 \\ -6 \end{pmatrix}$; $|\overrightarrow{PQ_{\;3}}| = \sqrt{181} \approx 13{,}45$

d) g_{AB}: $\vec{x} = \begin{pmatrix} 2 \\ 0 \\ 3 \end{pmatrix} + s \cdot \begin{pmatrix} 9 \\ -12 \\ 6 \end{pmatrix}$; $\overrightarrow{CH_t} = \begin{pmatrix} 3 \\ 6 \\ -7 \end{pmatrix} + t \cdot \begin{pmatrix} 9 \\ -12 \\ 6 \end{pmatrix}$;

g_{AB} und $\overrightarrow{CH_t}$ stehen senkrecht aufeinander für: $\left[\begin{pmatrix} 3 \\ 6 \\ -7 \end{pmatrix} + t \cdot \begin{pmatrix} 9 \\ -12 \\ 6 \end{pmatrix}\right] \cdot \begin{pmatrix} 9 \\ -12 \\ 6 \end{pmatrix} = -87 + 216t = 0$ für $t = \frac{1}{3}$.

Die Höhe h ist der Abstand von C zu gAB: $\overrightarrow{CH_{\frac{1}{3}}} = \begin{pmatrix} 6 \\ 2 \\ -5 \end{pmatrix}$; $h = \left|\overrightarrow{CH_{\frac{1}{3}}}\right| = \sqrt{65}$

Grundseite: $|\overrightarrow{AB}| = \left|\begin{pmatrix} 9 \\ -12 \\ 6 \end{pmatrix}\right| = \sqrt{261}$ Flächeninhalt: $A = \frac{1}{2} \cdot \sqrt{65} \cdot \sqrt{261} = 65{,}12$ FE

5.5 Winkel

Seite 202 | Einstieg

a) Die x_1- und x_2-Komponente von $\vec{b}$ berechnet man mit den trigonometrischen Beziehungen im rechtwinkligen Dreieck.
Skalarprodukt: $\vec{a} \cdot \vec{b} = |\vec{a}| \cdot |\vec{b}| \cdot \cos(\alpha) + 0 \cdot |\vec{b}| \cdot \sin(\alpha) = |\vec{a}| \cdot |\vec{b}| \cdot \cos(\alpha)$

b) $\cos(\alpha) = \frac{\vec{a} \cdot \vec{b}}{|\vec{a}| \cdot |\vec{b}|} = \frac{12}{6 \cdot \sqrt{13}} \approx 0{,}55$; $\cos^{-1}\left(\frac{2}{\sqrt{13}}\right) \approx 56{,}03$

Seite 203 | Aufgabe 1

a) $\vec{a} \cdot \vec{b} = 14$; $\alpha \approx 14{,}96°$ b) $\vec{a} \cdot \vec{b} = -40$; $\alpha \approx 135{,}12°$ c) $\vec{a} \cdot \vec{b} = -65$; $\alpha \approx 159{,}3°$ d) $\vec{a} \cdot \vec{b} = -4$; $\alpha \approx 105{,}0°$

Seite 203 | Aufgabe 2

a)
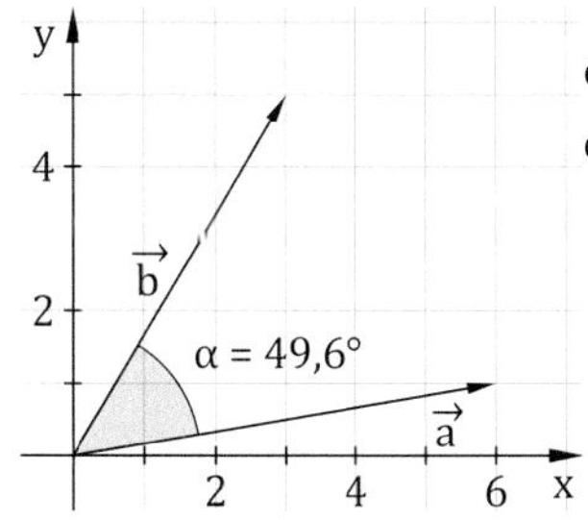

$\cos(\alpha) = \frac{\begin{pmatrix}6\\1\end{pmatrix} \cdot \begin{pmatrix}3\\5\end{pmatrix}}{\sqrt{37} \cdot \sqrt{34}} \approx 0{,}65$
$\alpha \approx 50{,}0°$

b)
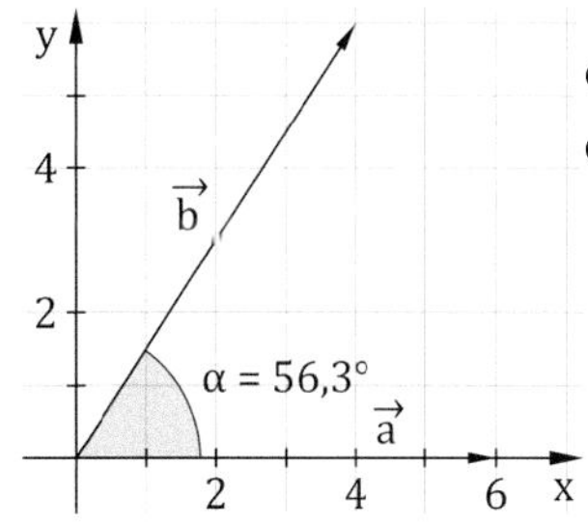

$\cos(\alpha) = \frac{\begin{pmatrix}6\\0\end{pmatrix} \cdot \begin{pmatrix}4\\6\end{pmatrix}}{\sqrt{36} \cdot \sqrt{52}} \approx 0{,}55$
$\alpha \approx 56{,}3°$

c)
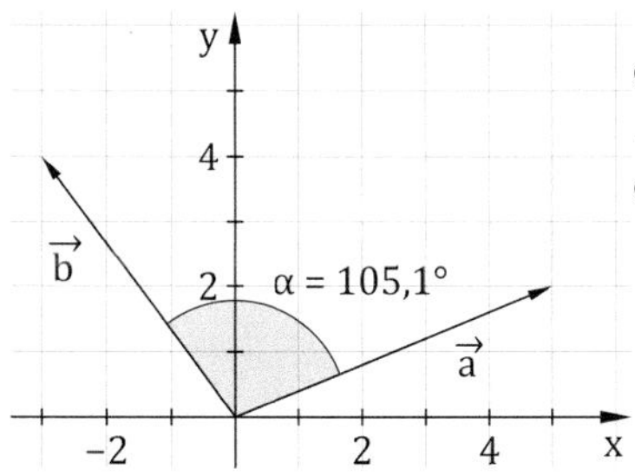

$\cos(\alpha) = \frac{\begin{pmatrix}5\\2\end{pmatrix} \cdot \begin{pmatrix}-3\\4\end{pmatrix}}{\sqrt{29} \cdot \sqrt{25}} \approx -0{,}26$
$\alpha \approx 105{,}1°$

d)
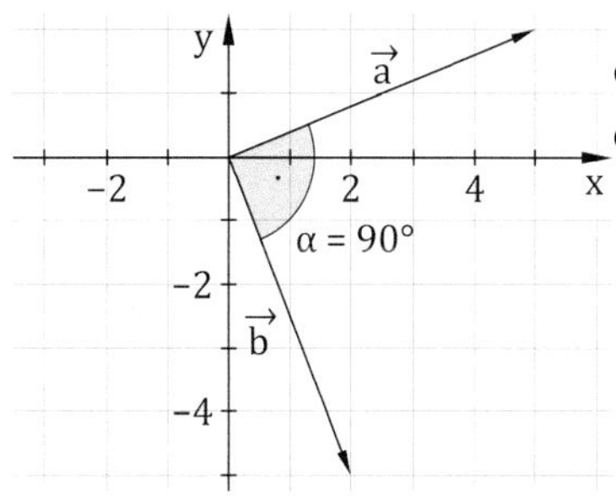

$\cos(\alpha) = \frac{\begin{pmatrix}5\\2\end{pmatrix} \cdot \begin{pmatrix}2\\-5\end{pmatrix}}{\sqrt{29} \cdot \sqrt{29}} = 0$
$\alpha = 90°$

Seite 203 | Aufgabe 3

a) $\alpha = 118{,}7°$
b) ① Verlängert man beide Vektoren, dann ändert sich der Winkel nicht: $\alpha' = 118{,}7°$
② Durch Umdrehen der Richtung eines Vektors erhält man den Nebenwinkel: $\alpha' = 180° - \alpha = 180° - 118{,}7° = 61{,}3°$
③ Auch hier erhält man einen Nebenwinkel: $\alpha' = 180° - \alpha = 180° - 118{,}7° = 61{,}3°$
④ Man erhält einen Scheitelwinkel, also: $\alpha' = 118{,}7°$

Seite 203 | Aufgabe 4

a) $\cos^{-1}$ eines negativen Wertes ist größer als 90°. $\cos^{-1}$ eines positiven Wertes ist kleiner als 90°.
b) Die Aussage ist wahr, weil die Kosinusfunktion im Intervall $[0; \pi]$ streng monoton fällt.

Seite 203 | Aufgabe 5

a) $\vec{a} \cdot \vec{b} = 8 > 0$: Der Winkel ist spitz. b) $\vec{a} \cdot \vec{b} = -6 < 0$: Der Winkel ist stumpf.

Seite 203 | Aufgabe 6

a) Die beiden Vektoren müssen kollinear sein, $\vec{a} = x \cdot \vec{b}$; Beispiel: $\vec{a} = \begin{pmatrix}3\\2\\-1\end{pmatrix}$; $\vec{a} = \begin{pmatrix}9\\6\\-3\end{pmatrix}$

b) Die beiden Vektoren müssen kollinear und mit unterschiedlicher Orientierung sein: $\vec{a} = -x \cdot \vec{b}$. Beispiel: $\vec{a} = \begin{pmatrix}2\\0\\4\end{pmatrix}$; $\vec{a} = \begin{pmatrix}-1\\0\\-2\end{pmatrix}$

Seite 203 | Aufgabe 7

Wenn die Vektoren $\vec{a}$ und $\vec{b}$ kollinear mit gleicher Orientierung sind, ist $\alpha = 0°$ und es gilt $\vec{a} \cdot \vec{b} = |\vec{a}| \cdot |\vec{b}|$.
Wenn die Vektoren $\vec{a}$ und $\vec{b}$ kollinear mit unterschiedlicher Orientierung sind, ist $\alpha = 180°$ und es gilt $\vec{a} \cdot \vec{b} = -|\vec{a}| \cdot |\vec{b}|$.

Seite 204 | Aufgabe 8

a) $\cos(\alpha) = \frac{\begin{pmatrix}3\\0\\-1\end{pmatrix} \cdot \begin{pmatrix}1\\-2\\1\end{pmatrix}}{\sqrt{10} \cdot \sqrt{6}} \approx 0{,}26$; $\alpha \approx 65{,}9°$

b) $\cos(\alpha) = \frac{\begin{pmatrix}8\\1\\-2\end{pmatrix} \cdot \begin{pmatrix}-1\\2\\1\end{pmatrix}}{\sqrt{69} \cdot \sqrt{3}} \approx -0{,}63$; $\alpha \approx 51{,}3°$

c) $\cos(\alpha) = \frac{\begin{pmatrix}7\\-2\\3\end{pmatrix} \cdot \begin{pmatrix}1\\2\\-1\end{pmatrix}}{\sqrt{62} \cdot \sqrt{6}} = 0$; $\alpha = 90°$

d) $\cos(\alpha) = \frac{\begin{pmatrix}2{,}1\\-3{,}1\\1{,}6\end{pmatrix} \cdot \begin{pmatrix}-6{,}3\\9{,}3\\-4{,}8\end{pmatrix}}{\sqrt{16{,}58} \cdot \sqrt{149{,}22}} \approx -1$; $\alpha \approx 0°$
Die Geraden sind identisch.

Seite 204 | Aufgabe 9

a) $\begin{pmatrix}1\\-3\\-3\end{pmatrix}+r\cdot\begin{pmatrix}2\\1\\1\end{pmatrix}=\begin{pmatrix}0\\0\\-8\end{pmatrix}+s\cdot\begin{pmatrix}3\\-2\\4\end{pmatrix}$: Lösung r = 1 und s = 1; P(3|−2|−4), $\alpha = 90°$

b) $\begin{pmatrix}1\\0\\-2\end{pmatrix}+r\cdot\begin{pmatrix}1\\3\\0\end{pmatrix}=\begin{pmatrix}3\\2\\1\end{pmatrix}+s\cdot\begin{pmatrix}1\\-1\\3\end{pmatrix}$: Lösung r = 1 und s = −1; P(2|3|−2), $\alpha = 79°$

Seite 204 | Aufgabe 10

a) $|\overrightarrow{AB}| = \sqrt{50}, |\overrightarrow{AC}| = 5, |\overrightarrow{BC}| = 5, \alpha = 45°, \beta = 45°, \gamma = 90°$

b) $|\overrightarrow{AB}| = 9, |\overrightarrow{AC}| = 5, |\overrightarrow{BC}| = 6, \alpha = 38{,}9°, \beta = 31{,}6°, \gamma = 109{,}5°$

Seite 204 | Aufgabe 11

$\cos(\alpha) = \dfrac{\begin{pmatrix}50\\10\\-3\end{pmatrix}\cdot\begin{pmatrix}50\\10\\0\end{pmatrix}}{\sqrt{2609}\cdot\sqrt{2600}} \approx 0{,}998;\ \alpha \approx 3{,}4°$ Das Flugzeug trifft mit einem Winkel von etwa 3,4° auf der Landebahn auf.

Seite 205 | Aufgabe 12

a) richtig b) richtig c) richtig d) falsch e) richtig

Seite 205 | Aufgabe 13

Das Ergebnis widerspricht dem Innenwinkelsatz im Dreieck. Die Berechnung von a ist korrekt. Bei der Berechnung von b wurde der Winkel zwischen $\overrightarrow{AB}$ und $\overrightarrow{BC}$ berechnet statt dem zwischen $\overrightarrow{BA}$ und $\overrightarrow{BC}$. Richtig ist: $\cos(\beta)=\frac{\overrightarrow{BA}\cdot\overrightarrow{BC}}{|\overrightarrow{BA}|\cdot|\overrightarrow{BC}|}$; $\beta \approx 32°$

Seite 205 | Aufgabe 14

Der Winkel bei N ist der Winkel zwischen $\overrightarrow{BA}=\begin{pmatrix}0\\-6\\0\end{pmatrix}$ und $\overrightarrow{NS}=\begin{pmatrix}0\\-3\\3\end{pmatrix}$: $\cos(\alpha)=\frac{\overrightarrow{BA}\cdot\overrightarrow{NS}}{|\overrightarrow{BA}|\cdot|\overrightarrow{NS}|}$; $\alpha = 45°$ (wie zu erwarten).

M(2|−1|5); der Winkel bei M ist $\cos(\beta)=\frac{\overrightarrow{BC}\cdot\overrightarrow{MS}}{|\overrightarrow{BC}|\cdot|\overrightarrow{MS}|}$; $\beta = 56{,}31°$.

Seite 205 | Aufgabe 15

a) $|\vec{a}| = |\vec{b}| = |\vec{c}| = 5$: Die Seiten sind gleich lang. $\vec{a}\cdot\vec{b} = 0, \vec{a}\cdot\vec{c} = 0, \vec{b}\cdot\vec{c} = 0$: Die Winkel betragen 90°

Diagonalen: $\overrightarrow{d_1} = \vec{a}+\vec{b}+\vec{c} = \begin{pmatrix}1\\7\\5\end{pmatrix}$; $\overrightarrow{d_2} = -\vec{a}+\vec{b}+\vec{c} = \begin{pmatrix}-7\\1\\5\end{pmatrix}$; $\alpha \approx 70{,}5°$

Die anderen Raumdiagonalen und die Winkel zwischen ihnen sind aus Symmetriegründen gleich groß.

b) $|\vec{a}| = |\vec{b}| = |\vec{c}| = 15$: Die Seiten sind gleich lang. $\vec{a}\cdot\vec{b} = 0, \vec{a}\cdot\vec{c} = 0, \vec{b}\cdot\vec{c} = 0$: Die Winkel betragen 90°

Diagonalen: $\overrightarrow{d_1} = \vec{a}+\vec{b}+\vec{c} = \begin{pmatrix}3\\-21\\-15\end{pmatrix}$; $\overrightarrow{d_2} = -\vec{a}+\vec{b}+\vec{c} = \begin{pmatrix}-1\\7\\-25\end{pmatrix}$; $\alpha \approx 70{,}5°$

Die anderen Raumdiagonalen und die Winkel zwischen ihnen sind aus Symmetriegründen gleich groß.

Seite 205 | Aufgabe 16

a) A(0|0|0), B(7|24|0), C(−13|36|9), D(−20|12|9), E(−12|−15|16), F(−5|9|16), G(−25|21|25), H(−32|−3|25)

b) $|\overrightarrow{AB}|=|\overrightarrow{AE}|=|\overrightarrow{AD}|=25$

c) Der Winkel zwischen$\overrightarrow{AB}$ und $\overrightarrow{AD}$ beträgt etwa 76,3°.
Der Winkel zwischen $\overrightarrow{AD}$ und $\overrightarrow{AE}$ beträgt etwa 70,9°.
Der Winkel zwischen $\overrightarrow{AB}$ und $\overrightarrow{AE}$ beträgt etwa 135,3°.

d) AG: $\vec{x} = r\cdot\begin{pmatrix}-25\\21\\25\end{pmatrix}$; BH: $\vec{x} = \begin{pmatrix}7\\24\\0\end{pmatrix}+s\cdot\begin{pmatrix}-39\\-27\\25\end{pmatrix}$; CE: $\vec{x} = \begin{pmatrix}-13\\36\\9\end{pmatrix}+st\cdot\begin{pmatrix}1\\-51\\7\end{pmatrix}$;

Für $r = s = t = \frac{1}{2}$ erhält man den Schnittpunkt der Diagonalen: P(−12,5|10,5|12,5).
Der Schnittwinkel von $\overrightarrow{AG}$ und $\overrightarrow{BH}$ beträgt etwa 62,1°, der Schnittwinkel von $\overrightarrow{AG}$ und $\overrightarrow{CE}$ beträgt 64.2°.
Die Schnittwinkel sind nicht gleich.

Seite 206 | Aufgabe 17

a) Ebene, in der die Punkte A, B und C liegen: E: $\vec{x} = \begin{pmatrix}0\\0\\0\end{pmatrix}+s\cdot\begin{pmatrix}4\\0\\0\end{pmatrix}+t\cdot\begin{pmatrix}-2\\1\\0\end{pmatrix}$

Das Gleichungssystem, das sich aus $\vec{x} = \begin{pmatrix}-2\\3\\4\end{pmatrix}$ ergibt, ist nicht lösbar. Also liegt D nicht in dieser Ebene und das Viereck ist nicht eben.

b) Winkel zwischen $\overrightarrow{AB}$ und $\overrightarrow{AD}$: $\alpha = 140{,}2°$ Winkel zwischen $\overrightarrow{BA}$ und $\overrightarrow{BC}$: $\beta = 26{,}5°$
Winkel zwischen $\overrightarrow{CB}$ und $\overrightarrow{CD}$: $\gamma - 101.5°$ Winkel zwischen $\overrightarrow{DA}$ und $\overrightarrow{DC}$: $\delta - 85{,}4°$
$\alpha+\beta+\gamma+\delta = 353{,}7° \neq 360°$.
Da das Viereck nicht eben ist, gilt der Winkelsummensatz nicht.

c) Nein, bei einem Dreieck im Raum kann die Summe der Innenwinkel nicht von 180° abweichen. Ein Dreieck ist immer eben, da drei Punkte immer in einer Eben liegen.

Seite 206| Aufgabe 18

a) $\cos(\alpha)=\frac{\overrightarrow{AC}\cdot\overrightarrow{AB}}{|\overrightarrow{AC}|\cdot|\overrightarrow{AB}|} = \frac{\begin{pmatrix}-6\\0\\6\end{pmatrix}\cdot\begin{pmatrix}-6\\6\\0\end{pmatrix}}{\sqrt{72}\cdot\sqrt{72}} = \frac{1}{2};\ \alpha = 60°$

b) $|\overrightarrow{AB}| = |\overrightarrow{AC}| = \sqrt{72}$: Das Dreieck ist gleichschenklig. Weil ein Innenwinkel 60° beträgt, ist es sogar gleichseitig.

c) Die Gerade s_C verläuft offensichtlich durch B. Der Mittelpunkt der Strecke $\overline{AC}$ ist M(1|-1|0). Es gilt
$\begin{pmatrix} 1 \\ -1 \\ 0 \end{pmatrix} = \begin{pmatrix} -2 \\ 5 \\ -3 \end{pmatrix} + 3 \cdot \begin{pmatrix} 1 \\ -2 \\ 1 \end{pmatrix}$, die Gerade s_C geht also auch durch den Mittelpunkt der Seite gegenüber von B und ist damit eine Seitenhalbierende.
$\begin{pmatrix} 1 \\ -2 \\ 1 \end{pmatrix} \cdot \begin{pmatrix} -6 \\ 0 \\ 6 \end{pmatrix} = 0$, s_C und $\overrightarrow{AC}$ sind orthogonal.

d) $A = \frac{1}{2} \cdot |\overrightarrow{AC}| \cdot |\overrightarrow{MB}| = \frac{1}{2} \cdot \sqrt{72} \cdot \sqrt{54} \approx 31{,}18$ FE

Seite 206 | Aufgabe 19

a) ① $\cos(\gamma) = \frac{\begin{pmatrix} -4 \\ -1 \end{pmatrix} \cdot \begin{pmatrix} 2 \\ -2 \end{pmatrix}}{\sqrt{17} \cdot \sqrt{8}} \approx -0{,}51$; $\gamma \approx 121°$; $A = \frac{1}{2} \cdot |\overrightarrow{CA}| \cdot |\overrightarrow{CB}| \cdot \sin(\gamma) \approx 5$ FE

② $\cos(\gamma) = \frac{\begin{pmatrix} 3 \\ -2 \\ -3 \end{pmatrix} \cdot \begin{pmatrix} 1 \\ 2 \\ -9 \end{pmatrix}}{\sqrt{22} \cdot \sqrt{86}} \approx 0{,}46$; $\gamma \approx 62{,}3°$; $A = \frac{1}{2} \cdot |\overrightarrow{CA}| \cdot |\overrightarrow{CB}| \cdot \sin(\gamma) \approx 19{,}4$ FE

b) $\sin\gamma = \frac{\text{Gegenkathete}}{\text{Hypotenuse}} = \frac{h_b}{a} \Leftrightarrow h_b = a \cdot \sin(\gamma)$
$A = \frac{1}{2} \cdot b \cdot h_b = \frac{1}{2} \cdot b \cdot a \cdot \sin(\gamma)$

Seite 206 | Aufgabe 20

a) $S_1(5|0|0)$, $S_2(0|4|0)$, $S_3(0|0|3)$

b) $V = \frac{1}{3} \cdot \left(\frac{1}{2} \cdot \left|\begin{pmatrix} 0 \\ 0 \\ 3 \end{pmatrix}\right| \cdot \left|\begin{pmatrix} 5 \\ 0 \\ 0 \end{pmatrix}\right|\right) \cdot \left|\begin{pmatrix} 0 \\ 4 \\ 0 \end{pmatrix}\right| = \frac{1}{3} \cdot \frac{1}{2} \cdot 3 \cdot 5 \cdot 4 = 10$ FE

c) Winkel zwischen $\overrightarrow{S_1O} = \begin{pmatrix} -5 \\ 0 \\ 0 \end{pmatrix}$ und $\overrightarrow{S_1S_2} = \begin{pmatrix} -5 \\ 4 \\ 0 \end{pmatrix}$: $\cos(\alpha) \approx 0{,}78$; $\alpha \approx 38{,}7°$

Winkel zwischen $\overrightarrow{S_1O} = \begin{pmatrix} -5 \\ 0 \\ 0 \end{pmatrix}$ und $\overrightarrow{S_1S_3} = \begin{pmatrix} -5 \\ 0 \\ 3 \end{pmatrix}$: $\cos(\alpha) \approx 0{,}86$; $\alpha \approx 31{,}0°$

Winkel zwischen $\overrightarrow{S_1S_2} = \begin{pmatrix} -5 \\ 4 \\ 0 \end{pmatrix}$ und $\overrightarrow{S_1S_3} = \begin{pmatrix} -5 \\ 0 \\ 3 \end{pmatrix}$: $\cos(\alpha) \approx 0{,}67$; $\alpha \approx 48{,}0°$

d) $A = \frac{1}{2}|\overrightarrow{S_1S_2}| \cdot |\overrightarrow{S_1S_2}| = \frac{1}{2} \cdot \sqrt{34} \cdot \sqrt{41} \cdot \sin(48°) = 13{,}87$ FE

e) $h = \frac{3V}{G} = \frac{3 \cdot 10}{13{,}87} \approx 2{,}16$ LE

f) Für $\vec{n}$ muss gelten: $\vec{n} \cdot \begin{pmatrix} -5 \\ -4 \\ 6 \end{pmatrix} = 0$ und $\vec{n} \cdot \begin{pmatrix} 10 \\ -12 \\ 3 \end{pmatrix} = 0$. Man erhält zum Beispiel $\vec{n} = \begin{pmatrix} 12 \\ 15 \\ 20 \end{pmatrix}$.

g) $\overrightarrow{OF} \approx \frac{2{,}16}{\sqrt{769}} \begin{pmatrix} 12 \\ 15 \\ 20 \end{pmatrix} = \begin{pmatrix} 0{,}94 \\ 1{,}17 \\ 1{,}56 \end{pmatrix}$
Die Koordinaten von F müssen positiv sein, da das gesamte Dreieck im positiven Bereich des Koordinatensystems liegt. Der Fußpunkt liegt im ersten Quadranten.

Seite 207 | Aufgabe 21

a) ① In einem rechtwinkligen Dreieck können die trigonometrischen Beziehungen verwendet werden:
$\cos(\alpha) = \frac{\text{Ankathete}}{\text{Hypotenuse}}$, die Ankathete ist $|\overrightarrow{b_p}|$, die Hypotenuse $|\vec{b}|$, damit folgt $|\overrightarrow{b_p}| \cdot |\vec{b}| \cdot \cos(\alpha)$.

② $\vec{a} \cdot \vec{b} = |\vec{a}| \cdot |\vec{b}| \cdot \cos(\alpha) = |\vec{a}| \cdot |\overrightarrow{b_p}|$

③ Der Winkel, den $\vec{a}$ und $\overrightarrow{b_p}$ einschließen, beträgt 0°

$\frac{\vec{a} \cdot \overrightarrow{b_p}}{|\vec{a}| \cdot |\overrightarrow{b_p}|} = \cos(0) = 1$ Formel für den Winkel zwischen zwei Vektoren

$|\vec{a}| \cdot |\overrightarrow{b_p}| = \vec{a} \cdot \overrightarrow{b_p}$

$\vec{a} \cdot \vec{b} = \vec{a} \cdot \overrightarrow{b_p}$ Nach dem Ergebnis aus ②

④ Es ist $|\overrightarrow{b_p}| = |\vec{b}| \cdot \cos(\alpha)$ und $\vec{a} \cdot \vec{b} = \vec{a} \cdot \overrightarrow{b_p} = |\vec{a}| \cdot |\overrightarrow{b_p}|$.
$A_{SB''PA} = |\vec{a}| \cdot |\vec{b}| \cdot \cos(\alpha) = \vec{a} \cdot \vec{b} = \vec{a} \cdot \overrightarrow{b_p}$.

b) ② Das Skalarprodukt der Vektoren $\vec{a}$ und $\vec{b}$ hat den gleichen Wert wie das Produkt aus dem Betrag des Vektors $\vec{a}$ und dem Betrag der Projektion von $\vec{b}$ auf $\vec{a}$, also von $\overrightarrow{b_p}$.

③ Das Skalarprodukt der Vektoren $\vec{a}$ und $\vec{b}$ ist gleich das Skalarprodukt der Vektoren $\vec{a}$ und $\overrightarrow{b_p}$.

Seite 207 | Aufgabe 22

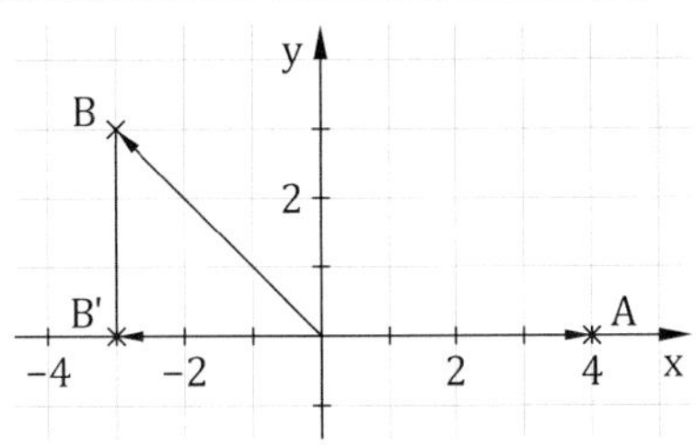

Für 90° < α < 180°, also für stumpfe Winkel gilt $\vec{a} \cdot \vec{b} < 0$.

Seite 207 | Aufgabe 23

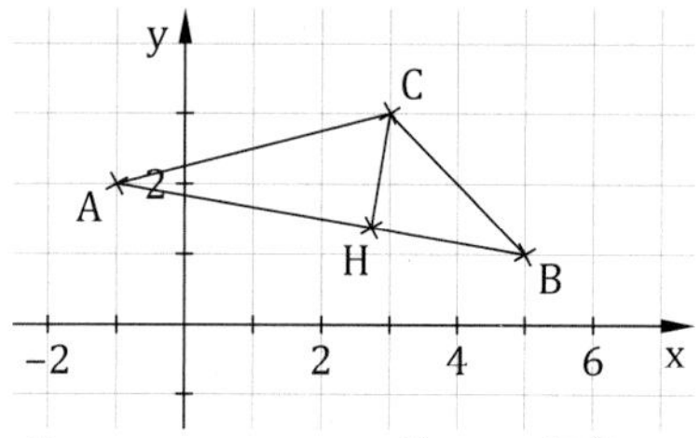

② in Aufgabe 21: $\vec{a} \cdot \vec{b} = |\vec{a}| \cdot |\vec{b_p}|$

Da $\overrightarrow{AH_C}$ die Projektion von $\overrightarrow{AC}$ auf $\overrightarrow{AB}$ ist, gilt $\overrightarrow{AB} \cdot \overrightarrow{AC} = |\overrightarrow{AH_C}| \cdot |\overrightarrow{AB}|$

Umformen ergibt: $\frac{1}{|\overrightarrow{AB}|}\overrightarrow{AB} \cdot \overrightarrow{AC} = |\overrightarrow{AH_C}|$

$|\overrightarrow{AH_C}| = \frac{1}{|\overrightarrow{AB}|}\overrightarrow{AB} \cdot \overrightarrow{AC} = \frac{1}{\sqrt{37}} \cdot \binom{6}{-1} \cdot \binom{4}{1} = \frac{23}{\sqrt{37}}$; Pythagoras: $h_c = \sqrt{|\overrightarrow{AC}|^2 - |\overrightarrow{AH_C}|^2} = \sqrt{17 - \frac{23^2}{37}}$; $|\overrightarrow{AB}| = \sqrt{37}$

$A = \frac{1}{2} \cdot |\overrightarrow{AB}| \cdot h_c = \frac{1}{2}\sqrt{37 \cdot 17 - 23^2} = 5$ FE.

Seite 207 | Aufgabe 24

a) ① $\vec{a} \cdot \vec{v} = 40, \vec{b} \cdot \vec{v} = 40, \vec{c} \cdot \vec{v} = 56, \vec{d} \cdot \vec{v} = 40, \vec{e} \cdot \vec{v} = 40$

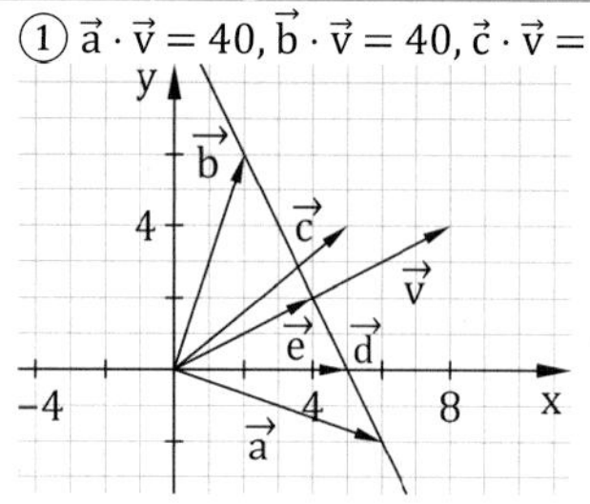

Die senkrechte Projektion von $\vec{a}, \vec{b}, \vec{d}$ und $\vec{e}$ liegen auf einer Geraden und schneiden den Vektor $\vec{v}$ im Punkt E(4|2).

② $\vec{a} \cdot \vec{v} = -20, \vec{b} \cdot \vec{v} = -20, \vec{c} \cdot \vec{v} = -20, \vec{d} \cdot \vec{v} = -20$

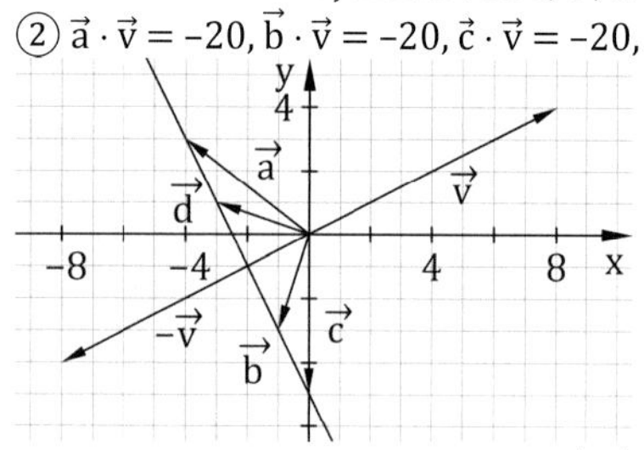

Die senkrechte Projektion von $\vec{a}, \vec{b}, \vec{d}$ und $\vec{e}$ liegen auf einer Geraden und schneiden den Vektor $\vec{v}$ in einem Punkt.

b) $\vec{a} \cdot \vec{b} = \vec{a} \cdot \vec{b_p}$

Seite 207 | Aufgabe 25

$W = |\vec{F_H}| \cdot |\vec{s}| = \vec{F_H} \cdot \vec{s} = \vec{F} \cdot \vec{s}$

$W = \binom{3}{2} \cdot \binom{12}{4} = 34$, also 34 Nm.

Seite 207 | Aufgabe 26

$W = \vec{F} \cdot \vec{s} = \binom{30}{15} \cdot \binom{1200}{200} = 39\,000$, also 39 000 Nm.

Seite 207 | Aufgabe 27

a) ① $A = \frac{1}{2}\sqrt{\vec{a}^2\vec{b}^2 - (\vec{a} \cdot \vec{b})^2} = \frac{1}{2}\sqrt{\binom{2}{-2}^2\binom{-4}{-1}^2 - \left(\binom{2}{-2} \cdot \binom{-4}{-1}\right)^2} = \frac{1}{2}\sqrt{8 \cdot 17 - (-6)^2} = \frac{1}{2}\sqrt{100} = 5$ FE

② $A = \frac{1}{2}\sqrt{\vec{a}^2\vec{b}^2 - (\vec{a} \cdot \vec{b})^2} = \frac{1}{2}\sqrt{\begin{pmatrix}-1\\2\\-9\end{pmatrix}^2\begin{pmatrix}3\\-2\\-3\end{pmatrix}^2 - \left(\begin{pmatrix}-1\\2\\-9\end{pmatrix} \cdot \begin{pmatrix}3\\-2\\-3\end{pmatrix}\right)^2} = \frac{1}{2}\sqrt{86 \cdot 22 - (20)^2} = 19{,}4$ FE

b) $A = \frac{1}{2} \cdot |\vec{a}| \cdot |\vec{b}| \cdot \sin(\gamma)$

$= \frac{1}{2}\sqrt{|\vec{a}|^2 \cdot |\vec{b}|^2 (\sin(\gamma))^2}$ nach Anleitung

$= \frac{1}{2}\sqrt{|\vec{a}|^2 \cdot |\vec{b}|^2 (1 - (\cos(\gamma)^2))}$ nach der Gleichung in der Anleitung

$= \frac{1}{2}\sqrt{|\vec{a}|^2 \cdot |\vec{b}|^2 - |\vec{a}|^2 \cdot |\vec{b}|^2 (\cos(\gamma)^2))}$ Klammern ausmultipliziert

$= \frac{1}{2}\sqrt{|\vec{a}|^2 \cdot |\vec{b}|^2 - (|\vec{a}| \cdot |\vec{b}| \cdot \cos(\gamma))^2}$ Potenzgesetze

$= \frac{1}{2}\sqrt{\vec{a}^2 \cdot \vec{b}^2 - (\vec{a} \cdot \vec{b})^2}$

Streifzug: Lagebeziehungen zwischen Ebene und Gerade

Seite 208 | Einstieg

Gerade und Eben können sich in einem Punkt schneiden. Die Gerade kann in der Ebene liegen. Die Gerade kann zur Ebene parallel sein.

Seite 209 | Aufgabe 1

a) $P(2|-9|13)$ für $t = -2$, $s = 3$, $r = -1$

b) $P(-5|9|-5)$, für $t = \frac{1}{3}$, $s = -2$, $r = 4$

c) $P(-7|13|-12)$, für $t = -3$, $s = \frac{1}{2}$, $r = -2$

d) $P(0|0|0)$, für $t = \frac{1}{2}$, $s = 1$, $r = 1$

Seite 209 | Aufgabe 2

a) g und E liegen parallel zueinander.

b) g und E schneiden sich in einem Punkt.

c) g und E schneiden sich in einem Punkt.

d) g liegt in E.

Seite 209 | Aufgabe 3

a) g verläuft parallel zu E.

b) g schneidet E im Punkt $P(3|-8|8)$.

c) g verläuft parallel zu E.

d) g liegt in E.

e) g schneidet E im Punkt $P(0|0|5)$.

f) g schneidet E im Punkt $P(6|-9|-10)$.

Seite 210 | Aufgabe 4

a) Die Gerade verläuft parallel zur Ebene.

b) Die Gerade schneidet die Ebene in einem Punkt.

c) Die Gerade verläuft in der Ebene.

Seite 210 | Aufgabe 5

E_1 und g_1: Schnittpunkt $P(10|-74|-76)$

E_1 und g_2: g_2 verläuft in E_1

E_1und g_3: g_3 verläuft parallel zu E_1

E_2 und g_1: verläuft parallel zu E_2

E_2 und g_2: Schnittpunkt $P(36|-26|8)$

E_2 und g_3: g_3 verläuft in E_2

Seite 210 | Aufgabe 6

a) Die Gerade g verläuft in der Ebene E.

b) Erste Zeile: $3 + (2 + 3t) + 2 \cdot (-2t) = 5 - t$; zweite Zeile: $-1 - 2 \cdot (2 + 3t) - 2t = -5 - 8t$; dritte Zeile: $2 + 3t - 3 \cdot (-2t) = 2 + 9t$

Seite 210 | Aufgabe 7

Die Geraden zwischen L und den vorderen Eckpunkten des Würfels muss mit der Ebene E: $x_1 = -4$ geschnitten werden.
Die Eckpunkte sind $A(3|0|0)$; $B(3|3|0)$; $C(3|3|3)$; $D(3|0|3)$
Die dazugehörenden Schattenpunkte sind $A'(-4|-1|0)$, $B'(-4|5|0)$, $C'(-4|5|6)$, $D'(-4|-1|6)$

Seite 210 | Aufgabe 8

Tinas Aussage ist richtig. Steves Aussage ist falsch. Eine Gerade kann echt parallel oder identisch zu einer Ebene verlaufen, auch wenn ihr Richtungsvektor keinem der Richtungsvektoren der Ebene entspricht. Dies ist zum Beispiel der Fall, wenn der Richtungsvektor der Gerade eine Linearkombination der Richtungsvektoren der Ebene ist.

Seite 210 | Aufgabe 9

Die Punkte C und D sind die Schnittpunkte der Geraden zwischen L und A bzw. B und der Ebene E. Ihre Koordinaten sind $C(-5|1|3)$, $D(-2|4|3)$

$|\overline{AB}| = 2\sqrt{2}$, $|\overline{CD}| = 3\sqrt{2}$ Die Strecke $\overline{CD}$ ist 1,5-mal so lang wie die Strecke $\overline{AB}$.

Seite 211 | Aufgabe 10

a) $\overrightarrow{OD} = \overrightarrow{OA} + \overrightarrow{BC}$, damit ergibt sich $D(-4|10|3)$.

b) $E: \vec{x} = \begin{pmatrix} 2 \\ 1 \\ 0 \end{pmatrix} + r \cdot \begin{pmatrix} 6 \\ 4 \\ 2 \end{pmatrix} + s \cdot \begin{pmatrix} 0 \\ 13 \\ 5 \end{pmatrix} = \begin{pmatrix} 3 \\ 19 \\ -23 \end{pmatrix} + t \cdot \begin{pmatrix} -1 \\ -5 \\ 13 \end{pmatrix}$ für $r = -\frac{1}{6}$, $s = \frac{2}{3}$ und $t = 2$, es ergibt sich der Schnittpunkt $S(1|9|3)$.

c) $\begin{pmatrix} 6 \\ 4 \\ 2 \end{pmatrix} \cdot \begin{pmatrix} -1 \\ -5 \\ 13 \end{pmatrix} = \begin{pmatrix} 0 \\ 13 \\ 5 \end{pmatrix} \cdot \begin{pmatrix} -1 \\ -5 \\ 13 \end{pmatrix} = 0$: Gerade steht senkrecht auf E. $d_{P;E} = d_{P;S} = \sqrt{780}$

Seite 211 | Aufgabe 11

$E: \vec{x} = \begin{pmatrix} 5 \\ 1 \\ -0,1 \end{pmatrix} + r \cdot \begin{pmatrix} -3 \\ 9 \\ 0,2 \end{pmatrix} + s \cdot \begin{pmatrix} -12 \\ 6 \\ 0,2 \end{pmatrix} = \begin{pmatrix} -1 \\ -46 \\ 5 \end{pmatrix} + t \cdot \begin{pmatrix} 0 \\ 10 \\ -1 \end{pmatrix}$ für $r = 0$, $s = \frac{1}{2}$ und $t = 5$

Der Schnittpunkt ist $P(-1|4|0)$.
Das Flugzeug setzt auf der Landebahn auf, da $0 \leq r \leq 1$ und $0 \leq s \leq 1$.

Seite 211 | Aufgabe 12

a) Es ist $\vec{u} \cdot \vec{v} = 0$, also stehen die Vektoren $\overrightarrow{DC}$ und $\overrightarrow{DA}$ senkrecht aufeinander und ABCD ist ein Rechteck.
$D(16|-7|15)$; $C(-2|2|15)$; $\overrightarrow{DE} = \begin{pmatrix} -4 \\ -8 \\ -4 \end{pmatrix}$, $\overrightarrow{DC} = 9\begin{pmatrix} -2 \\ 1 \\ 0 \end{pmatrix}$; es ist $\overrightarrow{DE} \cdot \overrightarrow{DC} = 0$, also ist auch DCFE ein Rechteck.

b) Flächeninhalt des Rechtecks ABCD: $A_{ABCD} = 9|\vec{u}| \cdot 3|\vec{v}| = 27\sqrt{5} \cdot \sqrt{24}$
Flächeninhalt des Rechtecks DCEF: $A_{DCFE} = \left|\begin{pmatrix} -4 \\ -8 \\ -4 \end{pmatrix}\right| \cdot 9 \left|\begin{pmatrix} -2 \\ 1 \\ 0 \end{pmatrix}\right| = 27\sqrt{5} \cdot \sqrt{24}$
Also ist $A_{DCFE} = \frac{2}{3} \cdot A_{ABCD}$, man kann auf CDFE damit $\frac{2}{3} \cdot 27 = 18$ Paneelen unterbringen.

c) $\overrightarrow{OP} + \vec{v} - 2\vec{u} = \overrightarrow{OR}$; da $\vec{v}$ und $\vec{u}$ mit ganzzahligen Faktoren multipliziert werden, liegt R auf einer Kante zwischen zwei Paneelen, damit nicht im Inneren eines Paneels.

d) $E_{EDCF}: \vec{x} = \begin{pmatrix} 16 \\ -7 \\ 15 \end{pmatrix} + r \cdot \begin{pmatrix} -4 \\ -8 \\ -4 \end{pmatrix} + s \cdot \begin{pmatrix} -18 \\ 9 \\ 0 \end{pmatrix}$; $\vec{x} = \vec{g}$ bei $r = \frac{1}{2}, s = \frac{1}{3}, t = 1$:
g schneidet E_{EDCF} im Punkt S(8|–8|13). Wegen $0 \leq r, s, t \leq 1$ liegt S im Rechteck DCFE.

e) $E_{ABCD}: \vec{x} = \begin{pmatrix} 22 \\ 5 \\ 9 \end{pmatrix} + r \cdot \begin{pmatrix} -6 \\ -12 \\ 6 \end{pmatrix} + s \cdot \begin{pmatrix} -18 \\ 9 \\ 0 \end{pmatrix}$
Spitze des Mastes M(10|1|21)
Gerade der Sonnenstrahlen durch die Spitze $g_M: \vec{x} = \begin{pmatrix} 10 \\ 1 \\ 21 \end{pmatrix} + t \cdot \begin{pmatrix} 0 \\ 1 \\ -2 \end{pmatrix}$;
g_M schneidet E_{ABCD} im Punkt M‘(10|6|11); $d_{R;M'} = |\overrightarrow{M'R}| = \sqrt{29}$.
Die Länge des Schattens beträgt $\sqrt{29}$.

Seite 211 | Aufgabe 13

a) Schnittpunkt für $a \in \mathbb{R} \setminus \{-1; 1\}$
b) g in E für $a = 1$
c) g parallel zu E für $a = -1$

Seite 211 | Aufgabe 14

a) $\vec{x} = \begin{pmatrix} -4 \\ 2 \\ -28 \end{pmatrix} + t \cdot \begin{pmatrix} -4 \\ 3 \\ -2 \end{pmatrix}$
b) S(8|–7|–22); $d_{S;P} = \sqrt{261}$
c) $|\overrightarrow{AB}| = |\overrightarrow{AD}| = |\overrightarrow{BC}| = |\overrightarrow{CD}| = 5$; $|\overrightarrow{AB}| \cdot |\overrightarrow{AD}| = |\overrightarrow{CB}| \cdot |\overrightarrow{CD}| = 0$; $d_{ABCD;S} = 10$
$V = \frac{1}{3} \cdot 25 \cdot 10 = 83{,}3$ VE

5.6 Abiturtraining

Seite 212 | Aufgabe 1

a) Gerade durch A und B: $g_{AB}: \vec{x} = \begin{pmatrix} 5 \\ 0 \\ 0 \end{pmatrix} + t \cdot \begin{pmatrix} -1 \\ -3 \\ 2 \end{pmatrix}$
Das Gleichungssystem $\begin{pmatrix} 5 \\ 0 \\ 0 \end{pmatrix} + t \cdot \begin{pmatrix} -1 \\ -3 \\ 2 \end{pmatrix} = \begin{pmatrix} 6 \\ 1 \\ 1 \end{pmatrix}$ hat keine Lösung, D liegt nicht auf g_{AB}.

b) $E_{ABD}: \vec{x} = \begin{pmatrix} 5 \\ 0 \\ 0 \end{pmatrix} + r \cdot \begin{pmatrix} -1 \\ -3 \\ 2 \end{pmatrix} + s \cdot \begin{pmatrix} 1 \\ 1 \\ 1 \end{pmatrix}$; $\vec{x} = \begin{pmatrix} 6 \\ -1 \\ 4 \end{pmatrix}$ für $r = 1$ und $s = 2$
P liegt in der Ebene, aber nicht im Parallelogramm, das von $\overrightarrow{AB}$ und $\overrightarrow{AD}$ aufgespannt wird, da $s > 1$.

c) $\overrightarrow{AB} \cdot \overrightarrow{AD} = \begin{pmatrix} -1 \\ -3 \\ 2 \end{pmatrix} \cdot \begin{pmatrix} 1 \\ 1 \\ 1 \end{pmatrix} = -2 \neq 0$: Das Paralleogramm ist kein Rechteck.
$|\overrightarrow{AB}| = \sqrt{14}$; $|\overrightarrow{AB}| = \sqrt{3}$: Die Seiten sind nicht gleich lang, es handelt sich nicht um eine Raute.

Seite 212 | Aufgabe 2

a) $g: \vec{x} = \begin{pmatrix} -1 \\ 4 \\ 9 \end{pmatrix} + t \cdot \begin{pmatrix} 2 \\ -3 \\ 6 \end{pmatrix} = \begin{pmatrix} -5 \\ 10 \\ -3 \end{pmatrix}$ für $t = -2$
b) Beispiellösung: $\vec{u} = \begin{pmatrix} 3 \\ 2 \\ 0 \end{pmatrix}, \vec{v} = \begin{pmatrix} -3 \\ 0 \\ 1 \end{pmatrix}$
c) $E: \vec{x} = \begin{pmatrix} -5 \\ 10 \\ -3 \end{pmatrix} + r \cdot \begin{pmatrix} 6 \\ 0 \\ -2 \end{pmatrix} + s \cdot \begin{pmatrix} 3 \\ 2 \\ 0 \end{pmatrix}$

Seite 212 | Aufgabe 3

a) Das Gleichungssystem $\begin{pmatrix} -2 \\ 1 \\ 0 \end{pmatrix} + r \cdot \begin{pmatrix} 1 \\ -1 \\ 1 \end{pmatrix} = \begin{pmatrix} 4 \\ 0 \\ 1 \end{pmatrix} + s \cdot \begin{pmatrix} 1 \\ 2 \\ 0 \end{pmatrix}$ hat keine Lösung.
b) $g_3: \vec{x} = \begin{pmatrix} 4 \\ 4 \\ 2 \end{pmatrix} + t \cdot \begin{pmatrix} 1 \\ -1 \\ 1 \end{pmatrix}$
c) Beispielsweise $E_1: \vec{x} = \begin{pmatrix} 4 \\ 0 \\ 1 \end{pmatrix} + r \cdot \begin{pmatrix} 1 \\ 2 \\ 0 \end{pmatrix} + s \cdot \begin{pmatrix} 0 \\ 4 \\ 1 \end{pmatrix}$
d) Der zweite Richtungsvektor von E_2 ist der Verbindungsvektor des Stützpunktes von g_1 zu P: $E_2: \vec{x} = \begin{pmatrix} -2 \\ 1 \\ 0 \end{pmatrix} + r \cdot \begin{pmatrix} 6 \\ 3 \\ 2 \end{pmatrix} + s \cdot \begin{pmatrix} 1 \\ -1 \\ 1 \end{pmatrix}$

Seite 212 | Aufgabe 4

a) $g: \vec{x} = \begin{pmatrix} 1 \\ -1 \\ 1 \end{pmatrix} + r \cdot \begin{pmatrix} 2 \\ 3 \\ -6 \end{pmatrix}$
Die Punkte P_1(1|–1|1) und P_2(5|5|–11) auf g haben von B den Abstand 7.

b) $E: \vec{x} = \begin{pmatrix} 1 \\ -1 \\ 1 \end{pmatrix} + r \cdot \begin{pmatrix} 3 \\ 0 \\ 1 \end{pmatrix} + s \cdot \begin{pmatrix} 3 \\ 2 \\ 2 \end{pmatrix}$; $\overrightarrow{AB} \cdot \overrightarrow{AC} = \begin{pmatrix} -2 \\ -3 \\ 6 \end{pmatrix} \cdot \begin{pmatrix} 3 \\ 0 \\ 1 \end{pmatrix} = 0$; $\overrightarrow{AB} \cdot \overrightarrow{AD} = \begin{pmatrix} -2 \\ -3 \\ 6 \end{pmatrix} \cdot \begin{pmatrix} 3 \\ 2 \\ 2 \end{pmatrix} = 0$;
Da der Richtungsvektor von g orthogonal zu beiden Richtungsvektoren von E ist, verläuft g orthogonal zu E.

Seite 212 | Aufgabe 5

a) $E: \vec{x} = \begin{pmatrix} 4 \\ 0 \\ 0 \end{pmatrix} + r \cdot \begin{pmatrix} -4 \\ -6 \\ 0 \end{pmatrix} + s \cdot \begin{pmatrix} -4 \\ 0 \\ 6 \end{pmatrix}$; $g_S: \vec{x} = \begin{pmatrix} 0 \\ -6 \\ 0 \end{pmatrix} + r \cdot \begin{pmatrix} 0 \\ 6 \\ 6 \end{pmatrix}$
b) $\overrightarrow{OM} = \frac{1}{2} \begin{pmatrix} 0+0 \\ -6+0 \\ 0+6 \end{pmatrix} = \begin{pmatrix} 0 \\ -3 \\ 3 \end{pmatrix}$, also M(0|–3|3); $g: \vec{x} = \begin{pmatrix} 0 \\ 0 \\ 0 \end{pmatrix} + r \cdot \begin{pmatrix} 0 \\ -3 \\ 3 \end{pmatrix}$
c) $\begin{pmatrix} 0 \\ -3 \\ 3 \end{pmatrix} \cdot \begin{pmatrix} 0 \\ 6 \\ 6 \end{pmatrix} = 0$, also ist g senkrecht zu g_{23}.

Seite 212 | Aufgabe 6

a) g_{AB}: $\vec{x} = \begin{pmatrix} 2 \\ 4 \\ -1 \end{pmatrix} + r \cdot \begin{pmatrix} 2 \\ -1 \\ 3 \end{pmatrix}$; das Gleichungssystem $\vec{x} = \begin{pmatrix} 8 \\ 2 \\ 8 \end{pmatrix}$ hat keine Lösung, C liegt nicht auf g_{AB}.

b) $\vec{x} = \begin{pmatrix} 2 \\ 4 \\ -1 \end{pmatrix} + r \cdot \begin{pmatrix} 2 \\ -1 \\ 3 \end{pmatrix} = \begin{pmatrix} -4 \\ k \\ -3-k \end{pmatrix}$ für k = 7; $R_7(-4|7|-10)$

c) $x_2 = 0$ gilt für r = 4, daraus folgt der Spurpunkt $S_{13}(10|0|11)$

d) Schnittbedingung von g und h: $\begin{pmatrix} 2 \\ 4 \\ -1 \end{pmatrix} + r \cdot \begin{pmatrix} 2 \\ -1 \\ 3 \end{pmatrix} = \begin{pmatrix} 9 \\ 0 \\ 0 \end{pmatrix} + s \cdot \begin{pmatrix} -4 \\ 2 \\ -6 \end{pmatrix}$

Das LGS hat keine Lösung. Für die Richtungsvektoren gilt: $(-2) \cdot \begin{pmatrix} 2 \\ -1 \\ 3 \end{pmatrix} = \begin{pmatrix} -4 \\ 2 \\ -6 \end{pmatrix}$, g und h verlaufen parallel.

Seite 212 | Aufgabe 7

a) $\vec{a} \cdot \vec{b} = 3$; spitzer Winkel
b) $\vec{a} \cdot \vec{b} = -9$; stumpfer Winkel
c) $\vec{a} \cdot \vec{b} = 0$; rechter Winkel

Seite 213 | Aufgabe 8

a) $S_1(6|0|0)$, $S_2(0|8|0)$, $S_3(0|0|12)$

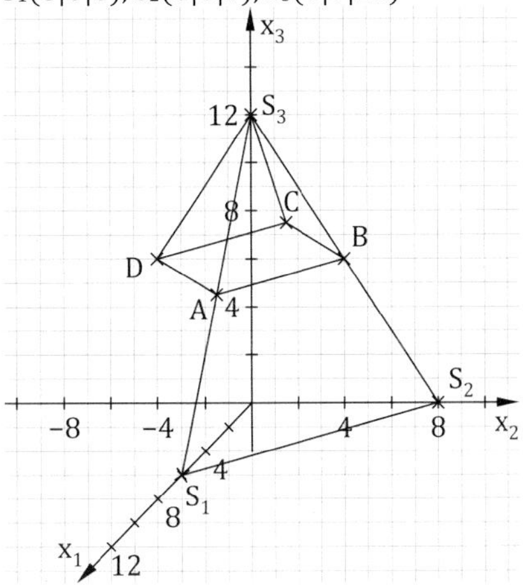

b) Der Richtungsvektor von g entspricht einem Richtungsvektor von g. Ebenso ist der Stützpunkt von g in E enthalten. Folglich liegt die Gerade in g.

Für alle Punkte von g gilt $x_1 = x_3$. Für alle Punkte der Ebene mit $x_1 = x_3$ gilt s = 0, also die Gleichung $\vec{x} = \begin{pmatrix} 3 \\ 2 \\ 3 \end{pmatrix} + s \cdot \begin{pmatrix} 1 \\ -2 \\ 1 \end{pmatrix}$. Dies ist eine weitere Gleichung von g, denn mit s = –3 ergibt sich der Stützpunkt (0|8|0) von g und die Richtungsvektoren sind gleich. Somit besteht g aus allen Punkten der Ebene mit dieser Eigenschaft.

c) Da g durch S_2 verläuft, wird der Schnittpunkt von g und der Geraden S_1S_3 bestimmt:

$\begin{pmatrix} 6 \\ 0 \\ 0 \end{pmatrix} + s \cdot \begin{pmatrix} -6 \\ 0 \\ 12 \end{pmatrix} = \begin{pmatrix} 0 \\ 8 \\ 0 \end{pmatrix} + t \cdot \begin{pmatrix} 1 \\ -2 \\ 1 \end{pmatrix}$

Lösung: t = 4. $s = \frac{1}{3}$, Schnittpunkt Q(4|0|4). Wegen $0 \leq s \leq 1$ liegt Q auf der Dreiecksseite $\overline{S_1S_3}$. Wegen r = 4 liegen alle Punkte von g mit $0 \leq t \leq 4$ auf der Strecke $\overline{S_2Q}$.

d) A(3|0|6), B(0|4|6), C(–3|0|6), $\overrightarrow{OD} = \overrightarrow{OA} + \overrightarrow{BC}$ ergibt D(0|–4|6)

$\overrightarrow{AD} = \overrightarrow{BC} = \begin{pmatrix} -3 \\ -4 \\ 0 \end{pmatrix}$, $|\overrightarrow{AD}| = |\overrightarrow{AB}| = |\overrightarrow{BD}| = |\overrightarrow{BC}| = 5$

Da alle x_3-Koordinaten identisch sind, ist das Parallelogramm eben, da die Seiten gleich lang sind, ist es eine Raute.

e) Diagonalen der Raute: $|\overrightarrow{AC}| = \left|\begin{pmatrix} -6 \\ 0 \\ 0 \end{pmatrix}\right| = 6$; $|\overrightarrow{BD}| = \left|\begin{pmatrix} 0 \\ -8 \\ 0 \end{pmatrix}\right| = 8$

Flächeninhalt $A_{Raute} = \frac{1}{2} \cdot 6 \cdot 8 = 24$ FE

Für alle Punkte der Raute gilt $x_3 = 6$, der Punkt S_3 hat die x_3-Koordinate 12, also hat die Pyramide die Höhe h = 6.

$V = \frac{1}{3} \cdot 24 \cdot 6 = 48$ VE

f) $\cos(\alpha) = \frac{\overrightarrow{S_3A} \cdot \overrightarrow{S_3C}}{|\overrightarrow{S_3A}| \cdot |\overrightarrow{S_3C}|} = \frac{\begin{pmatrix} 3 \\ 0 \\ -6 \end{pmatrix} \cdot \begin{pmatrix} -3 \\ 0 \\ -6 \end{pmatrix}}{\sqrt{45} \cdot \sqrt{45}} = 0{,}6$; $\alpha \approx 53{,}1°$

$\overrightarrow{T_ZA} = \begin{pmatrix} 3 \\ 0 \\ 6-z \end{pmatrix}$; $\overrightarrow{T_ZC} = \begin{pmatrix} -3 \\ 0 \\ 6-z \end{pmatrix}$; $\overrightarrow{T_ZA} \cdot \overrightarrow{T_ZC} = 0$ für $z_1 = 3$ und $z_2 = 9$: $T_9(0|0|9)$; $T_3(0|0|3)$

g) Für s = 0 gilt für alle Punkte in E x1 = x3. Gesucht ist nun ein Punkt mit x1 = x2.

Daraus folgt für 3 + r = 2 – r, $r = -\frac{1}{3} \Leftrightarrow P\left(\frac{8}{3}\middle|\frac{8}{3}\middle|\frac{8}{3}\right)$

h) Die Gerade h enthält alle Punkte des Raumes mit $x_1 = x_2 = x_3$. Eine Ebene, welche h nicht schneidet, enthält deshalb auch keinen Punkt mit $x_1 = x_2 = x_3$.

Seite 213 | Aufgabe 9

a) $g: \vec{x} = \begin{pmatrix} -7 \\ -2 \\ 1{,}5 \end{pmatrix} + t \cdot \begin{pmatrix} 3{,}5 \\ 3 \\ -0{,}25 \end{pmatrix}$

t ist die Anzahl der Minuten, die seit der Position P vergangen sind.
10:07 Uhr: t = 2; R(0|4|1)
10:08 Uhr: t = 3: S(3,5|7|0,75)

b) $x_3 = 0$ gilt für t = 6, also um 10:11 Uhr im Punkt T(14|16|0)

c) Bestimmung des Punktes, an dem sich das Flugzeug genau über der Domspitze befindet:
$\begin{pmatrix} 7 \\ 10 \\ h \end{pmatrix} = \begin{pmatrix} -7 \\ -2 \\ 1{,}5 \end{pmatrix} + 4 \cdot \begin{pmatrix} 3{,}5 \\ 3 \\ -0{,}25 \end{pmatrix}$, daraus folgt h = 0,5.
Nach vier Minuten befindet sich das Flugzeug genau über dem Dom in einer Höhe von 500 m, also 340 m über der Domspitze. Bei guten Wetter können die Passagiere den Dom sehen.

d) Pro Minute legt das Flugzeug die Strecke von $\left|\begin{pmatrix} 3{,}5 \\ 3 \\ -0{,}25 \end{pmatrix}\right| = 4{,}6$ km zurück. Dies entspricht 276 km/h.

e) $g': \vec{x} = \begin{pmatrix} -7 \\ -2 \\ 0 \end{pmatrix} + t \cdot \begin{pmatrix} 3{,}5 \\ 3 \\ 0 \end{pmatrix}$

Winkel zwischen g' und g

$\cos(\alpha) = \frac{\begin{pmatrix} 3{,}5 \\ 0 \\ -0{,}25 \end{pmatrix} \cdot \begin{pmatrix} 3{,}5 \\ 3 \\ 0 \end{pmatrix}}{\sqrt{21{,}25} \cdot \sqrt{21{,}3125}} \approx 0{,}9985; \alpha \approx 3{,}10°$

f) Fluggerade des Luftballons: $h: \vec{x} = \begin{pmatrix} 9{,}25 \\ 13 \\ 0 \end{pmatrix} + s \cdot \begin{pmatrix} 0{,}25 \\ 0 \\ 0{,}05 \end{pmatrix}$

Die Flugbahnen kreuzen sich für t = s = 5 im Punkt L(10,5|13|0,25). Da aber t = 5 für das Flugzeug 10:10 Uhr bedeutet, s = 5 für den Luftballon dagegen 10:08, kommt es nicht zu einer Kollision.

g) Die Flugbahn des Luftballon wird so beschrieben, dass er die gleiche Startzeit hat wir das Flugzeug (10:05)

$h': \vec{x} = \begin{pmatrix} 9{,}75 \\ 13 \\ 0{,}1 \end{pmatrix} + t \cdot \begin{pmatrix} 0{,}25 \\ 0 \\ 0{,}05 \end{pmatrix}$.

Ort des Luftballons nach t Minuten $P_L(9{,}75+0{,}25t|13|0{,}1+0{,}05t)$.
Ort des Flugzeugs nach t Minuten $P_F(-7+3{,}5t|-2+3t|1{,}5-0{,}25t)$.

$\overrightarrow{P_F P_L} = \begin{pmatrix} 16{,}75-3{,}25t \\ 15-3t \\ -1{,}4+0{,}3t \end{pmatrix}$

$|\overrightarrow{P_F P_L}| = \sqrt{(16{,}75-3{,}25t)^2 + (15-3t)^2 + (-1{,}4+0{,}3t)^2}$

Der Abstand zwischen dem Flugzeug und dem Luftballon ist minimal für t = 5, also um 10:10 Uhr. Er beträgt dann ca. 130 m.

6. Grundbegriffe der Wahrscheinlichkeitsrechnung

6.1 Wiederholung: Grundlagen der Stochastik

Seite 220 | Einstieg

individuelle Lösungen

Seite 221 | Aufgabe 1

a) Alle Ergebnisse sind gleich wahrscheinlich, da alle Lose gleichwertig im Lostopf liegen.

b) Ereignis H: Hauptgewinn $P(H)=\frac{1}{1000}$; Ereignis M: mittlerer Gewinn $P(M)=\frac{1}{100}$; Ereignis K: kleiner Gewinn $P(K)=\frac{89}{1000}$; Ereignis N: Niete $P(N)=\frac{9}{10}$

c) Ereignis G: Ziehen eines Gewinnloses $P(G)=\frac{1}{10}$

d) Ereignis N: Ziehen einer Niete $P(N)=\frac{9}{10}$

Seite 221 | Aufgabe 2

a) relative Häufigkeit nach 10 Durchgängen $=\frac{\text{absolute Häufigkeit}}{10}$; relative Häufigkeit nach 50 Durchgängen $=\frac{\text{absolute Häufigkeit}}{50}$; relative Häufigkeit nach 100 Durchgängen $=\frac{\text{absolute Häufigkeit}}{100}$; relative Häufigkeit aller Würfe $=\frac{\text{absolute Häufigkeit}}{\text{Anzahl der Würfe}}$

b) Mithilfe der relativen Häufigkeit, die in a) für „Seite" berechnet wurde, kann man die Wahrscheinlichkeit schätzen.

c) Je größer die Anzahl der Messungen, desto stärker nähert sich die relative Häufigkeit an die theoretische Wahrscheinlichkeit.

Seite 221 | Aufgabe 3

a) $E=\{16,17,18,19,20\}$; $P(16)=\frac{3}{133}$; $P(17)=\frac{69}{133}$; $P(18)=\frac{48}{133}$; $P(19)=\frac{11}{133}$; $P(20)=\frac{2}{133}$

b) $F=\{17,18,19,20\}$; $P(F)=1-P(16)=\frac{130}{133}$

Seite 222 | Aufgabe 4

a) Abibaba und die 40 Klausuren: $\frac{23}{145}\approx 0{,}16$; KohlrABI: $\frac{47}{145}\approx 0{,}32$; ABImatik: $\frac{17}{145}\approx 0{,}12$; $A\pi$: $\frac{58}{145}$

b) Solange dieselbe Schülergruppe betrachtet wird, können die relativen Häufigkeiten als Schätzwert für die Wahrscheinlichkeiten dienen.

Seite 222 | Aufgabe 5

Notwendige Bedingungen an ein Zufallsexperiment: Das Experiment kann unter gleichen Bedingungen beliebig oft wiederholt werden. Alle möglichen Ergebnisse müssen vor der Durchführung bekannt sein. Das Ergebnis lässt sich nicht mit Sicherheit vorhersagen.

Seite 222 | Aufgabe 6

	a)	b)	f)
Beschriftung	Wahrscheinlichkeit	Winkel	Absolute Häufigkeit
F	$\frac{1}{2}$	180°	40
I	$\frac{1}{8}$	45°	10
R	$\frac{1}{8}$	45°	10
M	$\frac{1}{16}$	22,5°	5
A	$\frac{3}{16}$	67,5°	15

c) Wahrscheinlichkeit einen Konsonanten zu drehen: Ereignis $K=\{F,R,M\}$ $P(K)=\frac{11}{16}$

Wahrscheinlichkeit einen Buchstaben aus dem Namen IRMA zu drehen: Ereignis $L=\{I,R,M,A\}$ $P(L)=1-P(F)=\frac{1}{2}$

d) Ereignis $\overline{K}$: Drehen eines Vokals. $P(\overline{K})=1-P(K)=\frac{5}{16}$. Ereignis $\overline{L}$: Drehen des Buchstabens „F". $P(\overline{L})=P(F)=\frac{1}{2}$

e) Die Ereignismenge aus Aufgabenteil c) umfasst mehrere Ergebnisse der Ergebnismenge des Glücksrades. Sie ist folglich eine Teilmenge der Ergebnismenge.

Seite 222 | Aufgabe 7

a) Es handelt sich um ein Laplace-Experiment, da gleich viele Karten von einer Karte vorliegen und daher die Wahrscheinlichkeit beim Ziehen einer Karte für die unterschiedlichen Farben gleich groß ist.

b) und c) $P(\text{rote Zahl})=\frac{8}{32}=\frac{1}{4}$. Es werden die Ergebnisse betrachtet, Ass, König, Dame, Bube, 10, 9, 8 oder 7 zu ziehen.

Seite 222 | Aufgabe 8

Blau: $P(E)=\frac{4}{13}$; $\overline{E}$: 9 von 13 Menschen mögen Vanille-Eis.

Grün: $P(E)=\frac{9}{10}$; $\overline{E}$: Charlotte trifft 1 von 10 Würfen nicht.

Orange: $P(E)=\frac{1}{2}$; $\overline{E}$: Keine Primzahl beim sechsseitigen Würfel werfen.

Violett: $P(E)=1$; $\overline{E}$: Auf Montag folgt nicht Dienstag.

Gelb: $P(E)=\frac{1}{3}$; $\overline{E}$: Zwei von drei Losen gewinnen nicht.

Grau: $P(E)=\frac{1}{2}$; $\overline{E}$: Die Wahrscheinlichkeit für einen Misserfolg beträgt 50%.

Seite 224 | Aufgabe 9

a)

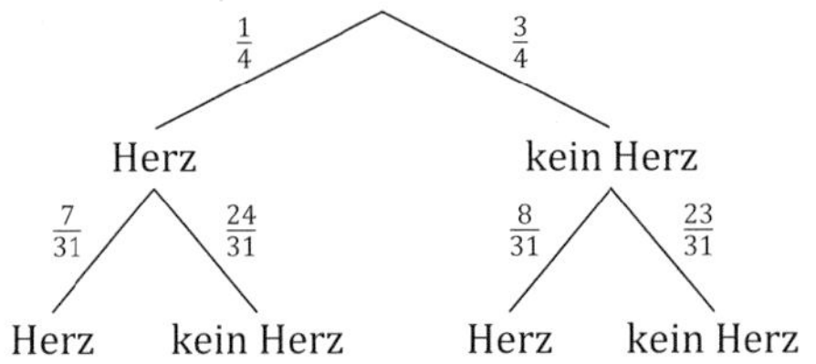

b) $P(\text{Herz; kein Herz}) = \frac{1}{4} \cdot \frac{24}{31} = \frac{24}{124} \approx 0{,}19$

c) $P(\text{Herz; Herz}) = \frac{1}{4} \cdot \frac{7}{31} = \frac{7}{124} \approx 0{,}06$

d) $P(\text{Herz; kein Herz}) + P(\text{kein Herz; Herz}) = \frac{24}{124} + \frac{24}{124} = \frac{48}{124} \approx 0{,}39$

Seite 224 | Aufgabe 10

a)

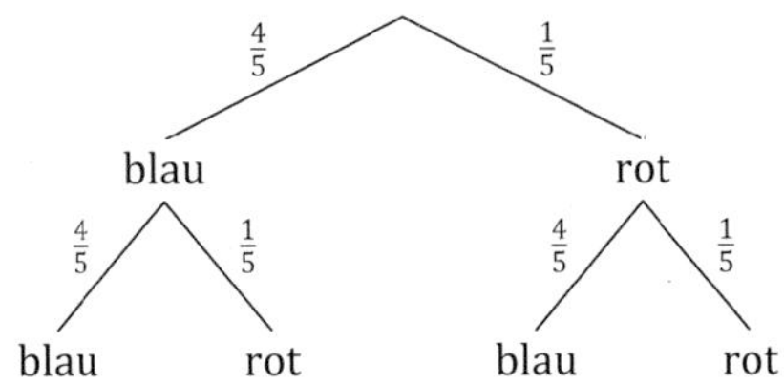

b) $P(\text{blau; blau}) = \frac{4}{5} \cdot \frac{4}{5} = \frac{16}{25}$; $P(\text{blau; rot}) = \frac{4}{5} \cdot \frac{1}{5} = \frac{4}{25}$; $P(\text{rot; blau}) = \frac{1}{5} \cdot \frac{4}{5} = \frac{4}{25}$; $P(\text{rot; rot}) = \frac{1}{5} \cdot \frac{1}{5} = \frac{1}{25}$

$\frac{16}{25} + \frac{4}{25} + \frac{4}{25} + \frac{1}{25} = 1$

Seite 224 | Aufgabe 11

a) $P(\text{2 Schwarzfahrer erwischt}) = \frac{4}{11} \cdot \frac{3}{10} = \frac{6}{55} \approx 0{,}11$

b) Die Kontrolle kann als zweistufiges Zufallsexperiment modelliert werden. Zunächst wird ein Wagen kontrolliert und dann der zweite. Es gilt:

$P(\text{mind. einen Schwarzfahrer erwischt}) = P(\text{erwischt, erwischt}) + P(\text{erwischt, nicht erwischt}) + P(\text{nicht erwischt, erwischt})$
$= \frac{4}{11} \cdot \frac{3}{10} + \frac{4}{11} \cdot \frac{7}{10} + \frac{7}{11} \cdot \frac{4}{10} = \frac{34}{55} \approx 0{,}62$

Seite 225 | Aufgabe 12

a) $P(\text{rot; gelb; grau}) = \frac{60}{360} \cdot \frac{30}{360} \cdot \frac{150}{360} = \frac{5}{864} \approx 0{,}006$

b) $P(\text{dunkelblau; gelb; gelb}) = \frac{1}{12} \cdot \frac{1}{12} \cdot \frac{1}{12} = \frac{1}{1728} \approx 0{,}0006$

c) $P(\text{rot, gelb, hellblau}) = \cdot \frac{1}{6} \cdot \frac{1}{12} \cdot \frac{1}{4} = \frac{1}{96} \approx 0{,}01$; Es gibt 6 verschiedene Anordnungen, also ergibt sich ohne Beachtung der Reihenfolge eine Wahrscheinlichkeit von rund 0,06.

d) $P(\text{rot, blau, blau}) = \cdot \frac{1}{6} \cdot \frac{1}{12} \cdot \frac{1}{12} = \frac{1}{864} \approx 0{,}001$; Es gibt 3 verschiedene Anordnungen, also ergibt sich ohne Beachtung der Reihenfolge eine Wahrscheinlichkeit von rund 0,003.

Seite 225 | Aufgabe 13

a) Mit Zurücklegen: $P(\text{2 gleichfarbige Kugeln}) = P(\text{schwarz; schwarz}) + P(\text{weiß; weiß}) = \left(\frac{2}{5}\right)^2 + \left(\frac{3}{5}\right)^2 = \frac{13}{25} = 0{,}52$

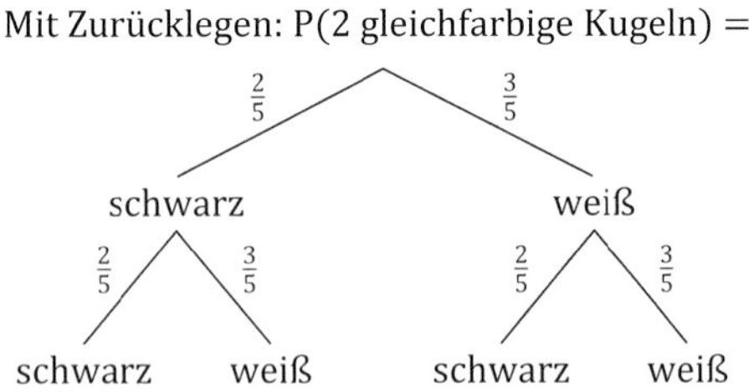

Ohne Zurücklegen: $P(\text{2 gleichfarbige Kugeln}) = P(\text{schwarz; schwarz}) + P(\text{weiß; weiß}) = \frac{2}{5} \cdot \frac{1}{4} + \frac{3}{5} \cdot \frac{1}{2} = \frac{4}{10} = 0{,}4$

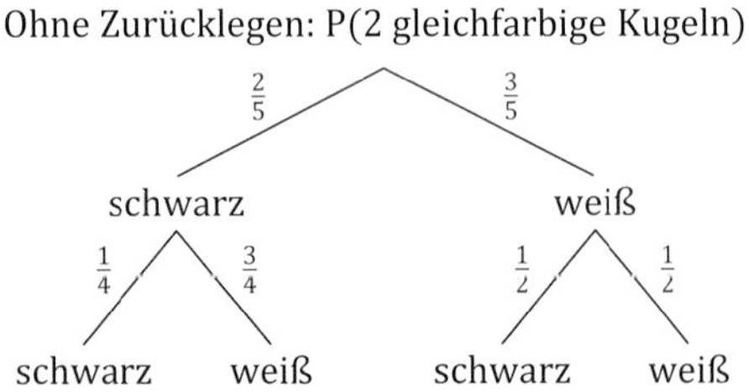

b) Durch das Nicht-Zurücklegen der Kugeln sinkt die Wahrscheinlichkeit, zwei gleichfarbige Kugeln zu ziehen, da nach dem ersten Ziehen weniger Kugeln der bereits gezogenen Farbe vorhanden sind.

Seite 225 | Aufgabe 14

Es liegen 7 der 52 Karten offen. Da 5 Karten der Farbe Karo offenliegen, bleiben 45 Karten, von denen 8 die Farbe Karo haben. Das Aufdecken der 2 Karten kann als zweifaches Ziehen ohne Zurücklegen modelliert werden.
Der linke Spieler benötigt mindestens eine weitere Karte der Farbe Karo.
P(Flush) = P(Karo, nicht Karo) + P(Karo; Karo) + P(nicht Karo; Karo) $= \frac{8}{45} \cdot \frac{37}{44} + \frac{8}{45} \cdot \frac{7}{44} + \frac{37}{45} \cdot \frac{8}{44} = \frac{648}{1980} \approx 0{,}33$
Der rechte Spieler benötigt zwei weitere Karten der Farbe Karo.
P(Flush) = P(Karo; Karo) $= \frac{8}{45} \cdot \frac{7}{44} = \frac{56}{1980} \approx 0{,}03$

Seite 225 | Aufgabe 15

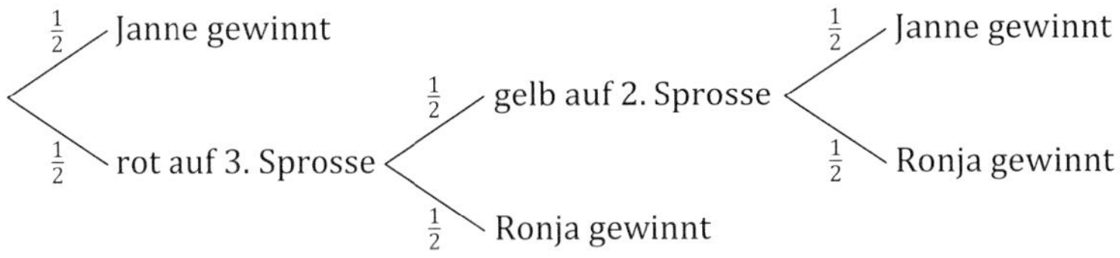

a) Ronja gewinnt, wenn sie zwei Treffer hintereinander erzielt oder sie als erstes trifft und Ronja anschließend nicht trifft.
P(Ronja gewinnt) $= \frac{1}{2} \cdot \frac{1}{2} + \left(\frac{1}{2}\right)^3 = \frac{3}{8} = 0{,}375$ P(Janne gewinnt) $= \frac{1}{2} + \left(\frac{1}{2}\right)^3 = \frac{5}{8} = 0{,}625$

b) P(Ronja trifft; Janne trifft; Ronja trifft)$= \left(\frac{1}{2}\right)^3 = \frac{1}{8}$

c) P(Ronja trifft; Janne trifft) $= \frac{1}{4}$

d) Es wird dreimal gespielt (dreifach Ziehen mit Zurücklegen) mit einer Gewinnwahrscheinlichkeit von $\frac{5}{8}$. Es gibt drei verschiedene Ausgänge (gewinnt; gewinnt; verliert), (gewinnt; verliert; gewinnt) und (verliert; gewinnt; gewinnt) mit gleichen Wahrscheinlichkeiten. P(Janne gewinnt 2 von 3 Spielen) $= 3 \cdot \frac{5}{8} \cdot \frac{5}{8} \cdot \frac{3}{8} = \frac{225}{512} \approx 0{,}44$

Seite 227 | Aufgabe 16

a)

	mögen Avocado		
	ja	nein	gesamt
Männer	32%	8%	40%
Frauen	42%	18%	60%
gesamt	74%	26%	100%

b)

	geimpft		
	ja	nein	gesamt
Männer	98	17	115
Frauen	625	45	670
gesamt	723	62	785

Seite 227 | Aufgabe 17

	Apfel	Birne	gesamt
Grün	37	42	79
Rot	25	9	34
gesamt	62	51	113

a) P (Birne) $= \frac{51}{113}$ b) P (grüner Apfel) $= \frac{37}{113}$ c) P (rote Frucht–Apfel) $= \frac{25}{34}$ d) P (Apfel–rot) $= \frac{25}{62}$

Seite 227 | Aufgabe 18

a)

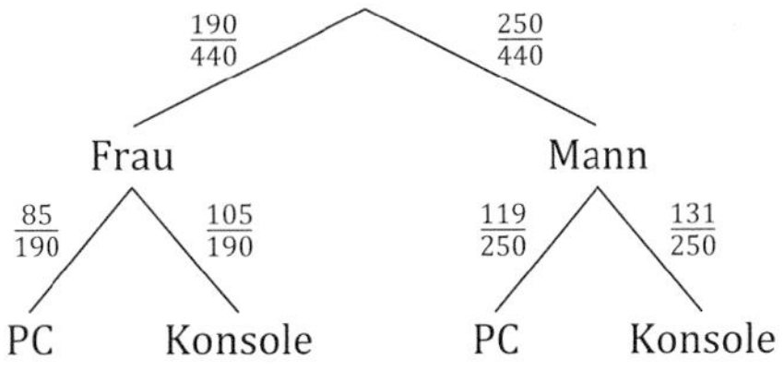

b)

	Konsole	PC	gesamt
Frauen	23,9%	19,3%	43,2%
Männer	29,8%	27,0%	56,8%
gesamt	53,7%	46,3%	100%

Seite 228 | Aufgabe 19

a)

	Unfall	kein Unfall	gesamt
18-24 Jahre	0,18%	9,52%	9,7%
Min. 25 Jahre	0,78%	89,52%	90,3%
gesamt	0,9%	99,1%	100%

b)

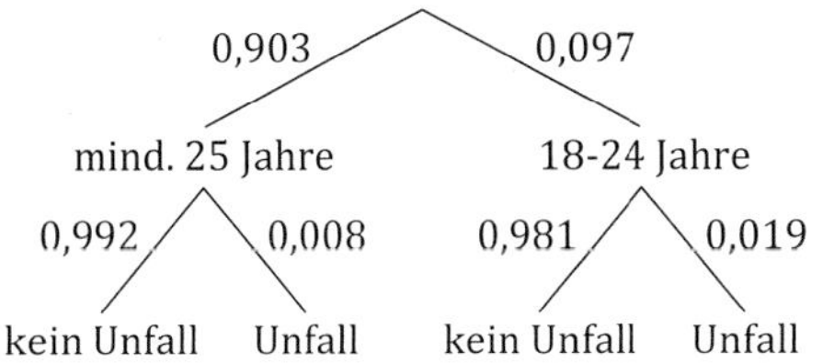

c) Da $\frac{0{,}78}{89{,}52} < \frac{0{,}18}{9{,}52}$ gilt, sind Personen im Alter von 18–24 Jahren im Straßenverkehr gefährdeter.

Seite 228 | Aufgabe 20

a)

	Mundspülung	keine Mundspülung	gesamt
Karies	18	46	64
Kein Karies	263	529	792
gesamt	281	575	856

Die Wahrscheinlichkeit, dass eine Person, die regelmäßig die Mundspülung verwendet an Karies erkrankt, ist $\frac{18}{281} = 6{,}4\ \%$.

Die Wahrscheinlichkeit, dass eine Person, die nicht die Mundspülung verwendet an Karies erkrankt, beträgt $\frac{46}{575} = 8\ \%$.

b) $0{,}08 \cdot 0{,}8 = 0{,}064$. Die Behauptung des Herstellers ist korrekt.

Seite 228 | Aufgabe 21

a) $E = \{1\text{–}6; 6\text{–}1; 2\text{–}5; 5\text{–}2; 3\text{–}4; 4\text{–}3\}$; $P(E) = 6 \cdot (\frac{1}{6})^2 = \frac{1}{6}$

b) Die Augensumme 7 bilden alle Felder, die Diagonal von links unten nach rechts oben verlaufen. Die Wahrscheinlichkeit für ein Feld beträgt $\frac{1}{6} \cdot \frac{1}{6} = \frac{1}{36}$. Da die Diagonale aus sechs Feldern besteht, ist die Wahrscheinlichkeit mit $6 \cdot \frac{1}{36}$.

c) $F = \{5\text{–}6; 6\text{–}5; 6\text{–}6\}$ $P(F) = 3 \cdot \frac{1}{36} = \frac{1}{12}$

Seite 228 | Aufgabe 22

a) Die Wahrscheinlichkeit für „kein Wind am dritten Tag“ ist nicht niedriger als sonst.

b) $P(2 \text{ von } 3 \text{ Tage guter Wind}) = 3 \cdot 0{,}75 \cdot 0{,}75 \cdot 0{,}25 \approx 0{,}42$

Seite 228 | Aufgabe 23

Mathematisch betrachtet sind die Freiwürfe unabhängig voneinander, also trifft er den nächsten Freiwurf mit einer Wahrscheinlichkeit von 85 %. Aus psychologischer Sicht kann das Ergebnis eines Wurfes auch durch Erfolge oder Misserfolge aus vorangegangenen Würfen beeinflusst werden.

Seite 229 | Aufgabe 24

① $\left(\frac{1}{2}\right)^3 = \frac{1}{8}$ ② $\frac{1}{8} + 3 \cdot \left(\frac{1}{2}\right)^3 = \frac{1}{2}$ ③ $\frac{1}{2}$ ④ $\frac{1}{8}$

⑤ $1 - \frac{1}{8} = \frac{7}{8}$ ⑥ $1 - \frac{1}{8} = \frac{7}{8}$ ⑦ $\frac{1}{2}$ ⑧ 0

Seite 229 | Aufgabe 25

a) $P(\text{alle 4 richtig}) = \left(\frac{1}{10}\right)^4 = \frac{1}{10000}$

b) 1. Fall, 4 gleiche Ziffern: Die Wahrscheinlichkeit beträgt 1, da es nur eine Möglichkeit gibt.
2. Fall, eine Ziffer tritt dreimal auf: 4 mögliche Kombinationen, also Wahrscheinlichkeit $\frac{1}{4}$
3. Fall, je zwei Ziffern treten doppelt auf: 6 mögliche Kombinationen, also Wahrscheinlichkeit $\frac{1}{6}$
4. Fall, drei verschiedene Ziffern: 18 mögliche Kombinationen, also Wahrscheinlichkeit $\frac{1}{18}$
5. Fall, vier verschiedene Ziffern: 24 mögliche Kombinationen, also Wahrscheinlichkeit $\frac{1}{24}$

c) Nein, sie ist nicht ratsam. Dadurch muss ein Dieb höchstens 24 verschiedene Kombinationen testen, anstelle von 10 000.

Seite 229 | Aufgabe 26

a) individuelle Lösungen, siehe Teilaufgabe d)

b)

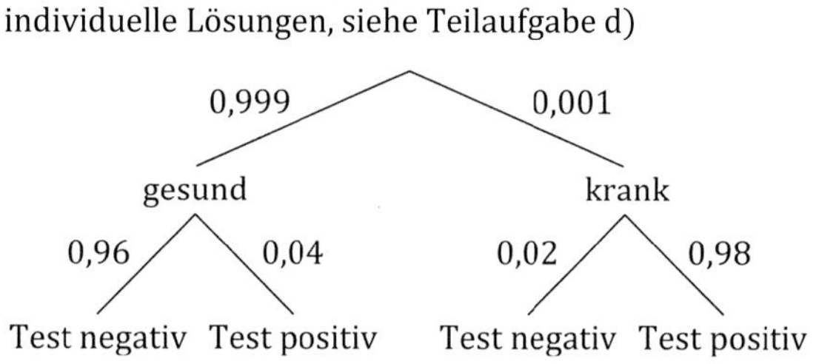

c)

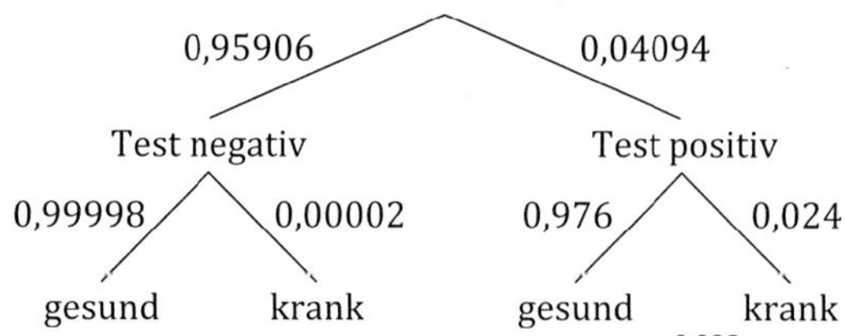

	erkrankt	Nicht erkrankt	gesamt
Positives TE	0,098%	3,996%	4,094%
Negatives TE	0,002%	95,904%	95,906%
gesamt	0,1%	99,9%	100%

d) Mia ist mit einer Wahrscheinlichkeit von $\frac{0{,}098}{4{,}094} = 2{,}4\ \%$ tatsächlich erkrankt.

e)

	erkrankt	Nicht erkrankt	gesamt
Positives TE	98	3996	4094
Negatives TE	2	95904	95906
gesamt	100	99900	100000

Von 4094 positiven Testergebnissen waren nur 98 Personen tatsächlich erkrankt.

Seite 229 | Aufgabe 27

Anfangs beträgt die Gewinnchance $\frac{1}{3}$. Die anfängliche Wahl eines Tores mit einer Ziege dahinter hingegen $\frac{2}{3}$. Öffnet der Moderator nun ein Tor mit einer Ziege dahinter, ist es ratsam das gewählte Tor zu wechseln, da man mit einer Wahrscheinlichkeit von $\frac{2}{3}$ ein Tor mit einer Ziege dahinter gewählt hatte und nur mit einer Wahrscheinlichkeit von $\frac{1}{3}$ bereits das richtige Tor.

6.2 Bedingte Wahrscheinlichkeiten

Seite 230 | Einstieg

a) Wahrscheinlichkeiten in der unteren Zeile ablesen: P(Mann) = 49,301 % und P(Frau) = 50,699 %.

b) Prozentualen Anteil der inhaftierten Männer (Frauen) durch den prozentualen Anteil aller Inhaftierten teilen:

$P(\text{Häftling männlich}) = \frac{0{,}058\,\%}{0{,}062\,\%} \approx 0{,}935 = 93{,}5\,\%$

$P(\text{Häftling weiblich}) = \frac{0{,}004\,\%}{0{,}062\,\%} \approx 0{,}065 = 6{,}5\,\%$

Seite 231 | Aufgabe 1

a) und b)

A bzw. $\overline{A}$ ist jeweils das bedingende Ereignis. B bzw. $\overline{B}$ ist jeweils das bedingte Ereignis.

$P(A)=0{,}5$: Die Person ist weiblich. $P(\overline{A})=0{,}5$: Die Person ist männlich.

$P_A(B)=0{,}05$: Die Person studiert Mathematik, wenn sie weiblich ist.

$P_A(\overline{B})=0{,}95$: Die Person studiert nicht Mathematik, wenn sie weiblich ist.

$P_{\overline{A}}(B)=0{,}03$: Die Person studiert Mathematik, wenn sie männlich ist.

$P_{\overline{A}}(\overline{B})=0{,}97$: Die Person studiert nicht Mathematik, wenn sie männlich ist.

$P(\overline{A} \cap B) = 0{,}015$: Eine männliche Person studiert Mathematik.

$P(\overline{A} \cap \overline{B}) = 0{,}485$: Eine männliche Person studiert nicht Mathematik.

$P(A \cap B) = 0{,}025$: Eine weibliche Person studiert Mathematik.

$P(A \cap \overline{B}) = 0{,}475$: Eine weibliche Person studiert nicht Mathematik.

Seite 231 | Aufgabe 2

a) A: rote Fellfarbe, B: weiblich $P(A \cap B)=\frac{3}{49}$; $P(A)=\frac{20}{49}$; also $P_A(B)=\frac{\frac{3}{49}}{\frac{20}{49}} = \frac{3}{20}$

Das entspricht dem Anteil der weiblichen Tiere unter den Tieren mit roter Fellfärbung.

b) $P_B(A)=\frac{3}{22}$ $P_{\overline{B}}(A)=\frac{17}{27}$

Seite 232 | Aufgabe 3

G: geimpft $\overline{G}$: nicht geimpft K: krank $\overline{K}$: gesund

a) $P_G(K)=\frac{0{,}06}{0{,}32} = 0{,}1875 = 18{,}75\,\%$ $P_G(\overline{K})=\frac{0{,}26}{0{,}32} = 0{,}8125 = 81{,}25\,\%$

b)

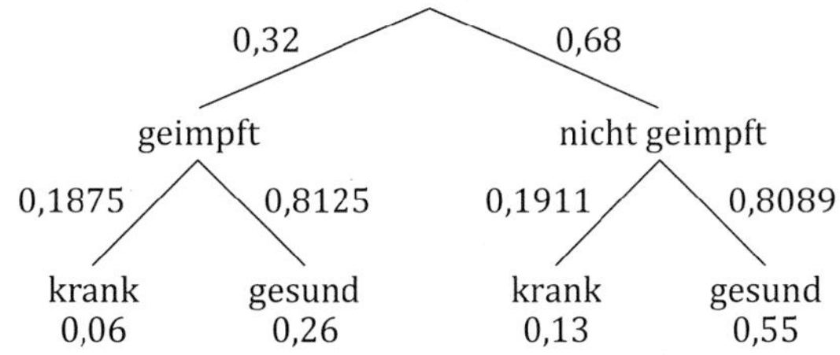

Seite 232 | Aufgabe 4

D: Diabetes $\overline{D}$: kein Diabetes Ü: Übergewicht $\overline{Ü}$: kein Übergewicht

a) $P_D(Ü)=\frac{736}{921} = 0{,}7991$ $P_D(\overline{Ü})=\frac{185}{921} = 0{,}2009$

$P_{\overline{D}}(Ü)=\frac{5684}{9651} = 0{,}5890$ $P_{\overline{D}}(\overline{Ü})=\frac{3967}{9651} = 0{,}4110$

$P_{Ü}(D)=\frac{736}{6420} = 0{,}1146$ $P_{Ü}(\overline{D})=\frac{5684}{6420} = 0{,}8854$

$P_{\overline{Ü}}(D)=\frac{185}{4152} = 0{,}0446$ $P_{\overline{D}}(\overline{Ü})=\frac{3967}{4152} = 0{,}9554$

b) Die bedingten Wahrscheinlichkeiten sind jeweils grau hinterlegt.

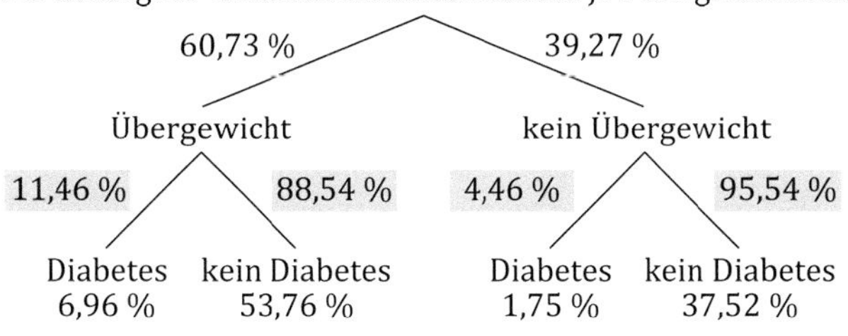

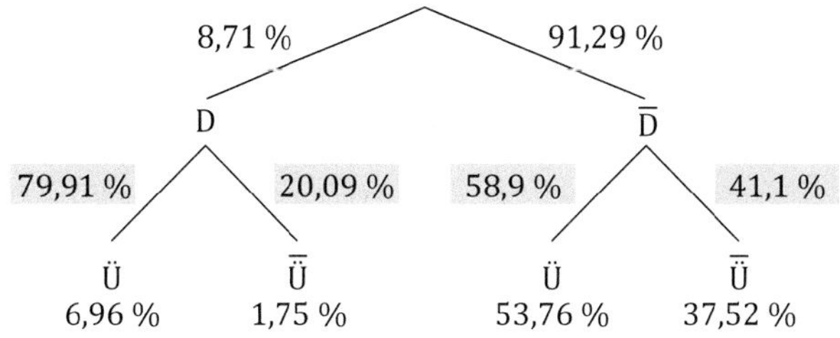

Seite 232 | Aufgabe 5

	1	2	3	4	5	6
1	$\overline{A}, \overline{B}$	$\overline{A}, B$	$A, \overline{B}$	$\overline{A}, B$	$\overline{A}, \overline{B}$	A, B
2	$\overline{A}, \overline{B}$	$\overline{A}, B$	$A, \overline{B}$	$\overline{A}, B$	$\overline{A}, \overline{B}$	A, B
3	$A, \overline{B}$	A, B	$A, \overline{B}$	A, B	$A, \overline{B}$	A, B

a) $P(A \cap B) = \frac{5}{18}$; Die Farbe des Würfels ist blau und das Ergebnis ist durch drei teilbar.

b) $P_A(B) = \frac{5}{10} = \frac{1}{2}$; Die Farbe des Würfels ist blau, wenn das Ergebnis durch drei teilbar ist.

c) $P_A(\overline{B}) = \frac{1}{2}$; Die Farbe des Würfels ist nicht blau, wenn das Ergebnis durch drei teilbar ist.

d) $P(\overline{A} \cap \overline{B}) = \frac{4}{18} = \frac{2}{9}$; Die Farbe des Würfels ist nicht blau und das Ergebnis ist nicht durch drei teilbar.

e) $P(\overline{B}) = \frac{1}{2}$; Die Farbe des Würfels ist nicht blau.

f) $P_{\overline{B}}(A) = \frac{5}{9}$; Das Ergebnis ist durch drei teilbar, wenn der Würfel nicht blau ist.

Seite 232 | Aufgabe 6

$P_{\text{Teil fehlt}}(\text{aufgebaut}) = \frac{0{,}035}{0{,}05} = 0{,}7 = 70\ \%$

Seite 232 | Aufgabe 7

a) $P(\text{erster Versuch erfolgreich}) = 0{,}5 \cdot 0{,}8 = 0{,}4$

b) $P(\text{drei Versuche nötig}) = 0{,}5 \cdot 0{,}2 \cdot 0{,}8 = 0{,}08$

Seite 233 | Aufgabe 8

a) $P_{\text{Pik}}(\text{Ass}) = \frac{\frac{1}{32}}{\frac{8}{32}} = \frac{1}{8}$

b) $P_{\text{Pik}}(\text{Ass}) = \frac{\text{Anzahl der Pik-Asse}}{\text{Anzahl der Karten}} = \frac{1}{8}$

c) $P(\text{Pik Ass; Pik König}) + P(\text{Pik König; Pik Ass}) = 2 \cdot \frac{1}{8} \cdot \frac{1}{7} = \frac{1}{28}$

Seite 233 | Aufgabe 9

a) ① – $P_{\text{Augensumme 10}}(\text{1. Würfel 6}) = \frac{1}{3}$

② – $P_{\text{Augensumme 10}}(\text{1. Würfel 2}) = 0$

③ – $P_{\text{Augensumme 10}}(\text{zweimal gerade}) = \frac{2}{3}$

④ – $P_{\text{Augensumme 10}}(\text{keine 6}) = \frac{1}{3}$

b) kleiner: Beispielsweise: nur einer der Würfel zeigt eine 5.

größer: Beispielweise: Der erste Würfel zeigt eine 5.

Seite 233 | Aufgabe 10

Es gibt drei verschiedene Ergebnisse, bei denen 2 rote Kugeln gezogen werden.

Es gilt $P(\text{2 von 3 rot}) = \frac{2}{7} \cdot \frac{5}{6} \cdot \frac{4}{5} + \frac{5}{7} \cdot \frac{2}{6} \cdot \frac{4}{5} + \frac{5}{7} \cdot \frac{4}{6} \cdot \frac{2}{5} = 3 \cdot \frac{4}{21}$. Alle drei Ergebnisse haben die gleiche Wahrscheinlichkeit. In zwei Fällen, (rot; schwarz; rot) und (schwarz; rot; rot), ist die dritte Kugel rot. Also gilt:

$P_{\text{2 von 3 rot}}(\text{dritte Kugel rot}) = \frac{2}{3}$ und

$P_{\text{2 von 3 rot}}(\text{dritte Kugel schwarz}) = \frac{1}{3}$

Seite 233 | Aufgabe 11

A: Das erste Los ist ein Gewinn. B: Das zweite Los ist ein Gewinn.

$P(A) = \frac{10}{50}$ $\quad$ $P_A(B) = \frac{9}{49}$ $\quad$ $P(A \cap B) = \frac{1}{5} \cdot \frac{9}{49} = \frac{9}{245} = 3{,}67\%$

Seite 233 | Aufgabe 12

individuelle Lösung

Beispiel: A: Person ist blauäugig und B: Person ist blond.

$P(A \cap B)$ gibt an, wie hoch die Wahrscheinlichkeit ist, dass eine Person sowohl blond, als auch blauäugig ist. $P_A(B)$ gibt an, wie hoch der Anteil der blonden Personen unter denen, die blaue Augen haben, ist. $P_B(A)$ gibt an, wie hoch der Anteil der Personen mit blauen Augen unter den Personen mit blonden Haaren ist.

Seite 233 | Aufgabe 13

	Mann	Frau	gesamt
Partei A	125	350	475
Partei B	155	340	495
gesamt	280	690	970

Antons Aussage ist korrekt, da 340 Frauen und nur 155 Männer Partei B gewählt haben.

Belas Aussage ist falsch, da von 690 Frauen, 350 die Partei A gewählt haben – also mehr als 50 %.

Caros Aussage stimmt nicht, da die Wahrscheinlichkeit, dass Partei B genannt wurde bei Frauen mit $\frac{340}{495}$ größer ist.

Djamilas Aussage ist richtig, denn $P_{\text{Mann}}(\text{Partei B}) = \frac{155}{280} > \frac{125}{280} = P_{\text{Mann}}(\text{Partei A})$.

Seite 233 | Aufgabe 14

I: $P(A \cap B) = P(A) \cdot P_A(B)$ $\quad$ II: $P(A \cap \overline{B}) = P(A) \cdot P_A(\overline{B})$ $\quad$ III: $P(A \cap B) + P(A \cap \overline{B}) = P(A)$

$\Leftrightarrow$ I + II: $\quad P(A) = P(A) \cdot P_A(B) + P(A) \cdot P_A(\overline{B}) \quad |:P(A)$

$\quad 1 = P_A(B) + P_A(\overline{B})$

Seite 234 | Aufgabe 15

$P(A \cap B) = P(A) \cdot P_A(B) = P(B) \cdot P_B(A) \Leftrightarrow P_B(A) = \frac{P(A) \cdot P_A(B)}{P(B)}$ mit $P(B) = P(A) \cdot P_A(B) + P(\bar{A}) \cdot P_{\bar{A}}(B)$ folgt

$P_B(A) = \frac{P(A) \cdot P_A(B)}{P(A) \cdot P_A(B) + P(\bar{A}) \cdot P_{\bar{A}}(B)}$

Seite 234 | Aufgabe 16

A: Der gewählte Würfel ist manipuliert. B: Der Würfel zeigt nach dem Werfen eine 6.

$P_B(A) = \frac{\frac{1}{3} \cdot \frac{1}{2}}{\frac{1}{3} \cdot \frac{1}{2} + \frac{2}{3} \cdot \frac{1}{6}} = \frac{3}{5}$

Seite 234 | Aufgabe 17

A: Es wurde die linke Urne ausgewählt. B: Die gezogene Kugel ist schwarz oder blau.

$P_B(A) = \frac{\frac{1}{2} \cdot \frac{5}{7}}{\frac{1}{2} \cdot \frac{5}{7} + \frac{1}{2} \cdot \frac{3}{6}} = \frac{10}{17}$

Seite 234 | Aufgabe 18

Arbeitslosenquote Deutschlandweit: $0{,}068 \cdot 0{,}2 + 0{,}048 \cdot 0{,}8 = 0{,}052 = 5{,}2\ \%$

Anteil der Arbeitslosen in den östlichen Bundesländern im Vergleich zum Anteil der Arbeitslosen in den westlichen Bundesländern: $\frac{0{,}068 \cdot 0{,}2}{0{,}048 \cdot 0{,}8} = 0{,}354 = 35{,}4\ \%$.

Mathematisch widersprechen sich die Aussagen nicht. Der rechte Artikel vermittelt jedoch den Eindruck, dass der Anteil der Erwerbslosen in Ostdeutschland sehr viel höher sei als in Westdeutschland, was falsch ist.

Seite 234 | Aufgabe 19

a) Die Sensitivität eines Testes sollte höher sein. Eine gesunde Person als erkrankt einzustufen ist weniger tragisch, als eine erkrankte Person negativ zu testen.
b) Beim zweiten Test sollte die Spezifität höher sein.

Seite 234 | Aufgabe 20

a) Ein neugeborenes Mädchen wird mit einer Wahrscheinlichkeit von $\frac{71485}{100000} = 71{,}5\ \%$ 80 Jahre alt.
b) Ein 20-jähriger Mann wird mit einer Wahrscheinlichkeit von $\frac{54794}{99339} = 55{,}2\ \%$ 80 Jahre alt, ein 30-jähriger mit einer Wahrscheinlichkeit von $\frac{54794}{98857} = 55{,}4\ \%$.
c) Die Bedingung in b) ist jeweils, dass der Mann bereits 20 bzw. 30 Jahre alt geworden ist.

Seite 235 | Aufgabe 21

a) $E = \{4–5, 5–4, 6–3, 3–6\}$; $P(E) = \frac{4}{36}$;
Die Wahrscheinlichkeit, dass der Spieler zweimal hintereinander eine „9" würfelt liegt bei $P = \frac{4}{36} \cdot \frac{4}{36} = \frac{1}{81}$
b) Wirft der Spieler mit dem zweiten Würfel nun eine 2 oder eine 6 gewinnt er direkt. $P = \frac{2}{6} = \frac{1}{3}$
c) Ereignis F: Es wird eine „5" geworfen. $F = \{1–4, 4–1, 2–3, 3–2\}$; $P(F) = \frac{4}{36} = \frac{1}{9}$
Ereignis G: Es wird eine „7" geworfen. $G = \{1–6, 6–1, 2–5, 5–2, 3–4, 4–3\}$; $P(G) = \frac{6}{36} = \frac{1}{6}$
Ereignis H: Es wird weder eine „5" noch eine „7" geworfen. $P(H) = 1 - P(E) - P(G) = \frac{13}{18}$
Die Wahrscheinlichkeit beträgt $\frac{1}{9} \cdot \frac{1}{6} \cdot \frac{13}{18} = \frac{13}{972} = 1{,}34\%$.

Seite 235 | Aufgabe 22

Die Münze, die auf beiden Seiten „Zahl" zeigt, ist ausgeschlossen. Nun handelt es sich zu 50% um die normale Münze und zu 50% um die Münze, die auf beiden Seiten „Kopf" zeigt. Die Wahrscheinlichkeit, dass die Unterseite „Zahl" zeigt, beträgt folglich $\frac{1}{2}$.

Seite 235 | Aufgabe 23

a) Mit jeweils einer Wahrscheinlichkeit von 25 % erhält B alles, erhält A alles, erhält keiner etwas oder erhalten beide 50 %.
b) Mit einer Wahrscheinlichkeit von 25 % erhält ein Kandidat in der ersten Runde alles, in der zweiten Runde entscheidet er sich mit einer Wahrscheinlichkeit von 50 % erneut für „Behalten". Anschließend entscheidet sich der andere Kandidat nur noch mit einer Wahrscheinlichkeit von 20 % für „Teilen". Da entweder Kandidat A oder Kandidat B alles gewinnen kann, muss diese Wahrscheinlichkeit noch mit zwei multipliziert werden. $P(X) = 2 \cdot 0{,}25 \cdot 0{,}2 \cdot 0{,}5 = 0{,}05$
c) 100 % des Gesamtgewinns erhält der Kandidat: Zu 10 %, wenn er zweimal hintereinander „Behalten" wählt.
75 % des Gesamtgewinns erhält der Kandidat: Zu 25 %, wenn er „Teilen" und dann „Behalten" wählt oder zu 10 %, wenn er „Behalten" und dann „Teilen" wählt.
50 % des Gesamtgewinns erhält der Kandidat: Zu 25 %, wenn er zweimal „Teilen" wählt oder zu 40 %, wenn er zweimal hintereinander „Behalten" wählt.
25 % des Gesamtgewinns erhält der Kandidat: Zu 25 %, wenn er „Teilen" und dann „Behalten" wählt oder zu 25 %, wenn er „Behalten" und dann „Teilen" wählt.
0 % des Gesamtgewinns erhält der Kandidat: Zu 25 % wenn er zweimal „Teilen", zu 25 %, wenn er zuerst „Teilen" und dann „Behalten" wählt, zu 25 %, wenn er „Behalten" und dann „Teilen" wählt oder zu 25 %, wenn er zweimal „Behalten" wählt.
Die anscheinend sinnvollste Strategie ist zweimal hintereinander zu „Behalten", um mit 40 % Wahrscheinlichkeit 50 % des Gewinns zu erhalten oder mit 10 % Wahrscheinlichkeit den gesamten Gewinn zu erhalten.

Seite 235 | Aufgabe 24

$x \cdot P(B) = x \cdot (1 - P(\overline{B})) = x \cdot 0{,}825 = 0{,}6$

$P(A) = \frac{8}{11}$; $P(B) = 0{,}825$; $P(\overline{A}) = \frac{3}{11}$; $P(A \cap \overline{B}) \approx 0{,}13$;

6.3 Stochastische Unabhängigkeit

Seite 236 | Einstieg

Insgesamt liegt der Anteil der Männer, die kleiner als 1,75 m sind, bei $\frac{174}{501} \approx 35\,\%$. Bei Männern mit heller Haarfarbe liegt dieser Anteil bei $\frac{58}{167} \approx 0{,}35$ und bei Männern mit dunkler Haarfarbe ebenfalls bei $\frac{116}{334} \approx 0{,}35$. Die Haarfarbe hat scheinbar keinen Einfluss.

Seite 237 | Aufgabe 1

A: intensive Handynutzung B: IQ > 130

a) $P(A \cap B) = \frac{60}{400} = 0{,}15$; $P(A) \cdot P(B) = \frac{200}{400} \cdot \frac{150}{400} = \frac{3}{16} \approx 0{,}19 \Leftrightarrow P(A \cap B) \neq P(A) \cdot P(B)$
Die beiden Merkmale sind stochastisch abhängig.

b) $P_A(B) = \frac{60}{200} = \frac{P(A \cap B)}{P(A)} = \frac{0{,}15}{0{,}5} = 0{,}3 \neq P(B)$

Seite 237 | Aufgabe 2

a) Die Merkmale sind stochastisch unabhängig.
b) Die Merkmale sind stochastisch abhängig.

Seite 237 | Aufgabe 3

a) Da die Merkmale stochastisch unabhängig sind, stimmen die Teilbäume der 2. Stufe miteinander überein.
b) A: krank B: geimpft
Da die Merkmale stochastisch abhängig sind, stimmen die Teilbäume der 2. Stufe nicht miteinander überein.

Seite 238 | Aufgabe 4

a) A: Unfall unter Alkoholeinfluss B: tagsüber

	A	$\overline{A}$	gesamt
B	4000	200000	204000
$\overline{B}$	9000	87000	96000
gesamt	13000	287000	300000

Die Merkmale sind stochastisch abhängig.

b) Alkohol wird eher in den Abendstunden bzw. nachts konsumiert. Dass sich daher mehr Unfälle unter Alkoholeinfluss bei Nacht ereignen liegt folglich nahe.

Seite 238 | Aufgabe 5

A – zweite Kugel rot B – erste Kugel rot

Beim Ziehen mit Zurücklegen sind die Wahrscheinlichkeiten bei beiden Zügen gleich und es gilt $P_B(A) = P(A) = \frac{5}{8}$.
Beim Ziehen ohne Zurücklegen hängt die Wahrscheinlichkeit im zweiten Zug vom Ausgang des ersten ab. Es gilt:
$P_B(A) = \frac{4}{7}$ und $P(A) = \frac{5}{8} = \frac{5}{8} \cdot \frac{4}{7} + \frac{3}{8} \cdot \frac{5}{7} = \frac{5}{8}$. Die Ereignisse sind abhängig.

Seite 238 | Aufgabe 6

A: Die letzten zwölf Zahlen B: das Carré 29, 30, 32, 33

$P(A) = \frac{12}{37}$ $P(B) = \frac{4}{37}$

$P(A \cap B) = \frac{4}{37} = 0{,}108 \neq P(A) \cdot P(B) = 0{,}035$

Die Ereignisse sind stochastisch abhängig voneinander.

Seite 238 | Aufgabe 7

$P(A) = \frac{1}{6}$ $P(B) = \frac{1}{6}$ $P(C) = \frac{1}{6}$ $P(D) = \frac{5}{36}$

$P(A \cap B) = P(A) \cdot P(B) = \frac{1}{36}$ A und B stochastisch unabhängig

$P(A \cap C) = \frac{1}{6}$; $P(A) \cdot P(C) = \frac{1}{36}$ A und C stochastisch abhängig

$P(A \cap D) = \frac{1}{5}$; $P(A) \cdot P(D) = \frac{5}{216}$ A und D stochastisch abhängig

Der Ausgang des ersten Wurfes hat Einfluss auf die Augensumme aber nicht auf den Ausgang des zweiten Wurfes.

Seite 238 | Aufgabe 8

a) $P(A) = \frac{3}{4}$ $P(B) = \frac{1}{4}$ $P(A \cap B) = \frac{1}{4} \neq P(A) \cdot P(B)$ Die Ereignisse sind stochastisch abhängig voneinander.

b) $P(A) = \frac{1}{2}$ $P(B) = \frac{3}{4}$ $P(A \cap B) = \frac{3}{8} = P(A) \cdot P(B)$ Die Ereignisse sind stochastisch unabhängig voneinander.

Seite 237 | Aufgabe 9

a) $P = 0{,}75 \cdot 0{,}75 = 0{,}5625$
b) Die Psyche des Spielers spielt eine große Rolle. Hat er bereits einmal getroffen, erwartet er eventuell eher einen Treffer oder keinen Treffer. Dies kann Einfluss auf seine Wurfleistung haben.

Seite 238 | Aufgabe 10

a) Unabhängige Merkmale:

	A	$\overline{A}$	gesamt
B	180	60	240
$\overline{B}$	120	40	160
gesamt	300	100	400

Abhängige Merkmale:

	A	$\overline{A}$	gesamt
B	40	200	240
$\overline{B}$	120	40	160
gesamt	160	240	400

b) individuelle Lösungen

Seite 239 | Aufgabe 11

a) Es liegt die Annahme der Unabhängigkeit der Ausfälle voneinander ab.
b) Die Annahme aus a) trifft hier nicht zu, da fünf Notstromgeneratoren aufgrund derselben Ursache ausfielen.

Seite 239 | Aufgabe 12

Die Merkmale A: weiblich und B: lange Haare sind sowohl kausal als auch stochastisch abhängig voneinander. Hier gilt also: $P(A\cap B) = P(A) \cdot P(B)$

Seite 239 | Aufgabe 13

$P(A) = 0{,}72$ und $P(A\cap B) = 0{,}00072 \Leftrightarrow P(B) = \frac{P(A\cap B)}{P(A)} = \frac{0{,}00072}{0{,}72} = 0{,}001 \Leftrightarrow P(\overline{A} \cap \overline{B}) = 0{,}999 \cdot 0{,}28 = 0{,}280$

Seite 239 | Aufgabe 14

$P(A) = \left(\frac{5}{6}\right)^3 = 0{,}579$ $\quad P(B) = \frac{1}{6}$ $\quad P(A\cap B) = P(A) \cdot P(B) = \left(\frac{5}{6}\right)^3 \cdot \frac{1}{6} = 0{,}096$

Seite 239 | Aufgabe 15

$P(A \cap \overline{B}) = a - ab = P(A) \cdot P(\overline{B})$ $\quad P(\overline{A} \cap B) = b - ab = P(\overline{A}) \cdot P(B)$ $\quad P(\overline{A} \cap \overline{B}) = 1 + ba - b - a = P(\overline{A}) \cdot P(\overline{B})$

Seite 239 | Aufgabe 16

a) $P = \frac{1}{2}$
b) $P(A \text{ oder } B) = P(A) + P(B) - P(A\cap B)$
c) $P(A \text{ oder } B) = P(A) + P(B) - P(A) \cdot P(B) = \frac{1}{2} + \frac{1}{2} - \frac{1}{2} \cdot \frac{1}{2} = \frac{3}{4}$

Seite 239 | Aufgabe 17

a) $P(A) = \frac{1}{2}$ $\quad P(B) = \frac{1}{8}$ $P(C) = \frac{1}{2}$

$P(A\cap B) = \frac{1}{16} = P(A) \cdot P(B)$ $\quad P(A\cap C) = \frac{1}{4} = P(A) \cdot P(C)$ $\quad P(B\cap C) = \frac{1}{16} = P(B) \cdot P(C)$

$P(A\cap B\cap C) = \frac{1}{32} = \frac{1}{2} \cdot \frac{1}{8} \cdot \frac{1}{2} = P(A) \cdot P(B) \cdot P(C) \Leftrightarrow$ Die Ereignisse A, B und C sind unabhängig voneinander

b) B: Die Karte ist eine rote Dame oder ein rotes Ass.

6.4 Simulation von Zufallsexperimenten

Seite 240 | Einstieg

a) Da Alexander im Schnitt in 2 von 6 Würfen trifft, könnte man jeden Wurf mit einem Würfel simulieren. Zwei der möglichen Ereignisse (z. B. „5“ und „6“) stehen für einen Treffen, die anderen vier dafür, dass er nicht trifft.
b) und c): individuelle Lösungen

Seite 241 | Aufgabe 1

a) Dass die Spieler in drei verschiedene Felder treffen, ist am wahrscheinlichsten, da dann gilt: $P = 1 \cdot \frac{5}{6} \cdot \frac{4}{6}$
b) Der Würfel wird drei Mal hintereinander geworfen. Für gleiche Zahlen gibt es insgesamt nur einen Punkt für zwei verschiedene Zahlen zwei Punkte und für drei unterschiedliche Zahlen drei Punkte.

Seite 241 | Aufgabe 2

Individuelle Lösung: Beispiel:
In A2:A101 und B2:B101 steht der Befehl *=ZUFALLSBEREICH(1;6)*
In der Spalte C benötigt man den Befehl *=WENN(A2>B2;"Spieler 1"; "Spieler 2")*
In E2 ist geschrieben: *=ZÄHLENWENN(C2:C101;"Spieler 1")* und in E5 steht: *=ZÄHLENWENN(C2:C101;"Spieler 2")*

Seite 241 | Aufgabe 3

a) Die Zufallszahl liegt zwischen 0 und 1, ist sie größer als 0,78 (=78%), dann zählt sie als „vorbei“. Die Spalte „Auswertung“ unterscheidet zwischen >0,78 und ≤0,78. Die Anzahl an „Treffer“ und „vorbei“ werden separat noch einmal addiert.
b) In der Spalte A benötigt man den Befehl *=ZUFALLSZAHL()*
In Spalte B steht geschrieben *=WENN(A2>0,78;"vorbei"; "Treffer")*

Seite 242 | Aufgabe 4

a) ② simuliert Ninas Würfelergebnis. Bei ① könnte beispielsweise auch „3“ das Ergebnis sein, was aus keiner Verdopplung einer ganzen Zahl berechnet werden kann.
b) individuelle Lösung
c) Option ② scheint fairer.

Seite 242 | Aufgabe 5

a) In Spalte D werden die Spalten A, B und C addiert. In Spalte F wird untersucht, wie oft eine einzelne Summe vorkommt.
b) Beispielsweise als absolute Häufigkeit: 700, 710 695, 718 und 721 und als relative Häufigkeit: 0,47; 0,47; 0,46; 0,48 und 0,48.
c) Die Ergebnisse sind in jedem Durchgang etwas unterschiedlich, da die Anzahl der Summe der Augenzahlen voneinander abweicht. Trotzdem sind die Ergebnisse sehr ähnlich, da eine hohe Anzahl an Durchgängen gewählt wurde, die dafür verantwortlich ist, dass sich das Ergebnis bei der berechenbaren Wahrscheinlichkeit einpendelt.
d) ① In Spalte D werden nun die Spalte A, B und C multipliziert: =A2*B2*C2.
② Spalte D wird nach rechts in Spalte F verschoben. In Spalte D wird „Würfel D“, in Spalte E wird „Würfel E“ eingefügt. Der Befehl *=ZUFALLSBEREICH(1;6)* wird nach rechts und nach unten „gezogen“.

Seite 242 | Aufgabe 6

a) Zieht Lea nach rechts, verändert sich der Befehl nicht nur wie gewünscht von E1 zu F2, G2, usw. sondern es ändert sich auch der Bereich in dem gezählt werden soll von C:C zu D:D, E:E, usw.
b) Einen fixen Bezug kann man in Excel beispielsweise mithilfe des Befehls $C:$C herstellen, so ändert sich dieser Bereich beim „Ziehen“ nicht.

Seite 242 | Aufgabe 7

a) In die Spalte A tippt man den Befehl *=ZUFALLSZAHL().* In die Spalte B tippt man den Befehl *=WENN(A1>0,3;"B";"A").*
b) In die Spalte A tippt man wieder den Befehl *=ZUFALLSZAHL().* In Spalte B wird nun der Befehl *=WENN(A1<0,5;"A";WENN(A1>0,8;"C";"B")).*
c) In Spalte A verwendet man erneut den Befehl *=ZUFALLSZAHL().* In Spalte B wird nun der Befehl *=WENN(A1<0,1;"A";WENN(A1<0,4;"B";WENN(A1<0,8;"C";"D")))* geschrieben.
d) Die Anzahl der Drehungen, in welchen das Feld A gedreht wurde, liegt naher an der theoretischen Trefferwahrscheinlichkeit.

Seite 242 | Aufgabe 8

In A1 schreibt man eine beliebige Startzahl. Für 20 als vorgegebene Grenze, a = 1 und b = 7, steht im Rest der Spalte A der Befehl *=WENN(A1<20;ZUFALLSBEREICH(1;7)+A1;"STOPP").* In Spalte B schreibt man den Befehl *=WENN(A1>20;"2";"-").* Die Zahl 2 steht hier für die Anzahl der benötigten Schritte, also in B3.

6.5 Zufallsgrößen und Wahrscheinlichkeitsverteilungen

Seite 243 | Einstieg

a) Der linke Würfel kann die Zahlen 1 und 2 zeigen, der rechte Würfel die Augensumme 3, 6 und 12. Mögliche Produkte sind also: $1 \cdot 3 = 3; 1 \cdot 6 = 6; 1 \cdot 12 = 12; 2 \cdot 3 = 6; 2 \cdot 6 = 12; 2 \cdot 12 = 24$
b) $3: 1 \cdot 3$; $6: 1 \cdot 6$ und $2 \cdot 3$; $12: 1 \cdot 12$ und $2 \cdot 6$; $24: 2 \cdot 12$
c) $P(3) = \frac{1}{2} \cdot \frac{1}{3} = \frac{1}{6}$; $P(6) = \frac{1}{2} \cdot \frac{1}{2} + \frac{1}{2} \cdot \frac{1}{3} = \frac{5}{12}$; $P(12) = \frac{1}{2} \cdot \frac{1}{6} + \frac{1}{2} \cdot \frac{1}{2} = \frac{1}{3}$; $P(24) = \frac{1}{2} \cdot \frac{1}{6} = \frac{1}{12}$

Seite 244 | Aufgabe 1

a) Möglich sind die Werte 1, 2 und 3. x = 1 für das Drehen von geraden Zahlen. x = 2 für das Drehen einer einstelligen ungeraden Zahl. x = 3 für das Drehen einer zweistelligen ungeraden Zahl.
b)

x	1	2	3
P (X = x)	0,5	0,25	0,25

c) 0,5 + 0,25 + 0,25 = 1 Die Summe aller Wahrscheinlichkeiten muss 1 sein.

Seite 244 | Aufgabe 2

a) P(X = 3) = 0,3
b) P(X = 3) = 0,2
c) P(X = 1) = 0,5
d) P(X = 3) = 0,15

Seite 245 | Aufgabe 3

a)

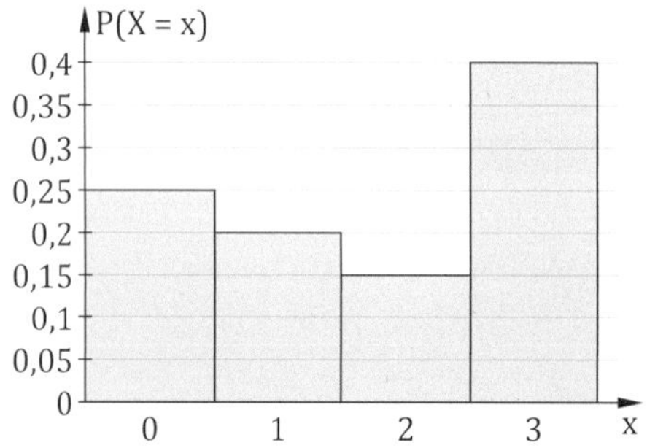

b)

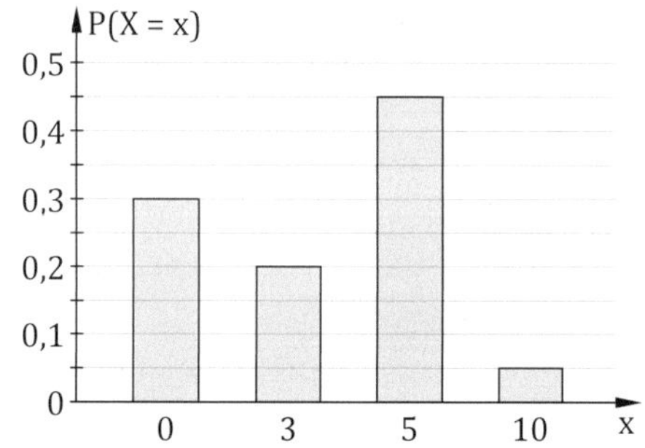

Seite 245 | Aufgabe 4

a)

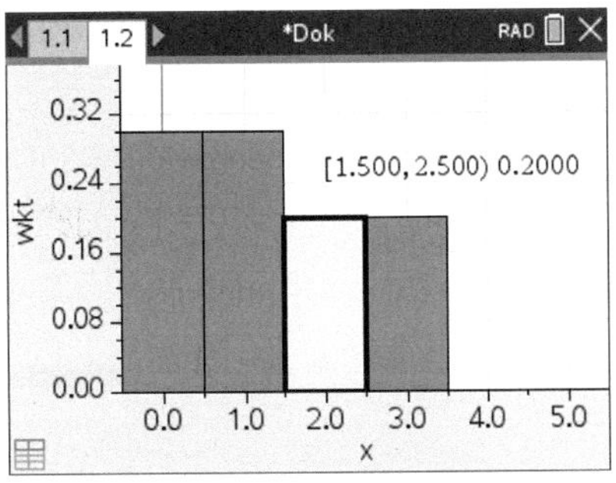

b)

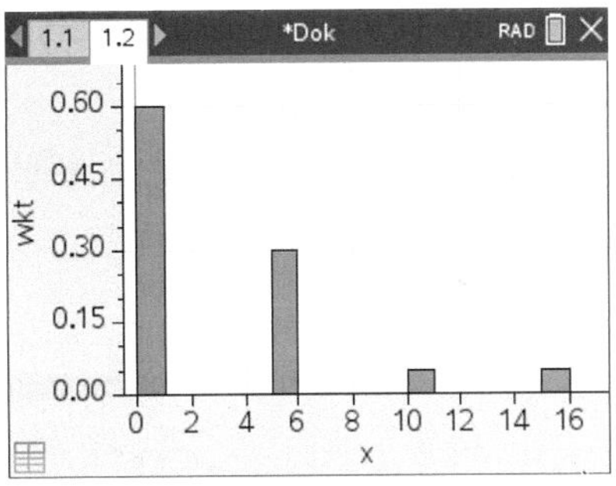

Seite 245 | Aufgabe 5

a) Die Zufallsgröße X kann die Werte 2, 3, 4, 5, 6, 7 und 8 annehmen.
Die Zufallsgröße Y kann die Werte 1, 2, 3, 4, 6, 8, 12 und 16 annehmen.

b)

x	2	3	4	5	6	7	8
P (X = x)	$\frac{1}{16}$	$\frac{1}{8}$	$\frac{3}{16}$	$\frac{1}{4}$	$\frac{3}{16}$	$\frac{1}{8}$	$\frac{1}{16}$

y	1	2	3	4	6	8	12	16
P (Y = y)	$\frac{1}{16}$	$\frac{1}{8}$	$\frac{1}{8}$	$\frac{3}{16}$	$\frac{1}{8}$	$\frac{1}{8}$	$\frac{1}{8}$	$\frac{1}{16}$

c)

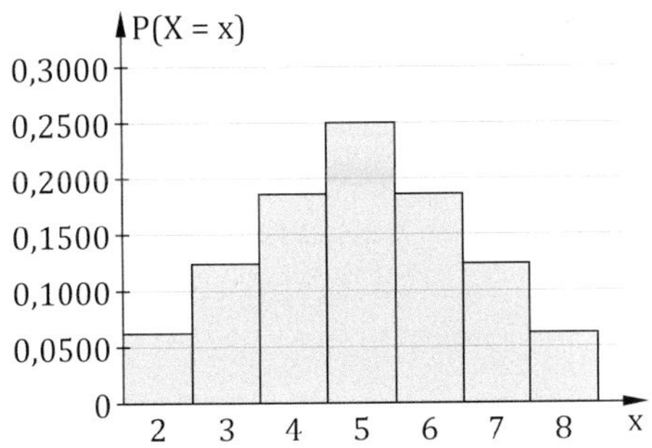

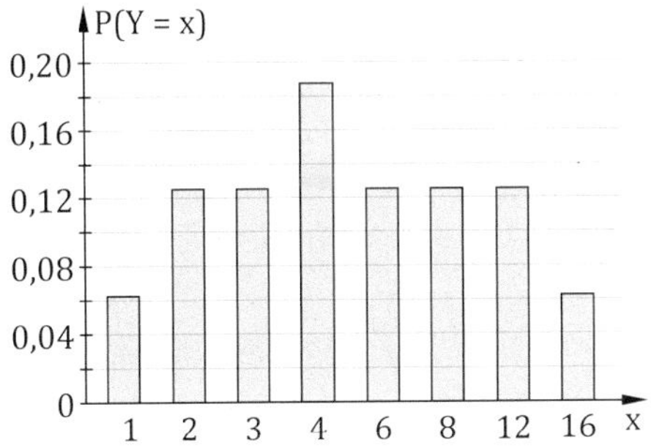

Seite 245 | Aufgabe 6

a) ① mit Zurücklegen

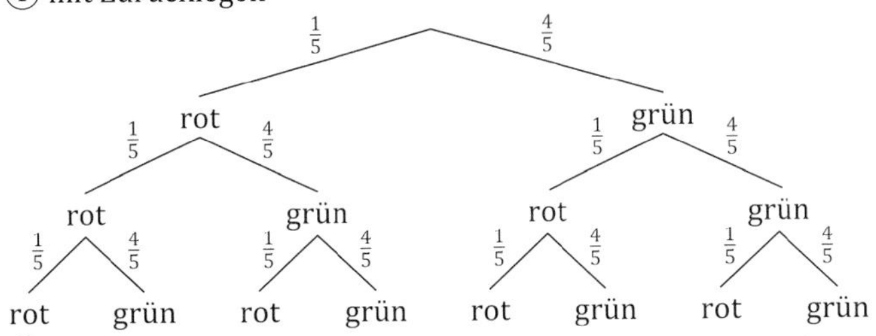

② ohne Zurücklegen

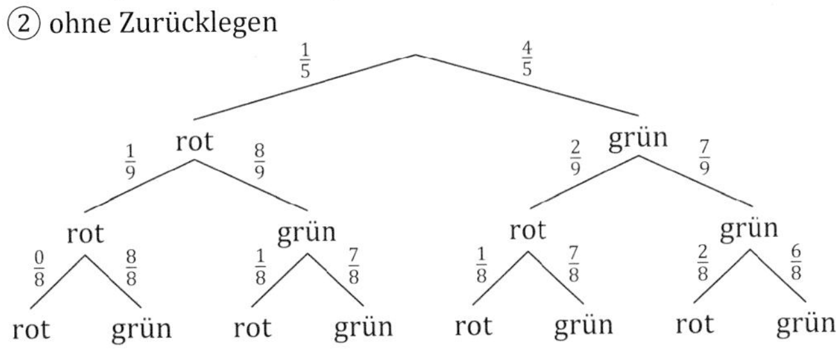

b) ①

x	0	1	2	3
P (X = x)	0,512	0,384	0,096	0,008

②

x	0	1	2	3
P (X = x)	$\frac{7}{15}$	$\frac{7}{15}$	$\frac{1}{15}$	0

Seite 245 | Aufgabe 7

① Die Augenzahl ist höchstens 3. $P(X \leq 3) = P(X \leq 2) + P(X = 3) = 0{,}25 + 0{,}25 = 0{,}5$
② Die Augenzahl ist mindestens 3. $P(X \geq 3) = 1 - P(X \leq 2) = 1 - 0{,}25 = 0{,}75$
③ Die Augenzahl ist größer als 3. $P(X > 3) = 1 - P(X \leq 3) = 1 - 0{,}5 = 0{,}5$
④ Die Augenzahl ist kleiner als 3. $P(X < 3) = P(X \leq 2) = 0{,}25$
⑤ Die Augenzahl ist mindestens 3 und höchstens 5. $P(3 \leq X \leq 5) = P(X \geq 3) - P(X = 6) = 0{,}75 - 0{,}1 = 0{,}65$
⑥ Die Augenzahl ist größer als 3 und kleiner als 5. $P(3 < X < 5) = P(X = 4) = 0{,}25$

Seite 245 | Aufgabe 8

a) $P(X \leq 2) = 0{,}7$ b) $P(X < 3) = 0{,}7$ c) $P(X \leq 3) = 0{,}85$ d) $P(1 < X < 4) = 0{,}6$
e) $P(X > 4) = 0{,}05$ f) $P(X \leq 5) = 1$ g) $P(X \geq 2) = 0{,}7$ h) $P(X = 0) = 0{,}1$

Seite 246 | Aufgabe 9

a) Die Zufallsgröße X kann die Werte 0, 2, 3, 5 und 7 annehmen.

b)

x	0	2	3	5	7
P (X = x)	0,2	0,3	0,2	0,2	0,1

Seite 246 | Aufgabe 10

a) Carolin:

x	1	2	3	4	5	6
P (X = x)	0,04	0,08	0,16	0,24	0,18	0,3

Nadine:

x	1	2	3	4	5	6
P (X = x)	0,06	0,14	0,1	0,2	0,26	0,24

b) individuelle Lösungen

c)

x	1	2	3	4	5	6
P (X = x)	$\frac{1}{36}$	$\frac{3}{36}$	$\frac{5}{36}$	$\frac{7}{36}$	$\frac{9}{36}$	$\frac{11}{36}$

d) Gemeinsamkeiten: Bei Carolin liegt die größte relative Häufigkeitsverteilung für die größere gewürfelte Zahl auch bei der 6. Die geringste relative Häufigkeitsverteilung für die größere gewürfelte Zahl ist bei beiden die 1.
Unterschiede: Bei Max liegt die größte relative Häufigkeitsverteilung für die größere gewürfelte Zahl auch bei der 5.
Die theoretische Häufigkeitsverteilung nimmt mit der Größe der Zahl zu.

Seite 246 | Aufgabe 11

a) Lisas Wahrscheinlichkeitsverteilung ist richtig.

b) Die Zufallsgröße X kann die Werte 1 und 10 annehmen. Tim und Ilka haben anstelle der Punktzahl für X die einzelnen Würfelergebnisse aufgezählt

Seite 246 | Aufgabe 12

a)

x	0	1	2	3	4	5	6	7	8
P (X = x)	0,05	0,1	0,15	0,25	0,15	0,1	0,1	0,05	0,05

b) Maximilian hat Recht. $P(X \leq 7) = 1 - P(X = 8) = 1 - 0{,}05 = 0{,}95$

Seite 247 | Aufgabe 13

a)

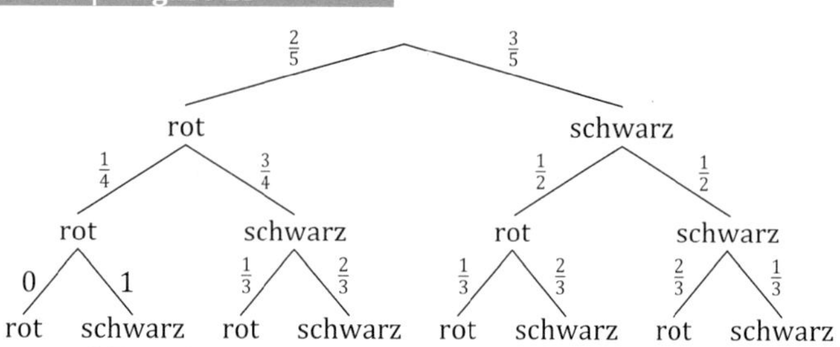

b) Die Zufallsgröße X gibt die Anzahl der roten Kugeln an. Die Zufallsgröße Y gibt die Anzahl der schwarzen Kugeln an.

c) Die Wahrscheinlichkeiten addieren sich nicht zu 1, da es auch die Möglichkeit gibt, dass nach drei Ziehungen noch keine rote Kugel gezogen wurde.

Seite 247 | Aufgabe 14

a) In die Spalte A benötigt man für die Simulation des Spielwürfels den Code *=ZUFALLSBEREICH(1;6)*. In Spalte B schreibt man für die Simulation des Glücksrads den Code *=2*ZUFALLSBEREICH(0;3)*. Für die Auswertung verwendet man in Spalte D den Code *=WENN(A1>B1;A1;B1)* und als „Zähler“ beispielsweise für den Fall, dass 1 die höhere Zahl ist, den Code *=ZÄHLENWENN(D:D;"1")*.

b) individuelle Lösung

c)

x	0	1	2	3	4	5	6
P (X = x)	0	$\frac{1}{24}$	$\frac{1}{8}$	$\frac{1}{12}$	$\frac{1}{4}$	$\frac{1}{8}$	$\frac{9}{24}$

d) Auf lange Sicht nähert sich die relative Häufigkeitsverteilung der theoretischen Wahrscheinlichkeitsverteilung an. Doch die Aussage, dass sie sich in jedem Fall immer mehr der theoretischen Wahrscheinlichkeitsverteilung annähert ist falsch.

Seite 247 | Aufgabe 15

a) Die Glücksräder werden mithilfe des Codes *= ZUFALLSBEREICH(1;4)* definiert. Die Auswertung der einzelnen Drehungen (hier der einzelnen Zeilen) erfolgt mithilfe von *=WENN(A1<B1; WENN(A1<C1; A1; C1); WENN(B1<C1; B1; C1))*.
Wie oft beispielsweise die 1 der kleinste gedrehte Wert ist, wird mithilfe des Codes *=ZÄHLENWENN(E:E; "1")* ausgewertet.

b)

x	1	2	3	4
P(X = x)	0,578	0,297	0,109	0,016

c) Nun wird eine zusätzliche Spalte für den Code *=WENN(A1>B1; WENN(A1>C1; A1; C1); WENN(B1>C1; B1; C1))* benötigt. Die Summe des größten und des kleinsten gedrehten Wertes erhält man in einer separaten Spalte mithilfe von *=E1*F1*.

x	1	2	3	4	6	8	9	12	16
Absolute Häufigkeit	12	100	189	294	90	199	16	80	20
P(X = x)	0,012	0,100	0,189	0,294	0,090	0,199	0,16	0,80	0,20

Seite 247 | Aufgabe 16

a) Die Würfelergebnisse 2–3, 3–2 und 4–4 führen zu Z = 4. $P(Z = 4) = \frac{3}{16}$

b)

	1	2	3	4
1	X = 0, Y = 1, Z = 1	X = 1, Y = 2, Z = 3	X = 2, Y = 3, Z = 5	X = 3, Y = 4, Z = 7
2	X = 1, Y = 2, Z = 3	X = 0, Y = 2, Z = 2	X = 1, Y = 3, Z = 4	X = 2, Y = 4, Z = 6
3	X = 2, Y = 3, Z = 5	X = 1, Y = 3, Z = 4	X = 0, Y = 3, Z = 3	X = 1, Y = 4, Z = 5
4	X = 3, Y = 4, Z = 7	X = 2, Y = 4, Z = 6	X = 1, Y = 4, Z = 5	X = 0, Y = 4, Z = 4

x	1	2	3	4	5	6	7
P(Y = x)	$\frac{1}{16}$	$\frac{1}{16}$	$\frac{3}{16}$	$\frac{3}{16}$	$\frac{1}{4}$	$\frac{1}{8}$	$\frac{1}{8}$

c)

	1	2	3	4
1	W = –1, U = –1	W = –1, U = 0	W = –1, U = 1	W = –1, U = 2
2	W = –1, U = 0	W = –2, U = –2	W = –2, U = –1	W = –2, U = 0
3	W = –1, U = 1	W = –2, U = –1	W = –3, U = –3	W = –3, U = –2
4	W = –1, U = 2	W = –2, U = 0	W = –3, U = –2	W = –4, U = –4

x	–4	–3	–2	–1	0	1	2
P(W = x)	$\frac{1}{16}$	$\frac{3}{16}$	$\frac{5}{16}$	$\frac{7}{16}$	0	0	0
P(U = x)	$\frac{1}{16}$	$\frac{1}{16}$	$\frac{3}{16}$	$\frac{3}{16}$	$\frac{1}{4}$	$\frac{1}{8}$	$\frac{1}{8}$

6.6 Erwartungswert und Standardabweichung

Seite 248 | Einstieg

a) Da es mehr gelbe als rote Felder gibt, ist der Mittelwert kein fairer Einsatz.
b) In durchschnittlich $\frac{3}{12} \cdot 1000 = 250$ Fällen werden 5 € ausgezahlt, in $\frac{9}{12} \cdot 1000 = 750$ Fällen 1 €, also bei 1000 Spielen im Durchschnitt 2000 €.
c) Bei einem Einsatz von 2 € pro Spiel macht der Betreiber auf lange Sicht weder Verlust noch Gewinn.

Seite 249 | Aufgabe 1

a) E(X) = 3 b) E(X) = 14 c) E(X) = 135 d) E(X) = 0

Seite 249 | Aufgabe 2

a) E(X) = 3€ b) Das Spiel ist bei einem Einsatz von 3€ fair.

Seite 249 | Aufgabe 3

a) E(X) = 2,6 b) Je kleiner P(X = 2) und je größer P(X = 4), desto größer wird der Erwartungswert.

Seite 249 | Aufgabe 4

a) E(X) = 2,5 b) E(X) = 9,4

Seite 250 | Aufgabe 5

a) $E(X) = \frac{1}{9} \cdot 1\,€ + \frac{1}{3} \cdot 2\,€ + \frac{5}{9} \cdot 3\,€ = 2{,}44\,€$
b) Der langfristig zu erwartende durchschnittliche Gewinn beträgt 2,50 € – 2,44 € = 0,06 €.
c) Bei einem Einsatz von 2,44 € wäre das Spiel fair.

Seite 250 | Aufgabe 6

a) ①

x	1	2	3	4	5	6
P (X = x)	$\frac{1}{6}$	$\frac{1}{6}$	$\frac{1}{6}$	$\frac{1}{6}$	$\frac{1}{6}$	$\frac{1}{6}$

②

x	0	1	2	3	4	5	6	7	8	9
P (X = x)	$\frac{1}{10}$	$\frac{1}{10}$	$\frac{1}{10}$	$\frac{1}{10}$	$\frac{1}{10}$	$\frac{1}{10}$	$\frac{1}{10}$	$\frac{1}{10}$	$\frac{1}{10}$	$\frac{1}{10}$

③

x	0	1	2
P (X = x)	$\frac{1}{4}$	$\frac{1}{2}$	$\frac{1}{2}$

④

x	1	2	3	4	5
P (X = x)	$\frac{1}{5}$	$\frac{1}{5}$	$\frac{1}{5}$	$\frac{1}{5}$	$\frac{1}{5}$

⑤

x	2	3	4	5	6	7	8	9	10	11	12
P (X = x)	$\frac{1}{36}$	$\frac{1}{18}$	$\frac{1}{12}$	$\frac{1}{9}$	$\frac{5}{36}$	$\frac{1}{6}$	$\frac{5}{36}$	$\frac{1}{9}$	$\frac{1}{12}$	$\frac{1}{18}$	$\frac{1}{36}$

⑥

x	0	1	2	3
P (X = x)	$\frac{1}{8}$	$\frac{3}{8}$	$\frac{3}{8}$	$\frac{1}{8}$

b) Die Histogramme sind symmetrisch. Der Wert um den das Histogramm symmetrisch ist, ist der Erwartungswert.
c) und d) ① $E(X) = 3{,}5$ ② $E(X) = 4{,}5$ ③ $E(X) = 1$ ④ $E(X) = 3$ ⑤ $E(X) = 7$ ⑥ $E(X) = 1{,}5$
e) Der Erwartungswert solcher Verteilungen ist gleich dem Mittelwert der Werte.

Seite 251 | Aufgabe 7

a) $E(X) = 3$ $V(X) = (1-3)^2 \cdot 0{,}3 + (2-3)^2 \cdot 0{,}3 + (4-3)^2 \cdot 0{,}1 + (5-3)^2 \cdot 0{,}1 + (6-3)^2 \cdot 0{,}2 = 3{,}8$
b) $E(X) = 15$ $V(X) = (5-15)^2 \cdot 0{,}1 + (10-15)^2 \cdot 0{,}3 + (15-15)^2 \cdot 0{,}2 + (20-15)^2 \cdot 0{,}3 + (25-15)^2 \cdot 0{,}1 = 35$
c) $E(X) = -1$ $V(X) = (-2+1)^2 \cdot 0{,}6 + (-1+1)^2 \cdot 0{,}1 + (0+1)^2 \cdot 0{,}1 + (1+1)^2 \cdot 0{,}1 + (2+1)^2 \cdot 0{,}1 = 3{,}2$
d) $E(X) = 2$ $V(X) = (1-2)^2 \cdot 0{,}5 + (2-2)^2 \cdot 0{,}3 + (3-2)^2 \cdot 0{,}1 + (4-2)^2 \cdot 0{,}05 + (8-2)^2 \cdot 0{,}05 = 2{,}6$

Seite 251 | Aufgabe 8

a) $E(X) = 0{,}5$ $V(X) = (0-0{,}5)^2 \cdot 0{,}5 + (1-0{,}5)^2 \cdot 0{,}5 = 0{,}25$
b) $E(X) = 3{,}5$ $V(X) = (1-3{,}5)^2 \cdot \frac{1}{6} + (2-3{,}5)^2 \cdot \frac{1}{6} + (3-3{,}5)^2 \cdot \frac{1}{6} + (4-3{,}5)^2 \cdot \frac{1}{6} + (5-3{,}5)^2 \cdot \frac{1}{6} + (6-3{,}5)^2 \cdot \frac{1}{6} = 2{,}9$
c) $E(X) = 5$ $V(X) = (2-5)^2 \cdot \frac{1}{16} + (3-5)^2 \cdot \frac{1}{8} + (4-5)^2 \cdot \frac{3}{16} + (6-5)^2 \cdot \frac{3}{16} + (7-5)^2 \cdot \frac{1}{8} + (8-5)^2 \cdot \frac{1}{16} = 2{,}5$
d) $E(X) = \frac{2}{3}$ $V(X) = \left(0-\frac{2}{3}\right)^2 \cdot \frac{4}{9} + \left(1-\frac{2}{3}\right)^2 \cdot \frac{4}{9} + \left(2-\frac{2}{3}\right)^2 \cdot \frac{1}{9} = \frac{4}{9}$
e) $E(X) = 3$ $V(X) = (2-3)^2 \cdot \frac{1}{3} + (3-3)^2 \cdot \frac{1}{3} + (4-3)^2 \cdot \frac{1}{3} = \frac{2}{3}$
f) $E(X) = 2{,}25$ $V(X) = (0-2{,}25)^2 \cdot 0{,}5 + (4-2{,}25)^2 \cdot 0{,}25 + (5-2{,}25)^2 \cdot 0{,}25 = 5{,}2$

Seite 252 | Aufgabe 9

a) $\sigma_2 < \sigma_4 < \sigma_1 < \sigma_3$; Die Standardabweichung ist ein Maß für die Streuung der Wahrscheinlichkeitsverteilung um den Erwartungswert. Die Werte von ② streuen am geringsten, die von ③ am stärksten.
b) Für die Berechnung der Standardabweichung mithilfe des GTRs legt man zwei Listen an. In Liste 1 speichert man die Werte, in Liste 2 die jeweiligen Wahrscheinlichkeiten (gegebenenfalls in Form von natürlichen Zahlen). Mithilfe des Operators stdDev (L_1, L_2) kann man nun die Standardabweichung berechnen.

Seite 252 | Aufgabe 10

a) $\sigma_3 < \sigma_4 < \sigma_2 < \sigma_1$
b) ① $E(X) = 2$; $V(X) = 1{,}1$; $\sigma = 1{,}05$ ② $E(X) = 2{,}5$; $V(X) = 1{,}45$; $\sigma = 1{,}20$
③ $E(X) = 2{,}45$; $V(X) = 0{,}45$; $\sigma = 0{,}67$ ④ $E(X) = 1{,}65$; $V(X) = 0{,}73$; $\sigma = 0{,}85$

Seite 252 | Aufgabe 11

a) Weniger risikoreich erscheint Glücksspiel 1.
b) ①

x	0,5	2
P (X = x)	$\frac{2}{3}$	$\frac{1}{3}$

②

x	0	1	5
P (X = x)	$\frac{4}{9}$	$\frac{4}{9}$	$\frac{1}{9}$

c) ① $E(X) = 1$; $V(X) = 0{,}50$ ② $E(X) = 1$; $V(X) = 2{,}22$
d) Je größer die Varianz in einem Glücksspiel ist, desto größer ist der jeweilige Gewinn oder Verlust, den man erzielen kann. Die Varianz eines Glücksspiels sagt also etwas über das Risiko, das der Spieler eingeht, voraus.

Seite 253 | Aufgabe 12

a) falsch. Gegenbeispiel S. 252 Aufgabe 8c): Die Augenzahl beim einmaligen Werfen eines Spielwürfels.
b) falsch. Gegenbeispiel S. 252 Aufgabe 9 ③.
c) richtig
d) richtig

Seite 253 | Aufgabe 13

a) Spiel 1: $E(X) = 0{,}80$ € $\Leftrightarrow$ Das Glücksspiel ist nicht fair. Spiel 2: $E(X) = 2{,}20$€ $\Leftrightarrow$ Das Glücksspiel ist nicht fair.
b) Die Varianz gibt an, wie riskant ein Spiel ist. Spiel 1: $V(X) = 0{,}36$ Spiel 2: $V(X) = 6{,}36 \Leftrightarrow$ Spiel 2 ist riskanter.
c) Auf lange Sicht gesehen, macht der Spieler Gewinn und der Anbieter des Glücksspiels Verlust. Dies ist nicht wirtschaftlich für den Anbieter.
d) Spiel 1: Das Drehen eines Glücksrads mit drei unterschiedlich großen Feldern mit den Zahlen 0,1 und 2.
Spiel 2: Ein Spielautomat, der eine Zufallszahl anzeigt. Die Zufallszahl kann die Werte 0,1, 2, 5 und 8 annehmen.

Seite 253 | Aufgabe 14

a) Die Zufallsgröße Y gibt an, wie groß der Gewinn beziehungsweise der Verlust des Spielers ist. Die Zufallsgröße X gibt die Höhe der Auszahlung an.
b) $E(X) = 3{,}5$ $V(X) = 15{,}42$ $\sigma(X) = 3{,}93$ $E(Y) = -0{,}5$ $V(Y) = 15{,}42$ $\sigma(Y) = 3{,}93$

c) Der Erwartungswert des Gewinns E(Y) beträgt E(X) – 4 €. Standardabweichung und Varianz des Gewinns sind gleich groß, da die Streuung der Werte und deren Wahrscheinlichkeiten gleich groß sind.
d) Der Erwartungswert von Y müsste bei einem fairen Spiel 0 sein.

Seite 253 | Aufgabe 15

a) Timos Rechnung für den Erwartungswert ist falsch. Richtig wäre $E(X) = 0 \cdot \frac{6}{10} + 4 \cdot \frac{3}{10} + 10 \cdot \frac{1}{10} = \frac{22}{10}$
b) Michelles Berechnung des Erwartungswerts ist korrekt. Ihre Aussage darüber, dass man beim Spiel 2,20€ gewinnt ist jedoch falsch, da der Einsatz 2€ beträgt.
c) Andrés Berechnung bezieht direkt den Einsatz mit ein und gibt dadurch an, wieviel der Spieler auf lange Sicht hin ausgezahlt bekommt. Deswegen ist seine Einschätzung falsch. Das Spiel ist zum Vorteil des Spielers.

Seite 254 | Aufgabe 16

①

x	1	2	3	4	5
P (X = x)	$\frac{1}{6}$	$\frac{1}{6} \cdot \frac{5}{6}$	$\frac{1}{6} \cdot \left(\frac{5}{6}\right)^2$	$\frac{1}{6} \cdot \left(\frac{5}{6}\right)^3$	$\frac{1}{6} \cdot \left(\frac{5}{6}\right)^4$

E(X) = 1,58: Nach durchschnittlich 1,58 Würfen wird das erste Mal eine 6 geworfen.

②

x	3	4	5
P (X = x)	$\frac{2}{8}$	$\frac{6}{16}$	$\frac{12}{32}$

E(X) = 4,125: Nach durchschnittlich 4,125 Spielen ist ein Spiel entschieden.

③

x	3	4	5
P (X = x)	0,28	0,37	0,35

E(X) = 4,07: Nach durchschnittlich 4,07 Spielen ist ein Spiel entschieden.

④

x	2	3	4	5
P (X = x)	$\frac{1}{4}$	$\frac{1}{4}$	$\frac{1}{4}$	$\frac{1}{4}$

E(X) = 3,5: Nach durchschnittlich 3,5 Sätzen steht ein Sieger fest.

Seite 254 | Aufgabe 17

a) Beispielsweise:

Richtige	0	1	2	3
Anzahl	0	4	8	1
relativ	0	0,31	0,61	0,08

b) Stand 1: m = 1,82 Stand 2: m = 1,64 Kurs: m = 1,61
c) $P(X = 1) = 3 \cdot \frac{2}{5} \cdot \frac{1}{4} = 0{,}3$ $P(X = 2) = 3 \cdot \frac{3}{5} \cdot \frac{2}{4} \cdot \frac{2}{3} = 0{,}6$ $P(X = 3) = \frac{3}{5} \cdot \frac{2}{4} \cdot \frac{1}{3} = \frac{6}{60} = 0{,}1$

x	0	1	2	3
P(X = x)	0	0,3	0,6	0,1

E(X) = 1,8
d) Der Erwartungswert beschreibt den Wert, den die Zufallsvariable im Durchschnitt also auf lange Sicht gesehen, annimmt. Führt man beispielsweise ein Experiment unendlich oft durch und bildet den Mittelwert aller arithmetischen Mittel, erhält man den Erwartungswert.

Seite 254 | Aufgabe 18

a) E(X) = 5 V(X) = 3,4
b) $(2-5)^2 = 9; (4-5)^2 = 1; (6-5)^2 = 1; (8-5)^2 = 9$

x	1	9
P(X = x)	0,7	0,3

E(X) = 3,4
c) Der Erwartungswert der Verteilung von $(X - E(X))^2$ entspricht der Varianz.

Seite 254 | Aufgabe 19

a) $E(X) = 0{,}80€ = 5€ \cdot 0{,}16 = 5€ \cdot (\frac{2}{x})^2 \Leftrightarrow 0{,}16 = \frac{4}{x^2} \Leftrightarrow x = 5 \Leftrightarrow$ In der Urne befinden sich drei rote Kugeln.
b) $E(X) = 0{,}50€ = 5€ \cdot \frac{2}{x} \cdot \frac{1}{x-1} \Leftrightarrow 0{,}1 = \frac{2}{x^2 - x} \Leftrightarrow 0{,}1x - 0{,}1x - 2 = 0 \Leftrightarrow x = 5 \Leftrightarrow$ In der Urne befinden sich drei rote Kugeln.
c) Variante 1: $V(X) = (0 - 0{,}8)^2 \cdot 0{,}84 + (5 - 0{,}8)^2 \cdot 0{,}16 = 3{,}36$
Variante 2: $V(X) = (0 - 0{,}5)^2 \cdot 0{,}9 + (5 - 0{,}5)^2 \cdot 0{,}1 = 2{,}25$
Variante 1 ist risikoreicher.

Seite 255 | Aufgabe 20

a) individuelle Lösung

b) Mithilfe von *=A2*0,2-(100-A2)*1* berechnet man in Spalte D den Gewinn für einen Tag. Dieses Ergebnis multipliziert man mit der Anzahl der Tage durch *=B2*D2*. Die Summe von Spalte D (*=SUMME(D:D)*) liefert die Einnahmen im gesamten Zeitraum. Diese Summe teilt man durch 75, um die durchschnittlichen Einnahmen pro Tag zu erhalten. Diese belaufen sich bei 8,46€.

c) Die durchschnittlichen Einnahmen würden sich nun auf 17,50€ pro Tag belaufen.

d) Die durchschnittlichen Einnahmen würden pro Tag 15,23€ betragen. Da der Hersteller an vielen Tagen mehr als 90 Brötchen verkaufen könnte, ist diese Maßnahme kritisch zu betrachten. Ein Anheben des Preises wäre wirtschaftlicher, wenn sich dadurch das Kaufverhalten nicht ändert.

Seite 255 | Aufgabe 21

a) $d + c = 1 - \frac{5}{8} = \frac{3}{8}$ $\qquad E(X) = 7€ = 0 \cdot c + 1€ + 1€ + 3€ + 16 \cdot d \Leftrightarrow d = \frac{1}{8} \Leftrightarrow c = \frac{1}{4}$

$P(X = 0) = \frac{1}{4}$ $\qquad P(X = 16) = \frac{1}{8}$

b) $P(X = 0) = \frac{1}{4} \cdot \frac{1}{4} = \frac{1}{16}$ $\qquad P(X = 4) = 3 \cdot \frac{1}{4} \cdot \frac{1}{4} = \frac{3}{16}$ $\qquad P(X = 8) = 4 \cdot \frac{1}{8} \cdot \frac{1}{4} + \frac{1}{8} \cdot \frac{1}{8} = \frac{9}{64}$

$P(X = 12) = \frac{1}{4} \cdot \frac{1}{4} \cdot 5 + 2 \cdot \frac{1}{4} \cdot \frac{1}{8} = \frac{3}{8}$ $\qquad P(X = 16) = 6 \cdot \frac{1}{8} \cdot \frac{1}{4} + 3 \cdot \frac{1}{8} \cdot \frac{1}{8} = \frac{15}{64}$

x	0	4	8	12	16
P (X = x)	$\frac{1}{16}$	$\frac{3}{16}$	$\frac{9}{64}$	$\frac{6}{16}$	$\frac{15}{64}$

E(X) = 10,13: Der faire Einsatz für dieses Glücksspiel beträgt 10,13€

Seite 255 | Aufgabe 22

a) $P(|X - E(X)| > k) + P(|X - E(X)| \leq k) = 1$

$P(|X - E(X)| > k) = 1 - P(|X - E(X)| \leq k)$

Daraus folgt:

$1 - P(|X - E(X)| \leq k) \leq \frac{V(X)}{k^2} \qquad |-1$

$-P(|X - E(X)| \leq k) \leq -1 + \frac{V(X)}{k^2} \qquad |\cdot(-1)$

$P(|X - E(X)| \leq k) \geq 1 - \frac{V(X)}{k^2}$

b) $E(X) = 75000$; $V(X) = 2500^2$; $P(|X - 75000| > 5000) \leq \frac{2500^2}{5000^2} = \frac{1}{4}$

Mit einer Wahrscheinlichkeit von $\geq 0,75$ verkauft der Verlag zwischen 70000 und 80000 Bücher.

c) Diese Ungleichung sagt aus, dass jede Wahrscheinlichkeitsverteilung mindestens 50% der Werte im Intervall $(E(X) - \sqrt{2V(X)}; E(X) + \sqrt{2V(X)}$ annimmt.

d) $P(E(X) - \sqrt{2V(X)} \leq X \leq E(X) + \sqrt{2V(X)}) \geq 0,5$

In der Klammer: $E(X) - \sqrt{2V(X)} \leq X \leq E(X) + \sqrt{2V(X)} \qquad |-E(X)$

$-\sqrt{2V(X)} \leq X - E(X) \leq \sqrt{2V(X)}$

$|X - E(X)| \leq \sqrt{2V(X)}$

Einsetzen in die Gleichung aus Aufgabenteil a):

$P(|X - E(X)| \leq \sqrt{2V(X)}) \leq 1 - \frac{V(X)}{(\sqrt{2V(X)})^2}$

$P(|X - E(X)| \leq \sqrt{2V(X)}) \leq 1 - \frac{V(X)}{2V(X)}$

$P(|X - E(X)| \leq \sqrt{2V(X)}) \leq 1 - \frac{1}{2}$

$P(|X - E(X)| \leq \sqrt{2V(X)}) \leq \frac{1}{2}$

6.7 Abiturtraining

Seite 256 | Aufgabe 1

a)

	A	$\overline{A}$	Summe
B	100	250	350
$\overline{B}$	100	50	150
Summe	200	300	500

b) $P(A) = \frac{2}{5}$ $\qquad P(A \cap B) = \frac{1}{5}$ $\qquad P_B(A) = \frac{2}{7}$ $\qquad P_A(B) = \frac{1}{2}$

c)

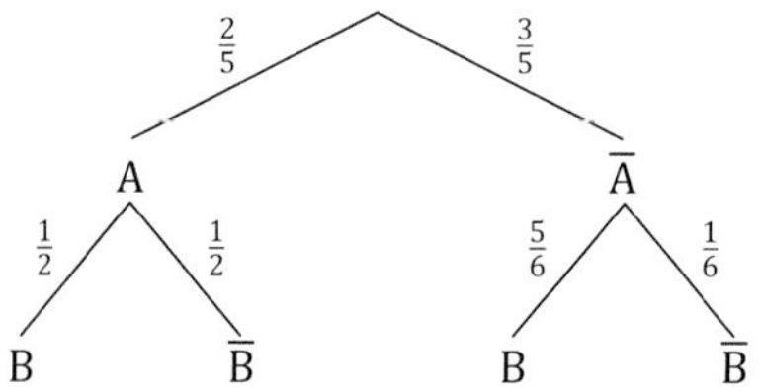

d) $P(A) \cdot P(B) = \frac{2}{5} \cdot \frac{7}{10} = \frac{7}{25} \neq P(A \cap B) \Leftrightarrow$ Die Ereignisse A und B sind stochastisch abhängig von einander. Ebenso kann man bereits am Baumdiagramm erkennen, dass die Ereignisse voneinander abhängig sind, da nach der ersten Verzweigung die Wahrscheinlichkeiten für B verschieden sind.

Seite 256 | Aufgabe 2

$P(A) = \frac{1}{2}$ $\quad$ $P(B) = \frac{1}{6}$ $\quad$ $P(C) = \frac{1}{12}$ $\quad$ $P(D) = \frac{1}{6}$

a) Vom Ereignis A sind die Ereignisse B und D stochastisch unabhängig. Das Ereignis C ist vom Ereignis A stochastisch abhängig.
$P(A\cap B) = \frac{1}{12} = \frac{1}{2} \cdot \frac{1}{6}$ $\quad$ $P(A\cap C) = \frac{1}{36} \neq \frac{1}{2} \cdot \frac{1}{12}$ $\quad$ $P(A\cap D) = \frac{1}{12} = \frac{1}{2} \cdot \frac{1}{6}$

b) Ereignis E: Die Augenzahl des ersten Würfels ist 4.

Seite 256 | Aufgabe 3

a) ① $P(X) = \frac{1}{4} \cdot \frac{1}{4} \cdot \frac{1}{2} = \frac{1}{32}$
② $P(X) = 4 \cdot \frac{1}{4} \cdot \frac{1}{2} + 2 \cdot \frac{1}{4} \cdot \frac{1}{4} = \frac{5}{8}$
③ $P(X) = \left(\frac{1}{2}\right)^4 = \frac{1}{16}$

b) Der Term gibt die Wahrscheinlichkeit an, mit welcher bei zweimaligem Drehen zwei gleiche Farben gedreht werden.

c) $6 \cdot 0{,}25^2 \cdot 0{,}5$

Seite 256 | Aufgabe 4

a) $E(X) = 1{,}90€$ $\quad$ Auf lange Sicht gesehen macht der Spieler einen Verlust von 0,10€.

b) $E(X) = 2€ = 0{,}90€ + 0{,}1 \cdot x \Leftrightarrow x = 11€$

c) $a + b = 0{,}5$ $\quad$ $E(X) = 1{,}50€ = 0{,}30€ + 0{,}60€ + b \cdot 10€ \Leftrightarrow b \cdot 10\,€ = 0{,}60€ \Leftrightarrow b = 0{,}06 \Leftrightarrow a = 0{,}44$

Seite 257 | Aufgabe 5

a) ① $P(X) = \left(\frac{4}{6}\right)^2 = \frac{4}{9}$ $\quad$ ② $P(X) = \left(\frac{5}{6}\right)^3 = 0{,}58$ $\quad$ ③ $P(X) = 6 \cdot \frac{1}{6} \cdot \frac{3}{6} \cdot \frac{1}{6} = \frac{1}{12}$

b) E: Würfel A liefert die höhere Zahl. $\quad$ F: Würfel B liefert die höhere Zahl.
$P(E) = \frac{1}{6} \cdot \frac{6}{6} + \frac{3}{6} \cdot \frac{2}{6} = \frac{1}{3}$ $\quad$ $P(F) = \frac{4}{6} \cdot \frac{5}{6} = \frac{5}{9}$
Tim ist durch die Auswahlmöglichkeit im Vorteil. Er sollte Würfel B wählen, um höhere Gewinnchancen zu haben.

c) Variante A: X gibt den Betrag der Auszahlung an.

x	0	3	6
P (X = x)	$\frac{1}{9}$	$\frac{4}{9}$	$\frac{4}{9}$

$E(X) = 4$ $\quad$ $V(X) = 4$

Variante B:

x	0	9
P (X = x)	$\frac{5}{9}$	$\frac{4}{9}$

$E(X) = 4$ $\quad$ $V(X) = 20$

Der faire Einsatz beträgt jeweils 4€. Da die Varianz bei Variante B größer als bei Variante A ist, ist die Variante B risikoreicher.

d)

x	2	3	4	5	6
P (Z = x)	$\frac{1}{4}$	$\frac{5}{8}$	$\frac{1}{16}$	$\frac{1}{32}$	$\frac{1}{32}$

Seite 257 | Aufgabe 6

a)

	krank	gesund	Summe
positiv	475	14 985	15 460
negativ	25	484 515	484 540
Summe	500	499 500	500 000

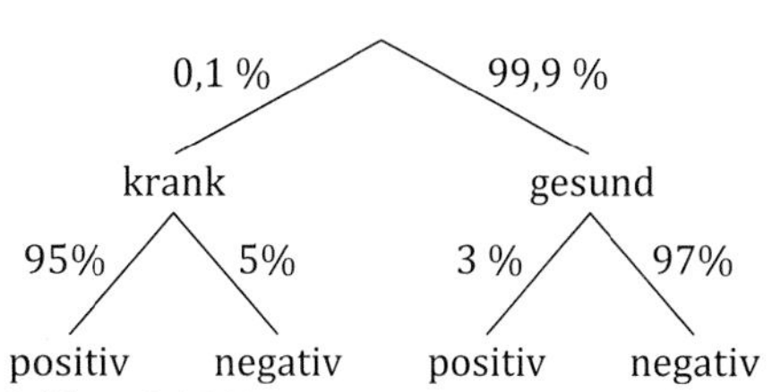

① $P(X) = 96{,}903\%$ $\quad$ ② $P(X) = 0{,}095\%$ $\quad$ ③ $P(X) = 3{,}072\%$

b) A: Krank $\quad$ B: Positiv $\quad$ $P(A\cap B) = p \cdot 0{,}95$ $\quad$ $P(B) = p \cdot 0{,}95 + (1 - p) \cdot 0{,}03$

$P_B(A) = \frac{P(A\cap B)}{P(B)} = \frac{p \cdot 0{,}95}{p \cdot 0{,}95 + (1-p) \cdot 0{,}03} = f(p)$

$f(0{,}01) = \frac{0{,}01 \cdot 0{,}95}{0{,}01 \cdot 0{,}95 + (1 - 0{,}01) \cdot 0{,}03} = 0{,}24$ $\quad$ Von allen positiv getesteten Rindern sind 24 % tatsächlich erkrankt.

$f(p) = 0{,}5 \quad = \quad \frac{p \cdot 0{,}95}{p \cdot 0{,}95 + (1-p) \cdot 0{,}03} \quad | \cdot (p \cdot 0{,}95 + (1 - p) \cdot 0{,}03)$

$0{,}475 \cdot p + (1 - p) \cdot 0{,}03 \cdot 0{,}5 \quad = \quad 0{,}95 \cdot p$

$0{,}475 \cdot p + 0{,}015 - 0{,}015 \cdot p \quad = \quad 0{,}95 \cdot p \quad | -0{,}46 \cdot p$

$0{,}015 \quad = \quad 0{,}49 \cdot p$

$p \quad = \quad 0{,}031$

Der Anteil p der erkrankten Rinder muss mindestens 3,1 % hoch sein, damit ein positiv getestetes Tier zu mindestens 50 % tatsächlich erkrankt ist.

7 Binomialverteilung

7.1 Binomialkoeffizienten

Seite 264 | Einstieg

a) $4 \cdot 3 \cdot 2 \cdot 1 = 24$ Die Anzahl der möglichen Kombinationen beträgt 24.
b) $4^4 = 256$ Die Anzahl der möglichen Kombinationen beträgt 256.

Seite 265 | Aufgabe 1

a) 6 b) 2 c) 120 d) 24 e) 6 f) 10 g) 10 h) 1

Seite 265 | Aufgabe 2

a) $\binom{11}{3} = \frac{11 \cdot 10 \cdot 9 \cdot 8 \cdot 7 \cdot 6 \cdot 5 \cdot 4 \cdot 3 \cdot 2 \cdot 1}{3 \cdot 2 \cdot 1 \cdot 8 \cdot 7 \cdot 6 \cdot 5 \cdot 4 \cdot 3 \cdot 2 \cdot 1} = \frac{11 \cdot 10 \cdot 9}{3 \cdot 2 \cdot 1}$ $\binom{15}{4} = \frac{15 \cdot 14 \cdot 13 \cdot 12 \cdot 11 \cdot 10 \cdot 9 \cdot 8 \cdot 7 \cdot 6 \cdot 5 \cdot 4 \cdot 3 \cdot 2 \cdot 1}{4 \cdot 3 \cdot 2 \cdot 1 \cdot 11 \cdot 10 \cdot 9 \cdot 8 \cdot 7 \cdot 6 \cdot 5 \cdot 4 \cdot 3 \cdot 2 \cdot 1} = \frac{15 \cdot 14 \cdot 13 \cdot 12}{4 \cdot 3 \cdot 2 \cdot 1}$
b) $\binom{n}{k} = \frac{n(n-1)(n-2)...(n-k+1)}{k!}$
c) ① 35 ② 66 ③ 66 ④ 210

Seite 265 | Aufgabe 3

$\binom{4}{3} = 4$

Seite 265 | Aufgabe 4

a) 5040 b) 3 628 800 c) 56 d) 3003

Seite 265 | Aufgabe 5

Hier spielt die Reihenfolge keine Rolle und es wird nicht „zurückgelegt". $\binom{5500}{2} = 15\,122\,250$

Seite 265 | Aufgabe 6

a) ③ und ⑤ können als das Ziehen aus einer Urne ohne Zurücklegen und ohne Berücksichtigung der Reihenfolge interpretiert werden.
b) ③ $\binom{5}{3} = 10$ ⑤ $\binom{10}{2} = 45$
c) ③ MAT – MTH – MHE – MAE – MAH – MTE – ATH – AHE – THE – ATE
Es finden sich zehn verschiedene Möglichkeiten. Die Anzahl stimmt mit der Berechnung in b) über ein.

Seite 266 | Aufgabe 7

Anzahl der Möglichkeiten: $\binom{20}{2} = 190$ Wahrscheinlichkeit, dass eine dieser Möglichkeiten eintritt: $p = \frac{1}{190}$
Laura und Melissa gewinnen mit einer Wahrscheinlichkeit von $\frac{1}{190}$ die beiden Karten.

Seite 266 | Aufgabe 8

a) $\binom{49}{6} = 13983816$ b) $p = \frac{1}{13983816} = 0{,}000\,000\,071\,5$

Seite 266 | Aufgabe 9

Mark hat die beiden Zahlen verwechselt. Lisa hat vergessen jeweils die Fakultäten zu berechnen. Franz hat vergessen im Nenner mit 6! zu multiplizieren. Korrekt ist: $\binom{10}{4} = \frac{10 \cdot 9 \cdot 8 \cdot 7}{4 \cdot 3 \cdot 2} = 210$

Seite 266 | Aufgabe 10

a) $\binom{9}{5} = \binom{9}{4} = 126$
b) Um vom Punkt A aus zum Punkt B zu gelangen muss m mal der Vektor $\vec{v}$ und n mal der Vektor $\vec{w}$ gegangen werden.
$n = m + n$; $k = m$ bzw. n; Anzahl aller möglichen Wege = $\binom{m+n}{n}$

Seite 266 | Aufgabe 11

a) An jeder Stelle steht die Summe der beiden oberhalb gelegenen Zahlen. Am Rand steht stets eine eins.
b) Mit den Binomialkoeffizienten können die Anzahlen der Wege zu einem Punkt beschrieben werden. Dabei steht der obere Eintrag für die Stufen und der untere für die Anzahl der Abzweigungen, an denen nach rechts gegangen sein muss.
c) Für $k = 0$ bzw. $k = n$ gilt $\binom{n}{k} = 1$. Für $k = 1$ gilt $\binom{n}{k} = n$. Für $k = n - 1$ gilt $\binom{n}{k} = n$.

Seite 267 | Aufgabe 12

a) Die Aussage ist falsch. Gegenbeispiel $\binom{9}{2} = 36 < \binom{9}{8} = 9$
b) Die Aussage ist falsch. Gegenbeispiel $\binom{5}{2} = \binom{5}{3} = 10$. Immer wenn n eine ungerade Zahl ist, gibt es zwei Werte für k, bei denen $\binom{n}{k}$ den größten Wert hat.

Seite 267 | Aufgabe 13

a) ① $\binom{n}{0}$ steht ebenso wie $\binom{n}{n}$ am Rand des Pascal´schen Dreiecks. Da hierhin jeweils nur ein Weg führt, gilt $\binom{n}{0} = \binom{n}{n} = 1$
② $\binom{n}{1}$ und $\binom{n}{n-1}$ bilden im Pascal´schen Dreieck ein inneres Dreieck, dessen Wert in der n-ten Zeile, identisch ist.
③ Diese Regel beschreibt die Symmetrie innerhalb einer Zeile des Pascal´schen Dreiecks.
④ Diese Regel verdeutlicht den Aufbau des Pascalschen Dreiecks. $\binom{n}{k}$ und $\binom{n}{k+1}$ stehen im Dreieck nebeneinander, der Wert unter diesen Werten ist gleich der Summe dieser: $\binom{n+1}{k+1}$. $\binom{n+1}{k+1}$ steht im Pascal´schen Dreieck unterhalb der beiden Summanden.

b) Mit $0! = 1$: $\binom{n}{n-k} = \frac{n!}{(n-k)! \cdot (n-(n-k))!} = \frac{n!}{(n-k)! \cdot k!} = \frac{n!}{k! \cdot (n-k)!} = \binom{n}{k}$

c) ① $\binom{n}{0} = \frac{n!}{0! \cdot (n-0)!} = \frac{n!}{n!} = 1 = \binom{n}{n} = \frac{n!}{n! \cdot (n-n)!} = \frac{n!}{n!}$

② $\binom{n}{1} = \frac{n!}{1! \cdot (n-1)!} = \frac{n!}{(n-1)!} = n = \frac{n!}{(n-1)! \cdot ((n-(n-1))!} = \frac{n!}{(n-1)! \cdot 1!} = \binom{n}{n-1}$

④ $\binom{n}{k} + \binom{n}{k+1} = \frac{n!}{k! \cdot (n-k)!} + \frac{n!}{(k+1)! \cdot (n-(k+1))!} = \frac{(k+1) \cdot n!}{(k+1) \cdot k! \cdot (n-k)!} + \frac{n! \cdot (n-k)}{(k+1)! \cdot (n-(k+1))! \cdot (n-k)} = \frac{(k+1) \cdot n!}{(k+1)! \cdot (n-k)!} + \frac{n! \cdot (n-k)}{(k+1)! \cdot (n-k)!} =$

$\frac{(k+1) \cdot n! + n! \cdot (n-k)}{(k+1)! \cdot (n-k)!} = \frac{n! \cdot ((k+1)+(n-k))}{(k+1)! \cdot (n-k)!} = \frac{n! \cdot (n+1)}{(k+1)! \cdot (n-k)!} = \frac{(n+1)!}{(k+1)! \cdot ((n+1)-(k+1))!} = \binom{n+1}{k+1}$

Seite 267 | Aufgabe 14

a) Im Zähler multipliziert Linda die Anzahl der Möglichkeiten beim Auswählen von vier aus sechs und die Anzahl der Möglichkeiten beim Auswählen der zwei falsch getippten aus den verbliebenen 43 Zahlen. Dadurch erhält sie die Anzahl der verschiedenen Möglichkeiten, die das Ereignis E erfüllen. Im Nenner steht die Anzahl aller möglichen Zahlenkombinationen.
$P(E) = \frac{15 \cdot 903}{13983816} = 0{,}00097 = 0{,}097\ \%$

b) ① $P(E) = \frac{\binom{6}{5} \cdot \binom{43}{1}}{\binom{49}{6}} = \frac{6 \cdot 43}{13983816} = 0{,}000018 = 0{,}0018\ \%$ ② $P(E) = \frac{\binom{6}{3} \cdot \binom{43}{3}}{\binom{49}{6}} = \frac{20 \cdot 12341}{13983816} = 0{,}018 = 1{,}8\ \%$

Seite 267 | Aufgabe 15

a) $P(E) = 1 - P(\overline{E})$: Für n Personen gilt: $P(\overline{E}) = \frac{365 \cdot (365-1) \cdot \ldots \cdot (365-n+1)}{365^n}$.

b) $P(E) = 1 - \frac{n! \cdot \binom{365}{n}}{365^n} = 1 - \frac{n! \cdot \frac{365!}{n! \cdot (365-n)!}}{365^n} = 1 - \frac{\frac{365!}{(365-n)!}}{365^n} = 1 - \frac{365 \cdot (365-1) \cdot \ldots \cdot (365-n+1)}{365^n}$

c) $P(E) = 1 - \frac{23! \cdot \binom{365}{23}}{365^{23}} = 1 - 0{,}49 = 0{,}51$

d) $1 - \frac{n! \cdot \binom{365}{n}}{365^n} > 0{,}99$ $\quad |-1; \cdot(-1)$

$\frac{n! \cdot \binom{365}{n}}{365^n} < 0{,}01$

$\frac{\frac{365!}{(365-n)!}}{365^n} < 0{,}01$

Für $n = 57$ ist $P(E) = 99{,}01\%$

Seite 267 | Aufgabe 16

Die Anzahl aller möglichen Auswahlmöglichkeiten die 32 Karten zu verteilen, beträgt:
$\binom{32}{10}^3 \cdot \binom{32}{2} = 133\,170\,503\,512\,283\,526\,242\,304\,000$.

7.2 Bernoulli-Ketten

Seite 268 | Einstieg

a) 50th Street/6th Avenue, 51st Street/7th Avenue, 52nd Street/Broadway, 53rd Street/8th Avenue
b) $P = 0{,}5^7 = 0{,}008$. Mit einer Wahrscheinlichkeit von 0,8 % geht er genau den eingezeichneten Weg.
c) $P = \binom{7}{3} \cdot 0{,}5^7 = 0{,}27$. Mit einer Wahrscheinlichkeit von 27 % kommt der Tourist an der Metro an.

Seite 269 | Aufgabe 1

a) Es liegt ein Bernoulli-Experiment vor. $p = 0{,}5$; $1 - p = 0{,}5$
b) Es liegt kein Bernoulli-Experiment vor.
c) Es liegt ein Bernoulli-Experiment vor. $p = \frac{1}{6}$; $1 - p = \frac{5}{6}$
d) Es liegt ein Bernoulli-Experiment vor. $p = \frac{5}{36}$; $1 - p = \frac{31}{36}$
e) Es liegt ein Bernoulli-Experiment vor. $p = 0{,}5$; $1 - p = 0{,}5$
f) Es liegt kein Bernoulli-Experiment vor.

Seite 269 | Aufgabe 2

a) Es handelt sich um ein Bernoulli-Experiment. Ein Treffer liegt dann vor, wenn eine gerade Augenzahl geworfen wird. Die Kettenlänge beträgt $n = 4$.
b) Es handelt sich nur dann um ein Bernoulli-Experiment, wenn alle Spieler mit derselben Wahrscheinlichkeit den Elfmeter verwandeln. Ein Treffer liegt dann vor, wenn der Spieler trifft. Die Kettenlänge beträgt $n = 5$.
c) Es handelt sich um ein Bernoulli-Experiment. Ein Treffer liegt dann vor, wenn das Bauteil fehlerhaft ist. $n = 10$.
d) Es handelt sich nicht um ein Bernoulli-Experiment. Da ohne Zurücklegen gezogen wird, ändert sich die Trefferwahrscheinlichkeit nach jedem Durchgang.
e) Es handelt sich um ein Bernoulli-Experiment. Ein Treffer liegt dann vor, wenn eine gelbe Kugel gezogen wird. $n = 3$.

Seite 269 | Aufgabe 3

a) Unter der Bedingung, dass die Münzen identisch sind, liegt ein Bernoulli-Experiment vor. Ein Treffer liegt vor, wenn „Kopf" geworfen wird. $p = 0{,}5$; $n = 3$
b) Es muss mit Zurücklegen gezogen werden, damit ein Bernoulli-Experiment vorliegt. Ein Treffer liegt vor, wenn eine rote Kugel gezogen wird. $p = \frac{3}{8}$; $n = 4$
c) Ein Treffer liegt vor, wenn die ausgewählte Person älter als 60 Jahre alt ist. $p = 0{,}21$; $n = 100$
d) Die Bedingungen des Schießens dürfen sich während der drei Schüsse nicht ändern. $n = 3$
e) Ein Treffer liegt vor, wenn das Neugeborene ein Mädchen ist. $n = 100$

Seite 269 | Aufgabe 4

a) 0, 1, 2, 3, 4 und 5
b) X kann $(n + 1)$ Werte annehmen.

Seite 269 | Aufgabe 5

a) Zeichenübung

b)

X	0	1	2	3
P(x = X)	0,02	0,14	0,42	0,42

c) Das Werfen der Freiwürfe ist eine Bernoulli-Kette, wenn die Basketballspielerin stets unter denselben Bedingungen wirft und sich nicht von vorherigen Treffern/Nicht-Treffern beeinflussen lässt.

Seite 271 | Aufgabe 6

a) $P(X=3)=\binom{6}{3}\cdot 0{,}5^3\cdot 0{,}5^3 = 20\cdot\frac{1}{64} = 0{,}31$

b) $P(X=4)=\binom{6}{4}\cdot 0{,}5^4\cdot 0{,}5^2 = 15\cdot\frac{1}{64} = 0{,}23$

c) $P(X=0)=\binom{6}{0}\cdot 0{,}5^0\cdot 0{,}5^6 = \frac{1}{64} = 0{,}02$

Seite 271 | Aufgabe 7

a) $P(X=2)=\binom{5}{2}\cdot 0{,}5^2\cdot 0{,}5^3 = 10\cdot\frac{1}{32} = 0{,}31$

b) $P(X=5)=\binom{5}{5}\cdot 0{,}5^5\cdot 0{,}5^0 = 1\cdot\frac{1}{32} = 0{,}03$

c) $P(X\le 2) = P(X=0)+P(X=1)+P(X=2) = \binom{5}{0}\cdot 0{,}5^5\cdot \binom{5}{1}\cdot 0{,}5^5 + 0{,}31 = (1+5+10)\cdot\frac{1}{32} = 0{,}5$

d) $P(X>3) = P(X=4)+P(X=5) = \binom{5}{4}\cdot 0{,}5^5 + 0{,}03 = (5+1)\cdot\frac{1}{32} = 0{,}19$

e) $P(X<5) = 1-P(X=5) = 1-0{,}03 = 0{,}97$

Seite 271 | Aufgabe 8

a) $P(X=7) = \binom{12}{7}\cdot 0{,}7^7\cdot 0{,}3^5 = 792\cdot 2\cdot 10^{-4} = 0{,}16$

b) $P(X\ge 10) = P(X=10)+P(X=11)+P(X=12)$
$= \binom{12}{10}\cdot 0{,}7^{10}\cdot 0{,}3^2 + \binom{12}{11}\cdot 0{,}7^{11}\cdot 0{,}3^1 + \binom{12}{12}\cdot 0{,}7^{12} = 66\cdot 0{,}7^{10}\cdot 0{,}3^2 + 12\cdot 0{,}7^{11}\cdot 0{,}3 + 0{,}7^{12} = 0{,}17+0{,}07+0{,}01 = 0{,}25$

c) $P(X\le 8) = 1-P(X\ge 10)-P(X=9) = 1-0{,}25-\binom{12}{9}\cdot 0{,}7^9\cdot 0{,}3^3 = 1-0{,}25-220\cdot 1{,}1\cdot 10^{-3} = 1-0{,}25-0{,}24 = 0{,}51$

d) $P(4\le X\le 6) = P(X=4)+P(X=5)+P(X=6) = \binom{12}{4}\cdot 0{,}7^4\cdot 0{,}3^8 + \binom{12}{5}\cdot 0{,}7^5\cdot 0{,}3^7 + \binom{12}{6}\cdot 0{,}7^6\cdot 0{,}3^6$
$= 7{,}8\cdot 10^{-3} + 0{,}03 + 0{,}08 = 0{,}12$

e) $P(3<X<10) = P(4\le X\le 6)+P(X=7)+P(X=8)+P(X=9) = 0{,}12+0{,}16+\binom{12}{8}\cdot 0{,}7^8\cdot 0{,}3^4 + 0{,}24$
$= 0{,}12+0{,}16+0{,}23+0{,}24 = 0{,}75$

Seite 271 | Aufgabe 9

a) Der Term beschreibt die Wahrscheinlichkeit dafür, dass von zehn Schülern genau drei mit dem Fahrrad zur Schule fahren.

b) ① $P(X=3) = \binom{5}{3}\cdot 0{,}4^3\cdot 0{,}6^2 = 10\cdot 0{,}4^3\cdot 0{,}6^2 = 0{,}23$

② $P(X>3) = \binom{5}{4}\cdot 0{,}4^4\cdot 0{,}6^1 + \binom{5}{5}\cdot 0{,}4^5 = 0{,}08+0{,}01 = 0{,}09$

③ $P(X<2) = \binom{5}{0}\cdot 0{,}6^5 + \binom{5}{1}\cdot 0{,}4^1\cdot 0{,}6^4 = 0{,}08+0{,}26 = 0{,}34$

Seite 271 | Aufgabe 10

a) Wird beim Test geraten, ändert sich die Wahrscheinlichkeit eine richtige Antwort anzukreuzen nicht und es handelt sich um eine Bernoulli-Kette. $n = 25$, $p = 0{,}25$.

b) Der Term gibt die Wahrscheinlichkeit dafür an, dass maximal drei Fragen richtig beantwortet werden. ($P(X\le 3)$).

c) $P(10<X<15) = \binom{25}{11}\cdot 0{,}25^{11}\cdot 0{,}75^{14} + \binom{25}{12}\cdot 0{,}25^{12}\cdot 0{,}75^{13} + \binom{25}{13}\cdot 0{,}25^{13}\cdot 0{,}75^{12} + \binom{25}{14}\cdot 0{,}25^{14}\cdot 0{,}75^{11}$
$= 0{,}02+0{,}007+0{,}002+0{,}0007 = 0{,}03$

Seite 271 | Aufgabe 11

Yanniks und Fabians Vorgehensweisen sind beide korrekt. Die gesuchte Wahrscheinlichkeit beträgt $p = 0{,}10$.

Seite 271 | Aufgabe 12

a) $p = \frac{1}{6}$, $n = 10$:

① $P(X=3)+P(X=4) = \binom{10}{3}\cdot \frac{1^3}{6}\cdot\frac{5^7}{6} + \binom{10}{4}\cdot\frac{1^4}{6}\cdot\frac{5^6}{6} = 0{,}16+0{,}05 = 0{,}21$

② $P(X\le 4) = P(X=3)+P(X=4)+\binom{10}{2}\cdot\frac{1^2}{6}\cdot\frac{5^8}{6} + \binom{10}{1}\cdot\frac{1^1}{6}\cdot\frac{5^9}{6} + \frac{5^{10}}{6} = 0{,}21+0{,}29+0{,}32+0{,}16 = 0{,}98$

③ $P(X\ge 2) = 1-P(X<2) = 1-P(X=1)-P(X=0) = 1-0{,}32-0{,}16 = 0{,}52$

④ $P(X>4) = 1-P(X\le 4) = 0{,}02$

⑤ $P(X<5) = P(X\le 4) = 0{,}98$

b) Ereignis E: Es wird maximal 8-mal die 6 gewürfelt. $P(X\le 8)$.

c) Es wird genau 3-mal eine 6 gewürfelt. $P(X=3) = \binom{10}{3}\cdot\frac{1^3}{6}\cdot\frac{5^7}{6} = 0{,}16$

d) Hier ist die Reihenfolge der Würfe nicht irrelevant. $p = \frac{1^3}{6}\cdot\frac{5^7}{6} = 0{,}001$

Seite 272 | Aufgabe 13

a) Das Drehen des Glücksrades ist ein Bernoulli-Experiment, wenn sich die Wahrscheinlichkeit für einen Gewinn nicht verändert und die Bedingungen bei jedem Drehen identisch sind.

b) Es wird bei 5-mal drehen, zwei Mal ein Gewinn erzielt. Die Wahrscheinlichkeit für einen Gewinn beträgt $p = 0{,}2$.

c) und d) Für $p = \frac{2}{5}$ nimmt der Term mit 0,251 den höchsten Wert an.

Seite 272 | Aufgabe 14

a) Lina hat in ihrer Rechnung vergessen mit $(1-0{,}635)^2$ zu multiplizieren. Kais Aussage wird durch $P(X\le 3)$ nicht korrekt beschrieben. Richtig ist $P(X>3)$. Annas erste Umformung ist nicht korrekt: $P(X>1) = 1-P(X\le 1)$.

b) Lina: $P(X=8) = \binom{10}{8}\cdot 0{,}635^8\cdot 0{,}365^2 = 0{,}158$

Kai: $P(X\ge 4) = P(X=5)+P(X=4) = 0{,}103+0{,}297 = 0{,}4$

Anna: $P(X>1) = 1-P(X\le 1) = 1-P(X=1)-P(X=0) = 1-0{,}0247-0{,}0024 = 0{,}9729$

Seite 272 | Aufgabe 15

a) Spielt man das Spiel ohne Zurücklegen, ändert sich jede Runde die Wahrscheinlichkeit dafür eine rote bzw. gelbe Kugel zu ziehen. Spielt man es mit Zurücklegen, bleibt die Wahrscheinlichkeit konstant und es handelt sich um eine Bernoulli-Kette.

b)

x	0	1	2	3
P(X = x)	0,216	0,432	0,288	0,064

$P(X = 30) = (\frac{6}{10})^3 = 0{,}216$; $P(X = 1) = \binom{3}{1} \cdot 0{,}6^2 \cdot 0{,}4^1 = 0{,}432$; $P(X = 2) = \binom{3}{2} \cdot 0{,}6^1 \cdot 0{,}4^2 = 0{,}288$; $P(X = 3) = (\frac{4}{10})^3 = 0{,}064$

c) $E(X) = 0{,}216 \cdot 0€ + 0{,}432 \cdot (-1€) + 0{,}288 \cdot (-0{,}50€) + 0{,}064 \cdot 8€ = -0{,}064$

Das Spiel ist langfristig für den Anbieter positiv.

d) $-0{,}432€ - 0{,}144€ + 0{,}064 \cdot x = 0 \Leftrightarrow x = 9$ €: Der Hauptgewinn muss 11 € betragen, damit das Spiel für beide Seiten fair ist.

Seite 272 | Aufgabe 16

a) Da ohne Zurücklegen gezogen wird, ändert sich pro Zug der Nenner der Wahrscheinlichkeiten von 100 auf 99 und schließlich auf 98. Ebenso ändert sich die Wahrscheinlichkeit eine weitere rote Kugel zu ziehen, nachdem man bereits eine rote Kugel gezogen hat im Zähler von 40 auf 39. Da eine gelbe Kugel gezogen wird, steht im Zähle für diesen Zug die 60.

b)

x	0	1	2	3
P(X = x)	0,212	0,438	0,289	0,061

$P(X = 0) = \frac{60 \cdot 59 \cdot 58}{100 \cdot 99 \cdot 98} = 0{,}212$; $P(X = 1) = \binom{3}{1} \cdot \frac{60 \cdot 59 \cdot 40}{100 \cdot 98 \cdot 97} = 0{,}438$; $P(X = 2) = \binom{3}{2} \cdot \frac{60 \cdot 40 \cdot 39}{100 \cdot 99 \cdot 98} = 0{,}289$; $P(X = 3) = \frac{40 \cdot 39 \cdot 38}{100 \cdot 99 \cdot 98} = 0{,}061$

c) Die Abweichungen sind sehr gering, da mit einer großen Anzahl an Kugeln gespielt wird, dadurch ändern sich die Wahrscheinlichkeiten ohne Zurücklegen nur geringfügig.

Seite 273 | Aufgabe 17

a) Beim Ausmultiplizieren von $(a + b)^n$ kann man maximal n-mal a (a^n) bzw. n-mal b (b^n) auswählen. Wählt man einmal weniger a aus erhält man $a^{n-1} \cdot b^1$ bzw. wählt man einmal weniger b aus erhält man $a^1 \cdot b^{n-1}$ usw.

b) Die Anzahl der Möglichkeiten genau k-mal den Faktor a zu wählen, beträgt n.

c) Wählt man aus n Möglichkeiten null-mal a aus, erhält man b^n. Wählt man aus n Möglichkeiten einmal a aus, dann $a \cdot b^{n-1}$ usw.

d) $\binom{n}{0} p^0 \cdot (1-p)^n + \binom{n}{1} p^1 \cdot (1-p)^{n-1} + \dots + \binom{n}{n} p^n \cdot (1-p)^0 = (p + (1-p))^n = (1)^n = 1$

Seite 273 | Aufgabe 18

a) Im ersten Schritt formt Malte $P(X \geq 1)$ mithilfe des Gegenereignisses zu $1 - P(X = 0)$ um. Anschließend addiert er auf beiden Seite $P(X = 0)$ und subtrahiert 0,99. Im letzten Schritt ersetzt er $P(X = 0)$ durch $0{,}7^n$, da er mit einer Wahrscheinlichkeit von 0,7 die Torwand nicht trifft und n die Anzahl der Versuche angibt.

b)
$$\begin{aligned} 0{,}01 &\geq 0{,}7^n && |\log \\ \log(0{,}01) &\geq n \cdot \log(0{,}7) && |:\log(0{,}7) \\ 12{,}9 &\geq n \end{aligned}$$

Malte muss mindestens 13-mal schießen, damit er zu 99 % einen Schuss trifft.

Seite 273 | Aufgabe 19

a)
$$\begin{aligned} P(X \geq 1) &\geq 0{,}99 \\ 1 - P(X = 0) &\geq 0{,}99 && |+P(X = 0); -0{,}99 \\ 0{,}01 &\geq P(X = 0) \\ 0{,}01 &\geq \left(\tfrac{5}{6}\right)^n && |\log \\ \log(0{,}01) &\geq n \cdot \log\left(\tfrac{5}{6}\right) && |:\log(\tfrac{5}{6}) \\ 25{,}26 &\leq n \end{aligned}$$

Man muss mindestens 26-mal Würfel um zu mindestens 99% wenigstens eine Sechs zu würfeln.

b)
$$\begin{aligned} P(X \geq 1) &\geq 0{,}9 \\ 1 - P(X = 0) &\geq 0{,}9 && |+P(X = 0); -0{,}9 \\ 0{,}1 &\geq P(X = 0) \\ 0{,}1 &\geq 0{,}999^n && |\log \\ \log(0{,}1) &\geq n \cdot \log(0{,}999) && |:\log(0{,}999) \\ 2301{,}4 &\leq n \end{aligned}$$

Linda muss mindestens 2302-mal teilnehmen, um zu 90% oder mehr den Preis zu gewinnen.

Seite 273 | Aufgabe 20

a)
$$\begin{aligned} P(X \geq 1) &\geq s \\ 1 - P(X = 0) &\geq s && |+P(X = 0); -s \\ 1 - s &\geq P(X = 0) \\ 1 - s &\geq (1-p)^n && |\log \\ \log(1 - s) &\geq n \cdot \log(1 - p) && |:\log(1 - p) \\ \tfrac{\log(1-s)}{\log(1-p)} &\leq n \end{aligned}$$

b) Die Aussage beschreibt die Wahrscheinlichkeit für mindestens zwei Treffer. $P(X \geq 2) = 1 - P(X = 0) - P(X = 1)$. n = 6,09

Es muss mindestens sieben-mal gespielt werden, um mit einer Wahrscheinlichkeit von mindestens 99% einen Treffer zu erzielen.

Seite 273 | Aufgabe 21

a) Das Zufallsexperiment erfüllt die Bedingung, dass die Wahrscheinlichkeiten der Ergebnisse konstant bleiben und sich nach einer Drehung die Bedingungen nicht verändern. Jedoch gibt es drei mögliche Ergebnisse und nicht, wie bei einer Bernoulli-Kette üblich zwei.

b) $\binom{10}{r}$ gibt die Anzahl der Möglichkeiten dafür an, dass r-mal rot gedreht wird. Anschließend kann noch (10−r)-mal blau gedreht werden, die Anzahl der Möglichkeiten beträgt also $\binom{10-r}{b}$. Schließlich wird grün (10−r−b)-mal gedreht. Die Anzahl der Möglichkeiten dafür beträgt $\binom{10-r-b}{g}$. Der Term beschreibt folglich die Anzahl der verschiedenen Möglichkeiten, wenn 10-mal gedreht wird.

c) $\binom{10}{r}\cdot\binom{10-r}{b}\cdot\binom{10-r-b}{g} = \frac{10!}{r!(10-r)!}\cdot\frac{(10-r)!}{b!(10-r-b)!}\cdot\frac{(10-r-b)!}{g!(10-r-b-g)!} = \frac{10!}{r!\cdot b!\cdot g!(10-r-b-g)!} = \frac{10!}{r!\cdot g!\cdot b!}$ Mit $10 - r - b - g = 0$.

d) $\frac{10!}{5!\cdot 3!\cdot 2!}\cdot\left(\frac{1}{5}\right)^2\cdot\left(\frac{3}{10}\right)^3\cdot\left(\frac{1}{2}\right)^5 = \frac{3628800}{120\cdot 6\cdot 2}\cdot\left(\frac{1}{5}\right)^2\cdot\left(\frac{3}{10}\right)^3\cdot\left(\frac{1}{2}\right)^5 = 2520\cdot\left(\frac{1}{5}\right)^2\cdot\left(\frac{3}{10}\right)^3\cdot\left(\frac{1}{2}\right)^5 = 0{,}085$

7.3 Binomialverteilung

Seite 274 | Einstieg

a) Das Histogramm ① passt zur angegebenen Kette.
$P(X = 0) = 0{,}24$ $P(X = 1) = 0{,}40$ $P(X = 2) = 0{,}26$ $P(X = 3) = 0{,}09$
$P(X = 4) = 0{,}01$ $P(X = 5) = 0{,}001$

b) Die Trefferwahrscheinlichkeit ist gleich 0,5, da das Histogramm symmetrisch ist.

Seite 275 | Aufgabe 1

a)

x	0	1	2	3	4	5	6	7	8
P(X = x)	0,0007	0,008	0,041	0,124	0,232	0,279	0,209	0,090	0,017

b)

x	0	1	2	3	4	5	6	7	8	9	10	11	12
P(X = x)	≈0	≈ 0	≈ 0	0,0001	0,001	0,003	0,016	0,053	0,133	0,236	0,283	0,206	0,069

c)

x	0	1	2	3	4	5	6	7	8	9	10
P(X = x)	0,001	0,01	0,04	0,12	0,21	0,25	0,21	0,12	0,04	0,01	0,001

d)

x	0	1	2	3	4	5	6	7
P(X = x)	0,0004	0,005	0,022	0,063	0,127	0,186	0,207	0,177

x	8	9	10	11	12	13	14	15
P(X = x)	0,118	0,061	0,024	0,007	0,002	0,0003	≈0	≈0

Seite 275 | Aufgabe 2

a) und b) $P(X \leq 3) = 0{,}055$ $P(X = 6) = 0{,}251$ $P(X \geq 8) = 0{,}167$
$P(X < 8) = 0{,}833$ $P(5 \leq X \leq 8) = 0{,}954 - 0{,}166 = 0{,}788$ $P(X > 3) = 0{,}945$

Seite 276 | Aufgabe 3

① $P(X \leq 25) = 0{,}999$ ② $P(X \geq 10) = 0{,}984$ ③ $P(15 < X < 30) = P(X \leq 29) - P(X \leq 15) = 1 - 0{,}44 = 0{,}56$

Seite 276 | Aufgabe 4

a) ① $n = 25, p = 0{,}25$ Bei 25 Durchführungen wird genau 3-mal ein Treffer erzielt.
② $n = 10, p = 0{,}3$ Bei 10 Durchführungen werden weniger als zwei Treffer erzielt.
③ $n = 15, p = 0{,}8$ Bei 15 Durchführungen werden maximal zwölf Treffer erzielt.
④ $n = 60, p = 0{,}6$ Bei 60 Durchführungen werden mindestens 20 Treffer und maximal 40 Treffer erzielt.

b) ① $P(X = 3) = 0{,}064$ ② $P(X \leq 1) = 0{,}149$ ③ $P(X \leq 12) = 0{,}602$
④ $P(20 \leq X \leq 40) = P(X \leq 40) - P(X \leq 19) = 0{,}883 - 8 \cdot 10^{-6} = 0{,}883$

Seite 276 | Aufgabe 5

a) Da nur betrachtet wird, wer mit dem Bus oder nicht mit dem Bus zur Schule kommt, hat das Experiment zwei mögliche Ergebnisse. Die Wahrscheinlichkeit für einen „Treffer" (Schüler kommt mit dem Bus) muss konstant bleiben.
$n = 80, p = 0{,}55$

b) $n = 25$
① $p = 0{,}55$ $P(X \leq 15) = 0{,}76$
② $p = 0{,}3$ $P(15 < X < 20) = P(X \leq 19) - P(X \leq 15) = 0{,}001$
③ $p = 0{,}3$ $P(X \geq 10) = 0{,}19$

Seite 276 | Aufgabe 6

a) ① Der Term beschreibt die Wahrscheinlichkeit dafür, dass maximal zwei Teile von zehn einen Fehler aufweisen.
② Der Term beschreibt die Wahrscheinlichkeit dafür, dass von 50 ausgewählten mindestens 48 in Ordnung sind.

b) ① $n = 5000, p = 0{,}001$ $P(X \leq 10) = 0{,}986$
② $n = 7500, p = 0{,}999$ $P(X \geq 7450) = 0{,}999$
③ $n = 12500, p = 0{,}999$ $P(X \geq 12450) = 0{,}999$
④ P_1: $n = 5000, p = 0{,}001$ P_2: $n = 7500, p = 0{,}001$ $p = P_1(X \leq 5) \cdot P_2(X \leq 10) = 0{,}616 \cdot 0{,}862 = 0{,}531$

Seite 276 | Aufgabe 7

a) $k = 10$ b) $k = 6$ c) $k = 16$ d) $k = 2$

Seite 277 | Aufgabe 8

a) Entscheiden sich die Schüler unabhängig voneinander mit gleicher Wahrscheinlichkeit $p = 0{,}9$ für das bestellte Mittagessen, kann die Anzahl der verkauften Mittagessen mit einer binomialverteilten Zufallsgröße beschrieben werden.

b) ① $n = 500, p = 0{,}9$ $P(X > 480) \approx 0$
② $n = 400, p = 0{,}9$ $P(350 < X < 380) = P(X \leq 379) - P(X \leq 350) = 0{,}998 - 0{,}06 = 0{,}938$
③ $n = 650, p = 0{,}9$ $P(X < 600) = 0{,}974$

c) $n = 550, p = 0{,}9$ $P(X \leq 500) = 0{,}781$
Mit einer Wahrscheinlichkeit von 78,1 % reichen 500 Mittagessen aus.

d) $n = 450, p = 0{,}9$ $P(X \leq 400) = 0{,}805$
Die Wahrscheinlichkeit, dass 410 zubereitete Essen nicht ausreichen liegt mit $1 - 0{,}805 = 0{,}195$ unter 20 %.

Seite 278 | Aufgabe 9

a)

k	20	21	22	23	24	25	26	27	28	29	30
$P(X \leq k)$	0,16	0,23	0,31	0,41	0,51	0,60	0,70	0,78	0,84	0,89	0,93

b) ① $k = 26$ ② $k = 30$ ③ $k = 24$

c) Mit $P(X > k) = 1 - P(X \leq k)$
① $k = 25$ ② $k = 21$ ③ $k = 23$

Seite 278 | Aufgabe 10

$n = 350, p = 0{,}85$

a) $P(X > 300) = 1 - P(X \leq 300) = 1 - 0{,}67 = 0{,}33$

b) Anzahl der Mittagessen, damit diese zu 95% ausreichen: $P(X \leq k) \leq 0{,}95$ für $k = 308$.
Anzahl der Mittagessen, damit diese zu 90% ausreichen: $P(X \leq k) \leq 0{,}9$ für $k = 306$.

c) Der Term beschreibt die Wahrscheinlichkeit dafür, dass mindestens k Essen gekauft werden. $P(X < k)$

Seite 278 | Aufgabe 11

a) Innerhalb einer Stunde benutzt einer der Mitarbeiter jeweils mit einer Wahrscheinlichkeit von 0,25 das Telefon. Da insgesamt 10 Angestellte arbeiten, beträgt die Kettenlänge $n = 10$.

b) $P(X \leq 3) = 0{,}76$

c) $P(X \leq 4) = 0{,}92$ Der Zukauf einer vierten Leitung verbessert die Erreichbarkeit der Firma deutlich.

d) $P(X \leq k) \geq 0{,}98$ für $k = 5$

e) $n = 15$: $P(X \leq k) \geq 0{,}98$ für $k = 7$

Seite 278 | Aufgabe 12

a) Die Werte in Spalte B sind gleich $P(X \leq k)$ für k = zugehöriger Wert in Spalte A.

b) ① $k = 100$ ② $k = 109$

c) Das Maximum liegt bei $k = 100$. Beschrieben wird dabei der Wert $P(90 \leq X \leq 110)$.

d) ① $k = 346$ ② $k = 349$ ③ $k = 341$ ④ $k = 340$

Seite 279 | Aufgabe 13

a) ①

k	0	1	2	3	4
$P(X = k)$	0,06	0,26	0,38	0,22	0,08

②

k	0	1	2	3	4
$P(X = k)$	0,08	0,18	0,36	0,26	0,12

③

k	0	1	2	3	4
$P(X = k)$	0	0,32	0,38	0,3	0

④

k	0	1	2	3	4
$P(X = k)$	0,16	0,20	0,32	0,26	0,06

Alle Häufigkeitsverteilungen der vier Durchführungen haben ihr Maximum bei $k = 2$, also im Fach 2. Nach außen hin nehmen die Wahrscheinlichkeiten jeweils unterschiedlich stark ab.

b) An jedem Zapfen fällt die Kugel mit derselben Wahrscheinlichkeit entweder rechts oder links am Zapfen vorbei hinunter.
$n = 4, p = 0{,}5$

k	0	1	2	3	4
$P(X = k)$	0,06	0,25	0,38	0,25	0,06

c) Für $n = 500$ lauten die theoretischen absoluten Werte für das jeweilige Fach wie folgt:
Fach 0 = 30, Fach 1 = 125, Fach 2 = 190, Fach 3 = 125, Fach 4 = 30
Beide Häufigkeitsverteilungen weichen geringfügig von der zu erwartenden Anzahl an Kugeln ab, dies ist jedoch normal.

Seite 279 | Aufgabe 14

a) Tim hat die Wahrscheinlichkeit, dass 70 Wähler die Partei gewählt haben, ebenso addiert. Es ist jedoch nach der Wahrscheinlichkeit für weniger als 70 Wähler gefragt. Richtig ist: $P(X \leq 69) = 0{,}799$

b) Da nach der Wahrscheinlichkeit für die Anzahl der Wähler der Partei zwischen 60 und 80 gefragt ist, dürfen die Wahrscheinlichkeiten für $P(X = 60)$ und $P(X = 80)$ nicht addiert werden.
Richtig ist: $P(60 < X < 80) = P(X \leq 79) - P(X \leq 60) = 0{,}990 - 0{,}300 = 0{,}690$
c) Mit binomCdf wird $P(X \leq k)$ berechnet. Richtig ist: $P(X > 60) = 1 - P(X \leq 60) = 0{,}700$

Seite 279 | Aufgabe 15

a) ① $P(X \leq 70) = 0{,}992$ ② $P(X > 59) = 1 - P(X \leq 59) = 0{,}911$
③ $P(55 < X < 65) = P(X \leq 64) - P(X \leq 55) = 0{,}582 - 0{,}006 = 0{,}576$
b) $P(Y \leq 10)$ bedeutet, dass Mira von 80 Pässen höchstens zehn Fehlpässe spielt. Mit $n = 80$ und $p = 0{,}15$. $P(Y \leq 10) = 0{,}330$
c) $k = 16$. Mit einer Wahrscheinlichkeit von über 90 % spielt Mira höchstens 16 Fehlpässe.

Seite 280 | Aufgabe 16

a) Da nur Werte für ganze Zahlen bei dieser Wahrscheinlichkeitsverteilung sinnvoll sind, ist der Graph treppenartig.
b) Zu keiner Zeit nimmt die Funktion $P(X \leq k)$ für ein ganzzahliges k genau den Wert 0,75 an. Am nächsten an 0,75 liegt $P(X \leq 22) = 0{,}766$. Der Schnittpunkt bedeutet im Zusammenhang, dass mit einer Wahrscheinlichkeit von 76,6 % maximal 22 Würfe von 40 Würfen getroffen werden.

Seite 280 | Aufgabe 17

a) Die Aussage ist richtig. $P(X \leq n)$ beinhaltet alle möglichen Ergebnisse.
b) Die Aussage ist falsch. Richtig ist: $P(X < 0) = 0$.
c) Die Aussage ist falsch, da auf der linken Seite des Terms zweimal $P(X = k)$ in der Summe steht.
Richtig ist: $P(X \leq k) + P(X > k) = 1$
d) Die Aussage ist richtig. Je größer k, umso mehr Wahrscheinlichkeit werden addiert und die Summe wird größer.
e) Die Aussage ist richtig. Je größer n, umso stärker wird die Wahrscheinlichkeitsverteilung „gestreckt", dadurch wird $P(X \geq k)$ größer.

Seite 280 | Aufgabe 18

a) ① $P(X = 150) = 0{,}95^{150} = 0{,}0005$ ② $P(X > 145) = 0{,}126$ ③ $P(X \leq 139) = 0{,}132$
b) $n = 160, k = 150, p = 0{,}95$; $P(X \leq 150) = 0{,}280$

c) ①

k	0	1	2	3	4	5	6	7	8	9	10
$P(X \leq k)$	0,280	0,127	0,143	0,142	0,123	0,090	0,055	0,027	0,010	0,002	0

②

k	0€	300€	600€	900€	1200€	1500€	1800€	2100€	2400€	2700€	3000€
$P(X \leq k)$	0,280	0,127	0,143	0,142	0,123	0,090	0,055	0,027	0,010	0,002	0

$E(X) = 719{,}40€$
③ Gewinn $= 160 \cdot 100\ € - 719{,}40\ € = 15\ 280{,}60\ €$ Bei 150 verkauften Tickets: Gewinn $= 150 \cdot 100\ € = 15\ 000\ €$
Der Verkauf von 160 Tickets lohnt sich wirtschaftlich.

Seite 280 | Aufgabe 19

a) ① $n = 50, p = 0{,}05; P(X > 6) = 1 - P(X \leq 5) = 0{,}03$ ② $n = 50, p = 0{,}15; P(X \leq 5) = 0{,}219$
b) ① $n = 200, p = 0{,}05; P(X > 20) = 1 - P(X \leq 19) = 0{,}003$ ② $n = 200, p = 0{,}15; P(X \leq 20) = 0{,}025$

Seite 281 | Aufgabe 20

a) Die linke Seite des Terms beschreibt die Wahrscheinlichkeit, dass bei einer Länge von n mehr als 3 Treffer erzielt werden. Die Ungleichung gibt folglich an, wie lange die Bernoulli-Kette mindestens sein muss, damit mit einer Wahrscheinlichkeit von mindestens 90 % mehr als 3 Treffer erzielt werden.

b)

n	10	11	12	13	14	15	16	17	18	19	20
$P(X > 3)$	0,618	0,704	0,775	0,831	0,876	0,909	0,935	0,954	0,967	0,977	0,984

Für $n > 14$ werden mit einer Wahrscheinlichkeit von mindestens 90% mehr als 3 Treffer erzielt.

Seite 281 | Aufgabe 21

a) $P(X > 19) = 0{,}617$
b) Die Wahrscheinlichkeit für einen Treffer, kann keinen Wert außerhalb des angegebenen Bereichs annehmen.
Je größer die Trefferwahrscheinlichkeit, desto größer ist die Wahrscheinlichkeit, dass Mark mindestens 20 von 25 Scheiben trifft. Der Graph steigt daher monoton.
c) Beträgt die Trefferwahrscheinlichkeit $p = 0{,}869$, so trifft Mark mit einer Wahrscheinlichkeit von 90 % mindestens 20 von 25 Scheiben.

Seite 281 | Aufgabe 22

a) Die Gleichung beschreibt die Wahrscheinlichkeit dafür, dass der Schütze mindestens 10-mal trifft.
b) Diese Aufgabe lässt sich mithilfe einer Tabelle im GTR lösen. Vgl. Aufgabe 20b). $n = 14$. Der Schütze muss 14 Versuche ausführen, damit er mit einer Wahrscheinlichkeit von mindestens 95% mindestens 10 Treffer erzielt.

Seite 281 | Aufgabe 23

Diese Aufgabe lässt sich ebenfalls mithilfe einer Tabellenfunktion im GTR lösen (vgl. Aufgabe 20b)).
$p = 0{,}26$, $P(X > 39) \geq 0{,}99$ für $n \geq 207$ Es müssen mindestens 207 Wähler befragt werden, damit darunter mit einer Wahrscheinlichkeit von mindestens 99 % mindestens 40 Wähler des Partei ABC sind.

Seite 281 | Aufgabe 24

a) Der Graph verläuft monoton steigend.
b) Gilt für die Trefferwahrscheinlichkeit $p = 0{,}65$, so sammelt Marcel mit einer Wahrscheinlichkeit von 30 % bei über 100 Personen von 150 eine Unterschrift.
c) ① $n = 150, p = 0{,}75$ $P(X > 100) = 0{,}986$ ② $n = 150$, p ist gesucht. $P(X > 100) \geq 0{,}9$ für $p = 0{,}718$

7.4 Eigenschaften der Binomialverteilung

Seite 282 | Einstieg

a)

Tag	Mi.	Do.	Fr.
rel. Häufigkeit	0,395	0,401	0,405

b) Der Mittelwert der relativen Häufigkeiten beträgt 0,400. $E(X) = 0{,}400 \cdot 2500 = 1000$. Am Samstag können ungefähr 1000 Treffer erwartet werden.
c) Es wird die Summe aller kumulierten Wahrscheinlichkeiten berechnet.

Seite 283 | Aufgabe 1

a) $\mu = 20; \sigma = 4$ b) $\mu = 200; \sigma = 10$ c) $\mu = 80; \sigma = 4$ d) $\mu = 1000; \sigma = 30$

Seite 283 | Aufgabe 2

a)

Gruppe	1	2	3	4	5
rel. Häufigkeit	0,621	0,600	0,585	0,650	0,580

b) Der Mittelwert der relativen Häufigkeiten beträgt 0,607. Daher ist anzunehmen, dass eine Reißzwecke mit einer Wahrscheinlichkeit von etwa 0,6 auf der Seite liegen bleibt.
c) $\mu = 1200; \sigma = 21{,}9$ Bei 2000 Würfen ist anzunehmen, dass ungefähr 1200 Reißzwecken auf der Seite landen.
d) $P(Y) = 1 - 0{,}6 = 0{,}4$ $\mu = 800; \sigma = 21{,}9$
Die beiden Erwartungswerte für X und Y müssen gemeinsam die Gesamtanzahl an Würfen ergeben. Die Standardabweichung ist identisch.

Seite 283 | Aufgabe 3

a) Für $p = 0{,}5$ gilt: $\mu = 0{,}5 \cdot 10 = 5$, daher gehört das Histogramm Nummer 1 zu dieser Trefferwahrscheinlichkeit.
Für $p = 0{,}7$ gilt: $\mu = 0{,}7 \cdot 10 = 7$, daher gehört das Histogramm Nummer 3 zu dieser Trefferwahrscheinlichkeit.
b) Der Erwartungswert liegt ungefähr bei 2. Daher muss gelten $\mu = p \cdot 10 = 2 \Leftrightarrow p = 0{,}2$
c) Je kleiner p, umso mehr konzentriert sich die Verteilung auf die linke Seite des Diagramms, die Wahrscheinlichkeit wenige Treffer zu erzielen, ist hoch. Je größer p, umso höher die Wahrscheinlichkeit mehrere Treffer zu erzielen, die Verteilung konzentriert sich eher auf die rechte Seite des Diagramms. Gilt $p = 0{,}5$ ist die Verteilung symmetrisch um den Erwartungswert.

Seite 284 | Aufgabe 4

a) ① Maximum bei $k = 14, \mu = 14$ ② Maximum bei $k = 6, \mu = 6$ ③ Maximum bei $k = 10, \mu = 10$
④ Maximum bei $k = 2, \mu = 2{,}5$ ⑤ Maximum bei $k = 11; 12, \mu = 11{,}25$ ⑥ Maximum bei $k = 10, \mu = 9{,}6$
b) Ist $n \cdot p$ eine natürliche Zahl, so gilt für die Lage des Maximums bei der Trefferanzahl k, dass $k = \mu$.
Ist $n \cdot p$ keine natürliche Zahl, so gilt für die Lage des Maximums bei der Trefferanzahl k, dass entweder μ auf- oder abgerundet k entspricht oder μ sowohl auf- als auch abgerundet k entspricht.

Seite 284 | Aufgabe 5

a) ① $E(X) = 15$ ② $E(X) = 30$ ③ $E(X) = 60$
b) Für $n = 50$ ist die Wahrscheinlichkeit $P(E(X))$ am größten. Je größer n der Binomialverteilung, desto stärker wird das Histogramm „gestreckt" und desto geringer ist $P(E(X))$.

Seite 284 | Aufgabe 6

a) Je größer n, desto niedriger werden die einzelnen Wahrscheinlichkeiten und desto weiter wird das Histogramm „gestreckt" bzw. „gestaucht", die Streuung nimmt zu. Ebenso wird μ größer und dadurch das gesamte Histogramm weiter nach rechts verschoben.
b) Auch für die Histogramme mit $p = 0{,}3$ und $p = 0{,}9$ gelten die Beobachtungen aus a).
c) $\mu = p \cdot n \Leftrightarrow$ je größer n, umso größer μ. Dies erklärt die Beobachtung, dass sich das Histogramm mit zunehmendem n immer weiter nach rechts verschiebt.
$\sigma = \sqrt{n \cdot p \cdot (1-p)} \Leftrightarrow$ je größer n, umso größer σ. Dies erklärt die Beobachtung, dass das Histogramm mit zunehmendem n immer weiter gestreckt wird, da die Streuung zunimmt.

Seite 284 | Aufgabe 7

a) ① $E(X) = 4, n = 10, p = \frac{E(X)}{n} = \frac{4}{10} = 0{,}4$ b) ② $p = 0{,}3$ ③ $p = 0{,}45$

Seite 284 | Aufgabe 8

a) Es gibt pro Durchgang genau zwei mögliche Ergebnisse: Der Würfel zeigt eine 5 oder eine 6 (eine 6) oder aber der Würfel zeigt weder eine 5 noch eine 6 (keine 6). Variante A: $n = 20, p = \frac{1}{3}$. Variante B: $n = 40, p = \frac{1}{6}$

b) Variante A: $E(X) = 20 \cdot \frac{1}{3} \cdot 1{,}50\ € = 10\ €$. Der Einsatz entspricht genau dem zu erwartenden Gewinn, das Spiel ist fair.
Variante B: $E(X) = 40 \cdot \frac{1}{6} \cdot 1{,}50\ € = 10\ €$. Auch hier entspricht der Einsatz dem zu erwartenden Gewinn und das Spiel ist fair.

c) Variante A: $\sigma = \sqrt{20 \cdot \frac{1}{3} \cdot \frac{2}{3}} = \sqrt{4{,}44} = 2{,}1$ Variante B: $\sigma = \sqrt{40 \cdot \frac{1}{6} \cdot \frac{5}{6}} = \sqrt{5{,}55} = 2{,}36$
Die Streuung des Gewinns ist bei Variante B größer, als bei Variante A. Bei Variante B können folglich höhere Gewinne aber auch höhere Verluste erzielt werden.

d) $n = 20$, $p = \frac{15}{36}$, $E(X) = 20 \cdot \frac{15}{36} \cdot 3€ = 25€$. Ein fairer Einsatz für dieses Spiel beträgt 25€.

Seite 286 | Aufgabe 9

a)

①	$\mu = 200; \sigma = 6{,}3$	1σ-Umgebung:[194; 206]	2σ-Umgebung:[188; 212]	3σ-Umgebung:[182; 218]
②	$\mu = 150; \sigma = 8{,}66$	1σ-Umgebung:[142; 158]	2σ-Umgebung:[133; 167]	3σ-Umgebung:[125; 175]
③	$\mu = 50; \sigma = 6{,}89$	1σ-Umgebung:[44; 56]	2σ-Umgebung:[37; 63]	3σ-Umgebung:[30; 70]
④	$\mu = 1875; \sigma = 21{,}65$	1σ-Umgebung:[1854; 1896]	2σ-Umgebung:[1832; 1918]	3σ-Umgebung:[1811; 1939]

b)

①	$P(194 \leq X \leq 206) = 0{,}696$	$P(188 \leq X \leq 212) = 0{,}952$	$P(182 \leq X \leq 218) = 0{,}997$
②	$P(142 \leq X \leq 158) = 0{,}674$	$P(133 \leq X \leq 167) = 0{,}957$	$P(125 \leq X \leq 175) = 0{,}997$
③	$P(44 \leq X \leq 56) = 0{,}655$	$P(37 \leq X \leq 63) = 0{,}950$	$P(30 \leq X \leq 70) = 0{,}997$
④	$P(1854 \leq X \leq 1896) = 0{,}679$	$P(1832 \leq X \leq 1918) = 0{,}956$	$P(1811 \leq X \leq 1939) = 0{,}997$

c) Die 3σ-Umgebung weicht nicht von den σ-Regeln ab, die 2σ-Umgebung weicht geringfügig ab und die 1σ-Umgebung weicht etwas von den σ-Regeln ab.

Seite 286 | Aufgabe 10

a)

$n = 300$: $p = 0{,}5$, $\mu = 150$; $\sigma = 8{,}66$	68 % = 1σ-Umgebung:[142; 158]	99,7 % = 3σ-Umgebung:[125; 175]
$n = 400$: $p = 0{,}5$, $\mu = 200$; $\sigma = 10$	68 % = 1σ-Umgebung:[190; 210]	99,7 % = 3σ-Umgebung:[170; 230]
$n = 500$: $p = 0{,}5$, $\mu = 250$; $\sigma = 11{,}18$	68 % = 1σ-Umgebung:[239; 261]	99,7 % = 3σ-Umgebung:[217; 283]

b)

$n = 300$: 2σ-Umgebung:[133; 167]	$P(133 \leq X \leq 167) = 0{,}957$
$n = 400$: 2σ-Umgebung:[180; 220]	$P(180 \leq X \leq 220) = 0{,}960$
$n = 500$: 2σ-Umgebung:[228; 272]	$P(228 \leq X \leq 272) = 0{,}956$

Seite 286 | Aufgabe 11

a) $n = 1000$, $p = 0{,}1$; $\mu = 100$, $\sigma = 9{,}49$
1σ-Umgebung:[91; 109] In 68 % der Fälle werden an einem Tag 91 bis 109 Gewinne gezogen.
3σ-Umgebung:[72; 128] Mit einer Wahrscheinlichkeit von 99,7% werden an einem Tag 82 bis 118 Gewinne gezogen.

b) Hauptgewinne: $n = 5000$, $p = 0{,}02$; $\mu = 100$, $\sigma = 9{,}90$ 2σ-Umgebung:[81; 119]
Normale Gewinne: $n = 5000$, $p = 0{,}08$; $\mu = 400$, $\sigma = 19{,}18$ 2σ-Umgebung:[362; 438]

c) Im schlechtesten Fall beträgt die Anzahl der Hauptgewinne 119 und die Anzahl der normalen Gewinne 438.
Ausgaben für Gewinne $= 119 \cdot 15€ + 438 \cdot 2€ = 2661€$
Im besten Fall beträgt die Anzahl der Hauptgewinne 81 und die Anzahl der normalen Gewinne 362.
Ausgaben für Gewinne $= 81 \cdot 15€ + 362 \cdot 2€ = 1939€$

Seite 286 | Aufgab 12

a) Marie hat die Intervallgrenzen mathematisch gerundet. Frank hat die Intervallgrenzen „nach innen" gerundet.

b) Die Wahrscheinlichkeit zu dem Intervall bei Frank stimmt mit dem Wert von $P(34{,}34 \leq X \leq 45{,}66)$ überein. Maries Intervall ist größer und daher wird $P(34 \leq X \leq 46)$ auch größer als die Wahrscheinlichkeit des „tatsächlichen" Intervalls sein.

c) $P(34{,}34 \leq X \leq 45{,}66) = 0{,}670$ $P(34 \leq X \leq 46) = 0{,}750$ $P(35 \leq X \leq 45) = 0{,}670$
Wie in b) vermutet stimmen die Intervalle von $P(34{,}34 \leq X \leq 45{,}66)$ und Franks Intervall $P(35 \leq X \leq 45)$ überein. Beide erfüllen ebenfalls nahezu die 1σ- Regel. Maries Intervall ist wie in b) vermutet zu groß und daher ist auch die Wahrscheinlichkeit für dieses zu groß.

d) Franks Vorgehensweise liefert genauere Werte für die Wahrscheinlichkeit des Intervalls.

e) Je größer n, desto geringer wird ein Unterschied beim Verschieben des Intervalls um einen Zahlenwert ausfallen.

Seite 287 | Aufgabe 13

a) ② > ③ > ①. Da die Wahrscheinlichkeit konstant ist, verschiebt sich das Maximum der Häufigkeitsverteilung bei größerem n in Richtung größerem k.

b) Die Histogramme zeigen rechtsschiefe Verteilungen. Bei Histogramm ① ist auf den ersten Blick deutlich, dass es sich nicht um eine symmetrische Verteilung handelt. Je größer n wird, umso „undeutlicher" ist dies zu erkennen.

Seite 287 | Aufgabe 14

a) individuelle Lösung

b) Die Histogramme sind um den Erwartungswert symmetrisch.

c) $P(X = k) = \binom{n}{k} \cdot p^k \cdot (1-p)^{n-k} = \binom{n}{n-k} \cdot p^{n-k} \cdot (1-p)^{n-(n-k)} = \binom{n}{n-k} \cdot p^{n-k} \cdot (1-p)^k$
Mit $p = 0{,}5 = 1 - p \Leftrightarrow \binom{n}{n-k} \cdot (1-p)^{n-k} \cdot p^k = P(X = n - k)$

d) Die Symmetrieeigenschaft gilt nicht für $p \neq 0{,}5$

Seite 287 | Aufgabe 15

Mit $\mu = n \cdot p$; $\sigma = \sqrt{n \cdot p \cdot (1-p)}$

a) μ vervierfacht sich; σ verdoppelt sich

b) μ verneunfacht sich; σ verdreifacht sich

c) μ wird auf ein Viertel verringert; σ halbiert sich

Seite 287 | Aufgabe 16

a) ① $p = 0{,}4; \sigma = \sqrt{6}$ $\quad p = 0{,}5; \sigma = \sqrt{6{,}25}$ $\quad p = 0{,}6; \sigma = \sqrt{6}$

② $p = 0{,}4; \sigma = \sqrt{12}$ $\quad p = 0{,}5; \sigma = \sqrt{12{,}5}$ $\quad p = 0{,}6; \sigma = \sqrt{12}$

b) $\sigma = \sqrt{n \cdot p \cdot (1 - p)}$ Für konstantes n ist σ maximal für $p \cdot (1 - p) = \max$.

$f(p) = p \cdot (1 - p) = p - p^2$

Untersuchen dieser Funktion auf ihr Maximum: $f'(p) = -2p + 1 = 0$ für $p = 0{,}5$

$f''(p) = -2 \Leftrightarrow f''(0{,}5) = -2 > 0 \Leftrightarrow$ Für $p = 0{,}5$ liegt ein Maximum vor.

c) Laplace-Bedingung: $\sigma > 3$

① $p = 0{,}5$

$\sqrt{n \cdot 0{,}5 \cdot 0{,}5}$	$>$	3	$\|^2$
$n \cdot 0{,}25$	$>$	9	$\| :0{,}25$
n	$>$	36	

② $p = 0{,}1$

$\sqrt{n \cdot 0{,}1 \cdot 0{,}9}$	$>$	3	$\|^2$
$n \cdot 0{,}09$	$>$	9	$\| :0{,}09$
n	$>$	100	

Seite 287 | Aufgabe 17

X: $p = 0{,}45$; Y: $p = 0{,}3$

a) $n(X) = 50: \mu = 22{,}5; \sigma = 3{,}52$ $\quad n(Y) = 50: \mu = 15; \sigma = 3{,}24$

b) $E(X) = 22{,}5; E(Y) = n \cdot 0{,}3$ $\quad 22{,}5 = n \cdot 0{,}3 \Leftrightarrow n = 75 \Leftrightarrow$ Timo muss 75-mal schießen, damit $E(X) = E(Y)$ gilt.

c) $\sigma(X) = 3{,}52$ $\quad \sigma(Y) = 3{,}97$

Die Standardabweichungen sind ähnlich groß. Beide Wahrscheinlichkeitsverteilungen streuen folglich ungefähr gleich stark, wobei das Schießen auf das obere Loch mit 75 Schüssen etwas stärker streut, als das Schießen auf das untere Loch.

d) $E(X) = 33{,}75; \sigma(X) = 4{,}31$ $\quad$ 1σ-Umgebung:[30; 38] $\quad$ 2σ-Umgebung:[26; 42]

Mit einer Wahrscheinlichkeit von 68% trifft Timo 30- bis 38-mal in das untere Loch. Mit einer Wahrscheinlichkeit von 95,5 % trifft er 26- bis 42-mal in das untere Loch.

$E(Y) = 22{,}5; \sigma(X) = 3{,}97$ $\quad$ 1σ-Umgebung:[19; 26] $\quad$ 2σ-Umgebung:[15; 30]

Mit einer Wahrscheinlichkeit von 68 % trifft Timo 19- bis 26-mal in das obere Loch. Mit einer Wahrscheinlichkeit von 95,5 % trifft er 15- bis 30-mal in das obere Loch.

Seite 288 | Aufgabe 18

a)

① $\mu = 5; \sigma = 1{,}58$	2σ-Umgebung:[2; 8]	$P(2 \le X \le 8) = 0{,}9786$
② $\mu = 20; \sigma = 3{,}16$	2σ-Umgebung:[14; 26]	$P(17 \le X \le 23) = 0{,}9616$
③ $\mu = 200; \sigma = 10$	2σ-Umgebung:[180; 220]	$P(180 \le X \le 220) = 0{,}9598$
④ $\mu = 2000; \sigma = 31{,}62$	2σ-Umgebung:[1937; 2063]	$P(1937 \le X \le 2063) = 0{,}955$

b) Der Wert der 2σ-Regel näher sich mit steigendem n besser an.

① $\sigma < 3$, die Laplace-Bedingung ist nicht erfüllt. Bei ②, ③ und ④ ist $\sigma > 3$ und somit die Laplace-Bedingung erfüllt.

Seite 288 | Aufgabe 19

a) Die σ-Regel darf nicht verwendet werden, da die Laplace-Bedingung $\sigma > 3$ nicht erfüllt ist.

b) $\sigma > 3$ ist bei $p = 0{,}05$ für $n \ge 190$ erfüllt. Für $n = 2000$ gilt beispielsweise $P(\mu - \sigma \le X \le \mu + \sigma) = P(91 \le X \le 109) \approx 0{,}67$.

Seite 288 | Aufgabe 20

a) ① $n = 250; p = 0{,}05; 0{,}04 \cdot 250 = 10$ $\quad P(X > 10) = 1 - P(X \le 10) = 0{,}70$

② $n = 400; p = 0{,}05; 0{,}04 \cdot 400 = 16$ $\quad P(X > 1) = 1 - P(X \le 16) = 0{,}79$

b) ① $E(X) = 0{,}7 \cdot 250 \cdot 2{,}50€ + 0{,}3 \cdot 250 \cdot 3\,€ = 662{,}5\,€$ $\quad$ ② $E(X) = 0{,}79 \cdot 400 \cdot 2{,}50€ + 0{,}21 \cdot 400 \cdot 3\,€ = 1042\,€$

c) $\mu = 15; \sigma = 3{,}77$

2σ-Umgebung:[12; 18] Mit einer Wahrscheinlichkeit von 95,5 % sind 12 bis 18 Lampen der Stichprobe defekt.

d) Für $n = 190$ gilt die Laplace-Bedingung $\sigma > 3$.

Seite 288 | Aufgabe 21

a) $n = 750, p = 0{,}025, \mu = 18{,}75, \sigma = 4{,}28$ $\quad$ 95,5 % = 2σ-Umgebung: [11; 27]

b) Mindestens: $11 \cdot 60€ = 660€$ $\quad$ Maximal: $27 \cdot 60€ = 1620€$

c) Mindestens: $900€ : 60€ = 15$ $\quad$ Maximal: $1380€ : 60€ = 23$ $\quad$ 1σ-Umgebung: [15; 23]

Seite 289 | Aufgabe 22

a) Es wird die 2σ-Umgebung untersucht.

b) In der Zelle E3 wird die untere Grenze des Intervalls berechnet. Den Befehl =GANZZAHL verwendet man, um ganzzahlige Ergebnisse zu erhalten. Anschließend wird vom Erwartungswert, der in der Zelle C3 berechnet ist, zwei-mal die Standardabweichung (in Zelle D3) subtrahiert. „+1" wird addiert, da nach innen gerundet wird und der untere Wert daher aufgerundet wird.

c) ① Mithilfe der Formel *=GANZZAHL(C3−1,5*D3)+1* in Zelle E3, lässt sich die Wahrscheinlichkeit für die 1,5σ-Umgebung berechnen. Analog mit *=GANZZAHL(C3−0,5*D3)+1* und *=GANZZAHL(C3−2,5*D3)+1* lassen sich die Wahrscheinlichkeiten für die 0,5σ-Umgebung und die 2,5σ-Umgebung berechnen. Mithilfe von verschiedenen Werten für n, lässt sich die Wahrscheinlichkeit der tatsächlichen Wahrscheinlichkeit annähern.

Die Wahrscheinlichkeit, dass eine binomialverteilte Zufallsgröße in einer 1,5σ-Umgebung liegt, nähert sich 86,6 % an.
Die Wahrscheinlichkeit, dass eine binomialverteilte Zufallsgröße in einer 0,5σ-Umgebung liegt, nähert sich 38,3 % an.
Die Wahrscheinlichkeit, dass eine binomialverteilte Zufallsgröße in einer 2,5σ-Umgebung liegt, nähert sich 98,8 % an.
② Für diese Rechnung empfiehlt es sich eine neue Zelle für den Faktor für Sigma einzufügen. Beispielsweise in A5. Anschließend ändert man die Formel in E3 zu *=GANZZAHL(C3−A5*D3)+1*. Hiermit können nun beliebig große Umgebungen berechnet werden und deren Wahrscheinlichkeit betrachtet werden.
Die Wahrscheinlichkeit der 1,28σ-Umgebung nähert sich 80% an, die der 1,645σ-Umgebung nähert sich 90% an.

d) Ist σ ganzzahlig, wäre die Formel aus Zelle E3 falsch, da das aufrunden mit +1 überflüssig wäre.

Seite 289 | Aufgabe 23

a) $n = 50, p = 0{,}5, \mu = 25, \sigma = 3{,}54$, 1σ-Umgebung: [22; 28]

b) $p = \frac{\text{Anzahl der Durchführungen bei denen Kopf 22- bis 28-mal geworfen wurde}}{\text{Gesamtanzahl der Durchführungen}}$

Seite 289 | Aufgabe 24

a)

k	0	1	2	3	4	5	6	7	8	9	10
P(X ≤ k)	0	0	0,003	0,012	0,035	0,075	0,124	0,166	0,180	0,160	0,117

k	11	12	13	14	15	16	17	18	19	20
P(X ≤ k)	0,071	0,035	0,015	0,005	0,001	0	0	0	0	0

b) Bei k = 6 mit 0,124 - 0,075 = 0,049 und 0,166 - 0,124 = 0,042 ist die positive Änderungsrate am größten. Bei k = 10 mit 0,117 - 0,160 = − 0,043 und 0,071 - 0,117 = −0,046 ist die negative Änderungsrate am größten.
$\mu = 8, \sigma = 2{,}2$, 1σ-Umgebung: [6; 10]
Die Standardabweichung einer Binomialverteilung entspricht den „Wendestellen" der Glocke.

Seite 289 | Aufgabe 25

a) Die beiden Histogramme oben sind zueinander spiegelbildlich, ebenso die beiden Histogramme unten.

b) Oben gilt links P(X = 2) = 0,205 und rechts P(X = 3) = 0,205. Unten gilt links P(X = 5) = 0,078 und rechts P(X = 0) = 0,078.

c) Die Gleichung beschreibt, dass sich die Wahrscheinlichkeit nicht ändert, wenn die Trefferwahrscheinlichkeit von p zu 1 - p und die Anzahl der Treffer von k zu n - k übergeht. Dies entspricht der Symmetrie der linken und rechten Abbildung.

d)
$$B_{n,p}(k) = B_{n,1-p}(k)$$
$$\binom{n}{k}\cdot p^k\cdot(1-p)^{n-k} = \binom{n}{k-1}\cdot(1-p)^{n-k}\cdot p^k$$
$$\frac{n!}{(n-k)!\cdot k!}\cdot p^k\cdot(1-p)^{n-k} = \frac{n!}{(n-(n-k))!\cdot(n-k)!}\cdot(1-p)^{n-k}\cdot p^k$$
$$\frac{n!}{(n-k)!\cdot k!}\cdot p^k\cdot(1-p)^{n-k} = \frac{n!}{k!\cdot(n-k)!}\cdot(1-p)^{n-k}\cdot p^k$$

Seite 289 | Aufgabe 26

a) $P(X = 2) = 0{,}75 \cdot 0{,}25 = 0{,}188$; $P(X = 10) = 0{,}75^9 \cdot 0{,}25 = 0{,}044$

b) Es wird bei (k - 1) Versuchen mit einer Wahrscheinlichkeit von jeweils (1 - p) kein Treffer erzielt. Daher ist ein Faktor $(1-p)^{k-1}$. Da anschließend als aller erstes ein Treffer erzielt wird, ist der zweite Faktor p.

c) $p \cdot (1-p)^{k-1} > 0$
Es gilt: $p > 0$ und $(1-p)^{k-1} > 0$ für $k \geq 1$, daher ist die Gleichung richtig.

d) Der Erwartungswert aller Treffer beträgt n · p, da der Versuch n-mal durchgeführt wird, gilt für den Abstand zweier Treffer:
$E(X) = \frac{n\cdot p}{n} = \frac{1}{p}$

Streifzug: Weitere Verteilungen

Seite 290 | Einstieg

$P = \frac{1}{6} + \frac{5}{6}\cdot\frac{1}{6} + \frac{5}{6}\cdot\frac{5}{6}\cdot\frac{1}{6} = \frac{91}{216} \approx 0{,}42$

Seite 291 | Aufgabe 1

a) $p = \frac{7}{10}$: $P(X = 4) = \frac{7}{10}\cdot\left(\frac{3}{10}\right)^3 = 0{,}019$; $P(X \leq 3) = 1 - \left(\frac{3}{10}\right)^3 = 0{,}973$
$p = \frac{1}{4}$: $P(X = 4) = \frac{1}{4}\cdot\left(\frac{3}{4}\right)^3 = 0{,}105$; $P(X \leq 3) = 1 - \left(\frac{3}{4}\right)^3 = 0{,}578$

b) $p = \frac{7}{10}$: $E(X) = \frac{10}{7}$, $V(X) = \frac{1}{\left(\frac{7}{10}\right)^2} - \frac{1}{\frac{7}{10}} = 0{,}6$ $\qquad$ $p = \frac{1}{4}$: $E(X) = 4$, $V(X) = \frac{1}{\left(\frac{1}{4}\right)^2} - \frac{1}{\frac{1}{4}} = 12$

c) Je größer p, desto kleiner sind Erwartungswert und Varianz.

Seite 291 | Aufgabe 2

$p = \frac{1}{3}$

a) ① $P(X = 4) = \frac{1}{3}\cdot\left(\frac{2}{3}\right)^3 = 0{,}099$ $\qquad$ ② $P(X = 5) = \frac{1}{3}\cdot\left(\frac{2}{3}\right)^4 = 0{,}066$
③ $P(X \leq 3) = 1 - \left(\frac{2}{3}\right)^3 = 0{,}704$ $\qquad$ ④ $P(X \leq 4) = 1 - \left(\frac{2}{3}\right)^4 = 0{,}802$

b) $E(X) = 3$, $V(X) = \frac{1}{\left(\frac{1}{3}\right)^2} - \frac{1}{\frac{1}{3}} = 6$

Seite 291 | Aufgabe 3

a) $P(X=1)$ ist das Maximum der geometrischen Verteilungen. Je größer, desto kleiner $P(X=k)$. Die Verteilungen sind monoton fallend und nähern sich $P(X)=0$ an.

b) Grün: $P(X=1)=0{,}8 \Leftrightarrow$ ⑤ Rot: $P(X=1)=0{,}5 \Leftrightarrow$ ① Blau: $P(X=1)=0{,}2 \Leftrightarrow$ ④

c) Es gilt: $P(X=1)=p$. Je größer p, desto stärker fällt das Diagramm ab. Je kleiner p, desto größer ist $P(X)$ für größere k.

Seite 291 | Aufgabe 4

$p=0{,}5$

a) $P(X=2)=0{,}5\cdot 0{,}5=0{,}25$ $P(X=4)=0{,}5\cdot 0{,}5^3=0{,}063$

b) $P_E(X=5)=\frac{P(E\cap X=5)}{P(E)}=\frac{0{,}5^4\cdot 0{,}5}{0{,}5^3}=0{,}5^2=0{,}25$ $P_E(X=7)=\frac{P(E\cap X=7)}{P(E)}=\frac{0{,}5^6\cdot 0{,}5}{0{,}5^3}=0{,}5^4=0{,}063$

$P_E(X=5)=P(X=2)$ und $P_E(X=7)=P(X=4)$

c) Fehler im ersten Druck des Schülerbuchs: korrekte Gleichung $P_E(X=n+k)=P(X=n)$

$P_E(X=n+k) = P(X=n)$

$\frac{(1-p)^{k+n-1}\cdot p}{(1-p)^k} = (1-p)^{n-1}\cdot p$

$\frac{(1-p)^k(1-p)^{n-1}\cdot p}{(1-p)^k} = (1-p)^{n-1}\cdot p$

$(1-p)^{n-1}\cdot p = (1-p)^{n-1}\cdot p$

Die geometrische Verteilung ist eine gedächtnislose Verteilung, da die Wahrscheinlichkeit für eine bedingte Wahrscheinlichkeitsverteilung gleich groß ist, wie die ohne Bedingung. Die Wahrscheinlichkeit einen Treffer im nächsten Versuch nach bereits k Fehlversuchen zu erzielen, ist gleich groß wie die Wahrscheinlichkeit einen Treffer beim ersten Versuch von Beginn an zu erzielen.

Seite 291 | Aufgabe 5

a) Ereignis E: "$X>5$", X: Anzahl der Versuche.

Gewinnwahrscheinlichkeit mit Michas Strategie: $P_E(X=1)=\frac{P(E\cap X=1)}{P(E)}=\frac{0{,}5^5\cdot 0{,}5}{0{,}5^5}=0{,}5$

Gewinnwahrscheinlichkeit ohne seine Strategie $P(X=1)=0{,}5$. Die Wahrscheinlichkeit mit seiner Strategie in der nächsten Runde zu gewinnen ist gleich groß, wie die Wahrscheinlichkeit ohne seine Strategie in der nächsten Runde zu gewinnen.

b) Die geometrische Verteilung ist eine gedächtnislose Verteilung. Die Wahrscheinlichkeit einen Treffer nach x Misserfolgen zu erzielen, ist gleich groß wie die Wahrscheinlichkeit einen Treffer nach $x+1$ Misserfolgen zu erzielen. Das Roulette hat gewissermaßen kein Gedächtnis, das sich merkt, wie oft bereits kein Treffer erzielt wurde.

Streifzug: Hypergeometrische Verteilung

Seite 292 | Aufgabe 6

a) ① $P(X=10)=\frac{\binom{50}{10}\cdot\binom{500-50}{250-10}}{\binom{500}{250}}=3{,}54\cdot 10^{-6}$ $P(X=50)=\frac{\binom{50}{50}\cdot\binom{500-50}{250-50}}{\binom{500}{250}}=5{,}82\cdot 10^{-17}$

② $P(X=10)=\frac{\binom{50}{10}\cdot\binom{500-50}{100-10}}{\binom{500}{100}}=0{,}147$ $P(X=50)=\frac{\binom{50}{50}\cdot\binom{500-50}{100-50}}{\binom{500}{100}}=4{,}36\cdot 10^{-41}$

③ $P(X=10)=\frac{\binom{300}{10}\cdot\binom{500-300}{100-10}}{\binom{500}{100}}=2{,}29\cdot 10^{-31}$ $P(X=50)=\frac{\binom{300}{50}\cdot\binom{500-300}{100-50}}{\binom{500}{100}}=0{,}007$

b) M wird von ② zu ③ erhöht. Dadurch wird $P(X=10)$ nahezu null, aber $P(X=50)$ wird um ein vielfaches größer. n wird von ① zu ② verringert. $P(X=10)$ nimmt dadurch zu. $P(X=50)$ sinkt ab.

Seite 292 | Aufgabe 7

a) ① $E(X)=60\cdot\frac{40}{100}=24$ $V(X)=24\cdot\left(1-\frac{40}{100}\right)\cdot\frac{100-60}{100-1}=5{,}82$

② $E(X)=5\cdot\frac{80}{100}=4$ $V(X)=4\cdot\left(1-\frac{80}{100}\right)\cdot\frac{100-5}{100-1}=0{,}77$

③ $E(X)=450\cdot\frac{250}{500}=225$ $V(X)=225\cdot\left(1-\frac{250}{500}\right)\cdot\frac{500-450}{500-1}=11{,}27$

b) Je größer M und n und je kleiner N, desto größer ist $E(X)$. Je näher M an N ist und je näher n an N ist, desto kleiner ist $V(X)$.

Seite 292 | Aufgabe 8

Gesamtmenge ist $N=60\cdot 10^6$ Wähler, davon sind $M=0{,}25\cdot 60\cdot 10^6=15\cdot 10^6$ „Nicht-Wähler" und die Stichprobe enthält $n=10\,000$ Befragte.

$E(X)=10\,000\cdot\frac{15\cdot 10^6}{60\cdot 10^6}=2500$ $V(X)=2500\cdot\left(1-\frac{15\cdot 10^6}{60\cdot 10^6}\right)\cdot\frac{60\cdot 10^6-10000}{60\cdot 10^6-1}=1874{,}69$

7.5 Prognosen

Seite 293 | Einstieg

a) Unions-Wähler: $p=0{,}33$ $n=148090$ $\mu=48870$ $\sigma=180{,}95$ 2σ-Umgebung: $[48509;\ 49231]$

SPD-Wähler: $p=0{,}205$ $n=148090$ $\mu=30358$ $\sigma=155{,}35$ 2σ-Umgebung: $[30048;\ 30668]$

b) Unions-Wähler: $P(48509\le X\le 49231)=0{,}9543$ SPD-Wähler: $P(30048\le X\le 30668)=0{,}9544$

c) Die Stimmanzahl im Wahlkreis Hannover II weißt tatsächlich signifikante Abweichungen auf. Die Ergebnisse sind außerhalb

d es 95,5 %-Prognoseintervalls.

Seite 294 | Aufgabe 1

a) X: Anzahl der Rechtshänder im Handballverein, $n=250$, $p=0{,}88$, $\mu=220$

b) $\sigma = 5{,}14$
$\mu - 1{,}96\sigma \approx 209{,}93$; $\mu + 1{,}96\sigma \approx 230{,}07$ $P(210 \leq X \leq 230) = 0{,}9598 > 95\%$; 95%-Prognoseintervall [210;230]
$\mu - 2{,}58\sigma \approx 206{,}74$; $\mu + 2{,}58\sigma \approx 233{,}26$ $P(207 \leq X \leq 233) = 0{,}9915 > 99\%$; 99%-Prognoseintervall [207;233]

c) k = 215 liegt innerhalb der 95%-Prognoseintervalls. Die Anzahl der Rechtshänder weicht also nicht signifikant vom Durchschnitt in Deutschland ab.

Seite 294 | Aufgabe 2

a) $p = 0{,}65$, $n = 80$; $E(X) = 52$, $P(52) = 0{,}0932$: Es sind 52 Treffer zu erwarten. Die Wahrscheinlichkeit dafür ist gering.

b) Die Wahrscheinlichkeit, dass exakt der Erwartungswert eintrifft, ist gering. Betrachtet man jedoch ein Prognoseintervall kann man mit sehr hoher Wahrscheinlichkeit voraussagen, in welchem Bereich die Trefferanzahl liegen wird.

c) $\sigma = 4{,}27$
$\mu - 1{,}96\sigma \approx 43{,}63$; $\mu + 1{,}96\sigma \approx 60{,}37$ $P(44 \leq X \leq 60) = 0{,}9545 > 95\%$; 95%-Prognoseintervall [44;60]

d) $p = 0{,}65$, $n = 100$, $\mu = 65$, $\sigma = 4{,}77$
$\mu - 1{,}96\sigma \approx 55{,}65$; $\mu + 1{,}96\sigma \approx 74{,}35$ $P(56 \leq X \leq 74) = 0{,}9543 > 95\%$; 95%-Prognoseintervall [56;74]
$\mu - 2{,}58\sigma \approx 52{,}69$; $\mu + 2{,}58\sigma \approx 77{,}31$ $P(53 \leq X \leq 77) = 0{,}9915 > 99\%$; 99%-Prognoseintervall [207;233]
75 liegt außerhalb des 95 %-, aber innerhalb des 99 %-Prognoseintervalls. Die Zahl der Treffer weicht also signifikant ab.

Seite 295 | Aufgabe 3

a) ① $\mu = 100$, $\sigma = 7{,}75$
$\mu - 1{,}96\sigma \approx 84{,}81$; $\mu + 1{,}96\sigma \approx 115{,}19$ $P(85 \leq X \leq 115) = 0{,}9548 > 95\%$; 95%-Prognoseintervall [85;115]
$\mu - 2{,}58\sigma \approx 80{,}01$; $\mu + 2{,}58\sigma \approx 120{,}00$ $P(81 \leq X \leq 120) = 0{,}9902 > 99\%$; 99%-Prognoseintervall [81;120]
② $\mu = 250$, $\sigma = 13{,}69$
$\mu - 1{,}96\sigma \approx 223{,}17$; $\mu + 1{,}96\sigma \approx 276{,}83$ $P(224 \leq X \leq 276) = 0{,}9471 < 95\ \%$; $P(223 \leq X \leq 277) = 0{,}9555 > 95\ \%$
95 %-Prognoseintervall [223;277]
$\mu - 2{,}58\sigma \approx 214{,}68$; $\mu + 2{,}58\sigma \approx 285{,}32$ $P(215 \leq X \leq 285) = 0{,}9905 > 99\ \%$; 99 %-Prognoseintervall [215;285]
③ $\mu = 80$, $\sigma = 4$
$\mu - 1{,}96\sigma \approx 72{,}16$; $\mu + 1{,}96\sigma \approx 87{,}84$ $P(73 \leq X \leq 87) = 0{,}9405 < 95\%$; $P(72 \leq X \leq 88) = 0{,}9674 > 95\%$
95 %-Prognoseintervall [72;88]
$\mu - 2{,}58\sigma \approx 69{,}68$; $\mu + 2{,}58\sigma \approx 90{,}32$ $P(70 \leq X \leq 90) = 0{,}9916 > 99\%$; 99 %-Prognoseintervall [70;90]

b) ① signifikant: $81 < k < 85$ oder $115 < k < 120$ hochsignifikant: $k < 81$ oder $k > 120$
② signifikant: $215 < k < 223$ oder $277 < k < 285$ hochsignifikant: $k < 215$ oder $k > 285$
③ signifikant: $70 < k < 72$ oder $88 < k < 90$ hochsignifikant: $k < 70$ oder $k > 90$

Seite 295 | Aufgabe 4

a) $\mu = 17$, $\sigma = 3{,}73$
$\mu - 1{,}96\sigma \approx 9{,}69$; $\mu + 1{,}96\sigma \approx 24{,}31$ $P(10 \leq X \leq 24) = 0{,}95700 > 95\%$; 95%-Prognoseintervall [10;24]
$\mu - 2{,}58\sigma \approx 7{,}38$; $\mu + 2{,}58\sigma \approx 26{,}62$ $P(8 \leq X \leq 26) = 0{,}99001 > 99\%$; 99%-Prognoseintervall [8;26]

b) Max Ergebnis weicht im zweiten Block signifikant ab, hier hat er tatsächlich „Pech gehabt".

Seite 295 | Aufgabe 5

a) Jahrgang 5: 95 %-Prognoseintervall [48;68]; 99 %-Prognoseintervall [44;72]
Jahrgang 6: 95 %-Prognoseintervall [55;77]; 99 %-Prognoseintervall [51;81]
Jahrgang 7: 95 %-Prognoseintervall [43;63]; 99 %-Prognoseintervall [39;67]
Jahrgang 8: 95 %-Prognoseintervall [35;53]; 99 %-Prognoseintervall [32;56]
Jahrgang 9: 95 %-Prognoseintervall [36;56]; 99 %-Prognoseintervall [33;59]
Jahrgang 10: 95 %-Prognoseintervall [32;50]; 99 %-Prognoseintervall [29;53]

b) Die Intervalle geben an, wie viele Jungen in den verschiedenen Jahrgängen zu 95 % bzw. zu 99 % zu erwarten sind.

c) Die Anzahl der Jungen weicht in Jahrgangsstufe 5, 7 und 10 signifikant vom Erwartungswert ab.

d) Mittelstufe: Jahrgang 8, 9 und 10
$n = 270$, $k = 131$; 95%-Prognoseintervall [116;148]; 99 %-Prognoseintervall [111;153]; $\frac{131}{270} = 0{,}4852 \approx 49\ \%$
Der Anteil der Jungen in der gesamten Mittelstufe entspricht dem Anteil der Jungen in Deutschland.

Seite 295 | Aufgabe 6

a) Die Tabelle gibt für verschieden große Intervall um den Erwartungswert ($E(X) = 50$) die Wahrscheinlichkeit an, mit welcher die Trefferanzahl in diesem Intervall liegt. 50 %: [47;53]. 30 %: [48;52]. 70 %: [45;55]

b) ① 60 %-Prognoseintervall: [12;18] 70 %-Prognoseintervall: [11;19] 80 %-Prognoseintervall: [10;20]
② 60 %-Prognoseintervall: [100;110] 70 %-Prognoseintervall: [99;111] 80 %-Prognoseintervall: [98;112]
③ 60 %-Prognoseintervall: [176;184] 70 %-Prognoseintervall: [176;184] 80 %-Prognoseintervall: [175;185]

Seite 295 | Aufgabe 7

a) Laura hat die Funktion gezeichnet, die für jedes x die Wahrscheinlichkeit, dass die Trefferanzahl im Intervall [50 – x; 50 + x] liegt, angibt. 80%-Prognoseintervall: [44; 56]

b) 90 %-Prognoseintervall: [42; 58] 99 %-Prognoseintervall: [37; 63]

c) $p = 0{,}1$: 95 %-Prognoseintervall: [4; 16] $p = 0{,}3$: 95 %-Prognoseintervall: [21; 39]
$p = 0{,}9$: 95%-Prognoseintervall: [84; 96]
Je näher p an 0,5 ist, desto schwächer steigt der Graph an und desto größer ist das 95 %-Prognoseintervall. Je näher p an 1 ist, desto stärker steigt der Graph an und desto kleiner ist das 95 %-Prognoseintervall.

Seite 296 | Aufgabe 8

a) $n = 255, k = 42, p = 0{,}2$: 95 %-Prognoseintervall: [39;63]
b) 42 liegt innerhalb des 95 %-Prognoseintervalls und damit ist $p = 0{,}2$ verträglich mit der Stichprobe.
c) ① $n = 205, k = 33$ 95 %-Prognoseintervall: [30;52] Der Wert ist verträglich mit den Beobachtungen.
② $n = 310, k = 42$ 95 %-Prognoseintervall: [48;76] Der Wert ist nicht verträglich mit den Beobachtungen.
③ $n = 280, k = 71$ 95 %-Prognoseintervall: [43;69] Der Wert ist nicht verträglich mit den Beobachtungen.

Seite 296 | Aufgabe 9

a) X: Anzahl der Erdbeerbonbons, $p = 0{,}5$, $n = 80$ $P(X = 40) = 0{,}0889$ $P(X \leq 40) = 0{,}5445$
Die Wahrscheinlichkeit dafür, dass genau 40 Erdbeerbonbons in den zwei Familienpackungen sind, ist sehr gering. Die Wahrscheinlichkeit, dass maximal 40 Erdbeerbonbons enthalten sind ist eher hoch.
b) 95 %-Prognoseintervall für $n = 80$ und $p = 0{,}5$: [31;49]. Die Anzahl von 50 Erdbeerbonbons liegt nicht innerhalb des 95 %-Prognoseintervalls. $p = 0{,}5$ ist daher nicht mit der Beobachtung verträglich.
c) 99 %-Prognoseintervall für $n = 80$ und $p = 0{,}5$: [29;51]. 50 liegt innerhalb des 99 %-Prognoseintervalls, daher ist $p = 0{,}5$ mit der Beobachtung verträglich und Thomas sollte den Anteil aufgrund dessen nicht anzweifeln.

Seite 297 | Aufgabe 10

a) $n = 800, p = \frac{1}{6}$, 95 %-Prognoseintervall: [112;154]
b) Ein idealer Würfel zeigt jede Seite mit derselben Wahrscheinlichkeit an.
Intervalle für die Anzahl an Sechsen eines „nicht idealen" Würfels. [0;111] und [155;800]
c) 80 %-Prognoseintervall: [119;147]. Intervall eines „nicht idealen" Würfels: [0;118] und [148;800].
Mit einer Sicherheitswahrscheinlichkeit von 80% ist die Wahrscheinlichkeit einen Würfel als nicht ideal einzustufen höher.

Seite 297 | Aufgabe 11

a) Die Untersuchung hat genau zwei mögliche Ergebnisse, entweder jemand leidet an einer Allergie oder nicht.
b) $p = 0{,}3$; $n = 1000$; 99 %-Prognoseintervall: [263;337]
c) 617 liegt außerhalb des 99 %-Prognoseintervalls und ist daher nicht mit $p = 0{,}3$ verträglich. Dadurch, dass das Ärztezentrum auf Allergologie spezialisiert ist, ist anzunehmen, dass dort überproportional viele Allergiker befragt wurden. Daher sollte dieses Ergebnis vernachlässigt werden.

Seite 297 | Aufgabe 12

a) Die Aussage ist korrekt. Das 95 %-Prognoseintervall „lappt" quasi über die Werte des 90 %-Prognoseintervalls hinaus. Siehe Abbildung Seite 293.
b) Diese Aussage ist richtig. Noch weiter vom Erwartungswert weg, heißt auch, dass sich dieses Ergebnis nicht im Prognoseintervall, das ja um den Erwartungswert liegt, befinden kann.
c) Der Wert von p ist nicht falsch. Das Ergebnis der Stichprobe gibt aber einen Grund dafür die Gültigkeit des Wertes anzuzweifeln.
d) Die Aussage ist falsch. Den Wert von p kann man in vielen Fällen nicht ohne weiteres aufgrund von einer Stichprobe fest machen.

Seite 297 | Aufgabe 13

a) $E(X) = 300 \cdot 0{,}075 = 22{,}5$: In einer Stichprobe von 300 Exemplaren sind ungefähr 23 fehlerhafte Chips zu erwarten.
b) Simons Aussage ist nicht ganz korrekt. Weicht der Wert in einer Stichprobe ab, muss nicht sofort mit einer Änderung des Anteils gerechnet werden. Weicht der Wert jedoch häufiger vom 95 %-Prognoseintervall (99 %) ab, dann ist damit zu rechnen, dass sich der Anteil verändert hat.
c) 95 %-Prognoseintervall: [13,5; 31,5]
d) Liegt die Anzahl der fehlerhaften Chips außerhalb des 95 %-Prognoseintervalls ist damit zu rechnen, dass sich der Anteil geändert hat. Innerhalb des Intervalls wird die Streuung um den Erwartungswert beschrieben, welche nicht darauf hindeutet, dass sich der Anteil der fehlerhaften Chips verändert hat.

Seite 298 | Aufgabe 14

Max Aussage ist nicht korrekt. Liegt das Ergebnis einer Stichprobe im 95 %-Prognoseintervall, dann ist p verträglich mit der Stichprobe zur Sicherheitswahrscheinlichkeit von 95 %.
Julias Aussage stimmt nur zum Teil. Ist ein Wert von p korrekt, dann ist es sehr unwahrscheinlich, dass dieser mit einer Stichprobe nicht verträglich ist. Der Anteil, bei denen p mit den Stichproben verträglich ist, wäre um ein vielfaches höher. Daher hätte man keinen Grund den Wert von p anzuzweifeln.

Seite 298 | Aufgabe 15

a) $p = 0{,}4$, $n = 200$; 95 %-Prognoseintervall: [66; 94]
Der angenommene Wert $p = 0{,}4$ wird genau dann verworfen, wenn in der Stichprobe eine Reißzwecke weniger als 66-mal oder mehr als 94-mal mit der Spitze nach oben landet.
b) 74-mal: $p = 0{,}4$ sollte nicht verworfen werden. 94-mal: $p = 0{,}4$ sollte nicht verworfen werden.
c) Die Entscheidungsregel überprüft den Wert von p „nur" mit einer Sicherheitswahrscheinlichkeit von 95%. Dass p dabei einmal nicht verträglich mit der Stichprobe ist, kann durchaus vorkommen, obwohl der Wert von p gültig ist.
d) Eine Möglichkeit ist, dass der Wert von p vom wahren Wert von p abweicht. Ebenso ist es möglich, dass der Wert von p korrekt ist und das Ergebnis mit einer Wahrscheinlichkeit von 5% signifikant vom Erwartungswert abweicht.

Seite 298 | Aufgabe 16

a) $n = 360, p = 0{,}4$
① [126; 162] ② [120; 168] ③ [129; 159]

b) Liegt der Wert immer mindestens bei 120 und maximal bei 168, dann sollte der Wert bestätigt werden. Liegt er jedoch mindestens einmal außerhalb dieses Bereichs sollte er verworfen werden. Ebenso sollte der Anteil angezweifelt werden, wenn der Wert mehr als einmal außerhalb des ersten Bereichs liegt.

Seite 298 | Aufgabe 17

$n = 48, p = 0{,}5$; 95%-Prognoseintervall: [17; 31]
18 liegt innerhalb des 95 %-Prognoseintervalls. Diese Anzahl ist also nicht signifikant abweichend. Daher sollte man die Behauptung des Supermarkts nicht anzweifeln.

Seite 298 | Aufgabe 18

a) signifikante Ergebnisse: $600 \cdot 0{,}05 = 30$ hochsignifikante Ergebnisse: $600 \cdot 0{,}01 = 6$
Außerhalb des 95 %-Prognoseintervalls liegen 5 %. 1 % der Durchführungen liefert ein hochsignifikantes Ergebnis.

b) 95 %-Prognoseintervall: [29; 51]
In Zelle B244 wird gezählt, wie viele der 600 Durchführungen ein signifikantes, unterhalb des 95 %-Prognoseintervalls liegendes Ergebnis liefern.

c) 99 %-Prognoseintervall: [25;55]
Zelle A244: =ZÄHLENWENN(242:242;"<25") Zelle C244: =ZÄHLENWENN(242:242;">51")
Zelle D244: =ZÄHLENWENN(242:242;">55")

d) Mithilfe von =ZUFALLSBEREICH(1;6) wird der Würfelwurf simuliert von A1 bis A240 und das 600-mal. In A242 wird mithilfe von =ZÄHLENWENN(A1:A240;"6"). Die Formeln für das Bestimmen signifikanter bzw. hochsignifikanter Ergebnisse wurden in Aufgabenteil c) bestimmt.

Seite 299 | Aufgabe 19

a) Die Funktion liefert für jedes x den Wert $P(x \leq X \leq 1000)$ mit $p = 0{,}66$ und $n = 1000$. Die zweite Funktion $f2(x) = 0{,}05$ wird verwendet, um den Schnittpunkt zu bestimmen. Dieser Schnittpunkt liefert den Wert, ab dem die Hypothese verworfen wird.

b) Ist die Anzahl der Smartphonenutzer unter den 1000 Leuten mindestens 685, dann sollte der Anteil von $p = 0{,}66$ verworfen werden.

c) ① Der Anteil von $p = 0{,}66$ sollte verworfen werden. ② Der Anteil von $p = 0{,}66$ sollte nicht verworfen werden.
③ Der Anteil von $p = 0{,}66$ sollte verworfen werden.

Seite 299 | Aufgabe 20

a) $n = 100$: [35; 55] n= 1000: [419; 481] $n = 10000$: [4402; 4598]

b) [0,35; 0,55] [0,419; 0,481] [0,4402; 0,4598]
Diese Intervalle geben die minimale und maximale Trefferwahrscheinlichkeit p an.

c) 20; 0,2 62 ; 0,062 196; 0,0196
Die Breite der Prognoseintervalle nimmt mit steigendem n linear zu. Die Breite der relativen Prognoseintervalle nimmt mit steigendem n linear ab.

Seite 299 | Aufgabe 21

a) $\mu = p \cdot n, \sigma = \sqrt{p \cdot n \cdot (1-p)}$ Das 95%-Prognoseintervall hat die Grenzen $[\mu - 1{,}96\sigma; \mu + 1{,}96\sigma]$

$\mu - 1{,}96\sigma = p \cdot n - 1{,}96 \cdot \sqrt{p \cdot n \cdot (1-p)} \Leftrightarrow \text{Mit } \frac{1}{n} = \sqrt{\frac{1}{n^2}} \Leftrightarrow p - 1{,}96 \cdot \sqrt{\frac{p \cdot n \cdot (1-p)}{n^2}} = p - 1{,}96 \cdot \sqrt{\frac{p \cdot (1-p)}{n}}$

$\mu + 1{,}96\sigma = p \cdot n + 1{,}96 \cdot \sqrt{p \cdot n \cdot (1-p)} \Leftrightarrow \text{Mit } \frac{1}{n} = \sqrt{\frac{1}{n^2}} \Leftrightarrow p + 1{,}96 \cdot \sqrt{\frac{p \cdot n \cdot (1-p)}{n^2}} = p + 1{,}96 \cdot \sqrt{\frac{p \cdot (1-p)}{n}}$

95 %-Prognoseintervall: $\left[p - 1{,}96 \cdot \sqrt{\frac{p \cdot (1-p)}{n}}; p + 1{,}96 \cdot \sqrt{\frac{p \cdot (1-p)}{n}}\right]$

b) Intervallbreite: $p + 1{,}96 \cdot \sqrt{\frac{p \cdot (1-p)}{n}} - \left(p - 1{,}96 \cdot \sqrt{\frac{p \cdot (1-p)}{n}}\right) = 3{,}92 \cdot \sqrt{\frac{p \cdot (1-p)}{n}}$

Da sich nur n bei steigendem Stichprobenumfang ändert, kann die Intervallbreite vereinfacht mit $3{,}92 \cdot \frac{1}{\sqrt{n}}$ angegeben werden. Daher nimmt die Intervallbreite mit steigendem Stichprobenumfang mit dem Faktor $\frac{1}{\sqrt{n}}$ ab.

Seite 299 | Aufgabe 22

a) Dass die Intervallgrenzen mit steigendem Stichprobenumfang mit dem Faktor $\frac{1}{\sqrt{n}}$ abnehmen, wurde ich Aufgabe 21 gezeigt.
Da sich beide Grenzen dem Wert 0,5 annähern, können die Randkurven der Prognoseintervalle mit den gegebenen Funktionen beschrieben werden.

b) Die gelbe Linie steht für das 95 %-Prognoseintervall der relativen Trefferhäufigkeiten bei $n = 100$: [0,4; 0,6]. Die Länge der gelben Linie steht für die zugehörige Intervallbreite 0,2.

$n = 25$: 0,4 $n = 400$: $3{,}92 \cdot \sqrt{\frac{0{,}5 \cdot (1-0{,}5)}{400}} = 0{,}098$

c) Bei einem 90 %-Trichter verlaufen die obere und die untere Randkurve näher an $y = 0{,}5$. Die 99 %-Prognoseintervalle sind schmaler als die 95 %-Prognoseintervalle.
Bei einem 99 %-Trichter verlaufen die Randkurven weiter entfernt von $y = 0{,}5$. Die 99 %-Prognoseintervalle sind breiter als die 95 %-Prognoseintervalle.

d) Je mehr Versuchsdurchführungen stattfinden, umso stärker nähert sich die relative Häufigkeit von „Zahl" beim Münzwurf $p = 0,5$ an. Der 95 %-Trichter beschreibt genau dies. Je größer die Anzahl n der Versuche, umso kleiner wird das 95 %-Prognoseintervall und umso näher sind die Randkurven $p = 0,5$.

7.6 Abiturtraining

Seite 300 | Aufgabe 1

a) $P(X \leq 4)$ beschreibt die Wahrscheinlichkeit dafür, dass maximal vier Elfmeter von den fünf geschossenen verwandelt werden.
$P(X > 2)$ beschreibt die Wahrscheinlichkeit dafür, dass über drei von den fünf Schützen ein Tor erzielen.

b) Mit Term ② wird die Wahrscheinlichkeit für genau 3 Treffer bestimmt.

c) Nicht jeder der Spieler trifft mit derselben Wahrscheinlichkeit den Elfmeter. Ebenso spielt beim Elfmeterschießen die Reihenfolge und die Psyche der Spieler eine große Rolle.

Seite 300 | Aufgabe 2

a) Die Zufallsgröße X kann als binomialverteilt angenommen werden, wenn die Schüler unabhängig voneinander zur Schule fahren und ein Schüler entweder mit dem Fahrrad oder nicht mit dem Fahrrad zur Schule kommt, es also genau zwei Versuchsausgänge gibt.

b) ① $P(X = 3)$. Es fahren genau 3 Schüler des Mathematikkurses mit dem Fahrrad zur Schule.
② $P(X > 0)$. Es fährt mindestens ein Schüler des Kurses mit dem Fahrrad zur Schule.
③ $P(3 \leq X \leq 10)$. Es fahren mindestens 3 und maximal 10 Schüler des Kurses mit dem Fahrrad zur Schule.

c) Der Term bestimmt für $n = 15$ und $p = 0,3$ die Wahrscheinlichkeit, dass maximal 13 Treffer erzielt werden ($P(X < 14)$).
Beispielsweise: Es werden alle 15 Schüler eines anderen Mathematikkurses dieser Schule befragt, wie sie zur Schule kommen.

Seite 300 | Aufgabe 3

a) $P(X = 5) = \binom{6}{5} \cdot 0,6^5 \cdot 0,4$

b) Das Gegenereignis lautet „mehr als ein Treffer". Der Term ① gibt die Wahrscheinlichkeit dieses Ereignisses an.

c) $P(3 \leq X \leq 5)$. Es werden mindestens zwei, aber maximal fünf Treffer erzielt.

d) Abbildung ③ stellt die Wahrscheinlichkeitsverteilung von X dar. Da $p > 0,5$ muss das Histogramm rechtsschief sein und es muss $E(X) > 0,5 \cdot n$ gelten.

Seite 301 | Aufgabe 4

a) ① Da das Histogramm symmetrisch um den Erwartungswert ist, gilt: $p = 0,5$. $E(X) = 50 = n \cdot p = n \cdot 0,5 \Leftrightarrow n = 100$
$\sigma = \sqrt{100 \cdot 0,5 \cdot (1 - 0,5)} = 5$
② $E(X) = 80 = 100 \cdot p \Leftrightarrow p = 0,8$; $\sigma = \sqrt{100 \cdot 0,8 \cdot (1 - 0,8)} = 4$

b) ① Histogramm 1: [40; 60] Histogramm 2: [72; 88]
② Histogramm 1: [34; 66] Histogramm 2: [67;93]

Seite 300 | Aufgabe 5

a) ① $n = 50, p = 0,1$; $P(X \geq 5) = 1 - P(X < 5) = 0,5688$
② $n = 400, p = 0,1$; $E(X) = 400 \cdot 0,1 = 40$; Untere Grenze: $40 \cdot 0,8 = 32$, obere Grenze: $40 \cdot 1,2 = 48$
$P(32 \leq X \leq 48) = P(X \leq 48) - P(X \leq 31) = 0,8442$

b)
$P(X \geq 1)$	$\geq$	$0,99$	
$1 - P(X = 0)$	$\geq$	$0,99$	$\mid +P(X = 0); -0,99$
$0,01$	$\geq$	$P(X = 0)$	
$0,01$	$\geq$	$(0,9)^n$	$\mid \log$
$\log(0,01)$	$\geq$	$n \cdot \log(0,9)$	$\mid :\log(0,9)$
$43,71$	$\leq$	n	

Mia muss noch mindestens 44 Überraschungseier kaufen, um mit einer Wahrscheinlichkeit von mindestens 99 % eine weitere EM-Figur zu bekommen.

c) $n = 25, p = 0,1$; $P(X = 0) = 0,0718$; $E(X) = 5\ € - 0,0718 \cdot 50\ € = 1,41\ €$. Der mittlere Gewinn pro Palette beträgt 1,41 €.

d) $n = 50, p = 0,1$; $\mu = 5, \sigma = 2,12$
$\mu - 1,96\sigma \approx 0,84$; $\mu + 1,96\sigma \approx 9,16$
$P(1 \leq X \leq 9) = 0,9703 > 95\ \%$; 95 %-Prognoseintervall [1; 9]

e) $n = 10$, p ist gesucht, berechnet wird $P(X = 0)$ mit $1 - p = q$

$P(X \geq 1)$	$\geq$	$0,99$	
$1 - P(X = 0)$	$\geq$	$0,99$	$\mid +P(X = 0); -0,99$
$0,01$	$\geq$	$P(X = 0)$	
$0,01$	$\geq$	q^{10}	$\mid \ ^{\frac{1}{10}}$
$0,6310$	$\geq$	q	$\mid$

$p = 1 - q \Leftrightarrow p \geq 1 - 0,6310 \Leftrightarrow p \geq 0,3690$
Der Anteil der EM-Eier an den Überraschungseiern muss mindestens 36,9 % betragen, damit die Kunden mit wenigstens 99 %iger Wahrscheinlichkeit erwarten können, in zehn gekauften Eiern wenigstens eine EM-Figur zu finden.

8. Abiturvorbereitung

8.1 Aufgaben zum Pflichtteil

Aufgaben zur Analysis

Seite 309 | Aufgabe 1

a) Nullstelle bei $x=5\cdot ln\left(\frac{2}{5}\right)$; $f'(x)=e^{\frac{x}{5}}$; Steigung der Tangente im Punkt P(0|3): $f'(0) = 1$

b) Tangentengleichung: y = x+3. Diese schneidet die x-Achse an der Stelle x = -3.
Die Strecken zwischen den Punkten (0|0) und P bzw. zwischen (0|0) und (-3|0) sind gleich lang.

c) Tangentengleichung y = x + 5 - a. Die Tangente schneidet die x-Achse im Punkt P(-(5-a)|0). Die Strecken zwischen den Punkten A(0|0) und P bzw. zwischen A und B(-(5-a)|0) gleich lang und das Dreieck APB ist gleichschenklig.

Seite 309 | Aufgabe 2

a) $F'(x) = (3x-18)' \cdot e^x + (e^x)' \cdot (3x-18)$. Dies ergibt: $F'(x) = 3e^x + e^x \cdot (3x-18) = e^x(3x-15)$.

b) Gesucht ist der Wert u für den gilt: $\int_0^u f(x)dx = 18$. Da $F(x) = (3x-18) \cdot e^x$ eine Stammfunktion ist reicht es, die Gleichung $F(u) - F(0) = 18 \Leftrightarrow (3u-18)\,e^u + 18 = 18 \Leftrightarrow (3u-18)\,e^u = 0 \Leftrightarrow (3u-18)\,e^u = 0 \Leftrightarrow (3u-18) = 0 \Leftrightarrow u = 6$

Seite 309 | Aufgabe 3

a) $3x - x^3 = 0 \Leftrightarrow x(3-x^2) = 0 \Leftrightarrow x = 0$ oder $(3-x^2) = 0$ Nullstellen: $x = 0$ oder $x = \sqrt{3}$ oder $x = -\sqrt{3}$.

b) $F(x) = \frac{3}{2}x^2 - \frac{1}{4}x^4$ ist Stammfunktion zu f. Also ist $A = F(\sqrt{3}) - F(0) = \frac{9}{2} - \frac{9}{4} = 2{,}25$. A beschreibt den Flächeninhalt zwischen dem Graphen der Funktion und der x-Achse auf dem Intervall $[0, \sqrt{3}]$.

c) Es gilt $\int_{-\sqrt{3}}^{0} f(x)dx = -\int_0^{\sqrt{3}} f(x)dx = -A$. Flächeninhalt der eingeschlossenen Fläche beträgt 2A.

Seite 309 | Aufgabe 4

a) allgemeine Form: $f(x) = ax^3 + bx^2 + cx + d$; $a, b, c, d \in \mathbb{R}$., $b = d = 0$ (Punktsymmetrie)
$f'(x) = 3ax^2+c$. Bedingungen: $f(1) = 0$ und $f'(1) = 2$. Gleichungen $a+c = 0$ und $3a + c = 2$.
Lösungen: a = 1 und b = -1. Damit folgt: $f(x) = x^3 - x$.

b) O(0|0) Wendepunkt (Punktsymmetrie) Tangente t in 0: y= a x + b $f'(x) = 3x^2 - 1$, $f'(0) = a = -1$
Der Schnittpunkt von t mit der y-Achse: O(0|0), also b = 0 Gleichung der Wendetangente: $y = -x$.

Seite 309 | Aufgabe 5

a) $f_a'(x) = 4a - 4x$, $f_a''(x) = -4$, $a > 0$. $f_a'(x) = 0 \Leftrightarrow 4a - 4x = 0 \Leftrightarrow x = a$. Da $f_a''(x) = -4<0$ für alle a, ist x = a ein Hochpunkt.
Einsetzen in $f_a(x) = 162$ und nach a auflösen ergibt $a = \pm 9$.

b) Nullstellenberechnung: $f_a(x) = 0 \Leftrightarrow 4ax - 2x^2 = 0 \Leftrightarrow 2x(2a-x) = 0 \Leftrightarrow x = 0$ oder $x = 2a$
Integral bestimmen: $F_a(x) = 2ax^2 - \frac{2}{3}x^3$. $A(a) = F_a(2a) - F_a(0) = \frac{8}{3}a^3$

c) $A(a) = 72 \Leftrightarrow a^3\frac{8}{3} = 72 \Leftrightarrow a^3 = 27$ Lösungen: a = 3 oder a = -3.

Seite 310 | Aufgabe 6

a) Zu zeigen: $F(x) = (x^2 + x + 1)e^{-x}$ ist Stammfunktion zu f.
$F'(x) = (x^2 + x + 1)' \cdot e^{-x} + (e^{-x})' \cdot (-x)'(x^2 + x + 1)$
$= (2x + 1)\,e^{-x} + e^{-x} \cdot (-1)(x^2 + x + 1) = e^{-x}\,(2x + 1 - x^2 - x - 1) = e^{-x}\,(x - x^2) = f(x)$

b) Nullstellen: $x_1 = 0$ und $x_2 = 1$ Flächeninhalt: $A = F(1) - F(0) = 3e^{-1} - 1$

c) F(x) hat in x = 0 ein Minimum, da dort ein Vorzeichenwechsel von f von - nach + vorliegt.
F(x) hat in x = 1 ein Maximum, da dort ein Vorzeichenwechsel von f von + nach – vorliegt.

Seite 310 | Aufgabe 7

a) Zu zeigen: $f'(x) = (2x-2) \cdot e^x$ und $f''(x) = 2x \cdot e^x$.
$f'(x) = (2x-4)' \cdot e^x + (e^x)' \cdot (2x-4) = 2 \cdot e^x + e^x \cdot (2x-4) = e^x \cdot (2x-2)$.
$f''(x) = (e^x \cdot (2x-2))' = e^x \cdot (2x-2) + 2e^x = 2x \cdot e^x$

b) Fehler im ersten Druck des Schülerbuchs: Es soll gezeigt werden, dass in T(1|-2e) ein Tiefpunkt liegt.
Der Graph von f hat in T(1|−2e) einen Tiefpunkt, denn $f'(1) = 0$ und $f''(1) = 2e > 0$.

Seite 310 | Aufgabe 8

a) $\lim\limits_{x\to+\infty} f(x) = \lim\limits_{x\to+\infty}(x \cdot e^{1-x}) = \lim\limits_{x\to+\infty} x \cdot \lim\limits_{x\to+\infty} e^{1-x} = +\infty \cdot 0 = 0.$
$\lim\limits_{x\to-\infty} f(x) = \lim\limits_{x\to-\infty}(x \cdot e^{1-x}) = \lim\limits_{x\to-\infty} x \cdot \lim\limits_{x\to-\infty} e^{1-x} = -\infty \cdot +\infty = -\infty.$

b) Da $e^x \neq 0$, für alle $x \in \mathbb{R}$, ist x = 0 einzige Nullstelle von f.

c) $F'(x) = (-1) \cdot e^{1-x} + e^{1-x} \cdot (-1) \cdot (-x-1) = e^{1-x} \cdot x$.

Seite 310 | Aufgabe 9

a) $f\left(\frac{1}{3}\right) = 0$, da $3x - 1 = 0$ für $x = \frac{1}{3}$. Der zweite Faktor e^{-x} ist für alle x ungleich null.

b) $\lim\limits_{x\to+\infty}(3x-1) \cdot e^{-x} = 0$, da $\lim\limits_{x\to+\infty}(3x-1) = \infty$ und $\lim\limits_{x\to+\infty} e^{-x} = 0$.
Das Verhalten des Exponentialterm dominiert, also ist die x-Achse y = 0 Asymptote von f.

c) $f\left(\frac{4}{3}\right) = 3\,e^{-\frac{4}{3}}$ $\qquad f'(x) = 3 \cdot e^{-x} - e^{-x} \cdot (3x - 1) = e^{-x} \cdot (4 - 3x).$ $\qquad$ Einsetzen ergibt $f'\left(\frac{4}{3}\right) = 0.$
Da $4 - 3x < 0$ für $x > \frac{4}{3}$ und $4 - 3x > 0$ für $x < \frac{4}{3}$ liegt für f'in $x = \frac{4}{3}$ ein Vorzeichenwechsel von +nach −vor.

Seite 310 | Aufgabe 10

a) $f'(x) = -2e^x$. f ist monoton fallend auf $\mathbb{R}$, da der Wert der ersten Ableitung an jeder Stelle kleiner 0 ist.
b) Fehler im ersten Druck des Schülerbuchs: Es soll gezeigt werden, dass in T(1|-2e) ein Tiefpunkt liegt.
Schnittpunkt mit der y-Achse: $S(0|-2)$ $\qquad$ Steigung der Tangente: $f'(0) = -2$ $\qquad$ y-Achsenabschnitt: -2.
Tangentengleichung: $t(x) = -2x - 2$. Der Schnittpunkt von t(x) mit der x-Achse ergibt sich aus $-2x - 2 = 0 \Leftrightarrow x = -1$. Das Dreieck ist rechtwinklig und hat die Seiten $a = |-1|, b = |-2|$. Es ist $A = \frac{1}{2}ab = \frac{1}{2} \cdot 1 \cdot 2 = 1$. Der Flächeninhalt beträgt 1FE.

Seite 310 | Aufgabe 11

a) $f(x) = 2 + e^x$ - Graph I $\qquad g(x) = -e^{-x}$ - Graph III $\qquad h(x) = 2 \cdot e^{-x}$ - Graphen II
Der Graph I geht aus dem Graphen von k durch Verschiebung um 2 Einheiten entlang der y-Achse nach oben hervor.
Der Graph II geht aus dem Graphen von k durch Spiegelung an der y-Achse und an der x-Achse hervor.
Wird der Graph von k an der y-Achse gespiegelt und entlang der y-Achse um den Faktor 2 gestreckt, ergibt sich der Graph III.

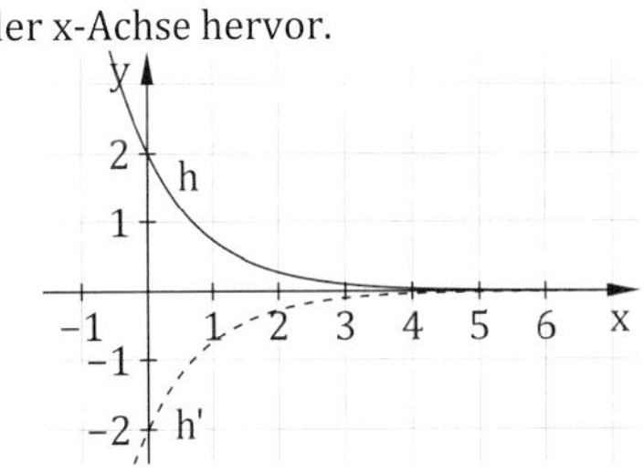

b) Der blaue Graph stellt die Ableitung von f(x) dar, da $(2 + e^x)' = (e^x)' = e^x$.
$g'(x) = -(e^{-x})' = e^{-x} = \frac{1}{e^x}$. Also wird $g'(x)$ durch die rote Funktion dargestellt.
$h'(x) = 2 \cdot (-1) \cdot g'(x) = -\frac{2}{e^x}$.
Der Graph von h' geht aus dem Graphen von g' durch Streckung um den Faktor 2 entlang der y-Achse und Spiegelung an der y-Achse hervor.

Aufgaben zur Analytischen Geometrie

Seite 311 | Aufgabe 1

a) $h: \vec{x} = \begin{pmatrix} 3 \\ 2 \\ -3 \end{pmatrix} + s\begin{pmatrix} -2 \\ 0 \\ -2 \end{pmatrix}$
b) Setze g = h: $\begin{pmatrix} 4 \\ 4 \\ -1 \end{pmatrix} + r\begin{pmatrix} 1 \\ 2 \\ 2 \end{pmatrix} = \begin{pmatrix} 3 \\ 2 \\ -3 \end{pmatrix} + s\begin{pmatrix} -2 \\ 0 \\ -2 \end{pmatrix}$. $\qquad$ Schnittpunkt: $S = \begin{pmatrix} 3 \\ 3 \\ -3 \end{pmatrix}$.
c) Für den Winkel zwischen den Richtungsvektoren $\vec{u}$ von g und $\vec{v}$ von h gilt: $\cos(\alpha) = \frac{\vec{u} \cdot \vec{v}}{|\vec{u}| \cdot |\vec{v}|} = \frac{1}{\sqrt{2}}$. $\alpha = 45°$

Seite 311 | Aufgabe 2

a) Eine Parametergleichung von g ist $g: \vec{x} = \overrightarrow{OP} + r \cdot (\overrightarrow{OQ} - \overrightarrow{OP}) = \begin{pmatrix} 3 \\ 6 \\ 0 \end{pmatrix} + r\begin{pmatrix} 2 \\ -1 \\ 4 \end{pmatrix}$.
b) Beim Spurpunkt S_{12} ist die x_3- Koordinate 0. Da der Punkt P bereits in der $x_1\,x_2$- Ebene liegt, ist dieser auch der Spurpunkt.
c) Für die Richtungsvektoren von g und h gilt $\begin{pmatrix} 6 \\ -3 \\ -12 \end{pmatrix} = 3 \cdot \begin{pmatrix} 2 \\ -1 \\ 4 \end{pmatrix}$, also sind die Geraden parallel zueinander.

Seite 311 | Aufgabe 3

a) Flugbahn: $g: \vec{x} = \begin{pmatrix} 4 \\ -1 \\ 5 \end{pmatrix} + r\begin{pmatrix} 3 \\ 4 \\ 0 \end{pmatrix}$; Position nach 2 Minuten P(10|7|5); Position nach 10 Minuten P(34|39|5).
b) $\begin{pmatrix} -3 \\ 6 \\ 0 \end{pmatrix} = r\begin{pmatrix} 3 \\ 4 \\ 0 \end{pmatrix}$ keine Lösung. Q nicht auf der Flugbahn. $\qquad \begin{pmatrix} -4{,}5 \\ -6 \\ 0 \end{pmatrix} = r\begin{pmatrix} 3 \\ 4 \\ 0 \end{pmatrix}$ hat die Lösung $r = -\frac{3}{2}$. R liegt auf der Flugbahn.
c) Der Richtungsvektor liegt in der x_1x_2-Ebene. Die Gerade verläuft demnach parallel zur x_1x_2-Ebene und berührt diese nie.
d) Diese ist $|\vec{v}| = \sqrt{3^2 + 4^2} = 5$ (km/min). Also bewegt sich das Flugzeug mit $60 \cdot 5 = 300$ (km/h).

Seite 311 | Aufgabe 4

a) $g: \vec{x} = \begin{pmatrix} 1 \\ -1 \\ 6 \end{pmatrix} + r\begin{pmatrix} -3 \\ 6 \\ -6 \end{pmatrix}$: $\begin{pmatrix} 2 \\ y \\ 4 \end{pmatrix} = \begin{pmatrix} 1 \\ -1 \\ 6 \end{pmatrix} + r\begin{pmatrix} -3 \\ 6 \\ -6 \end{pmatrix}$ ergibt $y = -3$.
b) $\overrightarrow{CA} = \begin{pmatrix} 1 \\ -1 \\ 6 \end{pmatrix} - \begin{pmatrix} 4 \\ 5 \\ 0 \end{pmatrix} = \begin{pmatrix} -3 \\ -6 \\ 6 \end{pmatrix}$ und $\overrightarrow{CB} = \begin{pmatrix} 10 \\ 8 \\ 6 \end{pmatrix} - \begin{pmatrix} 4 \\ 5 \\ 0 \end{pmatrix} = \begin{pmatrix} 6 \\ 3 \\ 6 \end{pmatrix}$. $\overrightarrow{CA} \cdot \overrightarrow{CB} = 0$ und $|\overrightarrow{CA}| = |\overrightarrow{CB}| = 9$, Die Seiten sind also gleichlang.
c) Flächeninhalt: $\frac{81}{2} = 40{,}5$ FE.
d) Den Punkt D erhält man z. B. als Endpunkt der Vektorstrecke $\vec{C} + \overrightarrow{CA} + \overrightarrow{CB}$: $D = \begin{pmatrix} 4 \\ 5 \\ 0 \end{pmatrix} + \begin{pmatrix} -3 \\ -6 \\ 6 \end{pmatrix} + \begin{pmatrix} 6 \\ 3 \\ 6 \end{pmatrix} = \begin{pmatrix} 7 \\ 2 \\ 12 \end{pmatrix}$.

Seite 311 | Aufgabe 5

a) $g: \vec{x} = \begin{pmatrix} 1 \\ -1 \\ 6 \end{pmatrix} + r\begin{pmatrix} -3 \\ 6 \\ -6 \end{pmatrix}$; zu lösen: $\begin{pmatrix} 3 \\ 2 \\ 3 \end{pmatrix} + r\begin{pmatrix} 1 \\ 1 \\ 1 \end{pmatrix} + s\begin{pmatrix} 2 \\ 1 \\ 2 \end{pmatrix} = \begin{pmatrix} 0 \\ 0 \\ 0 \end{pmatrix}$. $\left(\begin{array}{cc|c} 1 & 2 & -3 \\ 1 & 1 & -2 \\ 1 & 2 & -3 \end{array}\right) \overset{ZSF}{\longrightarrow} \left(\begin{array}{cc|c} 1 & 2 & -3 \\ 0 & -3 & -2 \\ 0 & 0 & -3 \end{array}\right) \rightarrow s = -\frac{1}{3}$ und $r = -1$.
b) t = 2 in Gleichung zu g ergibt S $\qquad$ s = 2 und r = −3 in Gleichung von E ergibt S
c) Der Richtungsvektor der Geraden h ist identisch mit einem der Richtungsvektoren von E und der Koordinatenursprung O(0|0|0) liegt in E und auf g. Also liegt g in E.

Seite 312 | Aufgabe 6

a) $\vec{v_1} = \vec{a} + \vec{b} = \overrightarrow{AC}$ $\quad \vec{v_2} = \vec{a} - \vec{c} = \overrightarrow{EB}$ $\quad \vec{v_3} = \vec{a} - \vec{b} + \vec{c} = \overrightarrow{DF}$ $\quad \vec{v_4} = \vec{a} - (\vec{b} + \vec{c}) = \overrightarrow{HB}$

b) $\overrightarrow{BD} = \vec{b} - \vec{a} = \begin{pmatrix} -3 \\ 0 \\ 0 \end{pmatrix} - \begin{pmatrix} 0 \\ 4 \\ 0 \end{pmatrix} = \begin{pmatrix} -3 \\ -4 \\ 0 \end{pmatrix}$. $|\overrightarrow{BD}| = \sqrt{9 + 16} = 5$.

c) $M_{\overline{AB}}(3|2|0)$ $\quad M_{\overline{AD}}(1{,}5|0|0)$ $\quad M_{\overline{AE}}(3|0|1)$ $\quad$ Mittelpunkt des Quaders: $M(1{,}5|2|1)$.

Seite 312 | Aufgabe 7

a) $\vec{v_A} = \begin{pmatrix} 0 \\ 0 \\ 5 \end{pmatrix}$ ein Richtungsvektor zur Antenne. Der Endpunkt der Antenne berechnet sich aus $\vec{S} = \vec{P} + \vec{v_A} = \begin{pmatrix} 9 \\ 2 \\ 0 \end{pmatrix} + \begin{pmatrix} 0 \\ 0 \\ 5 \end{pmatrix} = \begin{pmatrix} 9 \\ 2 \\ 5 \end{pmatrix}$.

b) $\overrightarrow{PS} = \vec{S} - \vec{P} = \begin{pmatrix} 4 \\ -3 \\ 0 \end{pmatrix} - \begin{pmatrix} 9 \\ 2 \\ 5 \end{pmatrix} = \begin{pmatrix} -5 \\ -5 \\ 0 \end{pmatrix}$. $|\overrightarrow{PS}| = \sqrt{50} \approx 7{,}07\text{m}$.

c) Gerade g_{PS}: $\vec{x} = \begin{pmatrix} 9 \\ 2 \\ 0 \end{pmatrix} + r\begin{pmatrix} 0 \\ 0 \\ 5 \end{pmatrix}$. LGS $\begin{pmatrix} 9 \\ 2 \\ 0 \end{pmatrix} + r\begin{pmatrix} 0 \\ 0 \\ 5 \end{pmatrix} = \begin{pmatrix} 5 \\ 3 \\ 5 \end{pmatrix} + t\begin{pmatrix} 4 \\ -1 \\ -3 \end{pmatrix}$. Lösung $t = 1$ und $r = \frac{2}{5}$.

Da g_{PS} senkrecht auf P steht, hat der Schnittpunkt $S_{gg_{12}}$ die Koordinaten x_1, x_2 von P. Aus der dritten Gleichung (links) ergibt sich $x_3 = \frac{2}{5} \cdot 5 = 2$. Der Schnittpunkt ist also $S_{gg_{12}}(9|2|2)$. Die Länge des Vektors $\overrightarrow{PS_{gg_{12}}}$ ist kleiner als die der Strecke $\overline{PS}$, da die dritte Koordinate von $S_{gg_{12}}$ kleiner als die von P ist und die beiden anderen gleich sind. Also liegt $S_{gg_{12}}$ auf der Strecke $\overline{PS}$.

Seite 312 | Aufgabe 8

a) $B = (3|4|0)$ $\quad D = (-2|4|0)$ $\quad F = (3|4|3)$ $\quad G = (-2|4|3)$ $\quad H = (-2|4|3)$

b) Die Höhe der Wände: $h_W = 3$ m $\quad$ Die Gesamthöhe des Hauses: $h_H = 6{,}5$ m.

c) Seitenflächen: $2 \cdot (4 \cdot 3) = 24\ \text{m}^2$, Längsflächen: $2 \cdot (5 \cdot 3) = 30\ \text{m}^2$ Gesamtfläche: $A = 54\ \text{m}^2$.

Es werden $\frac{54}{3}\ \text{l} = 18\ \text{l}$ Farbe und benötigt und daher müssen also 4 Eimer gekauft werden. 3l bleiben dann übrig.

Seite 312 | Aufgabe 9

a) $r = 5$ in Gleichung von g_1 ergibt $\overrightarrow{0A}$ und $r = 4$ in Gleichung von g_2 ergibt $\overrightarrow{0BA}$

b) Zu lösen: $\begin{pmatrix} x \\ 8 \\ z \end{pmatrix} = \begin{pmatrix} 1 \\ 2 \\ 2 \end{pmatrix} + s\begin{pmatrix} 2 \\ -1 \\ 2 \end{pmatrix}$. Lösung: $x = 13$; $z = 14$.

Zu lösen: $\begin{pmatrix} 5 \\ 9 \\ 6 \end{pmatrix} + r\begin{pmatrix} 1 \\ 4 \\ 1 \end{pmatrix} = \begin{pmatrix} 1 \\ 2 \\ 2 \end{pmatrix} + s\begin{pmatrix} 2 \\ -1 \\ 2 \end{pmatrix}$. Lösung: $s = 1$ und $r = -2$. Einsetzen in eine der Ausgangsgleichungen ergibt $S(3|1|4)$.

c) Die Seiten des Dreiecks ΔABC liegen auf den Geraden durch S und A bzw. S und B. Es reicht also zu zeigen, dass deren Richtungsvektoren senkrecht aufeinander stehen. Dazu ist zu prüfen, ob das Skalarprodukt dieser Vektoren 0 ist:
$\begin{pmatrix} 1 \\ 4 \\ 1 \end{pmatrix} \cdot \begin{pmatrix} 2 \\ -1 \\ 2 \end{pmatrix} = 2 + 4 + 2 = 0$. Die Seiten bilden also einen Winkel von 90°.

d) Seiten des Dreiecks: Vektoren $\overrightarrow{SA}$ und $\overrightarrow{SB}$; $\overrightarrow{SA} = \begin{pmatrix} -7 \\ -28 \\ -7 \end{pmatrix}$ und $\overrightarrow{SB} = \begin{pmatrix} -6 \\ 3 \\ -6 \end{pmatrix}$; der Flächeninhalt wird also durch ② angegeben.

Aufgaben zur Stochastik

Seite 313 | Aufgabe 1

a) Das zweimalige Werfen des Würfels ist ein Laplace-Experiment, da die Zahlen 0,1 und 2 gleich oft vorkommen. Die Wahrscheinlichkeit für jede 2er-Kombination ist $\frac{1}{9}$. Für das Produkt der Augenzahlen ergeben sich folgende Wahrscheinlichkeiten.

x	0	1	2	4
P(X=x)	$\frac{5}{9}$	$\frac{1}{9}$	$\frac{2}{9}$	$\frac{1}{9}$

b) $P(E) = P(X = 1) = \frac{1}{9}$; $\quad P(F) = P(X \geq 2) = P(X = 2) \vee P(X = 4) = \frac{2}{9} + \frac{1}{9} = \frac{1}{3}$

c) Die Wahrscheinlichkeiten für die Gewinne 0€, 9€, 18€ ergeben sich aus der obigen Tabelle wie folgt: Der Erwartungswert ist: $E(X) = 0 \cdot \frac{2}{3} + 9 \cdot \frac{2}{9} + 18 \cdot \frac{1}{9} = 4$.
Das Spiel ist bei einem Einsatz von 4 € fair.

Gewinn	0 €	9 €	18 €
P(X=x)	$\frac{2}{3}$	$\frac{2}{9}$	$\frac{1}{9}$

Seite 313 | Aufgabe 2

a) Es gilt $P(A \cap B) = P(A) \cdot P_A(B) = \frac{1}{20}$.
Daraus folgt $P_A(B) = \frac{1}{20} : \frac{1}{4} = \frac{1}{5}$. Weiter gilt: $P(\overline{A}) = \frac{3}{4}$; $P_{\overline{A}}(\overline{B}) = \frac{2}{3}$.

b) $P(\overline{A} \cap B) = \frac{1}{4}$; $P_{\overline{A}}(B) = \frac{1}{3}$; $P(B) = P(\overline{A} \cap B) + P(A \cap B) = \frac{1}{20} + \frac{1}{4} = \frac{3}{10}$;
$P_B(A) = \frac{P(A) \cdot P_A(B)}{P(B)} = \frac{1}{4} \cdot \frac{1}{5} \cdot \frac{10}{3} = \frac{1}{6}$

c) Es ist $P(A) \cdot P(B) = \frac{1}{4} \cdot \frac{3}{10} = \frac{3}{40} \neq \frac{1}{20}$. Die Ereignisse A und B sind stochastisch abhängig.

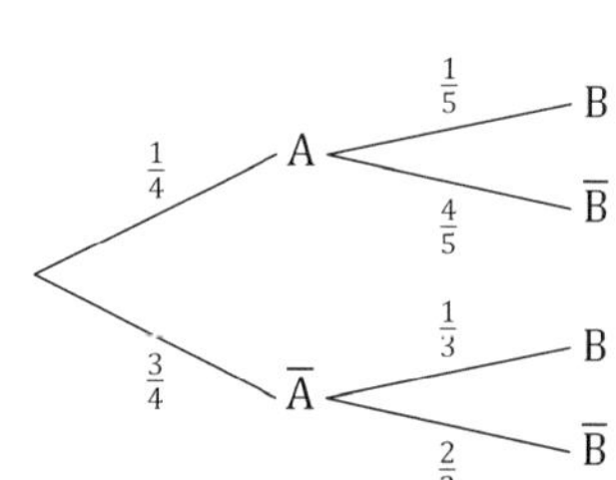

Seite 313 | Aufgabe 3

a) $\overline{A}$: Nach zweimaligem Ziehen wurde kein Joker gezogen. $\overline{B}$: Unter den drei gezogenen Karten befinden sich genau 2 Buben.

b) $P(A) = \frac{17}{22}$. $\quad P(B) = P(\overline{\text{Bube}}, \text{Bube}, \text{Bube}) + P(\text{Bube}, \overline{\text{Bube}}, \text{Bube}) + P(\text{Bube}, \text{Bube}) = \frac{3}{66}$.

Seite 313 | Aufgabe 4

a) $P(A) = \frac{3}{8}; P(B) = \frac{35}{8}$ und $P(A \cap B) = \frac{5}{8}$. $P(A \cap B) = P(A) \cdot P(B)$.
A und B sind stochastisch unabhängig.

b) $P(A) = \frac{3}{8}$ wie zuvor. $P(B) = \frac{5}{8} \cdot \frac{4}{7} + \frac{3}{8} \cdot \frac{5}{7} = \frac{15}{28}$.
Da das Ergebnis des ersten Zugs aus der Urne die Gesamtzahl der Kugeln verändert, können die Ereignisse A und B nicht stochastisch unabhängig sein.

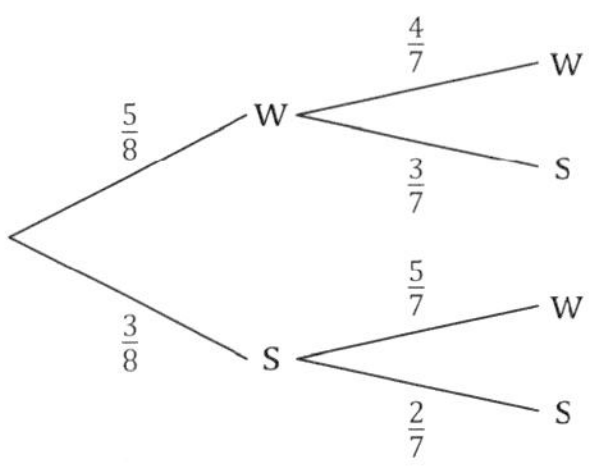

Seite 314 | Aufgabe 5

a) Die 74-fache Durchführung des Spiels entspricht einer binomialverteilten Zufallsgröße X mit $n = 74; p = \frac{1}{16}$.
$E(X) = n \cdot p = \frac{74}{16} = 4{,}625$. Das Spiel wird also bei 74 Durchgängen knapp fünfmal gewonnen.

b) Zur Festsetzung der fairen Gewinnhöhe hilft die nebenstehende Tabelle.
Für ein faires Spiel soll gelten: $E(X) = \frac{x}{16} + (-2) \cdot \frac{15}{16} = 0$. Also muss der Gewinn für „vier mal Kopf" 30€ sein, wenn das Spiel fair sein soll.

Gewinn	x€	-2€
P(X=x)	$\frac{1}{16}$	$\frac{15}{16}$

c) Die Zufallsgröße X ist diesmal eine Binomialverteilung mit $n = 30; p = \frac{1}{16}$.
① beschreibt die Wahrscheinlichkeit für $P(X = 0)$,
② berechnet aus ① den Exponenten n, also die Anzahl der Durchführungen, die notwendig sind damit diese Wahrscheinlichkeit den Wert 0,05 annimmt. Dieser Wert für n ist größer als 30. Mit der gleichen Anzahl von Durchführungen gilt für das Gegenereignis $P(X \geq 1) = 1 - P(X = 0) = 0{,}95$ Hannes hat recht.

Seite 314 | Aufgabe 6

a) Die Anzahl an Kunden, die einen Pfannkuchen mit Marmelade bekommen, kann als binomialverteilte Zufallsgröße X mit den Parametern $n = 10$ und $p = 0{,}95$ beschrieben werden.
Ereignis A: $0{,}95^2$, ohne Bernoulli-Kette
Ereignis B: $P(X = 8) = \binom{10}{2} \cdot p^2 \cdot (1 - p)^8 = \binom{10}{2} \cdot 0.05^2 \cdot 0.95^8$.
Ereignis C: $P(X \leq 8) = 1 - \big(P(X = 0) + P(X = 1)\big) = 1 - ((1 - p)^{10} + p \cdot (1 - p)^9) = 1 - (1 - p)^9 = 1 - \ 0.95^9 \cdot$

b) Die erste Abbildung stellt die Wahrscheinlichkeitsverteilung für die Zufallsgröße X dar

Seite 314 | Aufgabe 7

a) Das Glücksspiel wird durch eine binomialverteilte Zufallsgröße X mit $n = 100$ und $p = \frac{1}{2}$ beschrieben. Daher ist $\mu = 100 \cdot \frac{1}{2} = 50$. Das Spiel ist also bei einem Einsatz von 50€ fair.

b) Es ist $\sigma = \sqrt{100 \cdot \frac{1}{4}} = 5$. Da die Laplace-Bedingung $\sigma > 3$ erfüllt ist, gelten die σ-Regeln. Danach liegt die Trefferanzahl von X mit einer Wahrscheinlichkeit von 95,5% im Intervall [45,55]. Damit erfüllt ① die Bedingung, alle anderen nicht.

c) Bei 10 000 Würfen ist der Erwartungswert $\mu = 5000$. Die Fairness der Münze kann also angezweifelt werden.

Seite 314 | Aufgabe 8

a) ① beschreibt die Wahrscheinlichkeit für $P(X = 0)$ für X ist binomialverteilt mit $n = 3$.
② beschreibt die Wahrscheinlichkeit für $P(X = 5)$ für X.
③ beschreibt die Wahrscheinlichkeit für $P(X \geq 2)$ für X, da
$P(X = 0) = (1 - p)^n$ und $P(X = 1) = n \cdot p \cdot (1 - p)^{n-1}$ und $P(X \geq 2) = 1 - (P(X = 0) + P(X = 1))$.

b) $\mu = n \cdot p = 20$ und $\sigma = \sqrt{n \cdot p \cdot (1 - p)} = 2$. Da die Varianz von X $V(X) = \sigma^2$ ist, gilt $n \cdot p \cdot (1 - p) = 4$. Aus $\mu = n \cdot p = 20$ folgt $p = \frac{20}{n}$. Eingesetzt in die Formel für V(X): $n \cdot p \cdot (1 - p) = 4 \Leftrightarrow 1 - p = \frac{1}{5} \Leftrightarrow p = \frac{4}{5}$. Damit ist $n = 25$.

8.2 Aufgaben zum Wahlpflichtteil

Aufgaben zur Analysis

Seite 315 | Aufgabe 1

a) Nullstellen sind $t_0 = 0; t_1 = 6$. Die Gesamtdauer:6 Sekunden Die Downloadgeschwindigkeit: $f(2) = 2\frac{\text{MB}}{\text{s}}$.
$f'(t) = -\frac{3}{8}t^2 + \frac{3}{2}t; f''(t) = -\frac{3}{4}t + \frac{3}{2}$. $f'(t_0) = 0 \Leftrightarrow -\frac{1}{8}t_0^2 + \frac{3}{2}t_0 = 0 \Leftrightarrow t_0 = 0 \vee t_0 = 4$.
$f''(4) = -3 + \frac{3}{2} = -1{,}5 < 0$. An der Stelle $t_0 = 4$ liegt also ein Maximum vor. Die Übertragungsrate ist dort am höchsten.
Es ist $f'(2) = -\frac{3}{2} + \frac{3}{2} = 0$ und $f'''(t) = -\frac{3}{4} \neq 0$ f hat also in $t = 2$ eine Wendestelle. Ab dieser Stelle verlangsamt sich der Zuwachs der Übertragungsrate.

b) $F(t) = -\frac{1}{32}t^4 + \frac{1}{4}t^3$ ist eine Stammfunktion zu f. A=F(6)-F(0) = 13,5 MB
Nach 2 sec sind $F(2) - F(0) = F(2) = 1{,}5$ MB. Dies entspricht einem Anteil von ca. 11%, also weniger als 12,5%.
Nach 5 sec sind $F(5) \approx 11{,}72$ MB . Dies entspricht einem Anteil von ca. 86,82%, also mehr als 85%.
Gesucht ist ein $a > 0$ mit $F(a) = -\frac{1}{32}a^4 + \frac{1}{4}a^3 = 6{,}75$. Mit dem GTR ergeben sich die Näherungslösungen $x_1 \approx 3{,}69$ und $x_2 \approx 7{,}48$. Nur die Lösung x_1 liegt zwischen die Nullstellen von f. Nach etwa 3,7 Sekunden wurden 50 % heruntergeladen.

c) Es gilt: $f(x+2)-2=-\frac{1}{8}(x+2)^3+\frac{3}{4}(x+2)^2-2=(x+2)^2\left(-\frac{1}{8}(x+2)+\frac{3}{4}\right)-2=-\frac{1}{8}x^3+\frac{3}{2}x=h(x)$
Da $h(x)=f(x+2)-2$, hat h in $x=2-2=0$ eine Wendestelle. Die Funktion h ist punktsymmetrisch um den Ursprung und damit ist die Funktion f punktsymmetrisch um $x=2$, da die Verschiebung den Verlauf des Graphen nicht ändert.

d) Fläche zwischen f und g: $A=\left|\int_0^2 f(x)-h(x)\,dx\right|=1$
Tangentengleichung: $t(x) = -4{,}5x+27$
Fläche zwischen Graph von f und Tangente: $A=\left|\int_0^6 f(x)-t(x)\,dx\right|=67{,}5$
Geradengleichung: $y = x$
Fehler im ersten Druck des Schülerbuchs: Gesucht ist das Verhältnis, in das die Fläche des Dreiecks,welches t und die Achsen bilden, geteilt wird.
Schnittpunkt von Tangente und Gerade: (4,91|4,91) Flächeninhalt des Dreiecks: 81 FE
Inhalt des größeren Teilstücks: $A=\left|\int_0^{4,91} t(x)-x\,dx\right|\approx 66{,}27$ Teilungsrhältnis: 66,27/14,73 also etwa 5 : 1

Seite 316 | Aufgabe 2

a) Ansatz: $f(t)=at^3+bt^2+ct+d$, mit $a,b,c,d\in\mathbb{R}$.
Bedingungen: (I) $f(0)=0$ (II) $f(6)=9$; (III) $\frac{f(t+1)-f(t)}{t-1}=1{,}5$; Der Kran bewegt sich mit einer Geschwindigkeit von $1{,}5\,\frac{m}{s}$.
Aus (I) folgt $d=0$.
Aus (III): $f'(t)=3at^2+2bt+c$ und $f'(0)=0$, da der Kran im Ausgangspunkt still steht. Damit ist auch $c=0$. Also ist:
$f(t)=at^3+bt^2$, mit $a,b\in\mathbb{R}$; $f'^{(t)}=3at^2+2bt$, mit $a,b\in\mathbb{R}$
Eingesetzt in (II): $216a+36b=9$ und $f'(6)=108a+12b=1{,}5$
$$216a+36b=9\Leftrightarrow b=\frac{1}{4}-6a\Rightarrow 108a+3-72a=\frac{3}{2}\Leftrightarrow a=-\frac{1}{24}\Rightarrow b=\frac{1}{2}$$
① $\frac{f(5)-f(3)}{5-3}$ bestimmt die durchschnittliche Geschwindigkeit des Krans zwischen der 3-ten und 5-ten Sekunde.
② $\frac{f(t)-f(3)}{t-3}$;$t\geq 3$ bestimmt die durchschnittliche Geschwindigkeit des Krans auf dem Zeitintervall $[3,t]$.
③ $\lim\limits_{h\to 0}\frac{f(3+h)-f(3)}{h}$ gibt die Geschwindigkeit an, die der Kran zum Zeitpunkt $t=3$ hat.
$f(t)=-\frac{1}{24}t^3+\frac{1}{2}t^2$; $f'(t)=-\frac{1}{8}t^2+t$; $f''(t)=-\frac{1}{4}t+1$; $f'''(t)=-\frac{1}{4}$
Bei 8 Sekunden ist die Entfernung zum Ausgangspunkt am größten.
Der Kran kehrt nach 12 Sekunden zurück.
$f'''(t)=f'''(4)=-\frac{1}{4}\neq 0$. $t=4$ ist also Wendestelle von f. Der Zeitpunkt, an dem sich der Kran am schnellsten bewegt, bestimmt sich über das Maximum der Ableitung. Gesucht ist ein t mit: $f''(t)=0\wedge f'''(t)<0$. Das kennen wir schon: $t=4$.

b) Fehler im ersten Druck des Schülerbuchs: Es soll gezeigt werden, dass ein Hochpunkt vorliegt.
$f_a(x)=-\frac{1}{6}x^3+\frac{a}{2}x^2$ $f_a{}'(x)=-\frac{1}{2}x^2+ax$; $f_a{}''(x)=a-x$; $f_a'''(x)=-1$.
$f_a'(x)=0\Leftrightarrow -\frac{1}{2}x^2+ax=0\Leftrightarrow x=2a\rightarrow f_a''(a)=-a<0$ für $a>0$. An der Stelle $x=2a$ liegt also immer ein Hochpunkt vor. Die Koordinaten des Hochpunktes sind $H\left(2a,\frac{2}{3}a^3\right)$.
Die Gleichung der Wendetangente $t_W=\frac{1}{2}a^2+\frac{1}{3}a^3$. Es soll a so gewählt werden, dass Fläche $A=\int_0^a f(x)dx=703{,}125$. Es ist $F(x)=-\frac{1}{24}x^4+\frac{a}{6}x^3$. $F(a)=\frac{1}{24}a^4+\frac{a^4}{6}=703{,}125\Leftrightarrow a\approx\pm 8{,}66$. Da $a>0$ sein muss, ist die Lösung $a\approx 8{,}66$

c) $f_2(x)=-\frac{1}{6}x^3+x^2$. $F\_2(x)=-\frac{1}{24}x^4+\frac{1}{3}x^3$ ist Stammfunktion zu f.
$g(x)=\frac{1}{6}x^3-3x^2+12x+40=f_2(x)+(-4x^2+12x+40)$. $G(x)=F_2(x)+H(x)$
Die Schnittpunkte von f_2 und g ergeben sich aus $f_2(x)=g(x)\Leftrightarrow g(x)-f_2(x)=0$
$\Leftrightarrow h(x)=0\Leftrightarrow x_1=-2; x_2=5$
Die Größe der Fläche, die von den Graphen zu f_2 und g eingeschlossen wird ist
$A=|\int_{-2}^5 h(x)dx|=228{,}67$
Der Flächeninhalt des Dreiecks ABC ist
$A(u)=\frac{1}{2}f_2(u)(u+1)=\frac{1}{2}\left(-\frac{1}{6}u^4+u^3-\frac{1}{6}u^3+u^2\right)=-\frac{1}{12}u^4+\frac{5}{12}u^3+\frac{1}{2}u^2$.
Der Flächeninhalt A(u) ist maximal, wenn $f_2(u)$ maximal ist. $u=4$ ist ein Maximum von f_2. Der maximale Flächeninhalt des Dreiecks ist A(4)=13,33 FE.

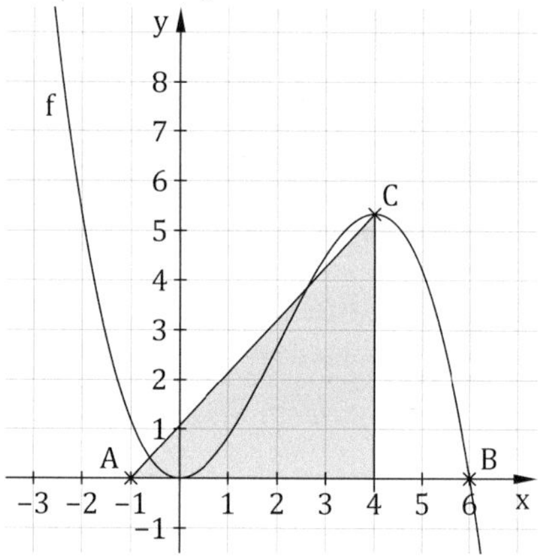

Seite 317 | Aufgabe 3

a) Die Gleichung der Geraden durch B, C: $y=2x$.
Die Funktionsgleichung der Parabel g ergibt sich aus der Nullstellengleichung $(x-1)(x-3)=x^2-4x+3$. Die Parabel g ist achsensymmetrisch zum Scheitelpunkt $(-1|2)$. D. h. auch die Tangente im Punkt B, $y=2x$, wird an der y-Achse gespiegelt. Dadurch ändert sich das Vorzeichen der Steigung.

b) Gerade durch C und B: $h(x)=2x-6$ Fläche: $A=2\left|\int_0^1(f_1(x)-h(x))dx\right|+2\left|\int_1^3(g(x)-h(x))dx\right|=17{,}73$. Es werden also 6 Liter gebraucht. Da $6\cdot 199,-$ € knapp unter $1200,-$€ ist, reicht das Budget aus.

c) Die Funktion f_a hat nur gerade Exponenten und ist daher achsensymmetrisch zur y-Achse.
Hochpunkt auf der y-Achse, da $f'(0) = 0$ und das Vorzeichen wechselt und zwar von +nach −
$f_a'(x) = a\left(4x^3 - 2\left(2 + \frac{1}{a}\right)x\right)$: Für x = 1, dem x-Wert von E ist $f_a'(1) = a\left(4 - 4 - \frac{2}{a}\right) = -2$.
Der Flächeninhalt von diesem Dreieck ist 18. Es reicht das a so zu bestimmen, dass die rechte Hälfte der blau gefärbten Fläche den Wert 9 annimmt, da das Logo symmetrisch ist. Aus $\int_0^a f_a(x)dx = 9$ f folgt mit dem GTR $\boldsymbol{a} = \mathbf{2}$.

Seite 318 | Aufgabe 4

a) Ansatz $f(t) = S - (S - a) \cdot e^{-k \cdot t}$. a = 85° ist die Anfangstemperatur des Wassers, S = 30° ist die Grenze.
Weiter ist $f(30) = 30 + 55 \cdot e^{-k \cdot 30}$. Diese Gleichung wird nach k aufgelöst $k = \frac{\ln(\frac{18}{55})}{-30} \approx 0{,}04$

b) $\lim\limits_{x\to\infty} f(x) = \lim\limits_{x\to\infty}(x^2 - 1) \cdot \lim\limits_{x\to\infty} e^{-x} = \infty \cdot 0 = 0$ und $\lim\limits_{x\to-\infty} f(x) = \lim\limits_{x\to-\infty}(x^2 - 1) \cdot \lim\limits_{x\to-\infty} e^{-x} = \infty \cdot \infty = \infty$.
$F'(x) = -(2(x+1) \cdot e^{-x} + (-e^{-x}) \cdot (x+1)^2) = e^{-x} \cdot (-2(x+1) + (x+1)^2 = e^{-x}(x+1)(x-1) = e^{-x} \cdot (x^2 - 1) = f(x)$.
Eine weitere Stammfunktion ist F(X) +c ; $c \in \mathbb{R}$ beliebig.
Nullstellen von f: $x_1 = -1$ und $x_2 = 1$ Fläche: $A = |\int_{-1}^{1} f(x)dx = F(1) - F(-1) = -\frac{4}{e}$.

c) Die gesuchte Funktion hat höchstens 2 Nullstellen. Es folgt: $g(x) = (x-1)(x+1) = x^2 - 1$
Es ist $G(X) = \frac{1}{2}x^3 - x$. Der gesuchte Flächeninhalt ist $A = |\int_{-1}^{1}(f(x) - g(x))dx| \approx 0{,}41$

Seite 319 | Aufgabe 5

a) $f(10) \approx 60{,}653$ $f(30) \approx 60{,}939$, Grenzwert wird überschritten
$f'(x) = (-0{,}5t + 10) \cdot e^{-0{,}05t}$;
$f'(10) \approx 3{,}033$, 10 Minuten nach der Zündung nimmt die Feinstaubkonzentration pro Minute um ca. 3 $\frac{\mu g}{m^3}$ zu.

b) $\frac{f(10)-f(0)}{10-0} \approx 6{,}065$
Mögliche Extremstellen von f sind die Nullstellen von f': $f'(t) = 0 \Leftrightarrow t = 20$
Untersuchung auf Vorzeichenwechsel: $f'(10) \approx 3$ und $f'(30) \approx -1$, also lokales Maximum $f(20) \approx 73{,}576$
Wegen $f(0) = 0 < f(20)$ und $f(120) = 2{,}975 < f(20)$ ist dies auch das absolute Maximum von f
Nach 20 Minuten ist die Konzentration am höchsten.
$f''(x) = (0{,}025t - 1) \cdot e^{-0{,}05t}$; mögliche Extremstellen von f sind die Nullstellen von f'': $f''(t) = 0 \Leftrightarrow t = 40$
Untersuchung auf Vorzeichenwechsel: $f''(0) \approx -1$ und $f''(50) \approx 0{,}02$, also lokales Minimum $f'(40) \approx -1{,}353$
Wegen $f'(0) = 10 > f'(40)$ und $f'(120) \approx -1{,}24 > f'(40)$ ist dies auch das absolute Minimum von f
Nach 40 Minuten wird die Feinstaubkonzentration am stärksten reduziert.
Die Feinstaubkonzentration nimmt mit dem Moment der Zündung am stärksten zu.

c) $F'(t) = -200 \cdot e^{-0{,}05t} + (-200\,t - 4000) \cdot e^{-0{,}05t} \cdot (-0{,}05) = (-200 + 10\,t + 200) \cdot e^{-0{,}05t} = f(t)$
$\int_0^{120} f(t)dt \approx 4078{,}3$ $\frac{1}{120}\int_0^{120} f(t)dt \approx 33{,}9$ gibt die mittlere Feinstaubkonzentration in den ersten 120 Minuten an.

d) Mit $f(40) = 400\,e^{-2}$ und $m = f'(40) = -10e^{-2}$ ergibt sich die Tangente $g(t) = -10\,e^{-2} \cdot (t - 80)$
Nach diesem Modell ist der Feinstaub also nach 80 Minuten abgebaut.
Gesucht ist also der Punkt Q (t| f(t)) auf dem Graphen von f, für den die Verbindungsstrecke zum Punkt (125| 0) die Steigung $m = f'(t)$ hat: $\frac{0-f(t)}{125-t} = f'(t)$ liefert t = 25 oder t = 100. Da der lineare Verlauf später einsetzen soll, ist nur t = 100 richtig.

Seite 320 | Aufgabe 6

a) $f(10) = 3000 \cdot e^{-0{,}05t} + 35 \approx 1854{,}6$; 10 Minuten nach dem Jahreswechsel beträgt die Feinstaubkonzentration ca. 1855 $\frac{\mu g}{m^3}$
$f'(t) = (-15\,t + 300) \cdot e^{-0{,}05t}$ $f''(t) = (0{,}75\,t - 30) \cdot e^{-0{,}05t}$
$f'(5) = 225 \cdot e^{-0{,}25t} \approx 175{,}2$; 5 Minuten nach dem Jahreswechsel nimmt die Konzentration pro Minute um ca. 175 $\frac{\mu g}{m^3}$ zu.

b) Mögliche Extremstellen von f sind die Nullstellen von f': $f'(t) = 0 \Leftrightarrow t = 20$
$f'(20) = 0 \wedge f''(20) = -15 \cdot e^{-1} < 0$, lokales Maximum $f(20) = 6000 \cdot e^{-1} + 35$.
20 Minuten nach dem Jahreswechsel erreicht die Konzentration ihren höchsten Wert von ca. 2242 $\frac{\mu g}{m^3}$.
Mögliche Wendestellen von f sind die Nullstellen von f'':
$f''(t) = 0 \Leftrightarrow t = 40$, $f''(30) \approx -1{,}7$ und $f''(50) \approx 0{,}6$, also ist 40 Nullstelle von f'' mit Vorzeichenwechsel (−/+) und somit Wendestelle mit lokal minimaler Steigung von $f'(40) = -300 \cdot e^{-2} \approx -40{,}6$.
40 Minuten nach dem Jahreswechsel wird die Konzentration am stärksten reduziert, und zwar pro Minute um ca. 41 $\frac{\mu g}{m^3}$

c) $F'(t) = (-6000) \cdot e^{-0{,}05t} + (-6000\,t - 120\,000) \cdot e^{-0{,}05t} \cdot (-0{,}05) + 35 = (-6000 + 300\,t + 6000) \cdot e^{-0{,}05t} + 35 = f(t)$
Die mittlere Feinstaubkonzentration beträgt zwischen 0:00 und 2:00 Uhr ca. 1018 $\frac{\mu g}{m^3}$.

d) Der lineare Abbau nach 2 Stunden wird näherungsweise durch die Tangente g an den Graphen von f im Punkt (120 | f (120)) beschrieben.
Mit $f(120) = 36\,000 \cdot e^{-6} + 35$ und $f'(120) = -1500 \cdot e^{-6}$ ergibt sich $g(t) = -1500 \cdot e - 6 \cdot t + 216\,000 \cdot e - 6 + 35$
144 Minuten nach dem Jahreswechsel erhält man g(144) = 35.
Eine Stammfunktion G zu g ist: $G(t) = -750 \cdot e^{-6} \cdot t^2 + 216\,000 \cdot e^{-6} \cdot t + 35\,t$, man erhält also:
$[G(t)]_{120}^{144} = 432\,000 \cdot e - 6 + 840$
Die mittlere Feinstaubkonzentration für die ersten 144 Minuten nach dem Jahreswechsel beträgt:
$\frac{1}{144}\left[\int_0^{120} f(t)dt + \int_{120}^{144} g(t)dt\right] \approx 861{,}3$

Aufgaben zur analytischen Geometrie

Seite 321 | Aufgabe 7

a) $F = E + \overrightarrow{AB} = \begin{pmatrix}9\\5\\0\end{pmatrix} + \begin{pmatrix}-8\\-4\\0\end{pmatrix} = \begin{pmatrix}1\\9\\0\end{pmatrix}$

AEFB ist ein Rechteck, wenn die Vektoren $\overrightarrow{AB}$ und $\overrightarrow{AE}$ orthogonal zueinander sind, d. h. das Skalarprodukt der Vektoren ist 0.
Mit $\overrightarrow{AB} = \begin{pmatrix}-8\\4\\0\end{pmatrix}$ und $\overrightarrow{AE} = \begin{pmatrix}3\\6\\0\end{pmatrix}$ ist das Skalarprodukt $-24 + 24 = 0$. AEFB ist ein Rechteck.

ABCD ist ein Trapez, wenn $\overrightarrow{DC}$ parallel zu $\overrightarrow{AB}$, d. h. $DC = r \cdot \overrightarrow{AB}$: $\begin{pmatrix}-4\\2\\0\end{pmatrix} = r \cdot \begin{pmatrix}-8\\4\\0\end{pmatrix}$; $r = 2$.

ABCD ist ein gleichschenkliges Trapez, wenn die Längen $|\overrightarrow{AD}|$ und $|\overrightarrow{BC}|$ gleich sind:
$|\overrightarrow{AD}| = \left|\begin{pmatrix}-6\\-7\\5\end{pmatrix}\right| = \sqrt{36+49+25} = 10$; $|\overrightarrow{BC}| = \left|\begin{pmatrix}-2\\-9\\5\end{pmatrix}\right| = \sqrt{4+81+25} = 10$. Da die x_1, x_2-Koordinaten von A, D nicht gleich sind, ist ABCD kein Rechteck. (oder man weist nach, dass die Strecken $\overline{DC}$ und $\overline{AB}$ nicht gleich lang sind).

b) $E_{ABD} = A + r \cdot \overrightarrow{AB} + s \cdot \begin{pmatrix}-6\\-7\\5\end{pmatrix} = \begin{pmatrix}6\\-1\\0\end{pmatrix} + r\begin{pmatrix}-8\\4\\0\end{pmatrix} + s\begin{pmatrix}-6\\-7\\5\end{pmatrix}$.

Die Spurgerade ist $g: \vec{x} = A + t \cdot \overrightarrow{AB} = \begin{pmatrix}6\\-1\\0\end{pmatrix} + t \cdot \begin{pmatrix}-8\\4\\0\end{pmatrix}$. Diese Gerade liegt in der x_1x_2-Ebene, da die z-Koordinate 0 ist.

c) Zunächst wird die Schattengerade bestimmt: $g_S: \vec{x} = S + u \cdot \vec{v} = \begin{pmatrix}3\\3\\7\end{pmatrix} + u\begin{pmatrix}-1\\-2\\-1.5\end{pmatrix}$. Der Schatten knickt an der Geraden g ab.
Dieser Knickpunkt zu bestimmen. R würde vom Vektor $\vec{v}$ auf einen Punkt unterhalb der x_1x_2-Ebene projiziert, wenn die Ebene nicht im Weg wäre: $R_v = \begin{pmatrix}3\\3\\0\end{pmatrix} + \begin{pmatrix}-1\\-2\\-1.5\end{pmatrix} = \begin{pmatrix}2\\1\\-1.5\end{pmatrix}$. Der Vektor endet bei der Ebene x_1x_2 (z=0), also bei $P = \begin{pmatrix}2\\1\\0\end{pmatrix}$ und dies ist auch der Knickpunkt.
Der Schattenpunkt S′ ist der Schnittpunkt der Geraden g_S mit der Geraden durch P in Richtung Dach. Deren Richtungsvektor ist orthogonal zu g, weil der Dachfirst parallel zu g ist, und hat die z-Koordinate 5. Gesucht:
$\vec{w} = \begin{pmatrix}w_1\\w_2\\w_3\end{pmatrix} \perp \begin{pmatrix}-8\\4\\0\end{pmatrix}$; $w_1 = 4; w_2 = 8, w_3 = 5$

$g_P: \vec{x} = \begin{pmatrix}2\\1\\0\end{pmatrix} + a \cdot \begin{pmatrix}4\\8\\5\end{pmatrix}$. Es reicht zu prüfen, ob $S' = (0|-3|2.5)$ auf g_p und g_S liegt. Dies ist erfüllt für $a = 0.5; u = 3$. S′liegt auch im Trapez ABCD, da g_P im Trapez liegt und die z-Koordinate von $S' = 2.5 < 5$ ist.
Es ist $T' = P$, also der Knickpunkt. Um T auf der Strecke $\overline{RS}$ zu erhalten, projiziert man T′ in $-\vec{v}$ Richtung (also entgegen der Sonnenstrahlen): T liegt auf $\overline{RS}$, hat also die Koordinaten $x_1 = 3; x_2 = 3$.
Zu lösen: $\begin{pmatrix}3\\3\\t\end{pmatrix} = \begin{pmatrix}2\\1\\0\end{pmatrix} + b \cdot \begin{pmatrix}1\\2\\1{,}5\end{pmatrix}$. Es ist $b = 1; t = 1.5$

Die Längen $|\overrightarrow{RP}|$; $|\overrightarrow{PS'}|$ sind zu bestimmen: $|\overrightarrow{RP}| = \left|\begin{pmatrix}1\\2\\0\end{pmatrix}\right| = \sqrt{5}$; $|\overrightarrow{PS'}| = \left|\begin{pmatrix}-2\\-4\\2{,}5\end{pmatrix}\right| = \sqrt{26{,}25}$. $|\overrightarrow{RP}| + |\overrightarrow{PS'}| \approx 7{,}36$

d) Zu überprüfen: $g_P \perp g$. Diese Bedingung wurde oben schon hergeleitet und verwendet. Da der Dachfirst parallel zu g verläuft, steht der Richtungsvektor senkrecht auf g. $g_{RT'}$ist senkrecht auf g, weil $g_{RT'}$ senkrecht auf der x_1x_2-Ebene steht und g in dieser Ebene liegt.
Der Winkel α zwischen den Dachflächen lässt sich über den Winkel zwischen den Geraden $g_{RT'}$ und g_S bestimmen. Dazu nutzt man die Richtungsvektoren der Geraden: $\cos(\alpha) = \frac{\overrightarrow{RP} \cdot \overrightarrow{PS'}}{|\overrightarrow{RP}| \cdot |\overrightarrow{PS'}|} \approx \frac{-10}{11{,}46}$; $\alpha \approx 151°$
Die Fläche eines Trapezes ist $A = \frac{1}{2}(a + c) \cdot h$, wobei h die Höhe und a, c die zu einander parallelen Seiten sind.
Es ist $a = |\overrightarrow{AB}| = \left|\begin{pmatrix}-8\\4\\0\end{pmatrix}\right| = \sqrt{80}$; $c = |\overrightarrow{DC}| = \left|\begin{pmatrix}-4\\2\\0\end{pmatrix}\right| = \sqrt{20}$.
$\beta = 180° - \alpha \approx 29{,}3°$ ist der Winkel zwischen der Geraden durch D in Richtung Dach-Richtungsvektor und der x_1x_2-Ebene.
$g_D: \vec{x} = \begin{pmatrix}0\\-8\\5\end{pmatrix} + r\begin{pmatrix}4\\8\\-5\end{pmatrix}$. Diese Gerade schneidet sich im Punkt P(4|0|0) mit g.
Da $\beta = 180° - \alpha \approx 29{,}3°$ ist $h = \frac{5}{\sin(\beta)} \approx 10{,}2$. Damit ist$A \approx 0{,}5(\sqrt{80} + \sqrt{20})10{,}2 \approx 68{,}5$FE.

Seite 322 | Aufgabe 8

a) $g: \vec{x} = \vec{M} + r\,\overrightarrow{MN} = \begin{pmatrix}-33\\-18\\118\end{pmatrix} + r\begin{pmatrix}18\\9\\-36\end{pmatrix}$. Die zurückgelegte Strecke ist durch die Länge des Vektors $\overrightarrow{MN}$ gegeben:
$|\overrightarrow{MN}| \approx 41{,}24$ km. Diese legt der Meteorit in einer Sekunde zurück. Er bewegt sich also mit $3600 \cdot 41{,}24 = 148464$ km/h.

b) Die Gleichung der Ebene F: $\vec{x} = A + s \cdot \overrightarrow{AB} + t \cdot \overrightarrow{AC} = \begin{pmatrix} 1 \\ 2 \\ 1 \end{pmatrix} + s \begin{pmatrix} 4 \\ 0 \\ 1 \end{pmatrix} + t \begin{pmatrix} 9 \\ 4 \\ 2 \end{pmatrix}$.

Gesucht sind r, s, t mit: $\begin{pmatrix} 23 \\ 10 \\ 6 \end{pmatrix} = \begin{pmatrix} -33 \\ -18 \\ 118 \end{pmatrix} + r \begin{pmatrix} 18 \\ 9 \\ -36 \end{pmatrix}$ und $\begin{pmatrix} 23 \\ 10 \\ 6 \end{pmatrix} = \begin{pmatrix} 1 \\ 2 \\ 1 \end{pmatrix} + s \begin{pmatrix} 4 \\ 0 \\ 1 \end{pmatrix} + t \begin{pmatrix} 9 \\ 4 \\ 2 \end{pmatrix}$.

Aus der 2. Zeile der linken Gleichung erhält man $r = \frac{8}{9}$. S liegt also auf g. Aus der 2. Zeile der rechten Gleichung erhält man $t = 2$, eingesetzt in die 3. Zeile ergibt $s = 1$. Der Meteorit schlägt nach 23 Sekunden auf.

c) Es muss untersucht werden, ob sich die zu den Punkten Qund R gehörigen Vektoren als Vielfache voneinander darstellen lassen, denn damit der Meteorit an diesen Punkten gesichtet werden kann, müssen diese Punkte auf der Flugbahn g liegen. Gibt es ein solches r, kann die x_3-Koordinate berechnet werden. Zu lösen:

$\begin{pmatrix} -93 \\ -48 \\ z\_1 \end{pmatrix} = \begin{pmatrix} -33 \\ -18 \\ 118 \end{pmatrix} + r \begin{pmatrix} 18 \\ 9 \\ -36 \end{pmatrix} \Leftrightarrow \begin{pmatrix} -60 \\ -30 \\ z_1 - 118 \end{pmatrix} = r \begin{pmatrix} 18 \\ 9 \\ -36 \end{pmatrix}$; aus der 2. Zeile: $r = -\frac{30}{9} \rightarrow z_1 = 2$

$\begin{pmatrix} -51 \\ -9 \\ z\_2 \end{pmatrix} = \begin{pmatrix} -33 \\ -18 \\ 118 \end{pmatrix} + r \begin{pmatrix} 18 \\ 9 \\ -36 \end{pmatrix} \Leftrightarrow \begin{pmatrix} 18 \\ 9 \\ z\_2 - 118 \end{pmatrix} = r \begin{pmatrix} 18 \\ 9 \\ -36 \end{pmatrix}$; aus der1. und 2. Zeile: $r = 1 \rightarrow z_1 = 82$

d) Die Entfernung eines Punktes zum Punkt S entspricht der Länge der Strecke bzw. Vektors zwischen diesen Punkten.

$|\overrightarrow{AS}| = \left|\begin{pmatrix} 22 \\ 8 \\ 5 \end{pmatrix}\right| \approx 23{,}94$; $|\overrightarrow{BS}| = \left|\begin{pmatrix} 12 \\ 8 \\ 4 \end{pmatrix}\right| \approx 14{,}97$; $|\overrightarrow{CS}| = \left|\begin{pmatrix} 13 \\ 4 \\ 3 \end{pmatrix}\right| \approx 13{,}93$. Der Punkt C liegt dem Punkt S am nächsten.

e) Die Flugbahn des Flugzeugs wird durch die Gerade $g_{FL}: \vec{x} = \begin{pmatrix} 1 \\ 2 \\ 9 \end{pmatrix} + u \begin{pmatrix} 16 \\ 5{,}6 \\ 0{,}8 \end{pmatrix}$ beschrieben.

Schnittpunkt: $g = g_{FL} \Leftrightarrow \begin{pmatrix} -33 \\ -18 \\ 118 \end{pmatrix} + r \begin{pmatrix} 18 \\ 9 \\ -36 \end{pmatrix} = \begin{pmatrix} 1 \\ 2 \\ 9 \end{pmatrix} + u \begin{pmatrix} 16 \\ 5{,}6 \\ 0{,}8 \end{pmatrix}$ ergibt: $S_{MF}(21|9|10)$. Der Meteorit trifft dort nach 29 sein.

Der Winkel α zwischen den Flugbahnen ergibt sich aus: $\cos(\alpha) = \frac{\vec{w} \cdot \vec{z}}{|\vec{w}| \cdot |\vec{z}|}$; $\vec{z}$: Richtungsvektor von g:

$\cos(\alpha) = \frac{\vec{w} \cdot \vec{z}}{|\vec{w}| \cdot |\vec{z}|}; \rightarrow \alpha \approx 63{,}75°$

f) Der variable Vektor von $\vec{u_t}$ ist der gleiche wie der von g. Für $t = -1$ ist von $\vec{u_t}$ dann orthogonal zu g.

g) Das Flugzeug legt $|\vec{w}| \cdot 60$ km/h $\approx 1018{,}23$ km/h zurück, der Meteorit 148464 km/h. Der Meteorit ist also ca. 146-mal schneller als das Flugzeug, hat aber nur knapp die doppelte Strecke zum Schnittpunkt zurückzulegen (Differenz der x_1-Koordinaten von M, S und T, S. Der Meteorit stelle also keine Gefahr für das Flugzeug dar.

Seite 323 | Aufgabe 9

a) Die Mittelpunkte der Strecken $\overline{BS}$ und $\overline{DS}$ erhält man durch $M_{BS} = B + \frac{1}{2}\,\overrightarrow{BS} = \begin{pmatrix} 2 \\ 2 \\ 4 \end{pmatrix}$ und $M_{DS} = D + \frac{1}{2}\,\overrightarrow{DS} = \begin{pmatrix} -2 \\ -2 \\ 4 \end{pmatrix}$

Ebenengleichung: $E_1 = C + r \cdot \overrightarrow{CM_{BS}} + s \cdot \overrightarrow{CM_{DS}} = \begin{pmatrix} -4 \\ 4 \\ 0 \end{pmatrix} + r \cdot \begin{pmatrix} 6 \\ -2 \\ 4 \end{pmatrix} + s \cdot \begin{pmatrix} 2 \\ -6 \\ 4 \end{pmatrix}$

Geradengleichung: $g_{AS}: \vec{x} = A + t \cdot \overrightarrow{AS} = \begin{pmatrix} 4 \\ -4 \\ 8 \end{pmatrix} + t \cdot \begin{pmatrix} -4 \\ 4 \\ 8 \end{pmatrix}$

g_{AS} steht senkrecht auf E_1, wenn der Richtungsvektor von g_{AS} orthogonal zu beiden Richtungsvektoren der Ebene E_1ist. Dazu wird jeweils das Skalarprodukt der Richtungsvektoren gebildet.

Es ist $\begin{pmatrix} -4 \\ 4 \\ 8 \end{pmatrix} \cdot \begin{pmatrix} 6 \\ -2 \\ 4 \end{pmatrix} = 0$ und $\begin{pmatrix} -4 \\ 4 \\ 8 \end{pmatrix} \cdot \begin{pmatrix} 2 \\ -6 \\ 4 \end{pmatrix} = 0$

b) Die Grundfläche der Pyramide ABCD ist ein Quadrat, da alle Seiten die Länge 8 haben z.B. die Vektoren $\overrightarrow{CB}$ und $\overrightarrow{CD}$ orthogonal zueinander sind. Es ist $\overrightarrow{CB} = \begin{pmatrix} 8 \\ 0 \\ 0 \end{pmatrix}$ und $\overrightarrow{CD} = \begin{pmatrix} 0 \\ -8 \\ 0 \end{pmatrix}$, ihr Skalarprodukt ist 0.

Das Volumen der Pyramide ist: $V = \frac{1}{3} \cdot G \cdot h = \frac{1}{3} \cdot 64 \cdot 8 \approx 170.67$

c) Die Mantelfläche der Pyramide ist $M = 2 \cdot a \cdot h_a$, mit $a = 4$; h_a der Abstand von S zur Strecke $\overline{BC}$.
Dieser ergibt sich aus $h_a = \sqrt{4^2 + 8^2} = \sqrt{80} \approx 8{,}95$. Also ist $M = 2 \cdot 8 \cdot \sqrt{80} \approx 143{,}10$

d) Zur Berechnung der Innenwinkel des Dreiecks BCS wird die Gleichung $\cos(\alpha) = \frac{\vec{v} \cdot \vec{w}}{|\vec{v}| \cdot |\vec{w}|}$ angewendet, wobei $\vec{v}, \vec{w}$ die Vektoren sind, die den Winkel α einschließen. Es ist $\cos(\gamma) = \frac{\overrightarrow{CS} \cdot \overrightarrow{CB}}{|\overrightarrow{CS}| \cdot |\overrightarrow{CB}|} = \frac{\begin{pmatrix} 4 \\ -4 \\ 8 \end{pmatrix} \cdot \begin{pmatrix} 8 \\ 0 \\ 0 \end{pmatrix}}{\sqrt{96} \cdot 8} \approx 0{,}41$; $\gamma \approx 65{,}91°$. Da das Dreieck gleichschenklig ist (die Grundfläche der Pyramide ist ein Quadrat) beträgt der Winkel β bei B ebenfalls 65,91°. Aus der Gleichung für die Innenwinkel eines Dreiecks $\alpha + \beta + \gamma = 180°$ folgt: $\alpha = 180° - 2\gamma \approx 48{,}91°$

e) Wegen der Parallelität der Seiten des einbeschriebenen Dreiecks zu den Seiten des Dreiecks BCS liegt S_1 auf der Geraden durch B_1 mit Richtungsvektor $\overrightarrow{BS} = \begin{pmatrix} -4 \\ -4 \\ 8 \end{pmatrix}$ sowie auf der Geraden durch $\overrightarrow{CS} = \begin{pmatrix} 4 \\ -4 \\ 8 \end{pmatrix}$.

$g_{B_1}: \vec{x} = \begin{pmatrix} 2,5 \\ 3,5 \\ 1 \end{pmatrix} + r \cdot \begin{pmatrix} -4 \\ -4 \\ 8 \end{pmatrix}$; $g_{C_1}: \vec{x} = \begin{pmatrix} -2,5 \\ 3,5 \\ 1 \end{pmatrix} + s \cdot \begin{pmatrix} 4 \\ -4 \\ 8 \end{pmatrix}$. Aus der letzten Zeile folgt: $1 + 8r = 1 - 8r \Leftrightarrow s - r = 0 \Leftrightarrow s = r$.
Einsetzen in die erste Zeile ergibt: $r = \frac{5}{8} = s$. r eingesetzt in g_{B_1} ergibt $S_1(0|1|6)$

f) Der Vektor S'hat die Koordinaten $S(0|0|s_3{}')$. Damit bei S' ein rechter Winkel vorliegt, muss gelten: $\overrightarrow{S'B} \perp \overrightarrow{S'B}$.
D. h. das Skalarprodukt dieser Vektoren muss 0 sein: $\overrightarrow{S'B} \perp \overrightarrow{S'B} = \begin{pmatrix} -4 \\ -4 \\ -s_3{}' \end{pmatrix} \cdot \begin{pmatrix} 4 \\ 4 \\ -s_3{}' \end{pmatrix} = 0 \Leftrightarrow s_3'^2 = \sqrt{32} \approx 5,66$

g) $h: \vec{x} = \begin{pmatrix} -3 \\ 3 \\ 2 \end{pmatrix} + r \cdot \begin{pmatrix} -6 \\ 6 \\ 4 \end{pmatrix}$; $g_{A(S')}: \vec{x} = A + t \cdot \overrightarrow{AS} = \begin{pmatrix} 4 \\ -4 \\ 0 \end{pmatrix} + t \cdot \begin{pmatrix} -4 \\ 4 \\ \sqrt{32} \end{pmatrix}$.
Die Lösung dieses Gleichungssystems ist: $P(2{,}72|-2{,}72|-1{,}81)$. Diesen Punkt setzt man nun noch in die Gleichung zu $g_{A(S')}$ ein und erhält $t = 0{,}32$. D. h. der Punkt P liegt auf $g_{A(S')}$. Er liegt auch auf der Kante AS', weil seine x_3-Koordinate zwischen denen von A und S' liegt.

Seite 324 | Aufgabe 10

a) Zu zeigen: Das Dreieck ACF ist gleichseitig. Ein Dreieck ist genau dann gleichseitig, wenn alle Seiten die gleiche Länge haben. Die Seiten des Dreiecks ACF sind durch die Vektoren zwischen den Eckpunkten gegeben. Es ist also jeweils die Länge dieser Vektoren zu bestimmen und zu vergleichen:
$|\overrightarrow{AC}| = \left|\begin{pmatrix} -42 \\ 6 \\ 0 \end{pmatrix}\right| = \sqrt{1800}$; $|\overrightarrow{AF}| = \left|\begin{pmatrix} -18 \\ 24 \\ 30 \end{pmatrix}\right| = \sqrt{1800}$; $|\overrightarrow{CF}| = \left|\begin{pmatrix} 24 \\ 18 \\ 30 \end{pmatrix}\right| = \sqrt{1800}$
Das Dreieck ist also gleichseitig.
Die Gleichung der Ebene $E_{ACF}: \vec{x} = A + r \cdot \overrightarrow{AC} + s \cdot \overrightarrow{AF} = \begin{pmatrix} 20 \\ -4 \\ -10 \end{pmatrix} + r \cdot \begin{pmatrix} -42 \\ 6 \\ 0 \end{pmatrix} + s \cdot \begin{pmatrix} -18 \\ 24 \\ 30 \end{pmatrix}$.

b) Die Gerade g schneidet die Ebene E_{ACF} in einem Punkt S rechtwinklig, wenn sie senkrecht auf der Ebene steht. Die Gerade g ist senkrecht zu E_{ACF} genau dann, wenn ihr Richtungsvektor orthogonal zu den Richtungsvektoren der Ebene ist:
$\begin{pmatrix} -42 \\ 6 \\ 0 \end{pmatrix} \cdot \begin{pmatrix} 1 \\ 7 \\ -5 \end{pmatrix} = 0$ und $\begin{pmatrix} -18 \\ 24 \\ 30 \end{pmatrix} \cdot \begin{pmatrix} 1 \\ 7 \\ -5 \end{pmatrix} = 0$.
Zu prüfen bleibt, ob der Punkt $S(0|6|0)$ auf E_{ACF} liegt:
$\begin{pmatrix} 0 \\ 6 \\ 0 \end{pmatrix} = \begin{pmatrix} 20 \\ -4 \\ -10 \end{pmatrix} + r \cdot \begin{pmatrix} -42 \\ 6 \\ 0 \end{pmatrix} + s \cdot \begin{pmatrix} -18 \\ 24 \\ 30 \end{pmatrix} \Leftrightarrow r \cdot \begin{pmatrix} -42 \\ 6 \\ 0 \end{pmatrix} + s \cdot \begin{pmatrix} -18 \\ 24 \\ 30 \end{pmatrix} = \begin{pmatrix} -20 \\ 10 \\ 10 \end{pmatrix}$
Aus der letzten Zeile ergibt sich: $s = \frac{1}{3}$; eingesetzt in die 2. Zeile: $r = \frac{1}{3}$

c) Wenn $S(0|6|0)$ der Mittelpunkt des Dreiecks ACF ist, dann sind die Längen der Strecken $\overline{AS}$ und $\overline{BS}$ sowie $\overline{FS}$ gleich.
Es ist: $|\overrightarrow{AS}| = \left|\begin{pmatrix} -20 \\ 10 \\ 10 \end{pmatrix}\right| = \sqrt{600}$ und $|\overrightarrow{CS}| = \left|\begin{pmatrix} -22 \\ 4 \\ 10 \end{pmatrix}\right| = \sqrt{600}$. Die Längen sind also gleich. Da oben gezeigt wurde, dass das Dreieck ACF gleichseitig ist, hat auch die Strecke $\overline{FS}$ diese Länge. Da die Gerade g im Punkt S senkrecht auf dem Dreieck ACF steht, hat jeder Punkt auf g zu A, C, F die gleiche Entfernung. Dies gilt insbesondere auch für die Punkte $P_k(-3+k|-15+7k|15-5k)$. Alle diese Punkte liegen ja auf g.

d) Für die Höhe h von S nach H gilt: $h = \frac{a}{3}\sqrt{6}$. Mit $a = \sqrt{1800}$ folgt $h = \sqrt{1200}$. Den Punkt H auf g erreicht man von S aus mit einem Vektor der Länge h. Es sind also $H_{1,2} = \begin{pmatrix} 0 \\ 6 \\ 0 \end{pmatrix} \pm \frac{h}{|\overrightarrow{v_g}|} \cdot \begin{pmatrix} 1 \\ 7 \\ -5 \end{pmatrix}$, wobei $\overrightarrow{v_g}$ der Richtungsvektor von g ist. Die Lösung ist:
$H_1(4|34|-20)$; $H_2(-4|-22|20)$.

e) Das Volumen eines regelmäßigen Tetraeders ist: $V = \frac{a^3}{\sqrt{12}}\sqrt{2}$. Mit $a = \sqrt{1800}$ folgt $V = 9000$

f) Da die Seite eines regelmäßigen Tetraeders ein gleichseitiges Dreieck ist, ist das durch die Mittelpunkte der Seiten festgelegte Dreieck wieder gleichseitig: Jeder Mittelpunkt halbiert ja eine Strecke mit immer gleicher Länge. Dieses einbeschriebene Dreieck ist für alle Seiten des Tetraeders gleich, also sind die Verbindungsstrecken überall gleich.
Zu zeigen bleibt, dass die Seiten des einbeschriebenen Dreiecks senkrecht aufeinander stehen. Dazu wird überprüft, ob die Vektoren $\overrightarrow{M_{AF}M_{AH}}$ und $\overrightarrow{M_{AF}M_{CF}}$ orthogonal sind. Es ist:
$\overrightarrow{M_{AF}} = A + 0{,}5 \cdot \overrightarrow{AF} = \begin{pmatrix} 11 \\ 8 \\ 5 \end{pmatrix}$ $\quad \overrightarrow{M_{AH}} = A + 0{,}5 \cdot \overrightarrow{AH} = \begin{pmatrix} 8 \\ -13 \\ 5 \end{pmatrix}$ $\quad \overrightarrow{M_{CF}} = C + 0{,}5 \cdot \overrightarrow{CF} = \begin{pmatrix} -10 \\ 11 \\ 5 \end{pmatrix}$
$\overrightarrow{M_{AF}M_{AH}} = \overrightarrow{M_{AH}} - \overrightarrow{M_{AF}} = \begin{pmatrix} -3 \\ -21 \\ 0 \end{pmatrix}$ $\quad \overrightarrow{M_{AF}M_{CF}} = \overrightarrow{M_{CF}} - \overrightarrow{M_{AH}} = \begin{pmatrix} -21 \\ 3 \\ 0 \end{pmatrix}$
Das Skalarprodukt von dieser beiden Vektoren ist 0. Hier kann auch überprüft werden, dass die Längen gleich sind.

g) Die x_3-Koordinate von B ist -10, da A und C und B in einer Ebene liegen. Da weiter Bund F auf einer Senkrechten zur Ebene A, B, C liegen, hat B dieselben x_1, x_2-Koordinaten wie F. Also ist $B = (2|20|-10)$

Aufgaben zur Stochastik

Seite 325 | Aufgabe 11

a) $P(X=1) = \frac{3}{5}\cdot\frac{1}{2}\cdot\frac{1}{3} + \frac{2}{5}\cdot\frac{3}{4}\cdot\frac{1}{3} + \frac{2}{5}\cdot\frac{1}{4}\cdot 1 = \frac{3}{10} = 0{,}3$

$P(X=2) = \frac{3}{5}\cdot\frac{1}{2}\cdot\frac{2}{3} + \frac{3}{5}\cdot\frac{1}{2}\cdot\frac{2}{3} + \frac{2}{5}\cdot\frac{3}{4}\cdot\frac{2}{3} = \frac{3}{5} = 0{,}6$

$P(X=3) = \frac{3}{5}\cdot\frac{1}{2}\cdot\frac{1}{3} = \frac{1}{10} = 0{,}1$

b) Der Erwartungswert der Variante 1 ist $E(X_1) = 0{,}3 \cdot 7{,}50\,€ + 0{,}6 \cdot 3\,€ + 0{,}1 \cdot 10\,€ = 2{,}25\,€ + 1{,}80\,€ + 1\,€ = 5{,}05\,€$. Der durchschnittliche Nettogewinn beträgt bei einem Einsatz von 5€ pro Spiel also 0,05 €.
Für den Erwartungswert der Variante 2 soll ebenfalls gelten $E(X) = 5{,}05$. Zu lösen ist also:
$E(X_2) = 0{,}3 \cdot 5\,€ + 0.6 \cdot 0{,}50\,€ + 0.1 \cdot a\,€ = 5{,}05\,€ \Leftrightarrow a = 32{,}50\,€$.
Gesucht ist eine Auszahlungsvariante so, dass der Erwartungswert $E(X) = 4{,}90\,€$. Setze z. B. die Gewinnausschüttung bei $P(X=1)$ variabel x. Dann ist die folgende Gleichung zu lösen: $E(X_1) = 0.3 \cdot x\,€ + 1{,}80\,€ + 1\,€ = 4{,}90\,€ \;\Leftrightarrow x = 7\,€$. Setzt man die Auszahlung beim Eintreten von $P(X=1)$ in der Variante 1 auf 7 €, und behält die anderen Auszahlungsbeträge bei, ist langfristig mit einem Verlust von 0,10 € zu rechnen.

c) Wenn die beschriebenen Verteilungen Y und Z binomialverteilt sein sollen, können sie als n-fache Durchführung eines Bernoulli-Experimentes beschrieben werden, d.h. eines Experimentes, in dem nur zwischen „Treffer" und „kein Treffer" unterschieden wird. Die Durchführungen müssen unabhängig voneinander sein.
Bei beiden Zufallsgrößen kann davon ausgegangen werden, dass die Spieler unabhängig voneinander spielen, „Treffer" ist „drei Richtige", „kein Treffer" das Gegenereignis. Daher ist $Y = B_{100;0,1}$ und $Z = B_{10.000;0,1}$. Der $\binom{100}{8} \cdot 0{,}1^8 \cdot 0{,}9^{92}$ beschreibt die Wahrscheinlichkeit von $P(Y=8)$.
① $P(Y \geq 10) = 1 - P(Y \leq 9) \approx 0{,}45$
② $P(800 \leq Z \leq 1200) = P(Z \leq 1200) - P(Z < 799) \approx 1$; Dies ist auch plausibel, da Bereich symmetrisch um den Erwartungswert $E(Z) = 1000$ liegt.
③ $P(Z < 1100) \approx 0.95$;
④ $P(Y = 10) + P(Y < 10) = P(Y \leq 10) \approx 0{,}5$
Gesucht ist ein Wert c, sodass $P(E(Z) - c \leq Z \leq E(Z) + c) \geq 0{,}75$ ist. Da die Verteilung nicht symmetrisch ist, liegen im Intervall links von E(Z) deutlich mehr Ergebnisse als im Intervall rechts von E(Z). Man kann also nicht mit der Wahrscheinlichkeit für $P(|E(Z) - c| \leq Z) \geq 0{,}75$ rechnen.
Man weiß aber: $P(E(Z) - \sigma_Z \leq Z \leq E(Z) + \sigma_Z = 0{,}68$; $\quad P(E(Z) - 1{,}5\,\sigma_Z \leq Z \leq E(Z) + 1{,}5\,\sigma_Z = 0{,}87$.
Mit $c = k \cdot \sigma_Z$ muss gelten $1 < k < 1.5$. Es ist weiter $E(Z) = 1000$; $\sigma_Z = 30$. Also kann man die Werte dazwischen ausprobieren. Es reicht auch, nur eine Nachkommastelle zu betrachten, da c eine ganze Zahl sein muss
$k = 1{,}1$: $P(967 \leq Z \leq 1033) \geq 0{,}7359$; $\quad k = 1{,}2$: $P(964 \leq Z \leq 1036) \geq 0{,}7759$.
$P(7 \leq Y \leq 13) = P(E(Y) - \sigma_Y \leq Y \leq E(Y) + \sigma_Y) = 0.68$, $\quad$ mit $E(Y) = 10$; $\sigma_Y = 3$
$P(700 \leq Z \leq 1300) = P(E(Z) - 300 \leq Z \leq E(Z) + 300)$ ist deutlich größer als 0.68, da $\sigma_Z = 30 < 300$.

Seite 326 | Aufgabe 12

a) X ist binomialverteilt mit $n = 60$, $p = 0{,}9$. Es ist $\mu = 54$; $\sigma \approx 2{,}32$
① $P(X = 58) \approx 0.0039$ ② $P(X \geq 58) = 1 - P(X \leq 1) \approx 1$ ③ $P(55 < X \leq 58) = P(X \leq 58) - P(X \leq 56) \approx 0{,}26$
Die 1,5σ-Umgebung: $[\mu - 1{,}5\sigma, \mu + 1{,}5\sigma] = [50{,}52; 57{,}48] \approx [50{,}58]$

b) Der genannte Term soll den Erwartungswert von X beschreiben.
Es sind $60 \cdot 350 - 19000$ die Einnahmen vom Verkauf verringert um die Kosten, wenn genau zwei Kunden die Reise nicht antreten. Der Term $\binom{60}{59} \cdot 0{,}9^{59} \cdot 0{,}1^1$ ist $P(X = 59)$ und diese gibt an, mit welcher Wahrscheinlichkeit eine Überbelegung eintritt. Da bei einer Überbelegung eine Entschädigung von 500 € fällig wird, muss $P(X = 59)$ noch mit 500 € multipliziert werden, um den Verlust in diesem Falle zu bestimmen. $0{,}9^{60} = \binom{60}{60} \cdot 0{,}9^{60} \cdot 0{,}1^0$ ist $P(X = 60)$, beschreibt also die Wahrscheinlichkeit, dass alle Buchungen wahrgenommen werden und somit zwei Erstattungen fällig sind. Damit entspricht der gesamte Term dem zu erwartenden Gewinn.
Um zu überprüfen, ob es sich auch lohnt 61 Reisen zu verkaufen kann wie oben vorgegangen werden: Dabei ist X binomialverteilt mit $n = 61$, $p = 0{,}9$.
$61 \cdot 350 - 19000 - 1 \cdot 500 \cdot P(X = 59) - 2 \cdot 500 \cdot P(X = 60) - 3 \cdot 500 \cdot P(X = 61)$
$= 2350 - 500 \cdot (0{,}0365 + 0{,}022 + 0{,}0048) = 2318{,}35€$. Wenn das Unternehmen keine Überbuchung vornimmt ist der Gewinn $58 \cdot 350 - 19000 = 1300$. Die Überbuchung lohnt sich also.

c) $f(p) = P(101 \leq Y \leq 110)$. Die Koordinaten des Punktes $Q(0{,}9|0{,}33)$ besagen: Bei einer Wahrscheinlichkeit von $p = 0{,}9$ dafür, dass Kunden das gebuchte Event auch antreten, beträgt die Wahrscheinlichkeit, dass Y einen Wert im Intervall [101,110] annimmt 0,33.

Seite 327 | Aufgabe 13

a) Vierfeldertafel

	Testergebnis positiv	Testergebnis negativ	Summe
krank	720	280	1000
gesund	26730	72270	99000
Summe	27450	72550	100000

① Die Wahrscheinlichkeit, dass eine zufällig ausgewählte Person an Diabetes erkrankt ist und einen positiven Test bekommt ist $\frac{720}{100000} = 0{,}0072$

② Die Wahrscheinlichkeit, dass eine zufällig ausgewählte Person gesund ist und einen negativen Test bekommt ist $p = \frac{72270}{100000} = 0{,}72270$.
③ Die Wahrscheinlichkeit, dass eine zufällig ausgewählte Person krank ist, unter der Bedingung, dass der Test positiv ausfällt, ergibt sich der Anzahl der kranken Personen unter denen mit positivem Testergebnis: $p = \frac{720}{27450} \approx 0{,}026$.
④ Die Wahrscheinlichkeit, dass eine zufällig ausgewählte Person gesund ist, unter der Bedingung, dass der Test negativ ausfällt, ergibt sich der Anzahl der gesunden Personen unter denen mit negativem Testergebnis: $p = \frac{72270}{72550} \approx 0{,}026$.

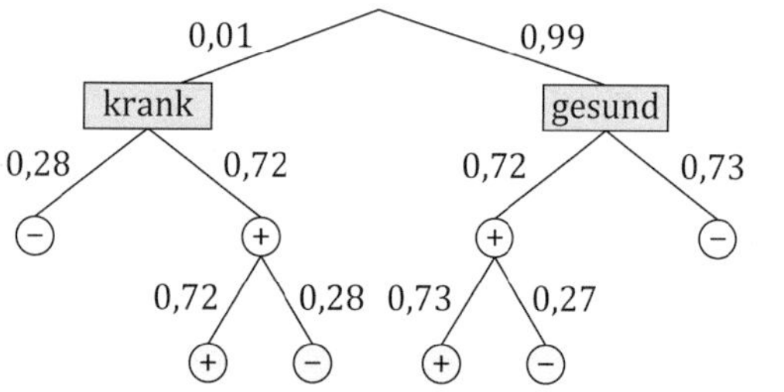

b) Die Pfadwahrscheinlichkeit $p = 0{,}01 \cdot 0{,}72 \cdot 0{,}72 = 0{,}0052$ beschreibt die Wahrscheinlichkeit des Ereignisses: „Eine zufällig ausgewählte Person ist krank und Test war zweimal positiv".
Die Wahrscheinlichkeit des Ereignisses: „Eine beliebige Person ist krank, wenn der Test zweimal positiv war" entspricht der bedingten Wahrscheinlichkeit $P_{(2\cdot\text{positiv})}(\text{krank}) = \frac{P(\text{krank} \cap 2\cdot\text{positiv})}{P(2\cdot\text{positiv})} = \frac{0{,}0052}{0{,}72^2} \approx 0{,}01$.
Entsprechend berechnet sich die Wahrscheinlichkeit des Ereignisses: „Eine beliebige Person ist gesund, wenn der Test einmal positiv und einmal negativ war": $P_{(1\cdot\text{positiv}\cap 1\cdot\text{negativ})}(\text{gesund}) = \frac{P(\text{krank} \cap 1\cdot\text{positiv} \cap 1\cdot\text{negativ})}{P(2\cdot\text{positiv})} = \frac{0{,}99\cdot 0{,}27\cdot 0{,}27}{0{,}27^2} = 0{,}99$. Man kann aber auch argumentieren: Wenn der Test einmal positiv und einmal negativ ausfällt, dann weiß man nicht mehr als vor den Tests.

c) Für die 95 % - und die 99 %-Prognoseintervalle gilt: $[\mu - 2{,}58\sigma, \mu + 2{,}58\sigma] = 99\ \%$ und $[\mu - 1{,}96\sigma, \mu + 1{,}96\sigma] = 95\ \%$.
Die Zufallsgröße X: Anzahl der erkrankten Personen unter $n = 250\,000$ ist binomialverteilt mit $n = 250\,000, p = 0{,}01$.
Der Erwartungswert ist $\mu = 2500$, die Standardabweichung ist $\sigma \approx 49{,}75$,
Eingetzt in die Gleichungen und gerundet ergibt sich: 99 %-Prognoseintervall: [2372,2628] und 95 %-Prognoseintervall [2403,2597]. Je größer das Intervall gewählt wird, desto mehr Ergebnisse liegen in diesem Intervall.
Die Zufallsgröße Y ist binomialverteilt mit $n = 100\,000, p = 0{,}01$. Es ist $\mu = 1000, \sigma \approx 31{,}47$
Zu untersuchen ist, ob die tatsächliche Anzahl $k = 1350$ innerhalb oder außerhalb des Prognoseintervalls von 95 % liegt.
95 %-Prognoseintervall ist $[\mu - 1{,}96\sigma, \mu + 1{,}96\sigma] \approx [939,1061]$. $k = 1350$ liegt außerhalb dieses Intervalls. Die Verbreitung von Diabetes in diesem anderen Land weicht also signifikant von der Verbreitung in Deutschland ab.

Seite 328 | Aufgabe 14

a) Ein beliebiger Gewinn wird erzielt, wenn eines der Ergebnisse in jeden Fall eintritt. Die Wahrscheinlichkeit dafür berechnet sich aus $P\big((TOR) \vee (ROT) \vee (TTT) \vee (OOO) \vee (RRR)\big) = P(TOR) + P(ROT) + P(TTT) + P(OOO) + P(RRR)$. Es ist: $P(TOR) = P(ROT) = 0{,}5 \cdot 0{,}25^2$ und $P(OOO) = P(RRR) = 0{,}25^3$ und $P(TTT) = 0{,}5^3$. Damit ist die Wahrscheinlichkeit für einen beliebigen Gewinn $2 \cdot 0{,}5 \cdot 0{,}25^2 + 0{,}5^3 + 2 \cdot 0{,}25^3$.
Zu Kontrolle: P(„Irgendein Gewinn") =1- P(„kein Gewinn") $= 1 - \frac{50}{64} = \frac{7}{32}$.

Ergebnis	TOR	ROT	TTT	OOO	RRR	sonstige
Wahrscheinlichkeit	$\frac{1}{32}$	$\frac{1}{32}$	$\frac{1}{8}$	$\frac{1}{64}$	$\frac{1}{64}$	$\frac{50}{64}$

b) $E(X) = \frac{2\cdot 20}{32} + \frac{5}{8} + \frac{2\cdot 50}{64}\ € = 3{,}4375\ €$. Bei einem Einsatz von 3,50 € pro Spiel entsteht langfristig ein Verlust von $3{,}4375\ € - 3{,}50\ € = -0{,}0625\ € = -6{,}25$ Cent.
Gesucht ist ein Auszahlungsbetrag x für das Ergebnis (TTT) mit dem gilt: $\frac{2\cdot 20}{32} + \frac{x}{8} + \frac{2\cdot 50}{64}\ € = 3{,}50\ €$.
Auflösen nach x: $x = 5{,}50\ €$. Bei einer Auszahlung von 5,50 € beim Ergebnis (TTT) und sonst unveränderten Auszahlungen ist das Spiel fair.

c) Man kann über das Gegenereignis argumentieren: Wenn bei den ersten zwei Drehs die Ereignisse (TO), (RO), (TT), (RR) auftreten, sind Gewinne noch möglich. Wegen $P(RO) = P(OR) = P(RR) = \frac{1}{16}$ und $P(TT) = \frac{1}{4}$ und $P(TO) = \frac{1}{8}$ ist die Wahrscheinlichkeit für „im 3. Dreh ist noch ein Gewinn möglich" $\frac{3}{16} + \frac{1}{4} + \frac{1}{8} = \frac{9}{16}$.
Die Wahrscheinlichkeit für einen Abbruch nach dem zweiten Dreh, weil kein Gewinn mehr möglich ist, beträgt dann: $p = 1 - \frac{9}{16} = \frac{7}{16}$.
X ist binomialverteilt, weil die einzelnen Drehs unabhängig voneinander sind und weil es genau zwei mögliche Auskommen gibt: „Treffer: Spiel endet nach 2 Drehs", „kein Treffer: Spiel endet nicht". Die Parameter sind $n = 2000, p = \frac{7}{16}$.
Es ist $P(\mu - 2\sigma \leq \mu + 2\sigma) \geq 0{,}95$. Gesucht ist $c = 2\sigma$. Mit $\sigma = \sqrt{n \cdot p \cdot (1 - p)} = \sqrt{2000 \cdot \frac{7}{16} \cdot \frac{9}{16}} = 22{,}1853$ ergibt sich $c = 44{,}3706 \approx 45$. Das gesucht Intervall ist [39,59].
Die Länge der 2σ-Umgebung ist immer 4σ. Gesucht ist das n für das gilt: $84 = 4\sigma \Leftrightarrow \sigma = 21$.
Mit $\sigma = \sqrt{n \cdot p \cdot (1 - p)} = \sqrt{n \cdot \frac{7}{16} \cdot \frac{9}{16}} = \frac{3}{4}\sqrt{n}$ folgt aus $21 = \frac{3}{4}\sqrt{n}$, $n = 112$.